KB149084

근대 국어 교과서를 읽는다

지은이(가나다순)

강진호(성신여자대학교 국어국문학과 교수)
구자황(숙명여자대학교 교양교육원 교수)
권희주(건국대학교 아시아콘텐츠연구소 교수)
김찬기(한경대학교 미디어문예창작학과 교수)
김혜련(성신여자대학교 교육대학원 교수)
문혜윤(고려대학교 강사)
박민영(성신여자대학교 교양학부 교수)
박선영(한성대학교 강사)
박치범(경인교육대학교 강사)
유임하(한국체육대학교 교양과정부 교수)
이상혁(한성대학교 언어교육원 교수)
이정찬(한국교육과정평가원)
장영미(한국체육대학교 강사)
조윤정(KAIST 초빙교수)
최석재(경희대학교 경영대학 학술연구교수)

근대 국어 교과서를 읽는다

ⓒ강진호·구자황·김혜련 외, 2015

1판 1쇄 발행_2014년 10월 20일
2판 1쇄 발행_2015년 10월 30일

지은이_강진호·구자황·김혜련 외
펴낸이_양정섭
펴낸곳_도서출판 경진
　　　　등록_제2010-000004호
　　　　블로그_http://kyungjinmunhwa.tistory.com
　　　　이메일_mykorea01@naver.com

공급처_(주)글로벌콘텐츠출판그룹
　　　　대표_홍정표
　　　　편집_김현열 송은주 **디자인**_김미미 **기획·마케팅**_노경민 **경영지원**_안선영
　　　　주소_서울특별시 강동구 천중로 196 정일빌딩 401호
　　　　전화_02-488-3280 **팩스**_02-488-3281
　　　　홈페이지_http://www.gcbook.co.kr

값 23,000원
ISBN 978-89-5996-483-3 93700

근대국어
교과서를 읽는다

강진호
구자황
김혜련 외 지음

경진출판

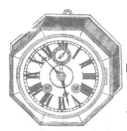

근대 문화의 뿌리를 찾아서

몇 년간 붙들고 있던 공동 연구의 산물을 엮는다. 그동안 더불어 지냈던 시간도 함께 묶는다. 막상 책으로 내려니 개운한 마음 한편에 묵직한 걱정과 염려가 밀려온다. 머리말 대신 그간의 시간과 기억을 새겨서라도 이렇게 우리를, 스스로를 위무해야겠다.

근대를 보는 다양한 방법과 매체 가운데 우리가 주목한 것은 '교과서'라는 창(窓)이었다. 그곳에 헝클어진 '국어 교과서'를 복원하고, 그곳을 가로지르는 근대 문학, 근대 교육, 나아가 교과서의 사회문화사를 재인식하려고 했다. 부족하나마 한 매듭짓고 가는 편이 나을 듯해서 저마다의 주제를 붙잡아 깁고 더했건만 여전히 실증의 벽은 높고, 체계의 길은 멀다. 하지만 애초부터 나 있던 길도 아니었고 학문적 밑천도 별로 없었다. 그러니 높은 벽과 먼 길 또한 우리가 자초한 것이며, 우리가 감당할밖에 도리가 없다. 뚜벅뚜벅 걷다 보면 벽을 넘고 길이 되리라 믿어볼 따름이다.

처음 목표는 이토록 거창한 것이 아니었다. 학문 분야도 세부 전공도 각각 다른 이들이 모였으므로 딱딱한 근대 '국어' 교과서를 '읽는 것' 자체가 목표였다. 그러나 자발적인 모임이었고, 새로운 주제였으므로 특별한 지원이나 제도의 힘을 빌리지 않고도 공부가 흥에 겨웠다. 갈피는 없었지만 고단하지만은 않았다. 2011년부터는 교과서 강독 외에 본격적인 세미나와 발표를 이어갔다. 애초 문학적 관심에서 비롯되었으나 초창기 교과서가 가진 혼종성과 복합적 성격, 그리고 연구 모임의 개방성 때문에 다양한 전공자들이 모였다. 국어학, 국어교육학, 한국문학, 외국문학 전공자들이 경계 없이 공부했다. 그 즈음 느슨한 공부지만 한데 묶어 보자는 의견이 나왔다. 그래야 우리의 성근 지식과 문제의식이 더 단단해질 거라 기대했다. 그런 기대 때문인지, 결코 짧지 않은 시간이었지만 한 번의 중단도 없이 서로의 공부와 삶을 공유할 수 있었다.

이 책을 기획할 때 우리는 몇 가지 원칙 혹은 의미를 생각했다.

첫째, 가급적 학회 발표를 통해 검증을 받자는 것. 여기에 수록된 14편의 글은 한 편의 예외도 없이 발표와 심사의 과정을 거치면서 논문의 육체를 얻었다. 마침 국제어문학회, 반교어문학회, 우리어문학회에서는 국어 교과서를 주제로 발표할 기회를 주었다. 학회의 토론과 심사 과정을 통해 논문의 완성도를 높일 수 있었다.

둘째, 가급적 개인적 관심을 스스로 설정하고 심화시키자는 것. 이 책의 필자들은 〈한국개화기 국어교과서〉 총서(14종, 전 17권) 현대역에 대부분 참여한 바 있다. 실제로 근대 국어 교과서를 한 자 한 자 대조하고 현대어로 번역하고 학적 자료로 복원한 당사자들이 그러한 작업의 경험과 문제의식을 살려 이 책을 썼다. 교과서 자료에 대한 감각과 경험이 이 책의 밑바탕에 고스란히 깔려 있는 셈이다.

셋째, 교과서 연구의 외연을 넓히고 학적 관심을 제고하자는 것. 근대 문화의 뿌리 가운데 하나로 교과서를 무시할 수 없다. 대개는 학교에 처음 입학해 교과서를 통해 인류의 문화가 무엇인지 알게 되기 때문이다. 이같이 한국문화의 기저(基底)를 만들어 주고 있는 교과서임에도 불구하고 우리 근대 문학과 교육은 교과서에 대한 제대로 된 관심을 기울이지 못했다. 해서 우리는 근대 초 격동의 교육개혁과 그 산물인 교과서를 '깊고 오랜 고독'에서 끄집어내고자 했다. 국어학, 국문학, 국어교육이 비껴간 자리에서 근대 교과서를 일으켜 세워 제대로 연구할 책무가 우리에게 있다고 자임하였다.

이 책은 크게 4부로 구성되어 있다.

1부에서는 한국의 근대 교육이 1894년 갑오개혁과 함께 제출한 일련의 근대 교과서 3종을 다루었다. 지금의 시각에서 보면 국어 교과서의 정체성이 희미하고 전근대적 요소가 뒤섞여 혼란스러운 면이 있다. 그러나 이 점이야말로 한국 근대 교과서의 기원적 특성을 해명하는 핵심 자질인 만큼 각각의 교과서를 둘러싼 역동적 전개와 의미가 긴장감 있게 서술되어 있으며, 파격적인 내용과 논쟁적 해석의 여지도 풍부하다.

2부에서 다룬 글들은 조선 학부가 발행한 교과서가 주를 이룬다. 이른바 국정 교과서의 정치학을 가늠할 수 있는 대상들을 모아 분석을 시도했다. 국어 교과서가 걸어 온 자기규정의 역사를 살펴볼 때, 1906년 국어과의 성립과 1907년 국어 교과서의 편찬을 눈여겨보지 않을 수 없다. 여기서는 국정으로 편찬한 최초의 보통학교 국어 교과서는 물론 학부 검정을 통과한 대표적인 사립학교 교과서도 함께 분석하고 있다.

3부에서는 각종 교과서에 나타난 근대 계몽 담론의 양상과 추이를 다양하게 살펴볼 수 있다. 특히 민간에서 발행된 다양한 교과서가 만들어 낸 독자층의 분화와 계몽 담론의 변주 양상이 촘촘하게 서술되어 있다. 5편의 글 가운데 4편은 을사늑약(1905)을 전후로 한 정치적·교육적 격변 속에서 유통되었던 대표적인 민간 교과서를 다루고 있으며, 나머지 1편은 1920년대까지 이어지는 민간 교과서의 맥을 짚어준다.

마지막 4부에서는 교과서에 나타난 언어관 및 문체에 대한 의미를 중심으로 묶었다. 근대 문학의 외연은 제도와 양식의 문제 말고도 근대어의 형성과 밀접한 관련이 있다. 근대 초기 교과서에 나타난 근대적인 문체의 형성과 계몽 언어의 편제가 갖는 의미를 여기서 확인할 수 있으리라 본다.

외람된 말이지만, 막상 한 권의 책으로 묶다 보니 일부 내용에 대해 전보다 더 깊이 생각하게 된다. 많은 이들의 글을 하나로 묶을 때 드러나는 빈틈 때문이기도 하고, 저마다 채워지지 않은 부분의 또렷함 때문인 듯하다. 하지만 이 책이 세상에 모습을 보이는 순간 더 많은 관심과 비판의 메아리가 이어질 것을 믿는다. 더불어 이번 책에 비어 있고, 찌그러져 있는 부분을 우리 역시 메워 나갈 것을 또한 믿는다.

필자로 참여하진 않았지만 이 책에 도움을 주신 분들이 적지 않다. 그동안 교과서연구 모임에서 토론해 준 허재영, 김한식, 박숙자, 김준현, 정영진, 김효미, 송주현, 김소륜 선생님, 학회 발표에서 토론과 질의, 그리고 심사에 참여해 준 많은 분들의 비판과 격려가 이 책 구석구석에 배어 있다. 교과서를 연구하는 후학들에게 특별한 열정을 불어넣어 주신 박붕배 선생님께도 깊이 감사드린다.

단행본의 진행은 물론 강연 녹취와 연구사를 정리해 준 박수빈 선생에게도 고마움을 표하고 싶다. 그리고 매번 변변한 인사도 못하지만 오랫동안 교과서 연구 모임을 후원하며 책으로 묶을 기회까지 마련해 준 양정섭 사장님과 도서출판 경진 식구들에게도 이렇게나마 감사를 표할 수 있어 다행이다. 이어지는 일제감정기와 해방기 국어 교과서 연구도 더 재밌고 알찬 공부가 될 것을 믿어 의심치 않는다.

2014년 8월, 필자를 대표하여 구자황 씀.

차례

제3부 신지식과 계몽

제4부 담론과 문체

'국어(과)' 교과서의 등장과 사회문화사

좌담: 강진호(성신여대)·구자황(숙명여대)·이정찬(세종대)

사회: 김혜련(사회 및 정리)

날짜: 2013년 12월 23일, 월요일, 오후 4시

장소: 성신여대 수정관 회의실

사회(김혜련) 반갑습니다. 오늘 우리가 논하고자 하는 주제는 개화기 국어(과) 교과서의 탄생과 형성에 관한 것입니다. 개화기 국어(과) 교과서의 사회·문화적 특성이라고 할까요. 근대 사회의 형성기에는 다양한 정치적·사회적 관념과 제도들이 폭발적으로 수용·확산되어 갔고, 이에 부응하여 교육의 중요성 또한 널리 강조되었습니다. 신문이나 각종 단체의 회보 및 잡지, 문집이나 신소설 등 이 시기에 쏟아져 나오기 시작한 근대적 인쇄 매체들 속에서 교과서 역시 근대적인 담론 생산의 장으로 중요한 기능을 했습니다. 국가가 주도한 국정(國定) 교과서들과 개인들이 편찬한 민간(民間) 교과서에는 일본이나 서구로부터 수용된 근대적 지식과 개념뿐만 아니라 급변하는 역사적 현실을 배경으로 한 국가와 개인에 관한 다양한 담론들이 수록되어 있습니다. 사실, 교과서를 학교 울타리 안에서만 보면, 교과 수업 시간에 교사와 학생 사이의 매개체이자 수업을 가능하게 하는 자료로 이해되지만, 시각을 조금만 확장해 보면 국가나 제도, 사회 문화와

국민소학독본
제일과 대조선국
우리 大朝鮮은 亞細亞洲 中의 一王國이라 其形은 西北으로셔 東南에 出흔半島國이니 氣候가 西北은 寒氣甚흐나 東南은 溫和흐며 土地노 肥沃흐고 物産이 饒足흐니라 世界萬國 中에 一國이라 檀箕衛와 三韓과 羅麗濟와 高麗물지난古國이오 太祖大王이 開國흐신後五百有餘年에 王統이 連續흐나 우라이라 吾等은 如此

『국민소학독본』(1895)

연동되어 산출된 공적 기획물이라는 점을 알 수 있습니다. 그런 점에서 이 좌담에서는 근대 사회가 어떤 방식과 성격으로 국어(과) 교과서를 호명했고, 교과서는 근대적 담론들을 어떻게 창출했는가라는 질문을 염두에 두고자 합니다. 특히 한국 교과서 역사에서 최초의 교과서로 알려져 있는 『국민소학독본』(1895)에서 일제가 조선을 식민화하여 교육 제도를 잠식했던 조선교육령(1911) 이전 시기에 이르는 기간을 개화기로 설정하여 그 사이에 편찬되었던 관찬 및 민간 교과서들을 대상으로 이야기하고자 합니다. 지난 3년 동안 교과서를 연구하면서 갖게 된 교과서에 대한 지식, 가령 편찬 제도, 국가, 개인 등에 대한 선생님들의 생각을 자유롭게 들려 주셨으면 합니다. 모두 아시듯이, 현재 국어 교과서는 지난 백여 년 간 국정 체제로 개발되다가 '2007 교육과정' 이래 검정(檢定) 체제로 전환되어 개발되고 있습니다. 국어 교과서가 국가 교육의 관찬(官撰) 기획물로서 국가 이념의 매개체로 복무해 왔다는 인식을 심어 놓기에 충분했던 것이지요. 사실 국어 교과서와 국가나 이념, 국민의 관계는 제도적인 연관성 이상으로 정치적으로, 사회·문화적으로 보다 복합적인 요인들이 착종해 있습니다. 이러한 제 현상에 대해 근대적 제도로서 국어 교과서가 탄생했던 시기부터 짚어 보는 것으로 오늘 좌담을 시작하면 어떨까요.

강진호 국어(과) 교과서 연구가 갖는 의미를 먼저 생각해 볼 필요가 있습니다. 우리가 관심을 갖는 개화기에 대해서 말해 보자면, '개화기'라고 말하는 근대 초기(1876~1910)는 한국인의 삶이 오늘과 같은 근대적 모습을 갖게 된 기원적(起源的) 시기라고 할 수 있습니다. 근대적 제도의 도입과 함께 근대적 자아가 형성되면서 한국인의 삶이 오늘과 같은 모습으로 구체화되기 시작한 때가 바로 개화기죠. 근대적 제도와 틀은 개항(1876) 이후 각종 '조서(詔書)'와 '칙령(勅令)'에 의해 구체적인 형태를 갖추었고, 근대적 자아 역시 여러 서적과 신문, 교육과 종교 등을 통해서 구체적 내실을 갖게 되었습니다. 근대적인 교과서 역시 이 시기에 등장했지요. 이 교과서에 대해 주목하는 것은 교과서가 바로 근대적 주체를 양성하는 핵심 매체였다는 데 있습니다. 그것은 교과서가 단순한 교재가 아니라 국민의 정신을 함양하는 도구이고, 또 생활의 지침과 준거를 제공하는 텍스트이기 때문입니다. 그래서 교과서의 편찬에는 국가 차원의 이념과 목표, 제도와 규정들이 복잡하게 작용하고, 교과서는 그러한 여러 요소들의 결합과 융합의 산물입니다. 교과서를 연구한다는 것은 이 여러 요소들을 살피는 것이죠. 물론 그것을 좀 더 엄밀하게 말하자면, 먼저 '국어' 교과서가 무엇인지 정의되어야 하고, 또 교육의 제도와 이념, 교과서 편찬 주체, 교과 내용 등이 논의되어야 합니다. 거기다가 우리나라 교과서의 역사는 불행히도 일제의 개입과 더불어 시작되었다는 점에서 일제의 식민주의도 함께 살펴보지 않을 수 없습니다. 그렇기에 이 주제는 근대 교육사에서 국어 교육의 형성 과정을 묻는 일이자 동시에 교육제도와 이념의 문제를 탐구하는 일이기도 합니다.

구자황 덧붙이자면, 이 시기 교과서야말로 근대를 보는 또 하나의 창(窓)이라고 할 수 있습니다. 근대 혹은 근대적 문학에 대한 탐색은 지금도 계속되고 있고, 여전히 유의미하잖아요. 그리고 이런 물음은 다양한 종류의 문학 텍스트와 문화사(제도, 이념, 내용 등) 연구로 이어지면서 한국문학의 지평을 넓히는 데 기여했습니다. 근대 초기 교과

'육영공원'의 수업 장면

서는 텍스트로서의 성격이 복잡하고, 목록조차 제대로 갖춰지지 않은 형편이지만, 근대 문학 연구가 가로질러야 할 큰 산이라고 봅니다. 근대지가 유통되는 공식적인 창구가 일선 학교인데, 학교 안팎에서 읽고, 쓰고, 말하던 이른바 핵심적인 '읽을거리'들을 제쳐 놓고 근대와 근대 문학을 이야기하긴 어렵죠. 한 가지 또 중요한 사실은 그간 교과서와 교과서를 둘러싼 제반 연구가 '은폐'되어 왔다는 점입니다. 국어교육학에서는 '근대 교과서'를 본격적인 교과서의 전단계라고 치부하면서 목록조차 만들지 않았습니다. 대부분 해방 이후 교육과정 수립 이후에만 주목하면서 교과서의 기원과 형성에 관해서는 소홀했던 게 사실입니다. 또 국어국문학에서는 교과서를 텍스트 이전의 것이라고 여겨 본격적인 연구의 대상으로 삼지 않았습니다. 작품은 물론이거니와 수많은 협회보와 신문잡지를 발굴하고 거기에 수록된 '읽을거리'들을 연구했지만, 정작 근대의 핵심 매체였던 교과서는 그림자로만 취급했던 셈입니다. 방대한 자료와 문화사적 가치가 서고에 갇혀 고스란히 잠자고 있었던 것이죠. 때문에 근대 교과서를 목록에서부터 복원하고 교과서의 텍스트로서의 성격을 살펴보는 일이 필요합니다. 나아가 텍스트를 둘러싼 제도, 이념, 내용을 통해 근대지의 생산과 수용 과정을 되비추는 작업이 필요합니다. 이로써 근대 문학이 두터워지고, 근대 연구가 촘촘해질 수 있으니까요.

사회 그렇습니다. '국어(과)' 교과서는 근대 연구에서 지식의 기획과 생산, 유포와 확산 과정에서 역할이 지대했는데도 불구하고 연구 성과는 그다지 축적되지 않고 있다고 할 수 있지요. 물론 박붕배, 이종국, 이응백, 정재철 등의 선진 연구자들과 최근 속속들이 제출되고 있는 소장 연구자들의 일련의 성과들이 교과서 연구에 힘을 불어넣고 있는 것은 분명합니다. 그러나 무엇을 국어(과) 교과서로 볼 것인가 등 국어(과) 교과서의 개념과 범주는 물론, 국어(과) 교과서의 서지 확정과 복원, 그리고 국어(과) 교과서의 성격, 국어(과) 교과서의 안팎 상황에 이르기까지 근대 매체로서 국어(과) 교과서는 풍부한 연구 과제를 품고 있는 광산(鑛山)으로 보입니다. 그런 점에서 지난 3년간 교과서의 텍스트를 확인하고, 번역하고, 교과서의 성격을 밝히고자 했던 저희의 작업은 의미가 있지요. 우리 작업을 자화자찬하고 있는 건가요. (전체 웃음)

특히 개화기는 '지식 혁명'이라 일컬을 수 있을 만큼 신문, 잡지, 학회지, 교과서 등 근대 매체를 통해 부단히 '지식'이 생산되고 유포되었던 시기였고, 그중 교과서는 국가 교육 권력의 '힘'을 받아 근대 지식과 근대 주체의 형성에 전일적으로 봉사했던 매체였지요. 그런데도 구자황 선생님의 말씀대로 교육사와 교재사의 관점에서 이 시기는 여전히 인색하게 다루어지고 있는 실정입니다. 특히 근대 학제를 공포한 학부(學部)가 연이어 편찬한 『국민소학독본』이나 『소학독본』, 『신정심상소학』 등의 이른바 '국어(과)' 교과서의 탄생은 국어교육사 혹은 국어 교과서의 역사에서 상당히 중요한 궤적을 그렸다고 보입니다.

이정찬 그렇습니다. 전통적인 문어(한문) 중심의 어문 교육이 구어(국어) 중심으로 변화하는 전환점인 동시에 근대적인 교육관이 투영된 새로운 존재로서의 국어 교과서는 어문 교육사에서도 많은 의의를 지니고 있습니다. 사실 어느 사회에서나 언어 교육이란 사회화의 과정에 있어 필수적인 사항입니다. 다만 일반 사람들이 사용하는 일상의 언어, 자국의 문화와 역사를 고스란히 담고 있는 그 언어를 국가 차원에서 교육하고 또한 장려한 것은 서양이나 동양이나 비교적 최근에 나타난 현상이기에 이를 이해하는 데 있어 국어 교과서는 매우 중요한 단서가 될 수 있다고 생각합니다. 제 개인으로는 우리 어문 교육사에 있어 두 번의 결정적인 시기가 있었다고 생각합니다. 그중 첫 번째 시기가 바로 지금 논의하고 있는 1894년의 갑오개혁과 그 이후 실시된 일련의 교육 개혁이고, 두 번째 시기가 해방 이후 미군정 시기의 교육이라고 저는 생각합니다. 주지하듯이 두 번 모두 국어 중심의 교육으로 전환하는 시기였다는 점에서 공통점이 있죠.

국어 교과서의 탄생

사회 그런 점에서 근대 이후 어느 나라건 한 시대의 사회 문화와 깊이 연루되어 있는 국어(과) 교과서의 탄생 시기로 거슬러 올라가보면, 국어(과) 교과서를 통해 근대 지식 담론들이 기획되고 유포된 흔적이 강하고, 그 양상 또한 복잡하게 얽혀 있습니다. 예컨대 갑오개혁 과정 중에 출판된 독본들의 경우 이후 본격화되는 '근대'와 '독립'을 둘러싼 지식 담론 형성의 기제로 작용하고 있기도 합니다. 최초의 근대적 교과서라고 알려져 있는 『국민소학독본』(1895)만 하더라도 1910년 경술국치 직전까지 지속적으로 출판되었고, 이를 통해 교육된 근대적 인간 유형이 개화기 지식 담론을 창출하는 주된 계층으로 등장했다고 볼 수도 있으니까요. 이렇게 되면 국어 교과서의 탄생은 국가와 개인의 관계에 관한 근대 담론의 창출과 밀접하다고 볼 수 있겠지요. 이에 대해 『국민소학독본』은 국어 교과서의 역사에서 매우 의미 있는 위치에 있다고 할 수 있을 것입니다.

강진호『국민소학독본』은 최초의 국어(과) 교과서라는 점에서 그동안 많은 연구자들이 관심을 보였고, 사실 그런 관심을 받기에 충분했습니다. '국어' 교과서를 우리 민족이 공통으로 사용하는 말과 문화를 대상으로 해서 만들어지는 교재라고 한다면, 국한혼용체로 되어 있는『국민소학독본』에는 우리말에 대한 자각과 함께 우리의 역사와 현실에 대한 자의식을 목격할 수 있습니다. 말하자면,『국민소학독본』은 갑오개혁 이후 근대화가 본격화되면서 민족에 대한 자각과 함께 국어에 대한 관념이 구체화되면서 만들어진 교재입니다. '국민'이라는 말을 표제에 단 것은 그런 민족주의적 흐름과 긴밀하게 연결되어 있습니다. 여기서 국민이란 수동적인 통치의 대상이 아니라 교육과 통치의 적극적인 대상이라는 것을 시사해 줍니다. 당대 정부는 일제의 압력과 서구의 출현 등 급변하는 세계정세 속에서 스스로를 개혁하지 않으면 살아남을 수 없다는 절박한 인식을 갖고 있었고, 그런 인식에서 기획된 책이 바로『국민소학독본』입니다.

물론, 이 책은 일본의『高等小學讀本』(1888)을 저본으로 해서 만들어졌습니다.『국민소학독본』은『고등소학독본』에 수록된 글을 요약하거나 축소해서 옮겼고, 동일한 소재를 다룬 몇 개의 단원을 정리해서 한 단원으로 만들기도 했습니다. '최초의 국어 교과서'로 평가되는 책에서 목격되는 이런 현상은 자못 충격적이지만, 사실은 책 전반에는 민족주의적 시각이 견지되어 있다는 점에서 단순한 모방이라고 치부할 수는 없습니다. 민족주의적 시각과 지향이 단원을 선별하고 배제하는 원리가 되어『국민소학독본』이라는 새로운 형식의 텍스트를 탄생시킨 것입니다. 가령, 첫 단원인「대조선국」은 일본의「吾國」을 옮기다시피 했지만, 그 주체를 '조선'으로 설정함으로써 일본과는 구별되는 조선에 대한 차별화된 인식을 보여 주었고, 또한 일본의 인물과 역사 대신에 세종대왕과 을지문덕 등을 수록하여 우리의 역사와 인물에 대한 자각과 자부심을 표현하였습니다. 민족주의적 시각에 의거해 단원을 취사선택하여 일본 교과서를 우리 식으로 재배치했고, 그것을 통해 조선 사람들을 하나의 이념과 가치로 묶어 궁극적으로 근대적 국민을 만들어 내고자 한 것입니다.

구자황 사실 근대 초기 교과서 중에서 상당수는 일본 교과서를 참조했습니다. 이 점을 부정하긴 어렵습니다. 교과서 편찬을 둘러싼 저간의 배경은 긴박했던 우리 근대사와 꼭 닮았습니다. '교육입국'을 표방하면서 근대 교육을 위해 각국을 시찰하고, 각종 교과서를 구해오는 것부터 교과서를 출판하기 위한 인쇄 기계며 편집 전문 인력을 활용하기까지 구한말의 교육개혁은 역동적이고 때론 애틋하기까지 합니다. 분명한 것은 그러한 교육제도와 이념, 그러니까 교육에 대한 설계가 일본을 통해서 진행되거나 진행될 수밖에 없었다는 사실입니다. 갑오개혁의 핵심 중 하나였던 교육개혁이 조선의 민족주의적 시각과 관점을 지향했던 것은 사실이지만, 그 디딤돌은 일본의, 일본에 의한 교육으로 정초되었기 때문이죠.

이런 점에서 조선과 일본은 교육개혁을 두고 동상이몽(同床異夢)을 꿨는지도 모릅니다. 조선은 일본의 교육을 토대로 부국강병의 기틀을 마련하고자 했고, 일본은 일본의 교육적 토대를 제공함으로써 조선에 대한 영향력과 지배를 정형화(定型化)하려고 했습니다. 그러니까 이 시기 교과서는 한일 간에 벌어지고 있는 교육적 길항의 산물이기도 합니다. 그렇기 때문에 교과서의 내용, 구성, 체제, 삽화, 편집 등은 그 자체로 중요하지만 교과서 외적 맥락이

『신정심상소학』(1896)

18

지나간 흔적을 무시해서는 안 됩니다. 예를 들어, 『신정심상소학』은 조선 학부가 세 번째로 만든 교과서인데, 일본의 『심상소학독본』을 저본으로 했습니다. 『국민소학독본』의 편찬과 마찬가지로 교과서 체제라든지 내용 발췌 및 요약, 삽화 등 일본의 교과서와 유사한 점이 많습니다. 하지만 그대로 베껴서 쓰지 않고 차용하고 번안하고, 나아가 적극적으로 개변한 단원들도 적지 않습니다. 근대 초기 교과서에 흔히 보이는 내용적, 구성적 혼종성은 여기서 비롯된 것이라고도 할 수 있을 것입니다.

강진호 예, 그렇죠. 그런데 교과서는 한 민족의 역사 진행과정과 불가분의 관계를 맺는다는 점에서 『국민소학독본』은 한편으론 근대와 전근대가 공존했던 당대 현실과 밀접하게 연결되어 있는 것을 볼 수 있습니다. 당시 개화를 주도했던 세력의 상당수는 과거 부르주아 계층 출신이었고, 그래서 이들은 근대적 지향을 갖고 있음에도 불구하고 전통적 가치와 이념에서 자유롭지 못했습니다. 『국민소학독본』에서 중국의 허문 숭상의식을 비판하면서도 오히려 왕국의 충실한 신민이 되기를 소망하는 등의 모순된 모습을 보이는 것은 그런 이유입니다. 또, 교과서는 가르치는 사람과 배우는 사람의 상호 교감과 소통을 위한 수단이라는 점에서 『국민소학독본』은 아직은 온전한 형태의 교과서라고 할 수 없는 없죠. 교과서는 학생들의 발달 상태와 수준을 고려한 교육 매체로서의 기능뿐만 아니라 교육적 가치가 있는 내용을 집약적으로 선정하고 조직한 매체입니다. 그런데 『국민소학독본』에는 그런 교육과정에 대한 자의식이 발견되지 않으며 단지 편찬자의 이념과 지향만이 일방적으로 투사되어 있는 것을 볼 수 있습니다.

이정찬 그런데 덧붙이자면 관(官)에서 일반 사람들을 계몽하기 위해,

≪한성순보≫

혹은 특정한 가치나 이념을 전파하기 위해 책을 출간한 것은 역사적으로 볼 때, 그리 놀랍거나 새로운 현상은 아닙니다. 다만 앞서도 언급했듯이 새로운 변혁의 매개체로서 언어(조선어)에 주목했다는 것은 분명 중요한 의미를 갖는다고 할 수 있습니다. 사실 이전의 ≪한성순보≫와 ≪한성주보≫의 창간에서도 알 수 있듯이, 이 당시 정부는 국민을 계몽하고 그들을 개화의 장에 동참시키는데 있어 언어의 중요성을 충분히 인식하였고, 또한 매우 많은 노력을 기울였습니다. 이러한 노력은 정부 주도의 교과서 편찬에서도 잘 나타납니다. 주지하듯이 교육이란 미래 세대를 키우고 그들로 하여금 새로운 변화와 변혁을 도모할 수 있다는 점에서 매우 중요한 국가적 사업입니다. 당시 정부 역시 이런 점을 충분히 인식하고 있었기에 교육의 직접적 수단이 되는 교과서의 출간에 많은 노력을 기울였습니다. 그래서 학부 산하에 별도의 편집국을 두어 외국의 교과서를 수집하고, 외국인 관리를 임용하여 그들로 하여금 교과서 편찬에 관여하도록 하는 등의 노력을 기울였다고 저는 생각합니다.

사회 그렇습니다. 우리나라의 근대 교육은 1880년대에 들어와 전국에 세워진 척화비 철거(1882)와 미국, 영국, 독일, 프랑스 등 서양 열강과의 통상조약 체결과 함께 서구식 교육에 문호를 열게 되면서 시작되었는데 이는 기본적으로 정부 주도하에 진행된 것이지요. 그러나 당시에 학부 중심의 정부뿐만 아니라 선교사들, 외국 세력의 영향 및 간섭, 그리고 민간인 선각자들의 노력 등도 다양한 방면에서

진행되었습니다.『국민소학독본』이나『신정심상소학』등 정부 주도
의 교과서 외에도 근대적 지식을 창출하여 국민을 계몽하고자 한
시도들은 다양한 민간 교과서들을 탄생시켰지요. 민간 교과서는 국
어 교과서의 탄생에서 관찬 교과서 못지않게 강력한 영향력을 행사
했다고 볼 수 있습니다.

구자황 근대 교육뿐만 아니라 근대 연구에서 매우 흥미로운 지점이지
요. 얘기가 다소 길어질 것 같은데요. 당시 새로운 지식에 대한 열망은
이미 밑에서부터 일어났습니다. 잘 아시는 바와 같이 원산학사(1883)
이래로 많은 민간(사립)학교가 다양한 목적으로 세워졌습니다. 배재
학당(1885), 이화학당(1886), 숭실학교(1897) 같은 곳에서 선교 혹은 민
족적 계몽을 목적으로 다양한 신학문을 가르쳤던 걸 기억하실 것입니
다. 바로 그곳에서 근대적 지식과 학문이 새로운 교재를 통해 싹트기
시작했던 것입니다. 물론 교과서의 체제를 정식으로 갖춘 경우는 드

이화학당

물었지만 이는 정부 주도의 소학교나 사범학교가 생기고, 조선의 학부가 『국민소학독본』(1895)을 펴내기 훨씬 전의 일입니다. 더욱이 당시 민간에서는 이른바 '척독(尺牘)'이란 게 광범위하게 퍼져 있었습니다. 문자 생활에 어려움을 겪는 대중들에게 편지와 같이 생활에 필요한 각종 문서를 간편하게 주고받을 수 있도록 다양한 예문을 수록해 놓은 일종의 매뉴얼 같은 책이라고 할 수 있는데, 근대적 지식이 널리 퍼지고 이를 간편하게 활용하기 위해 민간에서 유통되던 일종의 교과서와 같은 구실을 했던 셈입니다. 최근 그 면모가 본격적으로 연구되기 시작한 이런 척독류야말로 이후 등장하는 정부 주도의 교과서 이전에 유통되던 민간 교과서라고 할 수 있을 것입니다. 전근대적 요소와 근대적 지식이 혼재되어 있고, 구성과 체제에 있어서도 다소간 한계가 있지만, 나중에 출판 인쇄 관련 시장이 형성되면서 민간 교과서가 유통되는 통로로 활용됩니다. 주로 민간에서 유통된 교과서의 뿌리는 이렇듯 정부 주도의 관찬 교과서와는 뿌리가 다른 배경을 가지고 있습니다. 예를 들어 근대 초기 교과서 가운데 현채(玄采), 장지연, 유길준 등은 어린이, 부녀자, 노동자 등을 대상으로 한 민간 교과서를 편찬하였습니다. 또한 대표적인 사립학교였던 휘문의숙에

유길준(1856~1914)

서는 학교 자체의 인력과 인쇄 기술만으로 직접 교과서를 편찬·발행하였는데, 이러한 교과서의 내용과 체제는 정부 주도의 관찬 교과서와 비슷하면서도 다른 내용들이 있습니다. 이에 대한 실증적 목록 구성과 정밀한 비교 연구가 그래서 필요합니다.

이정찬 그렇지요. 사실 당시 정부 주도의 교과서 출간은 한계가 있었습니다.

신식 교육의 실행은 매년 새로운 학년이 생기고 그에 따라 새로운 교과서를 필요로 합니다. 그러나 학년 급간에 따른 모든 과목의 교과서를 일시에 출간한다는 것은 매우 어려운 일입니다. '작문'이란 교과에서도 알 수 있듯이 이 과목은 소학교 심상과와 고등과, 중학교 심상과에 모두 존재하지만 실제적인 작문 교과서는 1907년 민간에서 처음으로 출간이 되었습니다. 따라서 당시 이러한 현실적인 문제로서 민간 교과서는 출간되었고, 교육에 많은 기여를 했다고 생각합니다. 그러나 민간 교과서의 출현에는 이런 사항뿐만 아니라 다른 문제도 있었다고 생각합니다.

주지하듯이 1910년 일제에 의한 강제 병합 이전까지 신식 교육을 주도했던 것은 정부가 아닌 민간이었습니다. 실제 당시의 신문 기사나 잡지 등을 보면 뜻있는 사람들은 기금을 모아 사립학교를 건설했고, 1910년 일본의 학교 현황에 대한 조사에서도 공립학교의 수보다도 사립학교의 수가 훨씬 많았다는 점에서도 이를 반증합니다. 아마도 이런 점은 근대적 교육 제도의 시행에 직간접적으로 영향을 끼쳤던, 특히 1905년 통감 통치의 실행 이후 노골적으로 교육에 관여했던 일제에 대한 반감도 상당 부분 작용했으리라 생각합니다. 당시 신문을 보면 '공립학교에 가면 왜놈이 되고 만다'라는 식의 공립학교에 대한 불신과 반발이 팽배해 있었습니다. 따라서 개화와 계몽이라는 가치를 실행하되 일제의 영향에서 상대적으로 자유로울 수 있는 사립학교에 대한 관심이 높아졌고, 이는 교과서의 출간에 있어서도 학부 편찬 외에 사회적으로 민간 교과서의 출현을 독려 혹은 요구했던 것이 아닐까 합니다.

국어 교과서와 편찬 주체

사회 국어 교과서의 탄생에 대해 얘기하다 보니 과연 국어 교과서를 기획하고 편찬한 주체는 어떤 이들이었으며 그들의 편찬 의도는 무엇이었을까 등에 대해 짚지 않을 수 없겠는데요. 이 시기 국어 교과서를 편찬한 주체가 흔히 국가(학부)에서 사립 기관단체, 개인 등으로 이동하면서 각 편찬 주체와 국어 교과서의 양상에 대해서도 생각해 볼 필요가 있을 것으로 보입니다. 특히 관찬 교과서의 경우는 편찬 주체가 명료하게 밝혀져 있지 않은 경우가 많습니다. 바로 그러한 점 때문에 교과서의 편찬 의도와 배경이 더욱 궁금해지기도 하구요. 단지 당시의 교과서가 국가 기획물로 구안되었다는 사실 정도로 교과서와 교과서를 통해 창출하고자 했던 국민이나 국가의 관계를 쉽사리 추론하는 정도입니다. 단적으로 1905년에서 1910년 시기에 학부에서 활동했던 학정 참여관 시데하라 다이라(幣原坦)와 미쓰치 츄조(三土忠造)의 교육관과 식민 담론이 초기 식민지 교육정책과 교과서에 반영된 양상만 보더라도 그러하니까요. 그러나 이렇게만 본다면 편찬 주체와 편찬 의도 그리고 그 결과물인 교과서를 너무 단선적으로, 일의적으로 파악하는 것은 아닌가 합니다. 연구자로서 다소 답답하기도 하고 한계도 느껴지기도 하는 부분이고요. 국어 교과서의 편찬과 편찬 권력과의 관계를 둘러싼 복합적이고 다층적인 맥락들을 불러내 재론할 필요가 있다고 생각됩니다.

이정찬 이 당시에 출간되었던 국어 교과서의 편찬 주체는 알려진 것보다는 베일에 가려진 것이 훨씬 많습니다. 여전히 우리는 학부 편집국에서 근무했던 관료들의 이력을 명확히 알지 못하고, 민간 교과서의 편찬자 역시 그 사실 관계나 이력을 정확히 알지 못합니다. 다만 현재까지 알려진 바로는 민간의 경우 '현채'와 그의 아들 '현공렴'

그리고 유길준, 장지연 등과 같은 주로 애국 계몽운동가들에 의해서 출간이 되었고, 학부의 편집국의 경우에는 조선인 관료들 외에 다카미 카메(高見龜)와 아사카와 마츠지로(麻川松次郎)와 같은 외국인들도 관여했던 것으로 보입니다.

강진호 사실 교과서가 간행될 당시의 관료가 누구인지는 알 수가 있죠. 『국민소학독본』이 간행된 1895년 8월에는 박정양이 내각총리였고, 이완용이 학부대신을 맡고 있었죠. 그리고 교과서 간행의 실무 담당인 학부참서관은 이상재가 맡고 있었죠. 그러다 보니 『국민소학독본』에는 이들 개화파 인사들의 세계관이 중요하게 작용한 게 아닌가 하는 추측이 가능한데, 실제로 이들의 입장이 중요하게 반영된 것을 볼 수 있습니다. 이들은 소위 '정동파'로 불린 친미개화파죠. 『국민소학독본』이 미국에 대한 지식과 정보로 채워진 것은 이들의 가치와 지향이 중요하게 작용했다는 것을 말해 줍

이상재(1850~1927)

니다. 그런데, 『신정심상소학』은 이와는 달리 친미적인 입장이 배제되고 대신 친일적인 입장이 강하게 드러나요. 이것은 1895년 10월 민비시해 사건을 계기로 친미·친러파가 몰락하고 대신 김홍집을 비롯한 친일파가 권력을 잡은 사실과 무관하지 않다고 생각합니다. 『신정심상소학』이 간행된 1895년 12월에는 김홍집이 총리를 맡았고, 학부대신은 서광범이 맡고 있었죠. 김홍집이 권력을 다시 잡은 뒤 시행한 대표적인 개혁이 태양력 도입과 단발령이죠. '건양(建陽)'이라는 연호를 1896년 1월 1일자(음력 1895년 11월 17일)로 사용하기 시작한 겁니다. 『국민소학독본』이 '朝鮮開國五百四年 梧秋'(1895.7, 음

력)로 간행일을 표시했다면, 『신정심상소학』에는 '建陽元年 2月 上澣'(1896년 2월 상순)으로 되어 있는데, 이는 곧 『신정심상소학』이 김홍집 집권기에 만들어졌다는 것을 말해 줍니다.

이렇듯 교과서가 간행된 시기의 정권 담당자는 알 수 있어요. 그렇지만, 구체적 실무를 누가 맡았고 편찬은 누가 했는지, 무엇을 참조했는지 등은 알기가 힘들죠. 존재를 실명으로 드러낼 정도로 근대적 의식이 형성되지 못했고, 또 직업에 대한 자의식도 미약했던 시절이었으니까요. 그러다 보니, 교과서 편찬 주체가 누구인가를 정확히 파악하지 못하고 단지 정권의 특성과 교과서를 연결해서 이해하는 경우가 많았습니다.

구자황 편찬 주체와 관련해서 문제적인 교과서가 『신정심상소학』이라고 봅니다. 이 교과서는 서문에 교과서의 편찬 배경과 단원 구성, 그리고 별도로 일러두기를 세세하게 밝혀두었습니다. 특별히 주목을 끄는 점은 일본인 다카미 카메(高見龜)와 아사카와 마츠지로(麻川松次郎)를 초빙해 교과서를 편찬했다는 대목입니다. 자료에 의하면 이 두 사람이 당시 교과서 개발 및 편찬에 참여한 것은 분명합니다. 그러나 이들의 역할이 어느 정도였는지는 자세히 알기 어렵고, 따라서 내용과 구성 체제 등에 미친 영향을 단언하기란 쉽지 않습니다. 그럼에도 불구하고 일본인이 참여했다는 이유만으로 이 교과서의 성격과 지향을 친일적으로 예단하는 경우가 있어 왔습니다. 물론 앞서 말했듯이, 이 교과서는 일본의 『심상소학독본』을 저본으로 한 것이어서 단원 구성 및 제재에서 비슷한 점을 쉽게 발견할 수 있습니다. 하지만 내용이나 삽화를 자세히 살펴보면, 단순 번역 혹은 그대로 베껴 쓴 것이 아니라 조선의 처지와 상황에 맞게 차용하고, 번안하고, 개변한 대목이 적지 않은 것을 알 수 있습니다. 차용과 번안의 대목만을 부각시킬 의도는 없으나 그렇다고 지나치게 과소평가해서

『신정심상소학』을 이식과 수용의 코드로 재단하는 것도 문제라는 점을 지적해두고 싶습니다. 이처럼 편찬 주체와 개발진 등은 교과서의 성격과 특성을 평가하는 요소이지만 단선적으로만 판단해서도 곤란합니다.

국어 교과서와 일본

사회 텍스트의 교차와 변용 문제에 대해 생각하다 보니 국어 교과서와 일본과의 관계에 대해 얘기하지 않을 수 없겠는데요. 근대 교육이 국가의 전면적 개입과 주도를 특징으로 했다는 사실은 일본의 근대 교육 형성기에서도 두드러지게 나타나고, 특히 근대 교육과 정치는 서로 분리해서는 생각하기 어렵다는 것은 우리는 물론 일본의 경우도 마찬가지이며 또한 우리의 교육은 일본과의 관계를 떠나서는 얘기하기 어려운 부분이 많습니다. 특히 식민 경험으로 시작된 우리의 근대 교육이야말로 정치적·국가적 성격을 극명하게 보여 주는 사례라고 할 수 있지요. 이 분야에서 지속적인 연구 성과를 내고 있는 허재영 교수는 1911년 조선총독부의 제1차 교육령 공포 이후 조선에서의 교육이 '조선어과를 제외하면 모두 일본어로 이루어진 교과서를 사용했다는 사실이 어떻게 가능했을까'라고 의문을 가졌고, 그에 대한 궁금증이 1905년 통감 통치와 교육의 관계를 고찰하면서 일정 부분 해소되었다고 말한 바 있기도 합니다(허재영, 2010). 결국 우리의 근대 교과서를 이해하기 위해서는 일본이라는 권력 주체를 피해 갈 수 없다는 것이지요. 거칠게 말하자면 우리의 근대 교육의 형성과 교과서의 편찬은 일본의 조선 식민 정책은 물론 일본이 대만이나 만주에서 실행한 식민 교육 정책과도 비교 고찰하는 것이 필요할 것으로 보입니다.

강진호 중요한 문제라고 생각합니다. 앞에서 『국민소학독본』과 일본 교과서의 관련성을 간략히 언급했는데, 우선 그런 영향과 수용, 변용의 과정을 사실적으로 파악할 필요가 있습니다. 사실 우리의 근대화 과정은 일본의 식민지 침략과 맞물려 있다는 점에서 일본을 배제하고는 논할 수 없는 문제지요. 그렇다고 식민지 근대화론을 지지하는 건 아닙니다. (웃음) 중요한 것은 근대화의 일반적 흐름 속에서 우리만의 독특한 근대화 방식, 곧 근대의 수용과 변용 양상을 파악하는 일이라고 봅니다.

구자황 저도 아직 많이 찾아본 건 아니지만, 구한말 교육과 일본인의 영향관계를 보면 대개 이런 의견이 일본 쪽에서 나옵니다. 가령 사와다 사토시(澤田哲) 같은 분은 『신정심상소학』(1896)의 총 97 단원 중 34 단원이 일본 문부성의 『심상소학독본』(1887)을 그대로 번역한 것이라고 하죠. [이 논문은 이나바 츠기오(稻葉繼雄)라는 학자가 연구한 구한말 교육 연구서를 번역한 『구한말 교육과 일본인』(稻葉繼雄, 2006)에 수록되어 있습니다.] 제가 검토한 바로는 저본을 압축한 내용으로 단원이 구성된 것과 그것의 비중은 맞습니다. 하지만 저본의 내용을 압축 서술했지만 그대로 번역한 것은 아닙니다. 단원의 제목과 제재가 같다고는 하나 부분적으로 발췌하였거나 차용 후 저본과는 사뭇 다른 관점으로 서술한 부분도 눈에 띕니다. 문제는 그렇지 않은 63단원, 즉 나머지 2/3의 내용은 조선 정부가 독자적으로 구성한 것인데, 이 부분에 대해서는 사와

『심상소학독본』(일본)

다(澤田哲) 같은 분이 언급하지 않고 있습니다. 학적 논증이 되려면 비슷한 부분이 얼마간 있다는 것만으로는 부족하지 않을까요? 나머지 단원이 보여 주는 독자성이나 차용과 번안의 변증법을 과소평가할 수는 없는 것입니다. 맥락은 다소 차이가 있지만요, 일제의 식민지배 초기 보통학교 취학률이 상승하는 현상을 두고 단지 총독부의 동화정책에 휘말려들었다는 평가는 일면적일 수 있습니다. 거기에는 피식민지인의 생존전략이라는 주체적 측면이 빠져 있기 때문입니다. 이 시기 언어와 교과서의 체제가 규범화되는 것 못지않게 중요한 점은 그 이면에 존재하는 교수학습의 주체와 동력의 문제입니다. 실제로 당시 교과서를 가지고 조선어를 가르쳤던 사람들은 대부분 조선어 교원들이었습니다. 그런데 자료를 보면 현장에서 이들의 문제제기는 생각보다 적극적이었고, 직접 부교재를 출판하거나 검정 교과서를 출원하는 경우도 찾아볼 수 있습니다.

사회 그렇습니다. 이 시기 교과서가 일본 교과서를 저본으로 했느냐 아니냐는 사실보다 더 중요한 문제는 저본에 대한 관점과 차용의 방식이라고 생각합니다. 당시 학부 및 통감부 관료들이 일본의 교과서를 어떤 관점으로 읽고 당대 조선의 현실에 맞게 재구성했는가를 추적하는 일이 중요하다고 봅니다. 이는 학부 편찬의 『국민소학독본』이나 『신정심상소학』뿐만 아니라 통감 통치 하에 편찬된 『보통학교 학도용 국어독본』(1907)의 경우도 유사합니다. 이 교과서 역시 일본의 국정1기 교과서인 『심상소학독본』(1904)을 저본으로 한 것으로 흔히 알려져 있습니다. 그러나 전체 단원에서 내용을 동일하게 가져온 단원은 전체 164단원 중에서 20% 정도에 해당하는 33단원 정도입니다. 풍문에 비해서는 적은 수치이지요. 나머지 3/4에 해당하는 분량은 통감부 하의 학부 교과서 편찬 관료들이 새롭게 쓴 단원들이죠. 또한 유사하다고 보이는 20% 정도의 단원들도 제재와 내용은 유사하지만 서술 분량을 축소하거나 확장하여 변화를 준 경우, 그리고 제재는 유사하지만 서술 관점을 다르게 한 경우들로 구분되지요. 이러한 차이는 단지 '인물'과 '환경'을 '조선식'으로 바꾸어 기술했다는 당시 일본인 교과서 편찬자들의 진술을 비판적으로 독해해야 할 필요를 보여줍니다. 교과서의 수용과 변용 현상은 퍼센트(%)를 '초과'해서 저본 텍스트와의 치밀한 비교와 독해가 요구된다는 것이지요. 이때 이들 일본인 교과서 편찬자들이 조선의 교과서를 편찬하는 동기와 목적에 대해서도 함께 생각해 보아야 하구요. 이들이 조선의 교과서를 편찬하면서 고려한 것은 조선의 정치 현실만은 아니었기 때문입니다. 그들은 조선의 식민 통치를 위해 파견된 일본 관료들이었기에 그들에게 중요한 것은 본국에 해당하는 일본 정치 중심 권력과의 관계, 그 속에서 자신들의 입지와 역할 등에 예민했다는 것이지요. 이 시기 교과서는 이러한 역학 관계 속에서 탄생한 것이지요.

이정찬 사실 저는 이 부분이 교과서의 출현은 물론 그 이면에 있는 교육의 논리와 체계 등을 이해하는 데 있어 매우 중요하다고 생각합니다. 일본에게 있어 근대 교육의 모델이 구미의 선진국이었듯이 당시 조선에게 있어 근대 교육의 모델은 일본이었습니다. 따라서 일본의 교과서를 참고하고, 일본인 관리 및 교관들로부터 교육의 문제에 직간접적으로 관여했던 것이 당시 상황이었습니다. 저는 이 점을 현실적으로 인정하고 보다 면밀히 고찰해야만 국어 교과서는 물론 교육 전반의 사항에 대해 그간 알지 못했던 사실 관계들을 조금이나마 명확히 할 수 있지 않을까 합니다. 일례로, 일본인 다카미 카메(高見龜)와 아사카와 마츠지로(麻川松次郎)를 보면 이들은 1895년부터 학부에 채용되어 한성공립소학교의 교사를 겸직하는 한편 한성사범학교 '속성과' 교육에 쓰일 교과서를 번역하고, 소학교용 교과서 편찬 작

업에 관여하였습니다. 이미 알려진
바와 같이 이들은 학부에서 출간된
『심상소학』 외에도 『小學萬國地誌』
를 편역하였고, 아관파천 이후 헐버
트(H. B. Hulber)가 부임할 때까지 한
성사범학교에서 학생들을 교육하였
습니다. 이는 조선이 근대 교육의 구
체적 상을 형성하는 데 있어 두 명의
일본인이 적지 않은 영향을 끼쳤다
는 것을 반증합니다. 따라서 이들의
행적과 이력에 대한 보다 면밀한 자
료 조사가 선행되어야 할 것입니다.

『소학 만국지지』

국어 교과서와 근대적(표준적) 지식

사회 지금까지 국어 교과서를 둘러싼 주변 상황에 대해 이야기를 나
누었는데요. 이제, 국어 교과서의 내부로 좀 들어가 볼까요? 이 시기
국어(과) 교과서에서 일부만 살펴보더라도 내용 양상이나 지식 체계
가 오늘날의 국어 교과서와는 매우 다르다는 것을 알 수 있습니다.
근대 지식인들의 지식 담론 수용과 인식을 살펴보고자 할 때 가장
손쉬운 방법 중 하나는 근대 학교의 교과목을 살펴보는 것입니다.
특히 1894년 갑오개혁 이후 등장한 근대 학교는 서당이나 서원을
중심으로 한 전통적인 교육기관과는 전혀 다른 방식으로 근대 지식
을 습득하고 전파하게 했지요. 각급 학교의 목적과 대상에 따라 교과
목의 깊이는 달랐겠지만 대부분 수신, 독서, 작문, 습자, 산술, 지리역
사, 체조 등 실용적인 과목으로 구성되어 있었지요. 1895년 고종의

'교육입국조서'에 따라 구체화되기 시작한 지·덕·체(智德體)론이나 1900년대를 전후하여 다양하게 나타났던 지·정·의(知情意)론 등은 지식을 체계화하고 범주화하려는 시도들이었으며 구체적 양상이 교과목이나 교과서를 통해 구체화되었던 것이지요. 개화기 국어과 교과서가 근대 지식을 어떻게 인식하고 범주화하였는가를 살펴보는 것은 국어과 교과서와 근대 지식의 관계에서 매우 중요한 문제라고 할 수 있습니다. 어떻게들 생각하시는지요?

이정찬 저부터 말씀 드려 보겠습니다. 국어 교과서에 나타난 근대적 지식을 한마디로 단정하기란 참으로 어려운 듯합니다. 아시다시피 다루는 주제와 내용이 매우 다양하고 또한 그것들 역시 어떤 일관성을 갖는다고 보기에도 어렵습니다. 다만 제가 주목하는 것은 새로운 혹은 근대적 시간에 대한 관념입니다. 태양력은 태양과 지구의 운동 주기를 기준으로 만든 천문학적인 시간개념입니다. 이는 우리에게도 절기(節氣)와 같은 방식으로 이미 존재했던 것입니다. 그러나 7일을 기준으로 한 주를 구획하는 것은 천체의 운동과는 무관한 기독교적인 발상입니다. 이런 서구의 달력이 도입되기 전 사람들은 대개 5일 장과 같은 생활의 관습에 따라 주기를 인식했습니다. 사실 그 5일 장이라는 것도 주기만 있을 뿐 세부 날짜는 지역마다 다르기 때문에 지역마다 다른 생활의 주기를 갖는다고 보는 것이 더 적절한 듯합니다. 그러나 서구의 달력이 도입됨에 따라 사람들의 삶

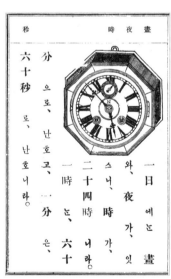

「시계」(『초등소학』, 국민교육회)

이 획일적으로 변화하였고, 이는 특히 일요일에는 문을 닫는 관공서와 학교 등을 통해 더욱 확산되는 계기가 되었습니다. 또한 이 당시 교과서에 언급된 시계에 대한 설명에서도 알 수 있듯이 기존의 비교적 포괄적이고 모호한 일상의 시간관념은 시계가 도입됨에 따라 분초 단위로 구획하는 방식으로 변했습니다. 이는 특히 학교 및 관공서 그리고 열차 시간표 등에서 더욱 잘 나타납니다. 제가 재밌게 읽은 당시 신문 기사에는 시골 양반이 열차를 타기 위해 여유롭게 역에 도착했지만 열차는 이미 제 시간에 출발하여 기차를 놓쳤다는 이야기가 있었습니다. 여기서도 알 수 있듯이 7일 주기의 달력, 그리고 분초 단위로 구획된 시계의 도입 등은 새로운 시간관념을 내재화하도록 유도하였고 이는 개개인의 삶의 방식에 변화를 유도했다고 할 수 있습니다.

이처럼 지식이란 단순히 어떤 것을 '안다'는 차원에 머무는 것이 아니라 그러한 앎을 공유하는 사람들의 삶과 인식을 특정한 방식으로 유인하는 힘을 가지고 있습니다. 아마도 근대지를 보급하고 확산하고자 했던 당시의 지식인들은 이런 본질적인 측면을 충분히 인식하지 않았나 싶습니다.

구자황 그렇군요, 교과서마다 시계 보는 법이 빠짐없이 나오는 이유가……. (웃음) 그런데 저는 교과서가 분화되어 가는 양상을 재밌게 봤습니다. 그러니까 처음에는 『국민소학독본』이었잖아요. '소학'이란 게 원래 동양에서는 연령을 구분하기도 하지만 수준을 구분 짓는 것이라고 보면, 국민들이 갖춰야 할 기초적인 지식을 묶은 공통교과서, 뭐 이쯤 될 겁니다. 그런데 점차 국민에서 특정 집단이나 계층을 대상으로 교과서가 분화되는 걸 알 수 있습니다. 여자를 대상으로 한 『여자독본』, 노동자를 대상으로 한 『노동야학독본』, 아동이나 부녀자를 대상으로 쓴 『부녀독습』, 『유년필독』 같은 교과서가 나오죠.

이것은 만드는 사람이 지식의 위계와 수준을 나누고 동시에 독자를 상정한다는 것을 의미합니다. 예를 들어, 정부가 만드는 교과서는 흔히 보통학교용, 고등(중학)용, 여자고등(중학)용 같은 학교 급으로 세분화되고, 민간에서 편찬하고 유통되는 교과서는 농민, 노동자, 어린이 같은 집단을 대상으로 나뉩니다. 시기적으로는 좀 더 나중에 나오는 문학 관련 교과서는 문예, 문학, 작문 같은 이름을 별도로 붙여 출판되곤 합니다. 말하자면 근대지의 공통항 혹은 표준적 지식이 집단이나 성별 혹은 내용에 따라 점차 분화되고 심화되면서 위계화되는 과정을 유추할 수 있다는 점에서 흥미로운 대목이 아닌가 싶습니다.

강진호 저는 교과의 내용이 대부분 계몽적이라는 것을 말하고 싶군요. 다 아는 사실이지만, 개화기 교과서는 대부분이 근대 사회로 나가기 위한 서구 지식을 주된 내용으로 하고 있죠. 『국민소학독본』이라든가 『신정심상소학』 등에서 볼 수 있는 서구의 문물과 지식, 지리와 환경, 생활과 문화 등은 교과서를 간행한 당대 정부 인사들의 가치와 지향을 담은 것이라 하겠습니다. 이런 지식 내용들이 중요한 것은 전근대에서 근대로 지식의 패러다임을 바꾸어 놓았다는 것이죠. 이제 과거의 유교는 더 이상 권위를 행사하지 못하게 되고 대신 과학과 경험, 특권보다는 평등한 권리와 가치가 주목된 것이죠. 근대 교과서를 통해서 유입되고 확산된 이런 경향은 인간의 존엄과 평등, 자유권을 강조하는 근대인의 형성에 중요하게 기여했다고 봅니다. 근대적 개혁에 의해 양반 자제들만을 대상으로 했던 조선시대의 교육이 전 국민을 대상으로 한 교육으로 변했듯이, 교과서의 지식 내용은, 전근대적 신민(臣民)이 아닌, 서구와 같은 문명강국이 될 수 있다는 낙관적 신념을 보유한 근대 주체를 양성하는 데 중요하게 기여했다고 봅니다.

국어 교과서와 제재 유형(장르의 형성과 관습)

사회 그렇다면 텍스트의 내용은 텍스트의 형식과 어떤 관계를 맺을까요? 국어 교재사의 관점에서 보자면 모든 언어 자료가 국어교육의 재료가 될 수 있습니다. 그렇다고 일상의 모든 언어 자료를 모두 국어교육의 교재로 끌어안을 수는 없는 것이지요. 다양하고 방대한 언어 자료들 중에서 국어 교과서에 선정될 수 있는 자료는 한정될 수밖에 없기에 교과서의 집필과 검정, 선정 과정에서도 제재의 선정과 배치를 중요하게 고려하는 것이지요. 윤여탁 외(2006가, 나)는 개화기 국어 교과서에 수록된 제재들의 유형이 주로 격언, 고사성어, 기행문, 논설문, 서사, 설화, 설명문, 속담, 수필, 전기, 편지 등이라고 분석한 바 있습니다. 국어 교과서가 서간문이나 기행문, 서사, 전기, 설명문, 논설문 등의 장르를 어떻게 인식하고 호명하고 있는가는 '지식' '담론', '글쓰기' 등 당대 사회 문화의 소통 방식 등과 관련해서 중요한 문제라고 생각합니다. 이정찬 선생님께서 먼저 풀어주시면 좋을 듯합니다.

이정찬 사실 이 문제는 매우 복잡한 문제입니다. 잠시 전통적인 한문학에서의 양식을 생각해 보죠. 흔히들 '설, 논, 책' 등과 같은 것을 떠올릴 겁니다. 이는 상당히 격식적이며 관습적인 구분으로 지금의 '설명문, 논설문' 등과 같은 의사소통의 '목적'에서 기인한 구분과는 확연히 다른 것이었습니다. 사실 서양의 수사학에서도 의사소통의 목적에 따라 글의 양식이나 장르를 구분한 것은 18세기 이후의 일입니다.

저는 글(文)에 대한 배수찬 선생의 정의를 잠시 인용하면서 말씀을 이어갈까 합니다. 배수찬 선생은 글이란 '특정한 세계 인식에 구조적으로 상응하는 문장 조직'이라고 했습니다. 가령 우리가 '논설문'을 쓴다고 가정한다면, 우리는 그것의 전형적인 방식—서론(문제제기), 본론(논의), 결론(요약 및 정리)—으로 글을 쓸 것입니다. 그러나 사실 이런 방식의 설득적 글쓰기란 근대 이전에만 해도 매우 이질적이며 예외적인 글쓰기 방식이었습니다. 서론-본론-결론의 설득적 구성 방식은 아리스토텔레스의 『수사학』에서 체계화된, 청중들의 관심을 유도하고 그들로 하여금 화자의 말을 '사실 임직한 것'으로 인식하도록 유도하는 상당히 인위적인 설득의 방식이었습니다. 반면 전통적인 설득 유형의 글인 '설' 양식은 기-승-전-결의 방식으로 이는 구체적인 사건이나 일화(실제든 허구이든)에서 보편적이고 추상적인 가치를 발견하고 이를 확인하는 것으로 되어 있습니다. 이러한 구성은 기본적으로 성리학에 기반을 둔 것이었습니다. 성리학에서의 인간 지(知)의 확장이란 구체적인 현상이나 사건, 사물에 대한 인식(格物-致知)에서 출발하여 개인적 수양(誠意-正心-修身)을 거쳐 사회적인 실천의 장(齊家-治國-平天下)으로 발전하기에 중세인의 사고 유형에서는 기-승-전-결 같은 구성 방식이 자연스러운 것이었습니다.

　제가 조금 장황하게 이런 말씀을 드리는 것은 바로 이 당시 교과서에 사용된 많은 글 유형들이, 지금의 국어 교과서는 물론 사회 일반에서도 보편적인 것으로 인식되고 있지만 사실 이런 글 유형들은 대개 전통에는 부재한, 이 당시에 새롭게 등장한 유형이라는 것입니다. 따라서 그 전달하고자 하는 메시지가 무엇이며 이는 어떤 방식으로 전달이 되었고, 그는 궁극적으로 어떤 인식 과정(혹은 사고 유형)을 전제로 하고 있는지 등을 보다 면밀히 살펴볼 때 새로운 장르의 형성에 따른 의미를 본질적으로 고찰해 볼 수 있지 않을까 합니다.

강진호 저는 문학 특히 '서사'의 측면에 주목해 보고 싶습니다. 우리 근대 교과서에 '서사'가 처음 등장한 것은 『국민소학독본』에서입니다. 물론 문학적 서사는 아니고 역사상의 인물이나 가상의 인물을 통해서 교훈을 전달하기 위한 서사이지만, 여하튼 서사를 중요하게 활용한 것을 볼 수 있습니다. 그런데 『신정심상소학』에 오면 한층 적극적으로 서사가 수용되고 활용되었습니다. 전체 단원의 40% 가까이가 서사(경험적 서사와 허구적 서사)로 되어 있는데, 이는 사실 일본의 『심상소학독본』을 적극적으로 참조한 결과로 이해됩니다. 그런데 이 과정에서, 앞서 구자황 선생이 말한 것처럼, 일본의 서사를 그대로 받아들인 것이 아니라 우리 식으로 받아들였습니다. 일본 교과서와 비교하자면 『신정심상소학』의 서사는 묘사와 구성이 빈약하고 대신 주제가 두드러지는 것을 볼 수 있습니다. 당시 일본에서는 문학이 제도적으로 정착된 상태였기에, 서사는 문학 장르의 하나로 이해되었으나 조선에서는 아직 그런 인식과 제도가 존재하지 않았습니다. 그래서 『신정심상소학』에 수록된 서사는 전통적인 문학의 관점에서 활용된 것을 알 수 있습니다. 문이재도(文以載道)의 관점이죠. 그런데 주목할 점은 이런 모방과 수용이 곧 근대적 제도의 도입과 연결된다는 사실입니다. (근대)문학이란 사실 제도이지요. 가라타니 고진의 말을 빌리자면, 제도로서 (근대)문학은 지각 양태의 전도, 곧 기존의 도덕관에 바탕을 둔 시선의 전복을 통해서 가능합니다. 『신정심상소학』에서는 아직 그런 점을 볼 수는 없지만, 이솝우화라든가 근대적 서사를 수록하는 과정에서 무의식적으로 근대적 제도를 받아들였다는 것은 중요하게 봐야 할 대목입니다. 이 제도에다 내실을 채우면 근대문학이 성립하는 것이니까요.

구자황 서사의 도입과 그 성격이 중요하다는 말씀에 동의합니다. 그런 점에서 근대 교과서의 우화 수용만 보더라도 적잖은 쟁점이 숨어 있는 것 같습니다. 사실 우화의 수용은 일본의 이솝 우화가 중역되는 형국이지요. 하지만 재밌는 것은 우화를 통해 전달하고자하는 미덕의 강조점이 각각 한일 교과서에서 조금씩 다르다는 점입니다. 근대 초기 교과서에는 허구적 서사가 거의 보이지 않는다는 것도 흥미로운 현상입니다. 교과서에 노래(창가, 동요 등) 혹은 근대시가 수록되는 시점에도 소설은 좀체 등장하지 않거나 훨씬 뒤에 수록됩니다. 어떤 경우엔 지금의 소설이 수필이라는 이름으로 수록되곤 하는데 당시 표준적 지식에 활용된 제재 가운데 소설의 위상이 상대적으로 낮았다는 점을 반증하는 것이 아닐까 싶습니다. 물론 1920년대 이후로 가면 이른바 문학, 특히 소설의 시대가 활짝 열리긴 합니다만.

저는 제재와 관련해서 서간의 재발견과 기행문 현상을 주목해야 한다고 봅니다. 아시다시피 식민지 조선의 근대는 우정 제도의 혁신과 근대의 아이콘으로 상징되는 철도의 등장을 꼽을 수 있잖습니까? 근대 우정 제도는 의사소통의 매체와 방식을 획기적으로 바꾸어 놓았는데, 최소한의 의사소통을 위해 필요한 게 전보나 편지와 같은 실용문 이해능력이었습니다. 간단한 형식에 최소한의 내용을 담을 수 있는 새로운 문자소통방식, 즉 서간문은 전근대적인 틀을 응용하여 근대의 내용과 방식을 활용할 수 있는 당시 최고의 매체였습니다. 오늘날로 치면 인터넷의 등장이나 SNS의 활용 정도로 비유할 수 있겠죠. 따라서 전근대적 체제와 형식을 쓰던 척독을 근대적 편지 작성 방식과 예문으로 구성하는 단원이 교과서에 자주 등장하곤 합니다. 마찬가지로 이 시기 근대화의 첨병으로 등장한 철도는 자원의 이동뿐만 아니라 식민지 조선의 지리 감각과 삶의 방식을 재편했습니다. 이에 따라 학생들은 수학여행을 가게 되고, 예전에는 말로만 듣던 조국의 산하를 직접 찾아가 거기서의 풍경과 정서를 표현하게 되었습니다. 근대 초기 교과서는 이런 종류의 기행과 감상이 빈번하게 단원으로 구성되었고, 개인의 정서를 적극적으로 표현하는 장르의 관습으로 정착되어 가는 것을 볼 수 있습니다.

국어 교과서와 문체

사회 이 시기 교과서를 공부하다 보면 자국의 문자가 국문으로 통용될 역사적·사회적 조건이 미성숙했던 상황에서 다양한 근대 지식이 유통되다 보니, 제도문화의 기초로서, 제도 교육의 수단으로서 언어 문제가 새롭게 각성되지 않았을까 하는 생각이 듭니다. 다들 잘 알고 계시듯, 이 시기는 그 이전까지 유일한 표기 수단으로 인식되었던 한자가 부정되면서 새로운 표기 방식의 당위성이 제기되던 때였으니까요. 자국어와 근대 민족 국가의 형성은 불가분의 관계이긴 하지만 우리의 경우는 신문물과 신지식의 급격한 도입, 자주 독립 국가 건설이라는 국가적 과제 앞에서 민족 언어의 모색은 더욱 긴급했던 것으로 보입니다. 특히 모든 법률, 칙령을 한문, 국한문, 국문으로 발표한다는 '칙령'이 공포(1894)된 이래, 유길준의 『서유견문』을 비롯하여 ≪독립신문≫의 사설과 투고, 각종 학회지 등에서 표기 방식에 관한 논쟁이 이어졌다는 것은 널리 알려져 있는 사실입니다. 이들 논의의 대부분이 당시까지 지배적으로 사용되었던 한문체에 대한 새로운 표기 체계의 필요성을 주장하고 있었고요.

≪독립신문≫ 제1호

그런데 언어에 대한 각성과 표기 방식과 체계에 대한 인식의 변화는 무엇보다 근대 학제와 그에 따른 교과서 편찬이라는 정책 현상과 긴밀하게 결부된 것이었습니다. 학제로부터 소외되었던 대중들에게 새로운 지식과 정보를 공유할 기회를 마련해 주기 위해서 교과서 편찬은 매우 중요한 사업이었지요. 이를테면,

개화기 교과서는 국권수호를 위한 자주 독립 사상의 고취 및 근대적 지식의 보급과 수용을 위한 주요 수단이었으며, 교과서의 언어는 그러한 목적을 위해 효과적으로 수행할 수 있도록 고안될 필요가 있었지요. 한문체, 국한문체, 국한문 병용체, 부속 문체 등과 같은 문자사용 방식은 국어 교과서의 기술 언어와 목표 언어에 대한 언중의 고민, 또한 단순히 사용하는 문자가 한자냐 한글이냐를 넘어서 문장 수준에서 말과 글이 어떻게 규범화, 표준화를 이루어갈 것인가에 대한 다양한 논의와 시도의 모색이었으니까요. 유길준이 국한문체 기획을 비롯하여 근대적 지식 유통에 필요한 언어란 과연 어떠해야 하는가에 대한 고민을 이 시기 교과서의 언어를 통해 생각해 보는 것은 매우 중요하다고 생각합니다.

강진호 예, 중요한 문제라고 생각합니다. 제가 문체에 대해서 깊은 관심을 갖고 연구해 보지 않아서 이론적으로 설명하기는 힘들지만, 『신정심상소학』을 보면서 문체에 대해 고민해 본 적이 있습니다. 학부 간행의 초기 교과서 세 권(즉, 『국민소학독본』, 『소학독본』, 『신정심상소학』) 중에서 유일하게 '서문'이 붙어 있는 책이 『신정심상소학』이죠. 서문에는 문체에 대한 당대의 고심이 담겨 있는데, 다음과 같은 구절이 나오죠. "천하만국의 문법과 시무의 적용흔 자를 依樣ㅎ야 혹 물상으로 비유ㅎ며 혹 畵圖로 형용ㅎ야 국문을 상용흠은 여러 아해들을 위션 깨닷기 쉽게자 흠이오 점차 또 한문으로 進階ㅎ야 교육 흘거시니…" 이 구절은 언문(한글)을 통한 교육이 중요하지만 그것은 어디까지나 "여러 아해들을 위션 ᄭᆡ닷기 쉽고자 흠"에 목적이 있다고 합니다. 말하자면, 언문의 사용은 아이들이 일상적으로 사용하는 말이기 때문에 쉽게 지식을 전달할 수 있다는 이유에서이고, 궁극적으로는 그 단계를 지나 한문 교육으로 나가야 한다는 견해입니다. 언문을 필요한 문자로 인정했지만 근본은 한자에 있었죠. 그런 사실은 1890년 당시 미국인 선교사가 설립한 학교였음에도 불구하고 배재학당에서 '한문'을 큰 비중으로 교육했던 데서도 드러납니다. 말하자면, 대중들에게 근대 지식과 정보를 제공하기 위해서는 그들이 쉽게 알 수 있는 한글을 사용해야 한다고 생각은 했지만, 의식의 심층에는 여전히 전통적인 한문을 사용해야 한다는 보수적인 문체관이 자리 잡고 있었던 거죠. 당시 간행된 거의 대부분의 교과서가 국한혼용의 문체로 되어 있는 것은 그런 사실과 관계될 것입니다.

이정찬 이 당시 문체에 대한 논의들은 기존에도 많이 있었지만 대체로 표기방식에 초점을 두고 진행되었습니다. 국문체에 대한 인식의 변화와 한문체의 해체, 그리고 시류 문체로서 새롭게 등장한 국한문체는 분명 중요한 의미를 가진다 할 수 있습니다. 선생님께서 언급하셨던 것처럼 문체 사용은 분명 그 사용층의 특정한 의도와 목적을 담고 있습니다. 따라서 특정 문체를 사용한 사람들에 대해서 살펴보는 것이 매우 중요하겠지요. 다만 저는 야마모토 마사히데(山本正秀)의 『근대문체 발생의 사적 연구』와 같이 한문체의 해체에서 현대적 문체의 발생까지의 일련의 과정을 구체적인 자료를 통해 보여 주는 그런 연구가 있었으면 어떨까 하는 생각을 해 봅니다. 지금의 많은 연구들은 대체로 특정 시기와 자료만을 한정하고 있기 때문에 통시적으로 그 과정 전체를 조망할 만한 연구들이 매우 부족하기에 많이 아쉽다는 생각이 듭니다.

국어 교과서 연구의 과제

사회 선생님들과 이야기를 나누면서 사회 문화적 현상으로서 교과서의 위상과 역할에 대해 다시 한 번 생각해 보게 됩니다. 물론 교과서는 학교 현장에서 교수 학습의 가장 기본적인 매개체로 기능하는 것은 분명합니다. 그러나 범위를 조금만 확장해 보면 교과서가 교육 권력의 정책과 이념에 따라 구안된 표준적인 지식을 보급·재생산하는 기능을 행사하는 매체라는 사실을 재삼 인식하게 됩니다. 그리고 그 과정에서 '국어 교과서와 국민 만들기'라는 테마는 개화기 국어 교과서의 공식적인 성격이자 콘셉트로 자연스럽게 정착되어 온 것으로 보입니다. 물론 일반적인 의미에서 이 테마에 대해 부정하기는 어렵습니다. 그러나 여기에는 해결해야 할 과제들도 적지 않다고 생각됩니다. 국민에 대한 상상이 그렇게 매끈하고 단일한 모습으로 구축되지는 않으니까요. 더구나 이 시기 교과서는 다른 시기에 비해 지식과 권력, 제도 등이 복잡하게 혼종되어 서로 교차하면서 영웅이나 여성, 아동에 대한 인식은 물론 풍속이나 문화, 관념 등에 이르기까지 다층적인 담론으로 나타나고 있습니다. 따라서 다양한 개화기 국어 교과서들이 각각 어떻게 개인, 가족, 국가, 국민을 상상하고 기획하고 있는가에 대해서는 보다 미시적인 접근이 필요하다고 봅니다.

강진호 우리가 오늘 언급한 개화기는 조선 사회를 지배해 온 유교문화가 서구문화를 만나 새롭게 내용과 형체를 바꾸던 시기입니다. 자연히 개화기의 사회 변화는 유교문화를 기반으로 해서 유교와의 상호 연관 속에서 이루어지는데, 그동안 개화기 교과서 연구는 이런 측면을 외면해 왔습니다. 주로 근대화의 측면에만 관심을 두었고, 그러다 보니 전통과의 연관성에 대해서는 별 관심을 두지 않았죠. 개화기 교육은 조선시대 전통교육과의 단절 속에서 이해되면서 개화기 교재에서 목격되는 유교적 요소들은 외면되었는데, 그와는 달리 근대 교과서는 전통 교과서를 적절하게 변형하고 조정한 바탕 위에서 만들어진 것을 알 수 있습니다. 이를테면, 근대 교과서란 단순한 서구의 모방이 아니라 우리의 전통적인 교육을 근대적 현실에 맞게 조정하고 변용(變容)하는 과정에서 탄생했다는 것이죠. 그런 견지에서 향후 개화기 교과서 연구는 이런 교육사적인 맥락을 염두에 두면서 진행되어야 할 것입니다.

구자황 최근 한국 사회를 달군 키워드 가운데 하나가 '교과서' 아닐까요? 역사 교과서를 둘러싼 논란을 자세히 들여다보면 그 핵심에 국정(國定)/검정(檢定) 문제가 자리하고 있습니다. 근대 초기 교과서는 이런 논란의 기원을 보여 줄 뿐만 아니라 해결의 실마리를 제공하는 지점이기도 합니다. 일본은 메이지 이후 검정제도를 통해 수립된 교과서 정책을 국정으로 전환하면서 그 제도와 실험을 대만, 한국, 만주 등 식민지 교육에 적용시켰습니다. 근대 초기 교과서는 이러한 일제의 제도와 이념은 물론 교과서 규범(내용, 구성, 체제, 문체 등)에 영향을 받으면서 지속적인 차용과 번안을 거듭하죠. 그런 점에서 교과서 안팎에 대한 연구는 근대 문학의 외연과 다르지 않고, 근대 문학의 기원과 형성에서 그리 멀리 있는 게 아닙니다. 특히 거듭되는 교과서의 개발과 변모 속에서 이른바 정전(正典, canon)이 형성됩니다. 중요하다고 평가받고, 그래서 가르쳐야 할 대상이 되지만 사실 정전은 저절로 형성되는 게 아닙니다. 어느 시기에 어떤 맥락에 의해 발명되는 것이죠. 교육의 장에서, 선별된 교육 정전을 발명하고 계승한다고 할 때, 그 육체에 해당하는 텍스트가 바로 교과서입니다. 교과서 연구는 교과서의 정전화 과정을 텍스트 안팎에서 조명하는 일이 병행되어야 할 것입니다. 더욱이 이러한 정전화 과정이 해방 이후에는 연속되는 측면도 있지만 단절되는 측면도 갖고 있어 해방 이후 교과서 연구까지도 주목할 필요가 있습니다.

이정찬 두 선생님의 말씀처럼 교과서 연구는 이제 그 외연을 넓힐 필요가 있다고 봅니다. 다만 저는 문화사적인 측면에서, 그리고 교육사적인 관점에서 실제 이런 교과서들이 교육 현장에서는 어떻게 활용되었는지, 즉 구체적인 교실 상황에 대해 살펴볼 필요가 있다고 봅니다. 교과서는 교육 현장에서 활용되는 중요한 교구(敎具)입니다. 따라서 그것은 교실이라는 물리적 공간, 교사와 학생이라는 수업 주체들 속에서만이 보다 실제적인 의미를 가지며, 이를 전제로 할 때 교과서의 역사적 혹은 사회문화적 의의를 보다 깊이 있게 조망할 수 있다고 생각합니다. 물론 기존에는 이런 실상을 파악할 만한 자료들이 매우 부족했던 것도 사실입니다. 그러나 당대의 신문과 잡지, 그리고 개인의 기록 등을 참조하면 일부 이와 관련된 내용들이 남아 있습니다. 이것들을 잘 모아서 체계적으로 정리한다면 기존에 간과했던, 교과서를 매개로 이루어졌던 교육 현장의 모습을 조금이나마 복원할 수 있지 않을까 싶습니다. 그렇다면 보다 심층적인 교과서 연구 나아가 교육사 및 문화사에 대한 연구가 진행될 수 있지 않을까 하는 생각을 해 봅니다.

사회 선생님들과 이야기를 나누다 보니 시간 가는 줄도 몰랐네요. (웃음) 이야기를 마무리해야 할 듯싶습니다.

구자황 시간이 벌써 이렇게 되었나요. (웃음) 지난 3년간 이 문제들에 대해 함께 공부하면서 얘기를 많이 나누었는데도 여전히 '거리'가 많다는 건, 앞으로도 할 일이 많다는 것이겠지요. (웃음)

이정찬 어깨가 무거워지는데요. (웃음)

사회 오늘 논의에서 보다 확연하게 알 수 있었듯이, 식민화와 근대화가 중첩되어 진행된 한국의 경우 교과서를 교실 현장에서 사용되는 교육의 매개체만으로 접근하는 것은 한계가 있습니다. 최근 한국 사회를 뜨겁게 달구고 있는 오늘날 교과서 검정 제도와 그에 따른 혼란은 교과서가 교육을 초과하는 지평 속에 있다는 생각으로 다시 한 번 이끌고 있는 듯합니다. 이런 점에서 근대 연구와 관련하여 '국어(과)' 교과서는 국민 국가와 교육, 언어라는 구도 속에서 읽혀야 한다는 것이 우리 작업의 핵심이 아닐까 합니다. 국어(과) 교과서는 언어(문체)라는 핵심적인 문제 외에도 아동, 남성, 여성, 노동자, 국민 그리고 위생, 시간, 근면, 지리, 지식, 국가, 권력 등 근대적 주체의 형성에 관여하는 많은 키워드를 내장하고 있습니다. 교과서는 교육, 문화, 사회, 정치, 역사 등 근대의 창(窓)인 셈이지요. 그에 비해 연구 성과는 아직 일천한 편이기 때문에 앞으로 더욱 다양하게 그리고 지속적으로 교과서를 읽을 필요가 있습니다.

저희의 이번 작업이 소박하지만 근대를 성찰할 수 있는 새로운 시각이 될 수 있기를 기원합니다. 바쁘신 시간에도 불구하고 시간을 내주셔서 좋은 이야기를 들려주신 세 분 선생님 진심으로 감사드립니다. 앞으로도 계속해서 교과서 연구에 힘을 쏟아주시기를 기대하면서 오늘 좌담을 마치겠습니다.

근대 국어 교과서를 읽는다 제1부

전통과 근대

'국어' 교과서의 탄생과 근대 민족주의

: 『국민소학독본』(1895)을 중심으로

강진호(성신여자대학교 국어국문학과 교수)

1. 교과서의 탄생

이 글은 '국어' 교과서가 어떻게 탄생하고 내실을 갖추게 되었는가를 최초의 근대 교과서로 평가되는 『국민소학독본』(1895)을 중심으로 고찰하였다. 여기서 '탄생'이란 단순한 출현과 신생을 뜻하지는 않는다. 탄생은 여러 요인들의 결합과 융합의 산물이고, 구체적으로는 제도와 이념과 주체 등의 문제와 실타래처럼 엉켜 있는 것이기도 하다. 그러기에 '국어' 교과서의 탄생을 말하기 위해서는 우선 '국어' 교과서란 무엇인지 정의되어야 하고, 한편으로는 교육의 제도와 이념, 편찬의 주체 등이 논의되어야 한다. 또한 우리나라 근대 교과서의 역사는 일제의 침략과 더불어 시작되었다는 점에서 일제의 식민주의 문제도 함께 살펴보지 않을 수 없다. 그렇기에 이 주제는 근대 교육사에서 국어 교육의 형성 과정을 묻는 일이자 동시에 교육제도와 이념의 문제를 탐구하는 것이기도 하다. 그런 견지에서 논의의

범위를 제한할 수밖에 없는데, 여기서 특히 주목하고자 하는 것은 근대 민족주의와 『국민소학독본』[1]의 탄생 과정이다.

민족주의는 '국어' 교과서를 탄생시킨 핵심 요소라 할 수 있다. 그 것은 '국어' 교과서가 우리 민족이 공통으로 사용하는 말과 문화를 대상으로 해서 만들어지는 과목인 까닭이다. 국어과 교육과정의 앞 머리에 제시되어 있듯이, '국어'는 '한국인의 삶이 배어 있는 국어를 정확하고 효과적으로 사용하는 능력을 기르고 국어를 창의적으로 사용하여 국어 발전과 국어 문화 창달에 이바지하고, 건전한 국민 정서와 미래 지향적 공동체 의식을 함양'하는 것을 목표로 한다.[2] 말하자면 우리의 말과 문화에 대한 자각적 의식과 활동을 전제하는 과목이 '국어'이다. 그런데 말과 문화는 민족주의의 문화적 산물이라 는 점에서(베네딕트 앤더슨, 2002: 183), 근대 이전에는 '국어'라는 과목 자체가 존재할 수 없었다. 우리말에 대한 자각이 없었고 우리의 현실 과 생활에 대한 자의식이 근대 이전에는 존재하지 않았기 때문이다.

실제로 조선시대 성리학 교재이자 어린이용 교과서로 널리 읽혔 던 『소학(小學)』은 주희(朱熹)에 의해 임의로 선정된 『논어』, 『맹자』, 『예기』 등을 주된 내용으로 하는 동양 보편의 교과서였다. 조선에서 『소학』은 성리학이 정착되는 16세기에 사림파 학자들을 중심으로 강조되었는데, 조광조는 그것을 사회 개혁의 수단으로 널리 보급하 였다. 16세기의 김안국은 『소학』을 한글로 번역한 『소학언해』를 발 간하였고, 19세기 박재형은 『소학』의 일부를 발췌해서 『해동소학』을 간행하였다. 당시 『소학』은 동양 보편의 진리로 수용되었지 결코 비 판과 부정의 대상이 되지는 않았다. 『소학』은 만인의 교과서였고, 그런 사실은 『국민소학독본』이 간행된 19세기 후반까지도 크게 변

---

1) 學部 編輯局, 『國民小學讀本』, 大朝鮮開國五百四年 梧秋(1895.7).
2) 『국어과 교육과정』(교육과학기술부 고시 제2011-361호), 2011.8, 3쪽.

하지 않았다. 그러다가 갑오개혁 이후 근대화가 본격화되면서 민족에 대한 자각이 이루어지고, 국가와 국어에 대한 관념이 형성되면서 우리 현실을 내용으로 하는 '국어' 교과서가 탄생한 것이다.

『국민소학독본』이 '국민'이라는 말을 표제에 달고 있는 것은 그런 민족주의적 흐름과 연결 지어 볼 수 있다. 『국민소학독본』에서 사용되는 국민이 서구적인 의미의 국민(nation)과 일치하는 것은 아니지만, 재래의 신민(臣民)과 구별되는 근대적 지향을 담고 있는 것은 분명하다. '국민'이라는 말은 갑오개혁 이전부터 이미 박영효, 유길준 등에 의해 사용되어 국가의 거주민이자 정부 수립의 주체로 인식되었었다. 이들의 주장에는 국민의 권리에 대한 언급이 없다는 점에서 서구적 의미의 '국민'과는 거리가 있지만, 그래도 국가를 구성하는 주체로 그 존재를 적극적으로 의미화 했다는 점에서 전근대적 신민관에서 벗어나 있다. 『국민소학독본』에 등장하는 '국민' 역시 같은 맥락의 것이다. 『국민소학독본』에서 근대인의 양성, 근대적 국민을 만들고자 하는 당대 정부의 의지가 목격되는 것은 국민을 교육과 통치의 적극적인 대상으로 보았다는 것을 시사해 준다. 이를테면, 당대 정부는 서구의 출현과 일제의 압력 등 급변하는 정세 속에서 스스로를 개혁하지 않으면 살아남을 수 없다는 절박한 인식을 갖고 있었다. 전근대적인 주체로는 노도처럼 몰아치는 근대의 물결에 맞설 수 없고, 오직 합리적 사고와 가치관을 지닌 근대적 주체만이 그 격랑을 감당할 수 있다. 그런 인식에서 조선의 지배층과 지식인들은 갑오개혁과 청일전쟁을 겪으면서 본격적인 개혁에 착수한다. 1894년 7월 근대적 교육 행정기관인 학무아문(學務衙門)을 설치하고, 다음 해 2월에는 근대 교육의 이념과 필요성을 담은 「교육에 관한 조칙」을 발표하며, 이어 9월 7일에는 우리나라 최초의 근대 초등교육 관련 법령인 「소학교령」을 발표한다. 근대를 향한 이런 민족주의적 흐름 속에서 기획된 책이 바로 『국민소학독본』이다.

『국민소학독본』

최초의 국어 교과서라는 이유로『국민소학독본』은 그동안 많은 연구자들의 관심을 끌었다. 『국민소학독본』에 대한 연구는 크게 둘로 나누어 볼 수 있는데, 하나는 국어 교육의 측면에서 이루어진 것이고,3) 다른 하나는 문화사적 측면에서의 연구이다.4) 전자를 통해서 『국민소학독본』이 갖는 국어 교육사적 의미와 특징, 구성과 내용 등이 드러났고, 후자를 통해서는 이 책이 갖는 이념과 지향, 계몽적 특성 등이 거의 밝혀졌다. 이 글은 이런 기왕의 성과를 참조하면서 이들 연구에서 간과되었던 측면을 고찰하고자 한다. 곧, 『국민소학독본』은 일본의『高等小學讀本』(1888)5)을 저본으로 해서 만들어졌다는 점이다. 그동안 몇몇 연구자에 의해 이런 사실이 언급되었지만, 누구도 일본 교과서의 실체를 확인하거나 두 책을 비교해서 살피지 않았다. 필자는 최근 여러 경로를 통해서『국민소학독본』의 저본이 되는 일본의『高等小學讀本』을 구했고 두 책을 대조해 보았다. 살펴본 결과 놀랍게도『국민소학독본』은『高等小學讀本』을 거의 베끼다시피 해서 수록 단원의 70% 이상이 동일한 것을 알 수 있었다. 『高等小學讀本』에 수록된 글을 요약하거나 축소해서 옮겼고, 동일한 소재를 다룬 몇 개의 단원을 정리

---

3) 대표적인 논문으로는 김만곤(1979), 이석주(1979), 최현섭(1985), 허형(1993), 윤치부(2002), 김혜정(2004나) 등이다.

4) 대표적인 논문으로는 김종인(1989), 구자황(2004), 전용호(2005), 송명진(2009) 등이 있다.

5) 여기서 텍스트로 사용한 책은 1888년 11월(명치 21년 11월)에 재판으로 간행된 『高等小學讀本』(1~7권)이다.

해서 한 단원으로 만들었으며, 심지어 글의 형식을 그대로 차용한 채 내용을 일부 바꾸어 수록한 경우도 있었다. '최초의 국어 교과서'로 평가되는 책에서 목격되는 이런 현상은 자못 충격적이다. 우리의 근대가 파행과 불구의 과정이었듯이, 국어 교과서의 탄생 또한 불구적이라는 것을 확인한 까닭이다.

하지만 그럼에도 불구하고 최초의 국어(과) 교과서라는『국민소학독본』의 의의를 부정할 수 없을 것이다. 이 책은 일본 교과서를 그대로 옮기다시피 했음에도 불구하고 시종일관 민족주의적 시각을 견지하였다. 민족주의적 시각과 지향이 단원을 구성하고 배제하는 원리가 되어『국민소학독본』이라는 새로운 형식의 텍스트를 탄생시킨 것이다. 가령, 첫 단원인「대조선국」은 일본의「吾國」을 옮기다시피 했지만, 그 주체를 '조선'으로 설정함으로써 일본과는 구별되는 조선에 대한 차별화된 인식을 보여 주었고, 또한 일본의 인물과 역사 대신에 세종대왕과 을지문덕 등을 수록하여 우리의 역사와 인물에 대한 자각과 자부심을 드러내었다. 민족주의적 시각에 의거해서 단원을 취사선택함으로써 일본의 교과서를 우리 식으로 재배치(rearrangement)했고, 그것을 통해 조선 사람들을 하나의 이념과 가치로 묶어 궁극적으로 근대적 국민을 만들고자 한 것이다.

이 글은 이러한 문제의식을 바탕으로『국민소학독본』을 고찰하고, '국어' 교과서의 탄생과 근대적 주체의 모습에 대해 살펴보기로 한다.

2. 『국민소학독본』의 출현과『高等小學讀本』

『국민소학독본』에 대해서는 그동안 많은 논의가 있었고, 그래서 책의 내용과 특징에 대해서는 거의 전모가 밝혀졌다. 1895년 음력

7월에 간행된 관찬(官撰) 교과서로 오늘날의 '국정' 교과서에 해당한다는 것, 국한혼용체로 되어 있고 사용되는 한자가 쉽지 않아 초등 수준의 학생을 대상으로 한 책으로 보기 어렵다는 점, 서구 사회에 대한 다양한 지식과 정보를 싣고 있다는 점 등이 확인된 사실이다. 그런데 서문이 없고 목차와 본문만으로 구성되어 편찬자나 인쇄소 등 서지 사항에 대해서는 거의 밝혀진 게 없다. 이 책보다 6개월 뒤에 간행된『신정심상소학』이 간행 과정과 취지를 설명한 '서문'을 붙인 것과는 대조적이다. 그래서『국민소학독본』의 편찬자가 누구이고 또 어떤 과정을 거쳐서 간행되었는지 등에 대해서는 확정된 견해가 없다. 더구나 간행 주체가 '학부 편집국'으로 되어 있어 편찬자를 구체적으로 밝혀내기가 더욱 힘들다. 그래서 기존 연구에서는 간행될 당시 관련 부서의 담당자를 중심으로 편찬자를 추정해 왔는데, 그 가운데 특히 주목을 끄는 것은 박정양이 학부대신으로 있던 시기(1894.7~1895.5)에 기획되어, 이완용이 학부대신으로 근무하던 시기, 즉 1895년 6월에서 10월 8일 사이에 간행되었다는 견해이다. 책의 표지에 명기된 간행 시기가 '朝鮮開國 504年 梧秋', 즉 1895년 음력 7월인데, 그 시기가 바로 이완용이 학부대신으로 있던 때라는 것이다.[6] 필자 역시 이 주장이 사실에 가깝다고 보는데, 그것은 당대의 여러 정황과 자료를 참조할 때 그런 사실을 새롭게 확인할 수 있었던 까닭이다.

갑오개혁을 추진할 당시 개혁의 주체인 군국기무처는 역점을 두어야 할 교육정책으로 두 가지 안(案)을 가결하였다. 하나는 총명하고 우수한 자제를 선발하여 외국에 유학을 보내는 것이고, 둘은 소학교 교과서를 학무아문으로 하여금 편찬토록 한 것이다. 신교육을 시행하기 위해 가장 시급한 과제가 소학교육이라고 판단하고 소학교

---

6) 박득준(1995: 32)과 전용호(2005) 참조.

에서 쓰일 교과서 편찬을 규정한 것이다. 이런 사실을 고려하자면, 교과서 편찬이 계획된 것은 1894년 7월 이후이고, 실무 부서를 두어 편찬에 착수한 것은 1895년 3월 25일 이후로 볼 수 있다. 그런 다음 정부는 일본공사에게 훈령을 내려 참조할 책을 구해 보라고 지시한다. 1895년 5월 1일 외부대신 김윤식이 주일공사관 사무서리 한영원에게 "금번 학부에서 관립사범학교 및 소학교 교사의 교육서를 편찬하는 바 이에 참고하기 위하여 일본 심상사범학교와 고등사범학교의 교과서 및 참고서 각 1부를 구득하여 보낼 것"을 지시하였다.[7] 1895년 8월까지 교과서가 간행되어야 8월에 설립되는 서울의 관립 소학교에서 교육을 실시할 수 있었기 때문이다.

이런 일련의 과정을 고려하자면, 『국민소학독본』은 1895년 3월 하순에 기획되어 5월 이후 일본 교과서를 참조해서 편집되고, 오추(悟秋)에 완료된 것으로 볼 수 있다. 물론 일본에 훈령을 보내기 전인 1894년 7월 이후 기획되었다고 볼 수도 있지만, 그것은 대략적인 것이지 단원의 구성과 내용까지를 염두에 둔 세부 기획은 아니었을 것이다. 『국민소학독본』에 수록된 글의 대부분이 일본 교과서에 나오는 까닭이다. 그렇다면 『국민소학독본』이 편집·간행된 것은 3월 하순에서 6월까지, 불과 4개월 정도였을 것으로 추정된다. 네 달도 안 되는 시기에 벼락 치듯이 제작되었고, 그러다 보니 여러 곳에서 오자가 발견되고, 학생들의 수준을 고려하지 않은 채 일본 교과서를 그대로 옮기다시피 하는 난맥상을 드러낸 것이다.[8]

---

7) 舊韓國外交文書 3日案 3623號, 高宗 32年 5月 1日, 국사편찬위원회 〈한국사 데이터베이스〉(http://db.history.go.kr) 참조.

8) 그런 점에서 『국민소학독본』을 교사용 지도서로 볼 수도 있다. 이 책을 만드는 과정에서 정부는 일본공사에게 훈령을 보내 참조할 책을 구해 보내라고 했다. 곧, "관립사범학교 및 소학교 교사의 교육서를 편찬하는 바 이에 참고하기 위하여 일본 심상사범학교와 고등사범학교의 교과서 및 참고서 각 1부를 구득하여 보낼 것"을 지시하였다. 여기에 근거하자면, 『국민소학독본』은 '교사의 교육서'로 편찬

그렇다면 책의 편찬 실무를 담당했던 인물은 누구인가? 박정양이 내각을 맡았던 시절에 교과서 편찬 실무관이 이상재(李商在, 1850~1927)였다는 점에서, 당시 『국민소학독본』 편찬을 주도한 인물은 이상재였던 것으로 보인다. 이완용이 학부대신으로 있고, 박정양이 내각총리로 있던 시절 내내 학부에서 실무를 봤던 인물은 학부참서관(學部參書官) 이상재였다.9)

	김홍집·박영효 내각 (1894.12.17~1895.5.21)	박정양·박영효 내각 (1895.5.31~1895.8.23)	박정양·유길준 내각 (1895.8.24~1895.10.8)
박정양	학무·학부대신	총리대신	총리대신
이완용	외무협변	학부대신	학부대신
이상재	학무참서관	학부참서관	학부참서관
윤치호	학무참의	학부협판	외부협판

이상재는 박정양의 개인비서를 13년간 수행하면서 박정양이 초대 주미대사로 임명되자 그를 따라 미국으로 건너가 1등서기관으로 근무하면서 미국을 두루 체험하였다. 1887년 10월부터 다음해 10월까지 1년간 박정양 일행과 일정을 함께 하면서 이상재는 미국의 정치와 사회제도 등에 깊은 감화를 받았고, 특히 교육에 대해서 많은 관심을 가졌다. 그런 관심을 바탕으로 이상재는 미국에서 돌아온 후

된 것으로 볼 수 있다. 그것은 이 책의 수준이 소학교 학생들을 상대로 하기에는 지나치게 어렵고, 학생들의 수준을 고려한 단원 배치가 아니며, 일반 지식(근대 지식)을 전달하는 목적이 강하다는 점 등에서 근거를 찾을 수 있다. 하지만, 이 책은 학생 용 교과서가 제작되지 않은 상태에서 간행되었고 또 교육과정과 교과 편제가 제도적으로 정착되기 이전에 간행되었으며, 그리고 1910년까지 '학부 간행 교과서'로 널리 광고되고 판매되었다는 점 등에서 국어 교과서의 초기형태로 봐도 무방할 것이다. ≪황성신문≫(1899년 1월 14일자) 광고에서 '時文 敎材'로 『국민소학독본』이 편찬되었음을 알 수 있다.
9) 표는 한철호(1998: 103)에서 인용하였다.

박정양 내각이 출범한 1895년 5월 31일부터 명성황후가 시해된 10월 8일까지 '학부참서관'으로 근무하면서 각종 교육개혁을 추진한다. 이상재와 박정양은 조선이 서구와 같은 문명강국이 되기 위해서는 무엇보다 교육이 급선무라고 생각했고, 그런 견해를 근거로『국민소학독본』을 편찬한 것이다. 그래서『국민소학독본』에는 박정양, 이상재 등 당대 개화파의 세계관이 투사되어 있는데, 특히『미속습유(美俗拾遺)』(1888)가 일부 인용된 것을 목격할 수 있다.『미속습유』는 박정양이 주미전권공사 시절 미국에서 쓴 일기와 각종 자료를 바탕으로 미국에 관한 여러 정보를 담은 총 90항으로 된 미국 견문기이다. 책으로 간행되지는 않았지만 고종을 비롯한 정부 요로의 관리들에게 읽혀 미국의 실정을 이해하고 대미정책을 고안하는 데 많은 영향을 준 것으로 알려졌다. 뒤의 표에서 볼 수 있듯이「아미리가 독립 1~3」에는『미속습유』의 내용이 일부 삽입되어 있는데, 이는 교재의 편찬과정에서 이 책이 중요하게 참조되었음을 말해 준다.10)

그렇지만 결정적인 참고서 역할을 한 것은 일본의『高等小學讀本』11) 이었다. 표지에는 '小學校敎科用書'라는 문구가 적혀 있는데, 당시 일본의 소학교는 1886년 '소학교령'에 의거한 심상소학교와 고등소학교로 나누어져 있었다. 심상소학교는 의무교육의 4년제이고, 고등소학은 그 후의 4년 과정이었다.『高等小學讀本』은 이 고등소학교에서 사용된 교재로, 고등과 학생들이 배운 8권짜리 교과서였다.12) 책의

---

10)『미속습유』와『국민소학독본』의 관련성은 한철호(1998)의 1장 제2절 및 전용호 (2005) 참조.

11)『高等小學讀本』, 文部省編輯局, 1888.

12)『高等小學讀本』의 서문에는 8권이 개발될 것이라고 밝혔으나, 1895년까지는 7권 밖에 간행되지 않았다. 그것은 이 책과 함께 간행된 사전, 즉『高等小學讀本 字引』 의 표지에 '自一至七'로 되어 있고, 실제 내용도 7권까지밖에 없다는 데서 확인된다. 필자가 확인한 8권은 1904년도에 간행되었다. 따라서 조선의『국민소학독본』 이 참조한 책은『고등소학독본』 7권이라고 할 수 있다.

小學校教科用書

文部省編輯局

『高等小學讀本』

서문에 언급되어 있듯이 이 책을 배우는 아동은 심상과를 이미 마친 상태이고, 그래서 책의 내용을 상대적으로 어렵게 했다고 한다. 또한 언어와 문장을 가르치는 목적은 모든 학술, 공예의 단서를 여는 것이기에 차츰 어려워지게 서술하였고, 특히 수신·지리·역사·이과 및 농공상의 지식 역시 그 주지(主旨)의 난이도에 따라 단계적으로 배치를 했다고 한다. 『국민소학독본』이 학생들의 수준을 고려하지 않은 채 임의로 단원을

배치한 것과는 확연히 다른 모습이다. 또 『高等小學讀本』은 성현의 가르침이나 격언 등을 수록하여 건장한 신체를 기르고, 소설과 시가 등을 통해서는 유쾌한 마음을 기르고 지혜와 용기를 양성하고, 궁극적으로는 '고분고분하고 우애의 정을 아는 아동'을 기르려는 목적을 갖고 있다고 한다. 그리고 문체는 가능한 한 간단명료하고 이해하기 쉬운 단어로 했고, 또 읽기 어려운 지명과 인명에는 토를 달거나 알파벳을 써 넣어 대조할 수 있도록 했다고 한다.[13] 『高等小學讀本』은 단순히 내용만을 전달하기 위한 교재가 아니라 교육과정에 의거해서 아동들의 발달 상태와 장차 육성하고자 하는 인간상까지를 염두에 둔, 정교하게 고안된 교재라는 것을 알 수 있다.

그렇다면 『국민소학독본』은 이 『高等小學讀本』을 어떻게 수용하고 변형했는가? 다음 표에서 볼 수 있듯이, 『국민소학독본』에 수록된 단원의 대부분은 일본 교과서와 제목이 거의 동일하다. 내용 역시 일본책을 거의 옮겨놓다시피 해서 준비 없이 매우 급박하게 만들

---

13) 文部省編輯局, 『高等小學讀本』, 1988.11, 1~5쪽.

어졌다는 것을 알려준다. 「吾國」을 「대조선국」으로, 「東京」을 「한양」으로, 「吾家」를 「아가(我家)」로 하는 등 우리의 사정에 맞게 단어를 조정하거나, 「植物ノ增殖」을 「식물변화」로, 「苦学ノ結果」를 그 주인공인 「짜휠드」로, 「貨幣ノ必要」, 「貨幣ヲ論ズ」, 「貨幣ノ商品タルベキ價格」 등의 내용을 통합해서 「전(錢)」으로 조정하는 등의 변화를 볼 수 있다. 이러한 제목의 조정과 함께 『국민소학독본』은 크게 세 가지 방식으로 일본의 『高等小學讀本』을 옮겼는데, 곧 1) 모방과 조정, 2) 요약과 축소, 3) 발췌와 정리이다.

『국민소학독본』과 『高等小學讀本』, 『미속습유』의 단원 비교

	국민소학독본	高等小學讀本(권-과)	미속습유(박정양)	비교
1	대조선국	吾國(1권-1과)		유사
2	광지식	知識ヲ得ルノ方法(1-2)		동일
3	한양	東京(1-5)		유사
4	아가(我家)	吾家(1-7)		유사
5	세종대왕기사	×		집필
6	상사급교역	商賣及交易(1-16)		동일
7	식물변화	植物ノ增殖(2-26)		동일
8	서적	書籍(1-35)		동일
9	이덕보원(以德報怨)	怨ニ報ユルニ德ヲ以テス(2-7)		동일
10	시계	時計(1-26)		동일
11	낙타	駱駝(3-19)		동일
12	조약국	條約國(4-7)		유사
13	지식일화	知識ノ話(4권)		동일
14	윤돈1	倫敦(6-8)		동일
15	윤돈2	倫敦(6-8)		동일
16	풍(風)	風(1권)		동일
17	근학(勤學)	勤學ノ歌(4-3)		동일
18	봉방(蜂房)	蜂房(5-14)		동일
19	지나국1	×		집필
20	전(錢)	貨幣ノ必要(5-1), 貨幣ヲ論ズ(5-2),		유사

		貨幣ノ商品タルベキ價格(5-20)		
21	뉴약(紐約)	紐約克(4-29)		동일
22	을지문덕	×		집필
23	경렵(鯨獵)	鯨獵(3-10)		동일
24	노농석화	老農ノ談話(3-32)		동일
25	시간각수	時間ヲ守ル可シ(5-34)		동일
26	지나국2	×		집필
27	까휠드1	苦学ノ結果1(5-11)		동일
28	까휠드2	苦学ノ結果2(5-12)		동일
29	기식(氣息)1	通氣(4-22)		유사
30	기식(氣息)2	〃		〃
31	아미리가발견1	亞米里加發見(4-12)		동일
32	아미리가발견2	亞米里加發見(4-13)		동일
33	아미리가독립1	×	開國事蹟,	집필
34	아미리가독립2	×	獨立事情,	집필
35	아미리가독립3	×	民主幷歷史	집필
36	악어	鰐魚(4-4)		동일
37	동물천성	動物ノ天性(4-32)		동일
38	합중국광업	合衆國ノ鑛業(5-29)		동일
39	원소	元素(5-31)		동일
40	성길사한1	×		?
41	성길사한2	×		?

　『국민소학독본』의 첫 단원은 「대조선국」이다. 조선의 학부에서 간행한 교과서라는 점에서 자국에 대한 소개로 책을 시작하는 것은 어쩌면 자연스러운 일이다. 조선은 아시아 주에 있는 한 왕국이고 독립국이며, 오랜 역사를 갖고 있는 나라라는 것. 그런데 이런 내용은 일본 『高等小學讀本』의 첫 단원을 그대로 차용한 것으로, 주어만 일본에서 조선으로 바꾸어 놓았다. 일본이 자국을 '제국'으로 표현한 데 반해 조선은 '왕국'으로 표현했고, 그런 조선의 실정에 맞게 조선의 지형과 기후를 설명하였다.

① 우리 大朝鮮은 亞細亞洲 中의 一王國이라 其 形은 西北으로셔 東南에 出흔 半島國이니 氣候가 西北은 寒氣 甚흐나 東南은 溫和흐며 土地ᄂ 肥沃흐고 物産이 饒足흐니라 世界萬國 中에 獨立國이 許多흐니 우리 大朝鮮國도 其 中의 一國이라 檀箕衛와 三韓과 羅麗濟와 高麗를 지난 古國이오 太祖大王이 開國흐신 後 五百有餘年에 王統이 連續흔 나라이라 吾等은 如此흔 나라에 生흐야 今日에 와셔 世界萬國과 修好通商흐야 富强을 닷토ᄂ 씨에 當흐얏시니 우리 王國에 사ᄂ 臣民의 最急務ᄂ 다만 學業을 힘쓰기에 잇ᄂ니라 쏘흔 나라의 富强이며 貧弱은 一國 臣民의 學業에 關係흐니 汝等 學徒ᄂ 泛然이 알지 말며 學業은 다만 讀書와 習字와 算數 等 課業을 修흘쑨아니오 平常 父母와 敎師와 長上의 敎訓을 조차 言行을 바르게 흐미 最要흐니라[14] (띄어쓰기, 밑줄은 인용자)

② 吾大日本ハ、亞細亞洲ノ一帝国ニテ、其形ハ、東北ヨリ西南ニ向ヒ、ホソ長キ島國ナルニヨリ、氣候モ從テ變化スレド、槪シテ溫和ニシテ、其土地ハ肥エ、産物ニモ冨ミタリ。世界萬國ノ中ニテ、独立國ト云ヘルモノ、其數多シ。サレド、萬世一系ノ天子、是ヲ統御シ給ヒテ、二千年餘連續セル國ハ、吾國ノ外ニ其類アラズ。吾等ハ、斯ル國ニ生レ、而モ今日ハ、萬國ト富强ヲ競フベキ時ニ當レリ。故ニ此帝國ノ臣民タル吾等ガ務ヲ盡サンニハ、只力ヲ致シテ學問スルニアリトス。學問トハ、唯讀書、習字、算術等ノ課業ヲ修ムル「ノミヲ謂フニ非ず。常ニ敎師、父母、及長上ノ敎ニ從ヒテ、言行ヲ正シクスル「ハ、其最ド緊要ナルモノトス。[15] (밑줄은 인용자)

---

14) 『국민소학독본』, 학부편집국, 1895, 4쪽.

15) 『高等小學讀本』1, 文部省編輯局, 1888, 1~2쪽. ②를 해석하면 다음과 같다.
　　"우리 대일본은 아시아주의 한 제국으로, 그 모양은 동북보다 서남을 향해 가늘고 긴 섬나라로 되어 있어, 기후도 따라서 변하나 대개는 온화하고, 그 토지는 비옥하고 생산물도 풍부하다. 세계만국 중에서 독립국이라고 말할 수 있는 나라는 그 수가 많다. 그러나 만세일계의 천자, 이를 통어하시어 이천년 이상을 이어온 나라는 우리나라 외에는 없다. 우리들은 이런 나라에 태어나, 게다가 오늘은 여러 나라와

①과 ②를 비교해 보면, 주어와 술어가 같을 뿐만 아니라 문장의 형식 역시 거의 동일하다. 기후와 토지를 말하고, 이어서 독립국이라는 사실을 강조하면서 지난 과거의 역사를 언급하고, 마지막으로 학생들에 대한 당부의 말을 덧붙여 놓았다.

하지만 그런 차용에도 불구하고 '대일본'을 '대조선'으로 바꾸고, 나라의 형태를 우리나라에 맞게 조정했는데, 이런 데서 일본과는 다른 우리 교과서로서의 특성을 엿볼 수 있다. 그런 점은 밑줄 친 대목에서 구체적으로 확인되는데, 가령 ②에서 볼 수 있는 것은 천황 중심의 민족 관념이다. 일본 민족은 '동조(同祖)의 혈류(血類)'이며, '만세일계의 황위는 곧 민족의 시조인 천조(天祖)의 영위(靈位)'라는, 다시 말해 일본은 조상이 동일한 혈족적 유연관계로 맺어진 하나의 민족이고, 황실은 이 민족의 종가로서 만세일계의 황위의 지고성과 주권설을 지닌다는 내용이다. 그런데, 그것은 『국민소학독본』인 ①에서는 "세계만국 중에 독립국이 허다ᄒ니 우리 대조선국도 기 중의 일국이라"고 하여, 독립국으로서의 우리의 위상을 강조하고, 이어서 "단기위(檀箕衛)와 삼한과 나여제(羅麗濟)와 고려를 지난 고국이오 태조대왕이 개국ᄒ신 후 오백유여년에 왕통이 련속ᄒ 나라"라고 하여 일본과는 다른 우리의 역사를 구체적으로 서술하였다. 일본은 역성(易姓)혁명이 없이 2천 년간 황통이 이어진 나라이지만, 우리는 그와는 달리 왕조가 계속적으로 바뀌었지만 독립국으로서의 위상을 유지해 온 '고국(古國)'이라는 사실을 강조한다. 일본과는 다른 우리의 역사와 현실에 대한 자각을 명확히 보여 준 것이다.

이런 식의 서술은 「조약국」에서도 동일하게 나타난다. 두 책의 첫

부강을 경쟁해야 하는 시대에 처하였다. 그러므로 이 제국의 신민이라는 우리들이 책임을 다하려면, 다만 노력하여 학문을 하는 데 있다. 학문이란 오직 독서, 습자, 산술 등의 과업을 배우는 것만을 말하는 것이 아니라, 언제나 선생님 부모 및 윗사람의 가르침에 따라 언행을 바르게 하는 것은 그 가장 긴요한 점이다."

단락은 동일하지만, 두 번째 단락은 조선의 현실에 맞게 조정되었다. 『국민소학독본』은 우리 군주 폐하께서 일본과 수교통상조약을 맺은 이후 조약을 구하는 나라가 끊이지 않아 마침내 8개 나라와 조약을 맺었다는 내용이고, 『高等小學讀本』은 30년 전 덕천막부가 미국과 가조약을 교환한 이래 여러 나라에서 조약을 구해 와 오늘날 19개국에 이르렀다는 내용이다. 각국의 사정에 맞게 조약국의 수와 유래를 소개한 것이다. 그런데 마지막 단락에서는 확연한 차이를 보이는데, 『高等小學讀本』에서는 조약을 맺은 나라들의 대도시 가령, 북경, 뉴욕과 보스턴, 런던, 파리, 백림 등을 나열하고 이 도시들은 모두 세계 굴지의 도시인 까닭에 순차적으로 그 정황을 (교과서에서) 소개하겠다는 내용이다. 그런데 『국민소학독본』에서는 그와는 달리 조선을 보는 외국의 시선을 소개한다. 즉, 외국의 평론에는 우리나라를 소국이기 때문에 약하고 가난하다고 하지만 나라의 빈부강약은 크기의 대소에 있지 않다는 것, 그 사례로 영국과 프랑스와 독일을 예로 든다. 빈부강약은 개화 여부와 인민의 임금을 존중하고 나라를 사랑하는 마음의 유무에 있고, 그런 관계로 임금을 존중하고 나라를 사랑하는 마음을 잠시라도 잊지 말라는 당부로 글을 맺는다. 일본 교과서를 모방했지만 세부 내용을 조선의 현실에 맞게 조정하고 학생들에게 당부하는 말을 덧붙여 민족적 자의식을 드러낸 것이다.

『국민소학독본』은 한편으로 일본 교재를 축소하거나 요약해서 수록하기도 하였다. 『高等小學讀本』이 내용을 상세하게 서술하는 식이라면, 『국민소학독본』은 그것을 간략하게 정리해서 핵심만을 제시하였다. 「시계」, 「낙타」, 「지식일화」, 「봉방」, 「경렵」 등 단원 대부분이 그런 식이다. 18과 「봉방」의 경우, 『고등소학독본』에는 4단락으로 되어 있으나, 『국민소학독본』에는 3단락으로 축소되어 있다. 중간의 한 단락을 생략하고 내용을 간결하게 정리한 뒤 『국민소학독본』에 수록했고, 그래서 내용은 거의 동일하다.16) 『국민소학독본』이 『高等小學讀本

』에 수록된 글을 그대로 번역해서 내용뿐만 아니라 술어와 토씨까지도 동일하고, 단락 구분 역시 그대로 따랐다. 이와 같은 '요약과 축소'는 두 책에서 동일한 제목으로 수록된 단원 거의 전부에서 목격된다.

『국민소학독본』에서 목격되는 또 다른 특성은 발췌와 정리이다. 『高等小學讀本』의 여러 단원에서 필요한 부분을 발췌하거나 정리해서 한 단원으로 만들어 『국민소학독본』에 수록한 경우이다. 20과의 「전(錢)」은 『高等小學讀本』 5권의 「貨幣ノ必要」(1과), 「貨幣ヲ論ズ」(2과), 「貨幣ノ商品タルベキ價格」(20과), 「貨幣ノ鑄造」(21과)를 정리해서 만든 단원이다. 「전」의 첫 단락은 「貨幣ノ必要」의 첫 단락과 동일하고, 나머지 부분은 「貨幣ノ商品タルベキ價格」과 「貨幣ノ鑄造」에서 한두 문장씩 따와서 정리하였다.[17]

이렇듯, 『국민소학독본』은 여러 면에서 일본의 『高等小學讀本』을 참조하고 모방하였다. 당시 국내에는 근대 교과서의 모델이 될 만한 책이 없었고, 또 단원을 집필할 충분한 시간과 능력을 갖고 있지도 못하였다. 게다가 교과의 내용을 구성하는 교육과정조차 구비되지 못한 상태였기에 교재는 편찬자의 임의적 선택과 판단에 의존하지 않을 수 없었다. 개학을 몇 달 앞둔 상황에서 급하게 교재를 간행해야 했고, 그러다 보니 일본에서 구해 온 『高等小學讀本』을 상당 부분 차용하지 않을 수 없었던 것이다. 하지만 일본 책을 그대로 모방한 것이 아니라 우리의 처지와 현실에 맞게 단원을 선별하고 변용했다는 점에서, 일본 교재의 무비판적 수용이 아니라 우리의 현실 여건에 맞는 선택적 수용이었음을 알 수 있다. 7권이나 되는 방대한 분량의 『高等小學讀本』을 우리의 현실에 맞게 변용했다는 것은 그만큼 우리에 대한 자의식이 작동했다는 것을 말해 준다.

---

16) 『국민소학독본』의 23~24쪽과 『高等小學讀本』 5의 56~60쪽 참조.

17) 『국민소학독본』의 25~26쪽과 『高等小學讀本』 5의 1~3쪽 참조.

3. 근대적 자아와 민족적 주체

『국민소학독본』이 간행된 1890년대는 봉건지배 체제의 몰락과 제국주의 침략에 직면하여 근대 민족주의가 싹트고 형성된 때였다. 개항과 함께 타자에 대한 인식이 싹트기 시작하여 근대화된 서구와 같은 방향으로 발전하고자 하는 동일시의 욕망이 태동하고, 청일전쟁 이후 열강들의 이권 침탈이 본격화되면서 반제적 인식이 싹트기 시작한 것이다. 『국민소학독본』에는 민족주의가 구체적인 형체를 갖추기 시작하는 이 초기 상태의 모습이 담겨 있다.

여기서 먼저 주목할 대목은 교재 전반에서 목격되는 국한혼용의 문체이다. 책에서 보이는 국한혼용체는 외형만이 혼용체일 뿐 사실은 한자에 토를 단 정도지만, 그럼에도 거기에는 한글에 대한 고양된 의식이 투사된 것을 볼 수 있다. 한자만을 글이라고 생각하던 시절에 한글과 한자를 섞어 썼다는 것은 그만큼 한글의 위상이 높아졌다는 뜻인데, 실제로 갑오개혁을 전후로 해서 한글에 대한 인식이 상당히 고조되어 있었다. 1894년에 발표된 고종의 '칙령 제1호'에는 "법률과 칙령은 모두 국문으로 기본을 삼고 한문으로 번역을 붙이거나 혹은 국한문을 섞어서 사용한다"라고 되어 있고, 그해 12월에 고종은 종묘에 고하는 글을 국문, 한문, 국한문 세 가지로 작성하여 국문에 대한 고양된 의식을 보여 주었다. 물론 이런 흐름이 한문을 완전히 밀어낼 정도로 강력했던 것은 아니지만 공식어의 영역에서까지 한글이 사용될 정도로 매우 향상되었던 것은 분명하다. 그런 현실을 배경으로 국한혼용체의 교과서를 정부에서 간행한 것인데, 이는 앤더슨의 용어로 말하자면, 지방어(oral vernacular)에 불과했던 한글이 점차 세력어(language-of-power)의 지위를 획득하는, 즉 한자에 의해 통합되었던 공동체가 점차 분해되고 새롭게 영토화되는 과정(베네딕트 앤더슨, 2002: 41)이라고 하겠다.

『국민소학독본』에서 역사 관련 서술이 상대적으로 많은 비중을 차지하는 것은 그러한 민족주의적 흐름과 연결되어 있다. 민족이라는 하나의 공동체를 만들기 위해서는 공통의 정체성을 갖추어야 하는데, 그것을 가능케 하는 손쉬운 방법이 바로 공통의 시간적 기원과 계보학적 연속성을 확보하는 일이다(채백, 2008: 270). 근대 민족주의가 성립되기 위해서 가장 필요한 일이 역사라고 하는 것은 그런 맥락인바, 첫 단원인 「대조선국」이 조선의 역사를 환기하면서 시작한 것은 그런 점에서 중요하게 음미될 필요가 있다. 「대조선국」에서 조선은 독립국이고, 역사적으로 "단군·기자·위만과 삼한과 신라·고구려·백제와 고려를 거쳐 온 오래된 나라이며, 태조 대왕이 개국하신 후 5백여 년에 걸쳐 왕통이 이어진 나라"라고 설명한다. 세계에서 가장 부강한 나라로 알려진 미국이 기껏 1백년 남짓 되는 역사를 가졌다는 사실을 염두에 둔 듯, 우리의 오랜 역사에 대한 자부심을 보여 주는 대목이다. 근대적 자아가 자기와 타자에 대한 이미지를 바탕으로 개인적·집단적 수준에서 형성되듯이, 근대적 민족 개념 역시 주변국과의 관계 속에서 자기를 파악하는 자기 규정적 의식의 산물이라는 것을 시사해 준다. 「조약국」에서 볼 수 있듯이, 우리는 주변국과의 관계 속에서 존재하는 나라이다. 우리나라는 현재 8개국과 조약을 맺었고, 이들과 평등한 관계를 유지하고 있다. 외국에서는 우리나라를 소국이기 때문에 약하고 가난하다고 말하지만, 사실 나라의 빈부와 강약은 그 크기의 대소에 있지 않다. 중요한 것은 '그 나라의 개화 여부와 인민의 임금을 존중하고 사랑하는 마음의 유무'이다. 그렇기 때문에 임금을 존중하고 나라를 사랑하는 마음을 잠시라도 잊지 말고 하나로 굳게 단결해야 영국이나 프랑스, 독일처럼 될 수 있다고 한다. 이어서 사람이 고립해서 살 수 없듯이 외국과 교역을 해야 한다는 사실을 「상업 급 교역」에서 설명한다. 각국의 토지와 기후가 서로 다르기 때문에 그 산물 또한 같지 않고, 따라서 부족한 것을 서로에게 보충할 수밖에 없는데, 그것이 바로 교역이 생기는 이유라는 것. 여기서 조선의 농업이나 광업 등이 언급되는 등 조선의 특수성이 구체적으로 명시되고 있지는 않지만 글의 이면에는 조선을 타국과의 관계 속에서 조망하는 자기 규정적 의식이 작동하고 있음을 볼 수 있다.

우리나라의 과거 역사와 인물들이 새롭게 환기되고 의미화되는 것도 같은 맥락이다. 민족주의란 의식적으로 주창된 정치적 이데올로기가 아니라 민족주의가 형성되기 이전에 있었던 과거의 문화체계와의 결합에 의해서 내실이 만들어지는데(베네딕트 앤더슨, 2002: 33), 이 과정에서 과거의 역사와 인물은 정체성을 구성하는 구체적인 내용이 된다. 「세종대왕 기사」에서 세종대왕의 업적이 상세하게 나열된 것은 그런 이유로 설명될 수 있다. 가령, 세종은 '농사집설'이라는 책을 지었고 형벌의 참혹함을 측은히 여겨 태배법(笞背法)[18]을 없앴으며, 윤리의 강령을 정해서 '삼강행실'을 간행하였다. 또, 외국에는 모두 그 나라의 문자가 있으나 우리나라에는 없기 때문에 훈민정음을 만들었다. 이런 행적들을 감안하자면 중국의 요순우탕이 아무리 성인이라 하더라도 세종대왕을 당할 수 없다는 게 글의 요지이다. 「을지문덕」에서는 을지문덕이 작은 나라의 장수에 지나지 않으나 뛰어난 지혜와 용맹으로 중국의 백만 대군을 물리쳤다는 사실이 소개된다. 말하자면, 우리는 과거 한때 중국을 '고목 부러뜨리듯 했다'는 것, 그래서 오늘날도 애국심을 분발하여 을지문덕과 같은 인물이 나와야 한다는 주장이다.

이런 사실과 함께 『국민소학독본』에는 민족사에 대한 자부심과 긍지가 곳곳에서 목격된다. 「대조선국」에서는, 우리 대조선은 아시아의 한 왕국으로 토지가 비옥하고 물산이 풍족하며, 오늘날 세계 만국과 수호통상을 맺어 부강을 다투고 있다고 한다. 그리고 중국에

---

18) 등을 때리는 형벌.

대해서는 이제 더 이상 과거와 같은 속국이 아니라는 것, 중국은 이제 그 몰락상을 반면교사로 삼아야 할 경계와 반성의 대상이라고 말한다. 이런 주장은 개항 이전까지만 하더라도 감히 상상도 할 수 없었던 것으로, 민족주의적 자각이 이루어지면서 중국 중심의 화이관이 부정되고 점차 자주 독립 국가라는 의식이 형성되는 증거라고 하겠다. 「지나국 1, 2」에서는 그런 사실이 한층 심화된다. 여기서는 중국이 몰락하게 된 원인을 다른 나라를 업신여기고 자기를 높여 오만하게 굴었기 때문이라고 한다. 중국이 아편전쟁에서 영국에 패하고 오늘날 세계로부터 비웃음과 능욕을 당하는 것은 "문교의 실패" 때문이다. 공자와 그 후 성현의 가르침이 중국의 문화를 열고 진보시켰지만 후학들이 그 가르침의 실제를 따르지 않고 한갓 허문만을 숭상하고 갱신하지 못했기에 마침내 스스로 포기하는 습성을 갖게 되었다는 것. 이런 지적을 바탕으로 "임금을 존중하고 나라를 사랑하는 마음"을 기를 것을 주문하는데, 여기에 이르면 중국에 대한 사대주의는 거의 사라졌음을 알 수 있다.

이런 사실들을 통해서 우리는 『국민소학독본』이 우리나라를 역사적으로 다른 민족이나 국가와 구별하고, 궁극적으로는 학생들에게 자주의식을 갖춘 근대적 주체로 성장하기를 소망하고 있음을 알 수 있다.

4. 실용적 주체와 전통적 가치

『국민소학독본』 전반에서 목격되는 또 다른 특성은 근대 지식으로 무장한 실용적 주체에 대한 강조이다. 실용이란 원칙이나 이념 혹은 이상론보다는 실질적인 결과나 현실적인 문제를 합리적으로 해결하는 것을 중시하는 태도를 말하는데, 교재 전반에서 목격되는 것은 이 실용정신으로 무장한 주체의 모습이다. 기존의 유교 전통에서는 사물의 실질을 관찰하고 규명하기보다는 이념과 명분을 상대적으로 중시했는데, 여기서는 그와는 달리 사물을 정밀하게 관찰하고 그것을 현실에서 응용할 것을 주문한다. 「아가」, 「식물 변화」, 「시계」, 「낙타」, 「경렵」, 「기식 1, 2」, 「악어」, 「동물 천성」, 「원소」 등은 사물의 원리를 객관적으로 설명하고 근대 지식을 전달하려는 취지의 글이고, 「광지식」, 「상사 급 교역」, 「지나국 1, 2」, 「싸휠드 1, 2」, 「합중국 광업」 등은 그것을 실생활에서 응용할 것을 주문하는 내용의 글이다.

　「아가(我家)」에서는 우리가 살고 있는 집을 과학적인 태도로 설명한다. '우리 집'이라 하면 온갖 가재도구는 물론이고 함께 사는 부모와 형제와 자매와 노비까지 모두 포함하며, 심지어 닭과 소 등 가축을 사육하고 화초를 기르는 것도 포함한다. 우리 집은 이 여러 요소들과 긴밀하게 얽혀 있고 또 그것을 건축하는 데도 많은 경비와 노동이 요구된다. 설계도가 있어야 하고, 목수와 석수, 석장(席匠)과 도배장이 등이 각기 맡은 역할을 수행해야 하며, 심지어 일체의 가재도구와 의복·취사에 필요한 도구를 갖추어야 겨우 '우리 집'이 된다고 한다. 이런 내용은 유길준이 『노동야학독본』에서 언급한 「아가(我家)」[19]와는 확연히 다른 모습이다. 유길준은 '집이 아무리 좋아도 가족이 화합하지 아니하면 즐거움이 없다. 그러므로 화합함이 귀한 것'이라는, 가족의 화합이라는 전통적인 가치를 무엇보다 중시하였다. 「아가」에서는 그와는 달리 집을 구성하는 세부 요소와 건축과정을 객관적으로 설명하여 한층 과학적인 태도를 보여 준다. 윤리와 관념이 아닌 과학적 실질에 주목한 것이다. 「식물 변화」에서는, 식재료가 되는 식물의 변화를 사람이 마땅히 알아야 한다는 전제 아래, 식물은

---

19) 유길준, 「아가(我家)」, 『勞動夜學讀本』, 경성일보사, 1908, 14~15쪽.

토지와 기후에 따라 변한다는 내용을 사례를 들어 나열한다. 「시계」에서는 갈릴레오가 흔들리는 추[搖錘]를 발명한 이후 사람마다 가볍고 편리한 시계를 갖게 되었고, 시계가 시간을 가리키는 것은 기계 속에 흔들리는 추가 있기 때문이라고 설명한다.

이런 단원들은 정보를 제공하는데 그치는 것이 아니라 실제 생활에서 응용하고 실천할 것을 요구한다는 점에서 계몽 담론의 단순한 나열과는 차원을 달리한다. 「지식 일화」에서 구체적으로 확인되듯이, 노인과 아이가 나누는 대화를 통해서 전달하고자 하는 것은 '지식의 응용'이다. 아이가 노인에게 '오늘날 지식이 옛날보다 풍부한 것은 각종 책을 보고 각종 일을 발명하기 때문'이라고 말하자, 노인은 "무릇 지식의 귀함은 실제 응용에 있을 뿐"이라고 답한다. 책을 보고 여러 가지를 아는 것보다 '그 아는 것을 좋은 일에 응용함'이 귀하다는 주장이다.[20] 지식의 양이나 신구를 떠나서 중요한 것은 '응용'이라는 주장은, 서세동점의 현실에서 근대지식을 응용하고 실천해야만 살아남을 수 있다는 절박한 가치관이 투영된 결과로 볼 수 있다. 「지나국 1, 2」에서 말하는 것도 같은 맥락의 '응용'이다. 중국이 오늘날처럼 쇠락하여 외국에 패하고 국토를 유린당한 근본 이유를 "가르침의 실제를 진정으로 연구하지 않고 한갓 허문만을 숭상"한 때문이라고 한다. 「까휠드 1, 2」는 그런 실용 교육의 구체적 사례로 볼 수 있다. 가필드(J. A. Garfield, 1831~1881)가 미국의 20대 대통령이 될 수 있었던 것은 교육 때문이었다. 가난한 고학생이었던 가필드는 남의 밭을 갈았고, 황무지를 개간하였으며, 건축업을 배워 사람들에게 여러 채의 곡창을 만들어 주었다. 허문을 숭상한 것이 아니라 부단히 실제 현실과 관계를 가지면서 연구하고 노력한 끝에 마침내 "인생의 관면(冠冕)을 화려히 대(戴)"하였다는 주장이다. 이

---

20) 「제13과 지식일화」, 『국민소학독본』, 학부, 1895, 40쪽.

글과는 다소 다른 맥락이지만 「합중국 광업」에서는 미국의 광물 자원에 대해서 말하는데, 이 역시 '이용후생'을 전제한다. 합중국은 건국된 지 100여 년에 불과하지만 흩어져 있는 자원을 거두어 개발했기에 오늘과 같은 부국이 되었다는 내용이다. 『국민소학독본』은 이렇듯 실사구시와 이용후생을 강조하고, 그에 부합되는 인물과 사례들을 소개하여 근대적 주체의 가치와 정신을 창출해 내고자 하였다.

그런데 이런 실용성 강조의 한편에는 전통적인 유교 덕목이 동시에 환기되는 것을 목격할 수 있다. 이를테면, '학업을 닦고 익힐 뿐 아니라 부모와 교사와 윗사람의 교훈을 쫓아 언행을 바르게 해야 한다'(1과), '우리 대군주 폐하께서 대성인의 도덕으로 대성인의 왕통을 계승하시니 우리들은 대성인의 인민이고, 그래서 애국심으로 공부를 열심히 해야 한다'(5과), '임금을 존중하고 나라를 사랑하는 마음을 잠시라도 잊지 말라'(12과) 등과 같은 유교적 덕목이 교재 곳곳에서 언급된다. 이 과정에서 왕에 대한 충성과 애국심은 다른 무엇보다 잦은 빈도로 언급되는데, 이는 동양의 도(道)를 근간으로 해서 서양의 기(器)를 취하겠다는 이른바 동도서기론(東道西器論)으로, 서양의 문명을 받아들이되 우리 고유의 전통을 유지하겠다는 중도적 태도라고 할 수 있다. 교과서를 편찬했던 인물들이 미국을 경험하고 친미적인 입장에서 개화의 전망을 제시했지만, 이들 역시 '개화와 전통'이라는 양자택일의 문제에서 명쾌한 답을 갖고 있지는 못했던 것이다. 서구의 문명을 받아들어야만 한다는 강력한 주장 이면에는 보수의 문제, 즉 기존의 전통적·유교적 가치관을 어떻게 다루느냐 하는 문제가 곤혹스럽게 도사리고 있었던 것이다.

5. 강자에의 동경과 환상의 심리

『국민소학독본』 전반에서 목격되는 개화파의 근대화 열망은 제국
주의의 국가 철학의 기초가 되는 사회진화론을 그대로 받아들인 것
이었다. 당시 개화파 인사들은 조선이 제국주의 국가들로부터 위협
과 수탈을 당하는 상황을 제국주의 그 자체의 모순으로 이해하기보
다는 오히려 그들을 따라하면 똑같은 문명강국이 될 수 있으리라는
잘못된 견해를 갖고 있었다. 그런 생각에서 이들 개화파는 조선이
외세의 침략으로부터 국가의 독립을 수호하기 위해서는 교육과 생
산을 증진하고, 신국민을 창출해서 국가를 재건해야 한다고 믿었다.
그 결과 이들은 사회 진화의 모델로 서양의 정치·경제·문화·교육 등
을 상정하고 대대적인 제도개혁을 단행한다. 「조약국」, 「윤돈 1, 2」,
「뉴약」, 「싸휠드 1, 2」, 「아미리가 발견 1, 2」, 「아미리가 독립 1~3」,
「합중국 광업」, 「시간각수」 등 서양의 도시와 인물을 소재로 한 단원
들은 그런 의도와 연결되는데, 이는 전체 단원의 1/3에 육박하는 분
량이다.

「윤돈 1, 2」, 「아미리가 독립 1~3」 등에서 목격되는 것은 서구 열
강에 대한 동경과 선망의 시선이다. 「윤돈」에서는 런던은 영국의 수
도일 뿐만 아니라 세계 상업의 수도이고, 기선과 범선이 쉴 없이 왕
래하며, 철도와 전선이 런던에서 동서남북으로 거침없이 오간다. 또
런던은 세계 각국에서 왕래하는 사람이 매일 20만 명이나 되는 번성
한 도시라고 한다. 이런 서술에는, 영국이 동인도회사를 열어 인도를
다스리고 캐나다, 오스트레일리아, 남아프리카 등을 지배한 거대 제
국으로서의 면모는 전혀 암시되지 않고, 단지 문명이 발달하고 세계
여러 나라 사람들로 흥성되는 국제도시로서의 면모만이 부각된다.
「뉴약」에서는 뉴욕은 세계에서 1, 2위를 다투는 상업도시이고, 도시
의 철로는 거미줄과 같이 전국 각지에서 모이며, 런던과 파리와 함께

어깨를 겨루는 대도시라는 것을 말한다. 「아미리가 독립 1~3」에서는 영국의 경제적·정치적 침략에 맞서 독립을 쟁취한 이야기가 서술되며, 미국의 독립은 그 나라 사람들의 뜻과 기운이 응결되어 이루어졌고 만일 워싱턴과 같은 인물의 공이 없었다면 불가능했을 것이라는 사실이 환기된다. 이런 내용은 미국이나 영국이 교류하고 본받아야 할 국가이지 결코 경계해야 할 대상은 아니라는 생각을 전제한다. 그런 생각에서 「조약국」에서는 우리와 조약을 맺은 나라는 8개인데, 모두 우리를 찾아와서 '끊임없이 조약을 구해서 마침내 대등의 조약'을 맺었다는 진술로 이어진다.21) 영국과 미국 등의 나라와 대등한 조약을 맺었고 청나라와는 형제의 나라라는 옛 약속을 파기하고 동등한 관계가 되었다는 것, 그리고 "나라의 빈부강약은 크기의 대소에 있지 않"고, 오직 "임금을 존중하고 나라를 사랑하는 마음을 잠시라도 잊지 말고, 국민이 하나로 단결하여 마음을 모으고 노력하면, 여러 나라와 우열을 다투더라도 어렵지 않을 것"이라고 말한다. 이런 진술은 학생들에게 희망을 주기 위한 의도적 서술로 볼 수도 있지만, 사실은 제국주의의 실상을 간파하지 못하고 그 허상만을 추구하는 안이한 태도라 할 수 있다.

　「시간각수」에서는 서구에 대한 부러움이 이들의 생활 태도에 대한 찬사로 이어진다. 여기서 화자는 사람이 성공하려면 시간을 지켜야 한다는 것을 말하면서, 그 사례로 미국 대통령 워싱턴의 일화를 소개한다. 「싸휠드」에서는, 앞에서 언급한 대로 가필드가 홀어머니 밑에서 어렵고 고달픈 생활을 잘 견디면서 고학으로 어렵게 학업에 매진하여 마침내 대통령이 되었다는 내용이다. 「아미리가 발견」은 미국을 발견하게 된 콜럼부스의 항해 이야기이다. 선원들의 원망과 콜럼부스의 단호한 결단, 신대륙 발견과 그 감격이 서술된다. 「아미

---

21) 『국민소학독본』, 학부, 1895.7, 37쪽.

리가 독립」에서는, 콜럼부스의 발견 이후 유럽인의 왕래가 빈번해지면서 인구가 날로 증가하고 상업과 공업이 번성했다는 것, 1783년에 독립을 획득했고, 워싱턴이 대통령이 되어 미국 100년의 기초를 튼튼하게 세웠다는 내용이다. 이들 단원은 모두 미국을 비롯한 서구를 동경과 선망의 대상으로 바라본다. 이는 교과서 필자가 미국을 선망하는 인사라는 것을 새삼 말해 주거니와, 그것은 단원 전체에서 일본에 대한 우호적 서술이 하나도 등장하지 않는다는 사실과 대비할 때 매우 흥미로운 대목이다. 『신정심상소학』을 비롯한 1896년 이후 간행된 교과서가 모두 친일적 성격을 지녔다면, 『국민소학독본』은 특이하게도 친미개화파의 시각을 담고 있다.

그런데 주목할 점은 문명국에 대한 이런 선망과 동경심의 한편에는 이들의 제국주의적 침략성을 경계하지 못하는 순진함이 놓여 있다는 사실이다. 이 글들 어디에서도 영국과 미국의 제국주의적 성격에 대해서는 언급되지 않는다. 영국과 미국은 '세계 무역의 중심지'이자 '1, 2위를 다투는 상업이 번성한 땅'일 뿐이다. 그렇지만 이런 진술과는 달리 제국주의는 외견상의 문명적인 모습에도 불구하고 궁극적으로는 침략과 약탈의 속성을 갖고 있다는 점에서 이런 견해는 매우 안이하고 순진하다. 주지하듯이, 개화 초기의 제국주의에 대한 우호적이고 긍정적인 시각은 이후 열강의 이권 침탈이나 을사늑약, 고종 퇴위 등의 역사적 사건을 겪으면서 점차 그 침략적 본질을 깨닫고 부정하거나 경계하는 식으로 바뀌지만, 1895년 당시에는 그러한 인식이 형성되지 않은 상태였다. 그런 사실은 『국민소학독본』 전체에서 일본에 대한 선망과 동경심이 한 구절도 표현되지 않으면서 뜻밖에 책의 말미에 '칭기즈칸이 일본인이었다'는 주장을 소개한 데서 단적으로 드러난다.

古記를 보니 우리 평산 짜에 僧 영준이 여진으로 드러가 그 후예가

원나라 시조ㅣ 되엿다 ᄒ며 일본서ᄂᆞᆫ 源義經이 북해도로 만주로 가셔 成
吉思汗이 되엿다 ᄒ니 輓近 되여 흔 洋人이 著흔 義經再興記ᄂᆞᆫ 곳 汗이
의경이라 ᄒᆞᄂᆞ 증거를 擧示흔 게니라[22]

말하자면 일본인 원의경(源義經)이 만주로 들어가 칭기즈칸[成吉思
汗]이 되었고, 그것을 최근 서양인이 저술한『의경재흥기(義經再興記)』
가 확인시켜 주었다는 것. 중국과 유럽을 제압한 불세출의 영웅이
일본인이라는 이런 주장은 교재의 어느 단원과도 맥(脈)이 닿지 않는
다. 그런데도 이 구절을 삽입한 것은 단원의 전후 문맥을 고려자면,
책의 독자인 조선 학생들에게 노력과 분발을 촉구하려는 의도로 이
해할 수는 있다.[23] 위 구절은, 칭기즈칸의 일생을 정리하고 학생들
에게 노력할 것을 당부한 뒤에 덧붙여져 있다. 곧, 칭기즈칸의 일생
사업은 지구의 반을 점령한 것으로 매우 위대하며, 고래로 구주(歐洲)
를 놀라게 한 인물은 칭기즈칸이 유일하다는 것, 그런데 현 세계정세
를 보니 동아인으로서 매우 한스럽고, 그래서 "팔도 산하에 종출(鐘
出)ᄒᆞ 인걸이 업지 아니ᄒ나 다만 여등(汝等)의 노력에 잇스니 깁히
심쓸지어다"라고 말한다. 말하자면, 칭기즈칸의 영광을 부활하기 위
해서 '너희 학생들은 조선 평산 땅의 승(僧) 영길이 원나라의 시조가
되었다는 사실을 기억하고 힘써 노력해야 한다'는 식이다. 그렇다면,
위의 구절은 '칭기즈칸이 비록 일본인이지만 원나라의 시조는 조선
인이고, 우리는 그런 사실을 기억하고 그 영광을 부활하기 위해 노력
해야 한다'는 당부로 이해할 수 있다.
　그런데, 문제는 이『국민소학독본』이 청일전쟁(1895) 직후에 간행

---

22)『국민소학독본』, 학부, 1895.7, 151쪽.
23) 한 연구자는 이 대목을 중국으로부터 동양의 주도권을 넘겨받고자 했던 일본의
　　영향력이 개입된 결과라고 설명한다(송명진, 2009: 42 참조).

되었고 또 위의 구절이 일본의 제국주의적 의도를 담은 것이라는 점에서, 궁극적으로 일본의 야망을 승인하는 것으로 오인될 가능성이 크다는 데 있다. 일본이 청일전쟁을 도발한 의도가 조선에서 세력권을 확보하는데 있었고 조선의 독립과 개혁은 그 명분에 불과했음을 감안하자면, 칭기즈칸이 일본 사람이고 그것을 서양인이 확인해 주었다는 진술은 당시 제국주의의 일반적 속성이나 일본의 팽창주의를 승인하는 것으로 오인될 공산이 크다. 그런 사실은 당시 일제가 이『의경재흥기』를 의도적으로 유포한 사실에서도 알 수 있다. 1885년과 1886년에 간행된『의경재흥기』[24]는 일본이 대륙침략을 본격화하기 전에 그 구상을 공표한 일종의 계시서와도 같은 책이었다. 당시 메이지 정부는 원의경(源義經)이 대륙으로 건너가 몽골 제국의 시조인 칭기즈칸이 되었다는 사실을 널리 퍼뜨렸는데, 그것을 퍼뜨린 대표적인 인물의 하나가 메이지 정권에서 내무대신을 지낸 스에마츠 겐죠[末松謙澄]였다. 겐죠는 대한제국을 멸망시키고 한반도를 일본의 식민지로 만드는 데 결정적 역할을 한 이등박문(伊藤博文)의 사위였다. 그는 영국의 케임브리지 대학 유학 시절 구미제국에 일본 문화의 우수성을 과시하기 위하여 일본이 자랑하는 1천여 년 전의 장편소설 『원씨물어(源氏物語)』를 번역·소개한 바 있다. 그는 원의경이 대륙에 진출하여 칭기즈칸이 되었다는 내용의 논문을 '그리피스'라는 이름의 영국인을 가장하여 익명으로 발표하였다. 여기서 그는 칭기즈칸으로부터 누루하치[奴爾哈齊]까지의 계도를 첨부하고 번역하여 1885년『의경재흥기』를 출판한 것이다.[25] 그렇기 때문에 '칭기즈칸은 일본인'이라는 주장은 일본의 대륙침략을 정당화하기 위한 이론적 정지작업의 하나였다. 그런데도『국민소학독본』의 편자는 그런 사실

---

24) 末松謙澄(1885),『義経再興記』, 上田屋.
25) 자세한 것은 다음 사이트 참조. http://gall.dcinside.com/history/403282

을 간파하지 못한 채 뜬금없이 그것을 소개함으로써 일제의 대륙침략을 정당화하고 추인하는 듯한 태도를 보여 준 것이다.26)

이런 태도는 36과 「악어」에서, 악어를 애완동물처럼 서술한 대목에서처럼 그만큼 대상에 대해 무지하다는 것을 말해 준다. 여기에 비추자면 서구 열강은 악어처럼 결코 약자를 해치지 않으며 따라서 우리는 악어와 악어새처럼 서로 협조하고 공존해야 한다는 것을 시사 받게 된다. 하지만 제국주의는 외견상의 화려하고 문명적인 모습과는 달리 궁극적으로 침략과 약탈의 속성을 갖고 있다는 점에서 『국민소학독본』의 의식은 악어와 함께 '공놀이를 하는 아기'처럼 천진하다고 할 수밖에 없다.

6. 국어 교과서와 민족주의

교과서라는 매체가 근대 민족주의의 형성에 중요하게 기여했다는 것은 익히 알려진 사실이다. 교과서의 발달과 보급은 근대 인쇄 기술과 국가 교육제도에 의해서 광범위하게 활성화되었다. 인쇄 기술의 발전은 동일한 자료의 대량 인쇄와 보급을 가능케 했고, 근대식 학제의 도입과 국가 교육제도는 교육 내용의 동질성을 확보하고 표준화

---

26) 이런 태도는 한편으로 악어의 실체를 확인하지도 않은 채 단지 순진한 애완동물로 서술하는 태도와도 흡사하다. 36과 「악어」에서 볼 수 있듯이, 악어는 단지 온순한 애완동물일 뿐이다. 외견상으로는 총알도 꿰뚫지 못할 정도로 강인한 모습이지만, 그 성격은 유순해서 작은 새와 곤충을 해치지 않을 뿐만 아니라 육지에서는 어떤 물건도 해하지 않는 동물로 소개된다. '악어가 수중에서 노는 형용은 마치 아이가 공놀이를 하는 것과 다름이 없고', '악어는 수중에 있을 때라도 사람을 공격함이 거의 없고 하물며 물가에서 노는 아이를 해하는 일은 절대로 없다'고 한다. 먹이사슬의 최상층에 있는 악어를 이렇듯 애완동물처럼 바라본다는 것은 그만큼 대상에 대해 무지하다는 것이 아닐까.

시키는 데 중요하게 기여하였다. 그래서 교과서는 하나의 세대를 묶는 공유 기억을 기록하고 전승하는 기억 기록장치로 일컬어진다.

『국민소학독본』에는 간행 주체였던 개화파 인사들의 가치와 지향이 집약된 형태로 나타난다. 이 책은 일제의 간섭과 개입이 본격화되기 직전에 조선 정부의 정책적 필요에 의해 간행되었는데, 당시 조선 정부는 일제의 압력과 서구의 출현 등 급변하는 정세 속에서 스스로를 개혁하지 않으면 살아남을 수 없다는 절박한 인식을 갖고 있었다. 전근대적인 제도와 교육으로는 거세게 몰아치는 서양의 물결에 맞설 수 없고, 오직 합리적이고 실용적 가치관을 지닌 국민만이 그 격랑을 감당할 수 있다. 그런 믿음에 바탕을 둔 교재였던 까닭에 『국민소학독본』은 전근대에서 근대로 지식의 패러다임을 바꾸어 놓았을 뿐만 아니라, '국민'이라는 말을 내세운 데서 드러나듯이, 양반 자제들에게 한정되었던 교육을 전 국민을 대상으로 확장시켜 놓았다. 이 책을 계기로 일반 국민이 교육의 중심 대상으로 새롭게 호명된 것이다. 이를 통해서 『국민소학독본』은 우리의 현실을 자각하고 실사구시와 이용후생의 정신으로 무장한, 그러면서 우리도 서구와 같은 문명강국이 될 수 있다는 낙관적 신념을 소유한 주체를 호명한다. 이 책이 1910년 일제의 강제병합이 이루어진 뒤 민족의식을 고취한다는 이유로 발매 금지된 것은 그런 주체의 성격과 무관하다고 할 수 없을 것이다.

그런데 교과서는 한 민족의 역사 진행 과정과 불가분의 관계를 갖는다는 점에서 『국민소학독본』은 근대와 전근대가 공존했던 당대 현실과 밀접하게 연결되어 있다. 당시 개화를 주도했던 세력의 상당수는 과거 양반 계층 출신이었다. 그렇기에 그들은 근대적 지향성을 갖고 있었음에도 불구하고 전통적 가치와 이념에서 자유롭지 못하였다. 중국의 허문 숭상의식을 비판하면서도 왕국의 충실한 신민이 되기를 소망한 것은 전근대를 부정하면서도 한편으로는 거기에 몸이 묶여 있는, 말하자면 머리와 몸이 서로 분리되어 조화를 이루지 못한 형국이다. 그것이 근대와 전근대, 서구와 전통이 혼재하는 이중성으로 드러난 것이다.

교과서는 가르치는 사람과 배우는 사람의 상호 교감과 소통을 위한 수단이라는 점에서 『국민소학독본』은 아직 온전한 형태의 교과서라고 할 수 없다. 교과서는 학생들의 발달 상태와 수준을 고려한 교육 매체로서의 기능뿐만 아니라 교육적 가치가 있는 내용을 집약하고 조직한 지식 매체이기도 하다. 그런데 『국민소학독본』에는 그런 교육과정에 대한 자의식이 발견되지 않으며, 단지 편찬자의 이념과 지향만이 일방적으로 투사된 것을 볼 수 있다. 학생들의 수준이 고려되고 거기에 맞는 학습 방법이 고민되기 시작한 것은 이 책이 나온 몇 달 뒤에 간행된 『신정심상소학』부터다. 물론 이 책 역시 일본의 『尋常小學讀本』을 참조했지만, 그럼에도 이 책은 우리의 현실을 적극적으로 반영하고 학생들의 수준을 고려한 단원 배치를 했다는 점에서 '국어' 교과서로서 한층 정비된 모습이다. 그렇다면, 『국민소학독본』은 근대 사회로 넘어가는 초입에서 구체적 형체를 갖추기 시작한 민족주의의 산물이자 동시에 서세동점의 현실에서 근대적인 국민을 양성하려는 취지를 담고 간행된 국어 교과서의 초기 형태라 하겠다.

유교적 신민 창출과 고전(古典)의 인양(引揚)

: 『소학독본』(1895)의 재검토

유임하(한국체육대학교 교양과정부 교수)

1. 『소학독본』 재론의 이유

근대 초기 국어교과서의 역사에서 『소학독본』(1895)은 '근대 지식의 수용'이라는 일반적인 전제와는 달리 유교 이념으로 충만한, 그래서 논란이 많은 텍스트이다. 우선, 이 독본 교과서는 '유교적 이념에 바탕을 둔 인성 함양'이 주요한 내용을 이루고 있어서 수신서로 분류하는 관점이 우세하다.[1] 그러나 '소학교용' '국어과 독본 교과서'라는 측면에서는, 유교적 전통에 입각한 품성 함양을 강조하는 특징을 두고 근대교육의 퇴보로 규정하기도 한다(윤여탁 외, 2006가: 201~202 참조). 그런 만큼 근대 초기 국어 교과서 연구 동향을 일별해 보면

---

1) 교육학 분야에서 『소학독본』은 『숙혜기략(夙慧記略)』과 함께 논의되고 있다(김민재, 2011). 『소학독본』을 수신서로 본다 해도, '독본'이라는 교과서 명칭은 여전히 해소되지 않는 의문으로 남는다. 김민재는 내용상 특징을 들어 『소학독본』을 수신 교과서로 보는 입장을 취하고 있다(김민재, 2011: 186~187 참조).

『국민소학독본』과 『신정심상소학』만을 대비해서 논의하는 경우가 대부분이고, 『소학독본』에 대해서는 학부 발간 '소학교용 교과서'라는 관점에서만 간략하게 언급될 뿐(박승배, 2011) 제대로 검토되지 못한 상태이다.

『소학독본』은 과거제 폐지와 함께 신학제를 도입한 갑오교육개혁의 시행과정에서 배제되었던, 개항 이후 전통교육제도의 변화를 모색하던 흐름이 반영된 결과일 가능성이 높다. 이 독본 교과서는 소학교용 수신독본 또는 국어과 독본으로서 갑오교육개혁의 특성과 한계를 동시에 보여 주는 사례에 해당한다. 뿐만 아니라 이 교과서는 몽학(蒙學) 단계의 전통교육제도의 한 축이었던 『소학』의 교육적 구상을 참조하여 근대 초기 독본 교과서로 재배치하고자 한 소산이었다. 『소학독본』이 갑오교육개혁에서 대단히 문제적인 텍스트라는 것은 독본 교과서의 간행과정을 일별해도 쉽게 이해된다. 오늘날 교육부에 해당하는 학부 편집국에서는 1895년 7월 19일(음력 5월 17일) 소학교령 반포 직후부터 이듬해 초까지 소학교용 독본 교과서를 세 권이나 간행했다. 『국민소학독본』을 1895년 음력 7월(양력 8월 20일~9월 18일), 『소학독본』을 같은 해 음력 11월(양력 12월 16일~이듬해 1월 14일)에 간행했고, 이듬해 음력 2월(1896년 3월 14일~4월 12일) 『신정심상소학』을 간행했다.

학부 편집국에서 간행한 이 세 권의 독본은 공교롭게도 모두 '소학'이라는 표제를 취하고 있는데, 이는 곧 '소학교'에서 사용된 국어과 및 수신용 독본 교과서임을 의미했다. 학부 편집국에서 왜 '소학교용 독본'을 3종이나 간행했는가는 여전히 의문으로 남아 있다. 그러나 3~4개월 간격으로 소학교용 독본 교과서가 간행된 배경으로 갑오개혁 전후의 가파른 정치사회적 변동을 전제하지 않을 수 없다. 이런 관점에서 『소학독본』의 간행 배경과 그 안에 담긴 교육적 의도를 짚어 보지 않고서 '유교 이념으로 충만한 퇴행적인 독본 교과서'

로 규정하는 것은 성급한 주장이라고 판단된다.

이런 문제의식을 바탕으로, 이 글에서는 오늘날 국어과로 세분화되기 전, 유교적 이념 지향이 강한 독본이 간행된 배경이 무엇이었는지, 텍스트 간행을 둘러싼 정황과 함께 전통교육제도와 어떤 연관을 맺고 있었는지에 주목해 보고자 한다. 그런 다음『소학독본』의 체제와 내용상 특질을 살펴보기로 한다.

2. 갑오교육개혁과 전통교육제도의 길항
:『소학독본』의 간행 배경

주지하듯이 1890년대는 국가의 명운(命運)이 경각에 달린 시기였다. 고종은 「교육에 관한 조칙」에서 교육이야말로 "서구 열강과 일제의 침탈로 위기에 빠진" 국가를 구하는 수단이자 "근대적 과학기술과 서구 문명을 받아들여 조선을 문명 부강한 국가로 만드는 길, 힘을 키우는 길"(이승원, 2005: 23)이라고 천명했다. 갑오교육개혁은 전통적인 인재 등용제도였던 과거제를 폐지하며 전통 교육제도를 공교육의 장에서 밀어내는 한편, 고급인력을 해외 유학생 파견으로 대체하면서 소학교 중심의 신학제 도입을 시행하는 것이 골자였다. 개혁의 결과, 교원 양성을 위한 사범학교 설립, 초등교육을 담당할 관립, 공립, 사립 소학교 설립, 중학교 설립 등에 대한 법적 근거가 되는 칙령을 1895년 9월에 반포하며 국민 양성의 소임을 '학교'로 이관하기 이르렀다.

그러나 급속한 교육개혁은 체계적인 교과서 간행조차 여의치 않을 만큼 한계를 노출하기도 했다. 학부 편집국에서는『국민소학독본』을 처음 간행하면서, 1888년 일본 문부성에서 간행한『고등소학독본』을 저본으로 삼아 상당 내용을 급조할 수밖에 없었다.[2] 지금의 관점에서 보면 이 교과서는 자국어 관념과 문종(文種)에 따라 교과과정을 구현한 국어 교과서의 외양부터가 판이하다. 『소학독본』 또한 수신서인가 국어교과의 독본인가 하는 정체성의 논란이 있는데, 이는 근대 초기 교과가 확고하게 분립하지 못한 현실에서 비롯된 것이다. '독본'이라는 말에는 국어과나 문학 교과로 분화되기 이전 통합 교과의 성격이 함축되어 있다.3) 허재영에 따르면 근대식 학제 도입과 함께 사용된 국어과의 교과서 형태는 주로 '독본류'였다(허재영, 2010: 156~160 참조). '독본'이라는 관점에서 『국민소학독본』은, 오늘날 국어과에 해당하는 교과서로서 '국민'을 양성하는 소학교용 독본이라는 윤곽이 그려지지만, 『소학독본』은 '소학교용 독본'인지 아니면 '소학교의 소학(수신)독본'인지가 불분명하다. 분명한 것은 『소학독본』이나, 4개월 먼저 간행되었던 『국민소학독본』은 문체상 특성을 공유한다는 점에서 편찬자가 동일 집단일 가능성이 높고, 교육철학 또한 공유하고 있다는 사실이 인정된다.4) 두 교과서 모두 소학교용 독본 교과서로서는 난이도가 높은 한자를 사용한 장문(長文)의 '국한문 혼용체'로 기술되어 있어서, 편찬 의도나 기획에서 학습자를 고려하기보다 국가가 필요로 하는 이상적인 학습자를 대상으로 삼았던 것으로 보인다.5) 거기에다 『국민소학독본』과 『소학독본』의 관

---

2) 최초의 '국어' 교과서인 『국민소학독본』은 최초의 관찬교과서로서 주체적인 역사와 인물에 대한 자각과 자부심을 바탕에 깔고 있다. 그러나 이 교과서는 일본의 저본을 기초로 삼아 모방과 조정, 요약과 축소, 발췌와 정리 등의 방식으로 급조된 결과물이기도 하다(강진호, 2012: 262~279 참조).

3) 1896년에 간행된 『신정심상소학』 하권과 1897년 6월 간행된 『태서신사촬요』 하권에 첨부된 교과서 광고에도 『소학독본』은 당대에도 『신정심상소학』, 『국민소학독본』과 함께 열거되고 있어서 이들 교과서와의 친연성이 확인된다(이종국, 1991: 123~126 참조).

4) 강진호(2012)에서 편찬 실무자로 이상재를 지목하고 있다.

5) 학부 편집국에서 발간한 『국민소학독본』과 『소학독본』이 가진 국한문혼용체의 문체적 특징은 『신정심상소학』에서 등장한 국문 위주의 평이한 문체에 비해 상당

계가 국어와 문학 교과를 보완한 것이었는지 아니었는지조차 밝혀진 바가 거의 없다.6)

주지하듯이, 『국민소학독본』은 메이지 시대에 간행된 『고등소학독본』의 상당부분을 차용하면서도 국가주의에 충실한 주체 양성을 지향했던 교과서였다. 그러나 이듬해 아관파천 이후 간행된 『신정심상소학』에서는 소학교용 국어교과서에 걸맞은 체제와 내용을 구비했으나 친일적인 요소가 대거 수록되는 적지 않은 변화를 거친다. 『신정심상소학』의 이런 변화는 명목상으로는 독본의 편제와 내용의 재조정이었으나, 일본식 삽화 수록이나 하향 평준화된 내용을 고려할 때 '교과서를 통한 일본의 교육 지배'가 가시화되었다는 말이 가능할 정도이다(구자황, 2004: 222 참조).

이런 맥락에서 보면 『소학독본』의 간행은 단순히 '유교이념으로의 귀환' 또는 '퇴보'로만 해석하는 데 무리가 있다.7) '소학교용 독본'이라는 표제에 충실하면, 『소학독본』은 몽학 단계의 수신을 강조해

한 한문 식견을 가지고 있어야 한다는 점에서 일반 서민과 양반 자제 사이에 놓인 계층 간 문식력 차이를 감안한 것일 수도 있다.

6) 1894년 설립된 사범학교와 부속 소학교에 대한 기사를 참조해 보면, 사범학교의 경우 정원 40명에 17세 이상의 한학 실력을 갖춘 생도들이 당분간 옛 방식에 따라 오전 10시부터 오후 3시까지 하루 4시간씩 수업한다. 오륜행실, 동몽선습, 사서류의 한서에 대해서 독법 강의를 하고, 산술을 배우고 있다. 반면, 소학교는 남녀 7세 이상이나 실제로는 9~15세 이상으로 남아 중심의 정원 60명에 「가나다」를 배우는 것으로 기사화되고 있다(김경미, 2009: 123~124 참조). 기사에 근거해 추론해 보면 소학교의 교재를 지향한 『신정심상소학』 외에, 『국민소학독본』과 『소학독본』은 애초 심상과와 고등과 교과서를 지향했다.

7) 『소학독본』을 간행한 배경을 두고 박승배는, 당시 유학세력이 『국민소학독본』의 급진성을 강하게 비판하자 이 비판을 잠재우기 위해 이들의 요구를 수용한 결과로 본다. 그는 그 근거로 1895년 10월 명성왕후 시해사건으로 입지가 좁아진 학부대신 서광범과 그를 공격했던 전통 유학세력들의 거센 비판을 꼽았다(박승배, 2011: 11·19). 또한, 교과서 생산의 맥락을 짚어본 구자황은 『소학독본』이 '단기적 반동' '회귀의 텍스트'로서 일본의 사례를 들어 민족주의적 전통을 강조한 사례에 대비시키고 있다(구자황, 2013: 31).

온 전통교육 체제가 반영된 결과라는 말이 가능하다. 잘 알려져 있듯이, 갑오교육개혁은 일제의 후원 아래 과거제 폐지와 함께 급진적으로 도입한 소학교 중심의 신학제 도입이 그 핵심이었다. 『소학독본』의 간행은 친미개화파 정권이 급진적으로 시행한 소학교 중심의 교육개혁에서 반발한 유교세력의 비판을 무마하려 했다는 추론도 가능하나, 개항 이래 진행되어 온 전통교육제도의 변화 모색을 부분적이나마 수용한 결과로 보인다. 개항 이후 전통교육제도의 변화 요구가 커지면서 부상한 동도서기론의 입장에서는 갑오교육개혁의 취지를 찬성하면서도 유교적 이념을 중심에 두는 교육이념이 『소학독본』에 반영되었을 가능성도 배제할 수 없다.

구희진에 따르면, 조선정부는 갑오개혁 이전부터 성균관·향교-도(都)훈장-면훈장[講長]-서당 등의 전통교육제도의 개편을 점진적으로 모색해 왔다. 1876년 개항 이래 조선정부는 시급한 부국강병책과 함께 교육정책의 지향을 '동도서기론'에 입각한 전통교육제도의 재편에 두고 변화를 모색했다. 중앙의 경학원과 각도에는 영학원, 열읍에는 관학원을 설립하려 했으나 친미개화파 정권에 의해 좌절되었다. 일본 주둔 세력을 등에 업은 친미개화파 정권은 1894년부터 1896년 아관파천 이후 교체되지만, 이후 정권에서도 신학제 도입 정책은 그대로 시행되었다. 이 과정에서 전통교육기관이었던 성균관과 향교, 서당 같은 전통교육기관은 철저하게 형해화되었고, 위정척사파 계열의 지식인들은 당대 교육에서 동몽교육의 재정비가 시급하다는 인식하에 다수의 동몽서를 편찬하며 격렬하게 반발했다(구희진, 2006: 195~208 참조).

이처럼, 개항 이후 변화를 모색해 온 전통교육제도의 흐름과 유교계열 지식인들의 움직임을 갑오교육개혁의 자장을 함께 고려해 보면, 『소학독본』의 간행은 단순히 근대교육이 유교 이념으로 회귀한 퇴행이 아니라 개항 이후 조선정부가 '동도서기'의 입장에서 추구해 온 전통교육의 변화 모색이 갑오교육개혁의 자장을 뚫고 재배치된 결과물에 가깝다. 그만큼 『소학독본』에는 갑오교육개혁에서 배제되었던 '소학교 중심'의 신학제 도입과정에서 누락된 '동도서기'에 입각한 유교적 신민 창출에 대한 사회적 요구가 구체적으로 반영되어 있기 때문이다. 점증하는 열강들의 야욕이나 명성황후 시해사건 같은 국가적 위기 상황을 감안할 때, 『소학독본』은 충효관념에 충실한 주체 양성의 필요성, 친일적 지향과는 대척적인 사회적 공감대 형성과 밀접한 관련을 맺는다. 요컨대 『소학독본』은 갑오교육개혁 와중에 '소학'의 전통을 참조하며 이를 구현한 교과서였던 셈이다.

근대 초기 교육개혁의 과정에서 호명된 『소학』의 교육 전통은 고려 말로 소급될 만큼 그 연원이 매우 깊다. 여말선초, 성리학의 도입과 함께 전파된 『소학』은 조선조 사회에서 동몽서의 수준을 넘어 수신서의 위상까지 확보한다. 『소학』이라는 텍스트는 조선조 사회에서 17세기 이후 주석서 편찬과 그것의 유통과정에서 매우 민감한 정치적 학문적 사안과도 연계되어 있었다. 『소학』은 '성학(聖學)의 기초서'로서 왕세자 교육에 활용되었을 뿐만 아니라, 유교 학습의 기초서, 교화서로도 활용되었기 때문이다. 또한 『소학』은 안정된 체제를 구축하기 위한 인륜서였으며 조선조 백성들의 민의(民意) 성장을 돕는 지침서이기도 했다. 『소학』의 유통과 주석 편찬서의 간행, 18세기 중엽 영조가 편찬한 『소학훈의』 등의 사례에서 보듯이, 『소학』의 다양한 사회적 유통 경로는 정치적 의미 또한 적지 않았다. 이이의 편집본인 『소학집주』의 보급과 교육강화는 서인과 기호학파가 정계와 학계를 장악하는 기제가 되기도 했다(정호훈, 2008: 138~139).[8]

소학 언해사업에서 소학이 가진 정치적 의미와 대중화의 의미에

---

8) 이런 관점에서 보면 기호학파의 계보에 속한 이상재가 『소학독본』의 간행을 담당했다는 것도 역사적 사상사적 맥락이 있는 것으로 보인다.

주목한 바 있는 윤인숙은,『소학』을 중시한 전통이 조선 왕조 수립기에서부터 16세기까지 지속적이었음을 밝힌 바 있다. 그의 견해에 따르면,『소학』은 조선조 건국 초기부터 과거제의 필수과목으로 채택되면서 주자학적 이상세계를 구현하는 교재가 되었고, 16세기 이후 지속적이었던 소학 언해사업과 함께 '위로부터의 대중화'를 나타내는 핵심 지표의 하나였다(윤인숙, 2011: 192~198 참조).

갑오교육개혁에서 '소학(小學)'은 소학교 중심의 신학제 도입과정에서 위기에 놓인 국가를 구출할 어린 학도들의 동몽서이자 수신서로 호명되었다. 곧, '소학'이라는 말에는, '유소년기의 교육과정'과 '인성함양교육'의 지침서이자 주자가 편찬한『소학』(민병훈, 1988: 553~554), 동아시아 유학교육의 초기교육서, 평생 수양해야 할 격물치지(格物致知)의 공부인 대학(大學)과 병행해야 할 수양서의 위상(진원, 2012: 447~450)까지도 포괄하는 대단히 복합적인 어의가 담겨 있다. 전통교육을 대변하는 복합적 기제야말로『소학』을 호명해낸 동기였던 셈이다.『소학』은 몽학(蒙學) 단계의 중요성과 윤리의식, 경건한 몸가짐을 강조하고, 이어서 전한(前漢) 이전과 이후의 성현들의 행적을 통하여 유교 이념에 충실한 도덕적 주체의 양성을 지향한 교육제도이자 성리학의 교육관을 집약한 동몽서였다. 그런 까닭에『소학』은 '유교가 궁극적으로 지향하는 성인(聖人)이 되기 위한 학문'의 요체를 담은 텍스트였고, 과거제를 시행했던 조선조 사회에서는 다양한 방식으로『소학』의 독서 여부를 확인하고자 했던 것이다(유성선, 2003: 10). 그런 만큼『소학독본』에 반영된 '소학'은 전통교육에 충실한 소학교용 독본'의 취지를『국민소학독본』보다 훨씬 선명하게 제시하는 역할을 담당했던 것으로 보인다.

『소학독본』은『숙혜기략』같은 교육서,『유몽휘편(牖蒙彙編)』같은 동몽서와는 달리, 소학교 학생[유학자(幼學者)]의 입문과정에서 학습의 동기 부여와 유교적 이념에 근거한 도덕적 내면 형성을 강조하는 독본이었다.9) 『소학독본』에서 사용된 '소학(小學)'이라는 명칭은 체제상 '초심자를 위한 수양 입문서'의 체제를 빌리고 있으나 '소학교의 독본(교과서)'라는 의미도 포함한다. 전통교육은 "'독서산(讀書算)'을 중심으로 한 교육"(허재영, 2010: 147)으로 경전과 사서류, 시문류의 독해 및 작문 위주의, 인문학적 교양을 함양하는 데 주력했다. 그러던 것이 근대 초기에 오면 교육을 통한 '국민 형성과 통합'을 시도하게 되는데, 「교육에 관한 조칙」이나 갑오교육개혁의 교육대상은 모두 '신민(臣民)' '인민(人民)' '국민'을 지향하고 있었다.10) 이 중에서 가장 유력한 피교육 주체가 '신민'이었다.

　'신민'이라는 맥락은 『국민소학독본』과 『소학독본』을 중첩시켰을 때 이상적인 독자이자 피교육 주체가 누구인가에 따라 달라진다. 이들 교과서에 등장하는 이상적 주체는 근대 국민국가의 일원이라기보다는 서구 열강과 제국 일본의 침략 앞에 놓인 국가의 위기를 극복해낼, 충효관념으로 무장한 남성 주체에 가까웠다. 달리 말해 이들은 국가에 대한 충성과 헌신을 요구받는 충실한 일반 백성, 곧 '신민'이었다.11)

---

9) '독본'이라는 말은 'first reader(소학교 독본)' 또는 'union reader(독본 교과서)'의 번역어로서, 1895~1905년 사이에 공포된 각급학교령에 명시된 '독서' 교과에 사용된 교과서를 뜻한다. 이는, 소학교 교과목에서 심상과 3년과 고등과 2년(또는 3년)에 설치된 수신 과목, 중학교 교과목 심상과(4년)에 설치된 윤리 과목과 구별된다.

10) 그러나 김소영의 언급처럼, 『국민소학독본』과 『신정심상소학』에서 사용된 '국민'이라는 표현은 일본 교과서와 법령의 영향을 받은 것이라는 점에서 주의를 요한다. 두 교과서 외에는 모두 '인민' '신민' '백성'이라는 용어가 그대로 사용되고 있다(김소영, 2007: 171~191).

11) 김소영은 근대국민교육이 본국사의 전통, 올바른 국민상, 역사와 지리, 공용어, 특정한 선조와 종교를 강조하면서 이를 국민 형성에 활용하는데, 소학교 교육에서는 특히 국가에 대한 충성과 헌신을 배우며, 공통언어와 상징, 전통, 문학, 의식, 특정지역(수도)을 강조한다고 언급하고 있다(김소영, 2007: 190).

뒤따르는 어린 학도들아, 우리 대군주 폐하께옵서 높은 덕을 밝히 드러내사 조칙(詔飾)이 창에 비치니[누강(屢降)], 시(『시경』을 가리킴-인용자)에 이르기를 "주나라가 비록 옛 이웃이나[주수구방(周雖舊邦)] 그 명을 오로지 새롭게 할 때라[기명유신(其命維新)]." 우리도 임금의 뜻을 받들고 사모하여 학습을 힘쓰며 충효를 일삼아, 국가와 한 가지로 만세 태평하기를 절하며 축수하노라.12) (유임하 편역, 2012: 18)

『소학독본』이 지향한, 교육의 목적과 대상이 비교적 분명하게 드러나 있는 인용대목에서, 근대 초기 교육 이념은 '대군주 폐하'의 '(교육에 관한-인용자)조칙'이 이루어 낸 '교육의 시혜'가 비추어진 결과로 언급되고 있다. 군주제에 기초한 교육이념은 '임금의 뜻을 받들고 사모하면서' '배움에 힘쓰고' '충효를 수행하며 국가와 하나 되어 만세를 누리도록 축수하는 장'으로 요약된다. 이처럼 『소학독본』에서는 중국 중심의 질서에서 벗어나 군주제에 근간을 둔 근대 국가의 위상에 걸맞은 교육이 대세임을 언급하고 있지만, 정작 어린 학습주체들은 근대적인 의미의 개인으로 양성되는 것이 아니라 충효의 도덕적 기반을 형성하는 신민으로 양성되는 것을 의미했다. 『소학독본』에는 한 개인이 뜻을 세워 학문의 길로 들어서는 일 자체가 '충성스러운 신민'으로 양성되는 목표로써 전면화되어 있다. 신민의 출처는 "그대 신민들의 선조"이다. 이들은 "바로 나의 조종(祖宗)이 보살피고 기른 선량한" 이들로서 "선조의 충애를 계승하여 짐이 보살피고 기르는 선량한"13) 존재이다. 선조인 신민에서 지금의 선량한 존

---

12) 원문은 다음과 같다.
　　"後進幼學들아 우리 大君主 陛下계옵셔 峻德을 克明ᄒ샤 詔飾이 屢降ᄒ시니 詩에 이론바 周雖舊邦이나 其命維新ᄒᆯ썬라 우리도 聖意롤ᆯ 效慕ᄒ야 學習을 힘쓰며 忠孝롤 일사마 國家와 ᄒ가지 萬歲太平ᄒ기 拜祝ᄒ노라."(『소학독본』, 아세아문화사 영인본, 4쪽)

재들에게 요구하는 것은 '충애', 곧 '충군애국'이다. 이 존재의 상은 '충량한' 제국의 신민과 그리 멀지 않았다. 이들 '신민'은 민비시해나 아관파천으로 이어진 열강들의 각축 속에 급박하게 전개된 국가적 위기가 호명해낸, 유교적 이념에 충실한 존재였던 것이다.

이처럼『소학독본』의 학습자들에게는 미래의 국가 부흥책을 실현하는 주역이기를 열망했고, '충효'의 유교적 윤리 덕목으로 무장하고 '군주에게 충성을 바치는 신민으로서의 정체성'(김소영, 2007: 191)을 요구했다. 이는, 외세를 등에 업고 시행한 친미개화파 정권의 갑오교육개혁이 가진 한계와 함께, 개항 이후 변화를 모색해 온 전통교육제도가 길항하며 빚어낸 균열된 피교육 주체의 한 단면이었다.

3. 『소학』의 근대적 변용과『소학독본』의 체제

『소학독본』은 전통교육제도의 근간이었던 동몽서『소학』에서 그 체제를 빌려왔다. 이는 근대 초기 교육에서 '동도서기'의 교육철학에 입각하여『소학』이라는 '고전'을 근대적으로 재배치한 것임을 의미한다. 물론 여기에는『소학』의 체제를 근대교육에 단순 대입한 것이 아니라 서구 열강들이 각축하는 당대 현실에 적극적으로 대응하는 면모도 담겨 있었다.

『소학독본』의 체제는 '제1 입지(立志)', '제2 근성(勤誠)', '제3 무실(務實)', '제4 수덕(修德)', '제5 응세(應世)' 등 모두 다섯 개 장으로 이루어져 있다. 이들 장은 소학교 독본의 교과과정을 고려한 흔적을 보여준다. '뜻을 세우고'(입지) '근면과 성실'(근성)을 바탕으로, '힘써 열매를 맺는 삶'(무실)을 지향하는 것이 저학년용이라면, '덕을 수양함'(수

---

13) 고종, 「교육에 관한 조칙」(김소영, 2007: 183 재인용).

덕)으로써 '세상의 형편에 적응'(응세)하는 체제는 내면 수양과 사회적 삶에 대한 지평에 관한 것이라 고학년용임을 알 수 있게 해 준다. 장문의 국한문체라는 점을 감안해서 의미단위 중심으로 내용을 정리해 보면 '제1 입지(立志)'가 총 17단락, '제2 근성(勤誠)'이 총 13단락, '제3 무실(務實)'이 총 19단락, '제4 수덕(修德)'이 총 44단락, '제5 응세(應世)'가 총 49단락으로 구성되어 있어서 분량과 난이도 면에서 저학년용과 고학년용으로 확연히 구분된다. 이 같은『소학독본』의 체제는『소학』의 내편·외편의 체제와도 부합한다.14)

　『소학독본』의 체제는 각 장마다 서문과 본문, 결어 등으로 구성되어 있고, 서술 구도 또한 매우 체계적이며 정교하다. '제1 입지'에 관류하는 교육의 취지는 "어릴 때 배우고 익히는 것[學習]"이 "부모를 사랑하고 형을 존경하는 것과 다르지 않고, 장성한 뒤 하는 사업은 임금을 사랑하고 나라를 위하는 것보다 더한 것이 없다"(15쪽)라는 대목에 잘 담겨 있다. '제2 근성'에서는 정성을 다한 배움과 인재 양성의 사례를 기술하고 있는데, 정구와 이이, 권상하의 일화 등은 배움에 정진하는 이상적인 모습으로 제시되어 있다. '제3 무실'에서는 지식에 치중하지 않고 행동으로 열매 맺는 공부를 '참된 배움'이라고 규정하고 있다. 참된 말과 실속 있는 행동을 위한 자기경계(김굉필), 과거공부 대신 참된 세상공부로 나라에 기여함(송질), 대구 부인동 부흥의 사례(최흥원), 의로움을 바로 세우는 자기성찰(성혼), 자기 집과 같은 요량으로 정치하기(송준길), 스스로 터득한 지혜의 중요성(이원익), 본심으로 길흉화복 가리기(김성일) 등은 모두 배움이 열매 맺

---

14) 이러한 체제는『소학』의 내편과 외편으로 이루어진 체제와 유사하다.『소학』내편은 '입교(入敎: 배움의 기본원칙)', '명륜(明倫: 오륜, 다섯 가지 윤리)', '경신(敬身: 경건한 몸가짐의 중요성)', '계고(稽古: 배움, 오륜, 경건한 몸가짐에 대한 전한(前漢) 이전 옛날 성현의 행적)'으로 이루어져 있고,『외편』은 한대 이후 성현들의 행적을 담은 '가언(嘉言: 선한 말)' '선행(善行: 아름다운 행동)'으로 이루어져 있다. 윤호창, 「해설」(주희·유청지 편, 1999: 15).

은 뒤 나타난 이상적인 삶으로 거론되는 사례들이다.

'입지'와 '근성'과 '무실'은, 모두 개인의 내면이라는 공통범주에 속한다는 점에서 인성 함양으로 귀결되는 특징을 보여 준다. '참된 공부'로 환기되는 교육철학의 연원은 유교 이념으로 소급되기에 충분하다. 이것이야말로 동도서기(東道西器)의 '도'와 중체서용(中體西用)의 '체'에 해당하는 대목이기 때문이다. 그러나 이 같은 골간은 정작 변화하는 근대세계에 필요한 근대적 개인의 '주체적인 자기 정립'과는 무관하다는 점에서 또 다른 주의가 필요하다. "옛날 성현의 행실은 실하지 않은 것이 없었"으나 "그리 오래지 않은 옛날에 과거법이 시행되면서부터 선비의 행실은 점차 어그러지고 어지러워져서 (…중략…) 뇌물이 성행하게 되었다"(「제3 무실」, 『소학독본』, 23쪽)는 구절에서 보듯이, 성현의 시대는 절대화되고 있다. 반면 근대의 세계는 참다운 학문을 습득하고 이와 대결해야 하는 타락한 현실로 규정된다. 타락한 과거제 또한 참된 공부를 막고 행실을 오염시킨 주된 장애로 거론된다. 과거제가 경전의 참된 가치를 배제한 채 입신의 도구로 전락하며 온갖 사회적 악행을 낳는 원천으로 서술되는 이면에는 그 폐지를 당연시하는 근대 초기 사회의 공감과 합의가 반영되어 있다. 과거제로는 위기에 빠진 국가를 구해낼 제도적 도덕적 원천이 될 수 없다는 견해가 그렇다고 해서 경전 중심의 교육을 배제한 것으로만 보는 것도 온당한 관점은 아니다. '근대세계에 필요한 참된 공부'는 근대 초기 한국사회가 서구열강의 각축 속에 그들의 힘과 권력을 모방 습득하는 부국강병의 기반으로 사유되고 상상되는 정형화되지 않은 '개화의 수단'이라는 양가적 태도를 담은 개념어에 해당한다. 이는 근대교육의 필요성을 용인하면서도 소학교 중심 교육에서는 여전히 유교적 덕목을 소유한 신민을 필요로 하는『소학독본』의 의도를 잘 보여 준다. 달리 말해, 유교 이념을 근대 초기 사회에 단순하게 적용하는 것이 아니라 근대적인 변용을 통해 근대교육과 접목하려 한 동도서기론의 소박한 수준을 단적으로 보여 준다고 할 수 있다.

'제4 수덕'과 '제5 응세'는 모두 세상에 나아간 배운 자들의 자기수양과 지식인으로서의 자세를 강조하고 있다. '수덕'에서는 덕의 함양과 함께 스스로 깨닫는 지식의 중요성이 강조되고, 공분과 욕심 없는 기개(조광조의 일화), 덕을 쌓기에 힘쓰기(신흠), 유연한 배움의 태도(이율곡), 덕과 재주의 관계(서경덕) 등이 거론된다. 여기에서 조광조, 신흠, 이율곡, 서경덕 등, 조선조 사회에서 학문과 실천에서 유교적 전통에 버금가는 명신 재사들의 언행은 삶의 척도이자 사회적 삶에서 요구하는 바람직한 실천으로 제시된다.[15] '수덕'에서는 학문과 경륜의 최종목표가 사사로움을 벗어나 명민한 자의 조급함을 경계하며 욕망을 절제하고 (평생의) 학문을 수양하는 데 있다고 기술하고 있다. 이는 "도의(道義)로 성정을 기르고 닦아 인애(仁愛)가 마음에 넉넉해지면 어질고 넉넉한 덕의 기운이 저절로 밖으로 드러나게 된다"는 품성론과 "덕(德)이 능히 드러나면 위로 임금을 섬기며 아래로는 백성을 다스림이 저절로 교화를 이룰 것"(유임하 편역, 2012: 29)이라는 덕성론의 조합에 가깝다. 『소학독본』에서 요구하는 품성과 덕성은 '『소학』 언해사업'이 추구했던 '민의(民意)의 계도와 향상'이라는 계몽의 방식을 근대적으로 변용한 것임을 잘 보여 주는 특징에 해당한다.

『소학독본』은, 『소학』의 내편처럼 몽학단계의 도덕적 토대를 마련한 다음, '수덕'이라는 유교적 주체의 내면 정립을 거쳐, 사회적

---

15) 이밖에도 '수덕'의 내용으로는 인간관계의 원만함, 삼가는 태도, 남의 허물에 대한 몸가짐, 맛난 음식과 유쾌한 일에 대한 절제, 공의(公義), 집안 변고와 조용한 처신, 친구 교제와 충고, 편벽된 믿음과 자기 과신에 대한 경계, 곧은 절개, 성실한 삶, 여유 있을 때 준비하는 시간 활용, 지혜로운 처신, 복 받는 마음가짐, 덕을 베푸는 삶, 허욕에 대한 경계, 겸손한 처신, 분명한 뜻과 실천, 학문의 자세 등등 세세한 삶의 덕목이 제시되어 있다.

실행으로 구현되는 궁극적인 단계로 '지행합일'을 내세웠다.[16]

> 배우는 자의 합당한 실심천리(實心踐履)가 이러한 것이다./배우는 자
> 는 익히는 바를 이해하여 (지행이) 하나가 되게 하고[融會], 마음의 줏대
> 를 단단히 세워 훗날에 임금을 섬기며 백성을 다스릴 때 간인(奸人)의
> 과오를 범하지 않게 된다./ (…중략…) /이처럼 한 후에야 임금을 받들고
> 사직(社稷)을 떠받드는 돌기둥이 될 것이다. (「응세」)
>
> (유임하 편역, 2012: 49~50)

'실심천리' 곧 '지행합일'은 갑오교육개혁의 급진적인 신학제 도입
과정에서 누락된 전통교육의 복원 또는 계승이라고 할 만큼 근대적
인 변용을 가장 잘 보여 주는 교육적 명제에 해당한다. 이 명제는
또한 『소학독본』 서두에 등장하는 "어릴 때 배우고 익히는 것[學習]
은 부모를 사랑하고 형을 존경하는 것과 다르지 않고, 장성한 후 사
업은 임금을 사랑하고 나라를 위하는 것보다 더한 것이 없다"(「입지」)
라는 현실적 명제와도 맞물려 있다.

그러나 '실심천리'와 '지행합일'이라는 명제에서 학습자에게 요구

---

16) 이름에 어울리는 지조(남효온), 실질과 마음(이율곡), 심행의 일치(정몽주), 욕망
의 절제(유몽인), 시속을 따르는 유연한 처신(이덕형에 대한 이항복의 인물평), 신
뢰에 바탕을 둔 교우관계, 책무에 대한 책임감, 공과에 따른 세평에 유념하기, 오
탁에 대한 경계와 인내(백문보 일화), 역경과 곤궁을 이겨내는 본보기(정광필), 밝
은 생각과 덕행의 강조(이수광), 진퇴를 분명히 하는 덕행 강조(이율곡), 관직에
있을 때 너그러움과 근검으로 소인배를 멀리하는 생활(김인후), 자기 경계(송인수)
등은 모두 지행합일이라는 맥락 안으로 포괄된다. 지행합일의 가장 인상적인 본보
기는 애욕에 들떠 유혹했던 상인의 아내를 물리친 토정 이지함 일화이다. 일화에
서는 아내의 유혹과 초연하게 유혹을 물리치며 꾸짖는 토정을 통해서 참다운 성인
의 면모를 보여 준다. 토정의 흔들림 없는 자세에서 상인은 "이분이야말로 성인군
자"라고 하고, 화담 서경덕은 "그가 바로 스승"이라고 감동한다. 이것이야말로 『소
학독본』에서 제시된 배운 자의 거룩한 극점에 해당한다.

되는 윤리 덕목은 개인이 아니라 효제(孝悌)와 애군위국(愛君爲國)이었다. '효제(孝悌)'는 가정의 덕목으로 호명된 윤리로서 국가의 아버지를 육친과 동일시하며 일체된 복종하는 주체인 신민의 존재 기반을 이룬다. 이런 측면에서 효제는 충군애국(忠君愛國)으로도 대체 가능한 키워드였다. 효제의 관습은 개인이 사회적으로 독립된, 시민적 주체로서의 존재가 아님을 말해 주는 분명한 지표에 해당한다. 그 존재는『소학독본』에서 지향한 피교육 주체가 스스로 뜻을 세우고 변화하는 세계에서 대의를 실현하는 사회적 개인이 아니라, 내적 기반을 전통적인 유교 이념의 핵심인 '충효' 관념에 두고, 가족과 군주, 사회와 국가에 대한 역할에 충실한 전근대적 개인이었다. 이는『소학독본』에 담긴 교육기획이 몽학(蒙學) 단계에서 실천에 이르는 모든 지평을 내면 수양과 충효 관념을 주입시킨 국가주의적 규율로 귀결시키고 있음을 의미했다. 이런 측면에서 개화기에 지향한 근대교육의 방향은 근대적인 의미의 개인이 아니며, 가족과 가문과 분리되지 않는 개인으로 귀착되었다고 할 수 있다.

한편, 이들에게 요구되는 사회적 삶의 수범은 '졸공(拙工)'의 인성이었다. '졸공'은 실질을 숭상하고 욕망을 절제하는 한편, 시대 변화에 유연하게 대처하며, 신뢰에 바탕을 둔 인간관계, 더러운 습속에 오염되지 않으려는 자기 경계 등이 중심이 되는 실천 덕목이다. 이 내면적인 계율과 함께, 또 다른 짝을 이루는 부분은 남성적 주체의 면모이다. 장부의 뜻과 기개를 펼치는 것이 권장되고, 성실한 삶을 추구하면서 '천하가 하나의 집'이라는 관념은 '수신(修身)'에서 '제가(齊家)'로, 다시 '치국(治國)'으로 확장되는 유교적 윤리덕목에 바탕을 두고 있다.『소학독본』의 세계관이 특징적인 것은 예전 조공국이었던 중국을 벗어나 있지만, 그렇다고 해서『국민소학독본』에서처럼 친미적 성향을 노골적으로 부각시키지는 않는다는 점이었다. 다만, 환란과 곤경을 이겨내는 유비무환의 생활, 부드럽고 원만한 처신으로 살아가며 가정사를 처리하는 마음으로 국사를 처리하는 자세가 강조되는데, 이러한 대주체의 목소리는 민비시해(1895.10.8) 직후에 발간된 『소학독본』의 정치사회적 배경과 무관하지 않아 보인다.

그러나 『소학』의 수신 전통이 근대교육의 도입과정에서 활성화된 데에는 또 다른 맥락이 있었다. 『소학독본』이 『소학』의 체계를 적극적으로 수용하면서 전통교육에 충실한 소학교용 독본으로 구성하는 과정에서 『국조명신록』과 같은 명신들의 일화를 대거 수록했지만, 많은 내용은 중국의 다양한 고전에서 인용하고 있다. 『소학독본』에서 인용된 고전의 범위는 『소학』에 수록된 텍스트와 그 범위가 대체로 일치한다. 『소학』에서 인용된 중국의 문헌으로는 『예기』, 『논어』 『맹자』가 전체 214장에서 162장을 차지할 만큼 유교 경전 중심이고, 그 나머지는 『의례』, 『춘추』, 『설원』 『전국책』 등이었다.[17] 『소학독본』에서는 『중용』 8회, 『주역』 4회, 『맹자』 3회, 『예기』·『서경』·『자치통감』·『사기』 등이 1~2회 인용된 반면, '제4 수덕'과 '제5 응세'에서는 명 말의 격언집인 『채근담』이 무려 45개 구절이나 인용되는 특징을 보여 준다.

『채근담』 인용의 높은 빈도는 경전 위주 교육방식에서 벗어나 시대에 걸맞은 '참된 공부'는 무엇인가를 짐작케 한다. 무엇보다도 『채근담』의 활용은 전통교육의 제도가 실용적인 배움의 관념을 바탕으로 한 근대교육의 자장에서 재구성되었음을 뜻한다.[18] 요컨대 『채근담』은 신학제 도입과 관련하여 소학교 학생들을 대상으로 유교 경전 중심 교육이 폐기될 운명에서 고려된 텍스트로서, 과거제 폐지와 함

---

17) 윤호창, 「해설」(주희·유청지 편, 1999: 15).

18) 임동석은 명나라 만력(萬曆) 연간(1602)에 홍응명(洪應明)이 찬술한 『채근담』의 여러 판본 중 하나가 일본으로 전해져 1930년대와 1980년대에 크게 유행했다고 지적하면서, 1950년대 이후 『채근담』 번역은 대부분 일본 판본에 근거해 있다고 언급하고 있다(임동석, 2005: 400, 406~416 참조).

께 전통교육 자체가 형해화되는 상황에서 대체 가능한 텍스트로 발견된 것이었다. 『채근담』 전편이 전통적인 공부론에 상응하는 요소로 부각된 사실은 만해 한용운의 언급에서도 나타난 것처럼 '정신수양의 거울'19)로 애용되어 왔다. 이 텍스트가 갑오교육개혁의 자장 안에서 시대적 요구에 따라 호명된 까닭은 소학교 학습자에게 짧은 경구가 지닌 높은 도덕적 환기력이었다.20)

이처럼 『소학독본』의 고전 인용은 표면적으로는 전통교육의 지위를 중심에 두고 근대교육의 효용을 결합시켜 갑오교육개혁을 주도한 친미개화파의 정치적 성향이나 이들의 정치적 이상을 구체화한 『국민소학독본』의 특징과는 대척점을 형성하고 있다.21) 하지만 『소학독본』의 지향, 곧 유교적 신민 창출이 성공적이었다고 말하기는 어렵다. 명신들의 일화와 고전의 인유에서 확인되는 공부론은 점증하는 제국주의의 위협 앞에 부국강병책의 일환으로 시도된 흥학책이라는 시의성을 크게 벗어나지 못했다. 이런 측면에서 '참된 공부'

---

19) 한용운, 「서」, 『채근담』(한용운전집 4권), 신구문화사, 1973, 17쪽.
20) 『소학독본』에서는 『채근담』 전후(前後)집 중에서도 특히 전집(前集)의 내용이 집중적으로 수록된다. 이는 『채근담』 후집(後集)이 도가의 탈속(脫俗) 지향적인 측면과 불가의 선정(禪定)이 주축이 된 물아일체의 은일 관념이 경향이 강하다. 반면, 『채근담』 전집(前集)은 실생활에 소용되는 잠언과 경구들로 이루어져 있다.
21) 친미개화파가 주도한 신학제 도입의 결과 전통교육제도의 근간은 무너져 버리고 말았다. 갑오교육개혁의 과정에서 전통교육제도를 신학제와 접목하려 했던 인물로는 학무대신 신기선이 있다. 그는 『소학독본』과의 직접적인 연관은 없지만 신학제의 필요성은 인정하는 대신 유학교육의 발흥을 주장했던 인물로서 동도서기론자로서의 입장을 단적으로 보여 주는 사례이다. 1896년 2월 이후 학무대신으로 재임하는 동안 친미개화파에 대항하는 유림과 지식인층의 의견을 반영하고자 했다. 학무대신이 된 신기선은 '동도서기'의 관점에서 전통교육제도 개편과 체계화를 통한 신교육제도의 재정비를 추진하고자 했으나 친미파에게 청국문화의 추종자로 매도당하면서 실각한다(구희진, 2006: 213~219 참조). 신기선의 교육개혁은 위정척사론자에서 동도서기의 절충론자로 변모하면서 유교의 한계를 넘어서는 데는 실패한다. 신기선의 교육론에 대해서는 손문호(2001: 115~116) 참조.

의 앙양은 근대적 개인 양성이라는 교육의 책무와는 다소 거리가 있었다.『소학독본』에 나타나는 충효관념에 기반을 둔 신민 양성은 열강들의 도전에 이상에 불과할 정도로 무력했고 주체적인 개인을 창출해 내는 능동적인 가치 생산과는 거리가 먼 한계를 지니고 있었다. 이는, 유교를 이상화된 가치로 삼는 '동도서기'의 전제 아래서는 근대지식과 근대국가의 발전이 가능할 수 없는 현실에서 연유하는 문제였다. '실심천리'나 '지행합일'을 추구하는 '졸공'의 신민들이 무장한 유교경전의 보편적 가치가 절대화되는 그만큼, 아직 경험하지 못한 제국주의적 근대로 진입하는 과정에서 그 가치들은 효력을 발휘할 수 없었다. 분화되지 아니한 신민들의 양성이 실패할 수밖에 없는 기획이었다는 것은 분화를 강요하는 세계야말로 근대세계의 특질을 이루기 때문이었다.

요컨대,『소학독본』에서 전통교육의 가치를 몸체 삼아 근대교육을 습득하려 했던 교육의 이상은 현실과 많은 괴리를 보이고 있었던 것이다. 그렇다고 해서『소학독본』이 추구한 교육적 지향이 전혀 무가치했다고 보는 것도 온당하지 않다. 전통교육제도의 장점을 중심에 놓고 근대 지식의 수용을 시도하는 동도서기의 관점에서 과감하게 경전 중심의 텍스트에서 벗어나 고려, 조선조의 충신재사들의 일화를 수록하고, 주변적인 수신서였던『채근담』을 활용한『소학독본』의 기획은 그것을 준비하고 계획할 문화적 교육적 토양만 구비되어 있었다면 전혀 성공의 가능성이 없는 것은 아닐 수도 있었기 때문이다. 열강이 각축하는 위기 앞에 약소국가의 흥학책은 아무리 현실적이고 타당한 것이라고 해도 그것을 실행할 주체들의 역량과 시간이 허용되지 않는 한 이상에 불과하다.『소학독본』의 교육철학적 지향이, 현실과 이상의 조화로운 배합에도 불구하고, 제국의 모방을 통해 '졸공'의 순종적 신민을 창출하려 했다는 점에서는 '고전의 인양'이라고 표현할 수밖에 없다.

4. 결어: 유교적 신민 창출과 고전의 인양

근대 초기 학부 편집국에서 간행한 세 권의 소학교용 독본 교과서는 각기 다른 특성을 보여 준다.『국민소학독본』은 제국 일본의 모방을 통해 미국식 개화를 꿈꾸었다면『소학독본』은 전통교육제도에 근거한 공부론에 바탕을 두고 유교적 품성 함양을 통한 신민의 창출을 시도했다. 아관파천 직후 간행된『신정심상소학』은 교과서를 통한 일본의 정교한 지배의지를 관철시킨 사례였다.

세 권의 독본 교과서는 갑오교육개혁의 교육적 이상이 발현된 근대 초기 독본 교과서의 서로 다른 교육 이념의 균열지점을 보여 준다고 말할 수 있다. 그중에서도『소학독본』은 유교적 신민 창출을 전면화하며 점증하는 열강들의 각축 속에 '충군애국'의 주역들을 양산하려 한 결과물이었고, 그것은 개항 이후 모색해 온 전통교육제도의 근대적 변용을 구현한 사례였다고 할 만하다. 소학교 중심의 신학제 도입 과정에서 몽학 단계의 교육은 단순히 근대 지(知)의 수용만으로는 부족했던 정치사회적 조건은 위기에 처해 있었다. 무엇보다도『소학독본』은 근대 지식의 주체적 습득을 표방했던『국민소학독본』에서 결여된 동도서기의 주체적 입장을 유교적 품성론에 입각한 공부론을 구현한 경우였다.

『소학독본』에는 오랜 연원을 가진 '소학'이라는 교육제도와 입문서로 애용되어 온 수신서인『소학』을 참조하며 근대교육의 장을 활용하고자 한 교육의 기획이 담겨 있었다.『소학』의 체제를 빌려왔으나, 고려와 조선조의 명신 일화를 수록하며 참된 공부와 실천적 수범을 제시하는 근대적 변용과정에서 경전 중심의 교육에서 벗어나 주변적인 수신서였던『채근담』이 전면에 활용하는 변화도 목격된다. 그러나 여기에는 아득한 옛날의 '성현의 시대'가 이상화되고 근대는 타락한 시대로 규정되면서 유교적 규범을 절대화하는 일면도 드러난다. 이처럼 근대와 배치되는 시간관은 유교적 도덕관념의 절대화와 동전의 양면을 이룬다. 이러한 관점은 새로운 패러다임으로 무장한 열강들의 점증하는 제국의 시대를 이해하기에는 크게 미흡했고 시대착오적이라고 할 만큼 무기력했다는 사실을 반증한다.『소학독본』에서 경전 중심의 유교교육에서 탈피한 가치가 폄훼될 수는 없다. 하지만 수신 전통에 놓인 텍스트의 도덕관념을 절대화하며 전통 지식인들의 지행합일을 수범으로 삼은『소학독본』의 공부론은 충효 관념에 기반을 둔 '신민'이라는 전근대적 개인 양성에 주안점을 둠으로써 실패한 기획이 될 수밖에 없었다.『소학독본』에서 지향한 유교적 신민 창출은 전통교육제도에서 추출한 정전화된 텍스트인 고전으로부터 시대에 걸맞은 가치를 생산하지 못한 채 절대화된 유교적 전통규범을 인양(引揚)하는 데 그쳤던 셈이다.

교과서의 차용과 번안

: 『신정심상소학』(1896)의 경우

구자황(숙명여자대학교 교양교육원 교수)

1. 논의의 기원을 찾아서

이 글은 근대 계몽기 '갑오 교육개혁'을 배경으로 등장한 『신정심상소학』(1896) 연구이다.[1] 주지하다시피 근대 계몽기 최초의 교과서는 『국민소학독본』(1895)이다. 이어서 『소학독본』(1895)과 『신정심상소학』(1896)이 차례로 개발되었다. 갑오 교육개혁의 과정에서 모습을 드러낸 3종의 근대 교과서는 조선 정부의 교육 기조를 반영하고 있으며, 향후 국어과로 분화되는 교과서의 원형을 유지하고 있다. 그러나 각각의 내용, 구성, 체제, 문체 면에서 적지 않은 차이가 존재한다. 이 가운데 『신정심상소학』은 갑오 교육개혁기 교육 현장에서 일정기간 실제로 사용되었고, 이후 다른 국어 교과서에도 많은 영향

---

1) '갑오 교육개혁'에 대한 명명과 시기 구분은 교육사학계의 논의인 한용진·정미량(2010)을 참조하였다.

을 주었다. 이 글의 목적은 『신정심상소학』을 중심으로 이 시기 교과서의 다층적 의미를 밝히는 데 있다.

최근 근대 교과서의 구체상이 다각도로 조명되면서 자료와 연구가 축적되고 있다. 그러나 일반 텍스트와 달리 교과서라는 텍스트를 분석하기엔 여전히 정교함이 부족한 실정이다. 또 역사적 배경과 문화사적 지평도 아직은 협소한 편이다. 교과서를 둘러싼 조선과 일본의 영향관계도 그 필요성만 제기해 왔지 실질적으로 진행된 사례는 거의 없다. 대체로 이 시기 교과서가 '일본 교과서를 참조하여 서술하였다'는 막연한 견해에 둘러싸여 있을 뿐이었다. 구체적으로 어떤 것이 있었고, 얼마만큼 영향을 주었는지, 저본(底本)의 실체와 그 영향관계에 대한 실증은 부족한 편이었다. 『신정심상소학』은 이러한 논란의 중심에 서있는 대표적인 교과서이다.

여기에서는 『신정심상소학』에 대한 기존의 시각과 그 바탕에 깔린 지배/저항의 구도를 넘어서고자 한다. 이 텍스트가 가진 교과서 규범화(내용, 구성, 체제, 문체 등) 문제를 '갑오 교육개혁'의 배경과 관련하여 분석하고, 한일 교과서의 생산과 흐름 속에서 차용과 번안의 산물로 정착되는 과정을 실증하고자 한다. 이러한 연구는 『국민소학독본』 이후 교과서의 역동적 전개와 실상을 재구성하는 데 기여할 것이며, 근대 계몽기 교과서의 정전화 및 일제강점기 교과서와 관련성을 살펴보는 데 도움이 될 것이다. 국어와 문학 교과서의 기원에 대한 탐색에도 시사점을 줄 수 있을 것이다.

『신정심상소학』이 본격적인 주목을 받기 시작한 것은 1970년대 말이다. 그러나 논의와 동시에 관점과 평가가 고착되었다. 이러한 정향(定向)은 자료의 해제에서 비롯되었다.

한 가지 여기에 留意할 것은 『尋常小學』 一卷의 序를 보면 學部에서 새로운 敎科書 編纂을 위하여 日人을 고용한 事實과 이들이 直接 編纂에

參與하고 있는 事實이 밝혀져 있다.

　『新訂尋常小學』이 編制上 새로운 技術的 面을 개척한 點은 좋으나 教科書 內容의 삽화가 純日本式을 그대로 도입 使用한 점이나 日人의 風俗 衣服이 그대로 使用되고 심지어 日人의 記事가 單元의 一部로 編纂되어진 點은 日本의 政治的 침략적 잠식이 이미 이러한 教科書에까지 미치기 시작하고 있음을 말해주는 좋은 標本이 된다.

(한국학문헌연구소 편, 1977: 9)

　말하자면, 교과서의 편제나 면모가 근대적인 것은 인정하지만 일본인이 교과서 편집에 참여했고, 게다가 내용과 삽화가 일본식이어서 일제의 학정(學政) 잠식을 보여 주는 텍스트라는 게 요지이다. 이러한 관점과 평가는 연구의 영점(零點)을 제공하면서 현재까지 이어지고 있으며, 큰 틀에서 거의 변화가 없는 것으로 보인다. 예를 들어, 최현섭(1985)은 『신정심상소학』을 친일화 과정의 맥락에서 분석했으며, 박붕배(1987가)는 학제와 학교급을 고려해서 개발한 교과서의 체제 구성, 제재의 다양성을 들어 국어교육사적 의미를 부여하였고, 이종국(1991)은 교과용 도서의 성립과정에서부터 교과서와 관련된 광고까지를 살펴 출판문화사적 의미를 폭넓게 짚었으나 애초의 평가와 크게 달라지지는 않았다.

　최근 논의는 이러한 연구를 보완하거나 보충한 것이다. 『국어교육 100년사』에서는 등장인물의 제시 방식과 전기문의 쓰임새가 당대 위인전과 본질적으로 다르다는 점을 들었다. 위인을 관통하는 거창한 주제나 민족의식이 아니라 일화 부분을 발췌하는 등 학습자의 동일시를 노린 교훈 의장(擬裝)의 교육적 효과를 주목하였는데, 이야기의 등장과 제재의 다양화를 들어 기능적 측면에서 의미를 평가했다(윤여탁 외, 2006가, 나). 이밖에 구자황은 『신정심상소학』의 혼종성이라는 특징과 국민을 호명하는 데 기여하는 교과서의 기능을(구자황,

2011가), 송명진은 수신과 도덕적 성향이 강할 수밖에 없었던 이유와 편집 주체에서 비롯된 내용의 편향성을 지적한 바 있다(송명진, 2009).

인접 학문 분야에서 제출된 연구 성과도 있다. 홍선표(2009), 김종대(1994), 김용의(2011)의 연구가 여기에 속한다. 이들은 교과서 안에 수록된 삽화, 교과서에 수록된 설화를 대상으로 일본 교과서와 비교하고 있다. 문화적 침략 혹은 일제의 지배 이데올로기에 동원된 흔적을 찾는다는 점에서 기존의 평가 방식과 크게 다른 것은 아니지만 연구의 지평을 확장하여 교과서의 생산과 흐름을 비교하고, 저본이 된 일본 교과서를 대상화한 점은 진전된 면이 아닐 수 없다.

기존 연구사에서 크게 주목받지는 못했지만 김병철, 김태준의 논의는 참조할 부분이 있다. 김병철은『신정심상소학』이 일본 문부성에서 펴낸『심상소학독본』(1887)과 비교해 볼 때, 내용이나 권점 표기 등에서 베껴 온 것이 10%를 넘어 개화기 구두점 표기가 일본 문체의 영향을 강하게 받았음을 최초로 밝혔다(김병철, 1980). 김태준의 연구는『신정심상소학』의 뚜렷한 특징 가운데 하나인 이솝 우화를 판본 대조와 수용과정에 초점을 맞춰 실증하였다. 그에 의하면, 일본의 이솝 우화가 교과서에 수용될 무렵, 이솝 우화를 획기적으로 많이 수록하기 시작한 조선의 교과서가 바로『신정심상소학』이다(김태준, 1981). 이와 같은 연구는 기존의 관점을 크게 벗어난 것은 아니다. 하지만 저본의 실체를 확인하고 그 바탕 위에서 세부 논의를 심화시켰다는 점에서 간과할 수 없는 의의를 지닌다.

결국 교과서의 생산과 흐름을 지배/저항의 이분법적 구도로 단순화할 것이 아니라 한일 교과서의 생산과 흐름, 즉 교섭이라는 측면에서 실증하는 일이 필요하다. 또한 근대 교과서의 다양한 시도와 목소리가 혼종성을 띨 수밖에 없었던 역사적 배경, 나아가 이를 문화사적 지평에서 조망하는 연구가 요청되고 있는데, 이 점이야말로 이 글이 감안하고 있는 것이기도 하다.

2. 갑오 교육개혁과 한일 교과서의 흐름

논의를 확대해 보자. 『신정심상소학』(1896)이라는 교과서 텍스트를 둘러싸고 있는 역사적 배경, 즉 당시 제도와 정책, 교과서 주체(개발자, 교수자, 학습자)로 시야를 확장함으로써 근대 교육개혁의 역동성과 교과서의 혼종성을 폭넓게 이해할 수 있기 때문이다.

근대 계몽기 교육개혁 및 교과서 변천

	교육 개혁	조선 교과서	비고(역사)	비고(일본 교과서)
① 갑오 개혁 시기	(1894~1896)	국민소학독본 (학부, 1895)	청일전쟁 종료 (1895.4)	소학독본 (田中義廉, 1873)
		소학독본 (학부, 1895)	소학교령 (1895.9)	
			을미사변 (1895.10) 단발령 (1895.11)	소학독본 (榊原芳野, 1874) 소학독본 (若林虎三郎, 1884)
		신정심상소학 (학부, 1896)	아관파천 (1896.2)	심상소학독본 (문부성, 1887, 권7)
② 광무 개혁 시기	(1897~1904)		대한제국 (1897.10)	고등소학독본 (문부성, 1888) 심상소학독본 (湯本武比古, 1889) 심상소학독본 (1904, 권8)**국정1기 고등소학독본 (1904)**국정1기
③ 통감부 시기	학부 학정참여관에 의한 교육간섭기 (1905.2~1906.7)	*초등소학 (대한국민교육회, 1906)	러일전쟁 종전 (1905) 보통학교령 (1905)	
	제1차 학교령 시행기 (1906.8~1909.3)	*고등소학독본 (휘문의숙, 1906)	을사늑약 (1907)	
		보통학교 학도용 국어독본 (학부, 1907)		
	제2차 학교령 시행기 (1909.4~1911.7)	*신찬초등소학 (현채, 1909)		심상소학국어독본 (1910)**국정2기

*는 민간 발행 교과서임. **는 일본 국정교과서 시기 구분임.

기존 연구에서는 근대 계몽기 교육개혁 가운데 후기, 즉 ③ 통감부 시기의 퇴행적 교육 개혁을 지나치게 의식한 측면이 있다. 그러다 보니 급격하고 역동적인 정치사를 부각시킨 채 사실상 같은 뿌리로 진행된 전기 교육개혁(① 갑오 개혁시기, ② 광무 개혁시기)에 대해서는 의미를 축소하거나 구체적 실상을 본격적으로 고찰하지 못했다. 오 히려 일제에 의해 학정이 잠식되고 말았다는 해석을 정당화하는 논 거로 사용되기도 하였다. 따라서 조선 학부의 교육개혁을 배경에서 부터 이해하는 것이 필요하며, 특히 '온건 개혁파'를 중심으로 추진 된 전기 교육개혁의 역동성과 혼종성, 그리고 그 안에 내재된 다양한 사실과 함의를 재고해야 한다.

조선의 근대 교육개혁은 김옥균, 박영효, 서광범을 중심으로 한 '급진 개화파'(=變法개화파)가 정초하였다. 그러나 개혁 주체로 실무 를 추진한 것은 김홍집, 유길준, 김윤식 등 이른바 '온건 개화파'(=時 務개화파)이다. 근대 문명 및 기술의 도입뿐만 아니라 법과 정치체제 를 개혁하려는 급진 개화파와 달리 법과 정치체제는 주자학의 근간 에 두면서도 당대 필요 부분을 개혁하려는 이른바 동도서기론(東道西 器論)의 온건 개화파는 급진 개화파의 급격한 쇠퇴 속에서 근대 교육 개혁을 꾸준히 지속한 주체들이었다(한철호, 1998 참조).

『신정심상소학』이 출간될 당시로 좁혀 보더라도, 박정양·박영효 내각이 구성된 가운데 박영효가 일본으로 망명(1895.7.7)하고 박정 양·유길준 내각으로 대체되던 시기이다. 즉, 일본의 영향력이 쇠퇴 하고 '민비시해'라는 극단적인 사건이 벌어지던 상황이었다. 따라서 갑오 교육개혁의 자장 안에서 개발된 3종의 교과서 모두 실은 홍보 부족과 인식 부족에 직면해 있었고, 심지어는 반감의 대상이 되기 쉬웠다. 그럼에도 불구하고 김윤식을 중심으로 한 온건 개혁파의 교 육개혁은 꾸준히 진행되었다. 오히려 학제, 교과서 등 교섭의 경로가 1차적으로는 일본이었지만 미국을 포함한 국제 정세와 외국 문물에 대한 폭넓게 관심이 교과서에 반영되었다.[2] 아울러 중국에 대한 단절적 인식은 확고했지만 전통적인 교육관 및 성과를 근대 교육과 접목시키려는 노력이 폐기된 것은 아니었다. 학부는 근대 교육개혁의 중요한 거점이었으며, 교과서는 이들의 개혁이 구현되는 실천적 텍스트였기 때문이다.

이러한 맥락에서 볼 때, 『국민소학독본』(1895)의 편찬으로 상징되는 근대 교육개혁과 이로부터 촉발된 교과서 개발은 일방적이거나 단일하지 않았으며, 다양한 실험과 목소리가 수렴되는 구조였음을 알 수 있다. 우선, 『국민소학독본』만 보더라도, 여기에는 자주국 표방과 세계 인식, 특히 미국을 비롯한 외국문물에 대한 다양한 관심이 드러나는 것에서도 알 수 있듯이 기본적으로 일본으로부터 도입된 교육 제도, 정책의 수용 속에서도 또 다른 근대적 역할 모델이 구상되고 있었음을 보여 준다.[3] 물론 그것이 국민 창출을 목적으로 존왕애국(尊王愛國)의 담론 안에서 기획된 것임을 감안해야 한다.

조선 학부가 두 번째로 발간한 『소학독본』(1895) 역시 전근대적 성격의 교과서로 치부할 만한 텍스트가 아니다. 온건 개화파가 견지한 주자학적 전통과 근대 지식에 대한 필요가 국가적 차원의 교과서 텍스트로 구현된 것인바, 특히 이러한 전통교육에 대한 개혁 및 신지

---

2) 이상재(李商在)는 학부 참서관으로 갑오 교육개혁에 관여한 핵심 인물 가운데 한 사람이다. 이상재는 학부의 일환으로 당시 외국어 학교 설립에 관여하였는데, 일본의 반대와 압력에도 불구하고 1895년 인천에 설립된 日語학교 외에도 法語학교, 漢語학교(1897 설립), 德語학교(1898)를 계속적으로 설립하는 데 관여했다. 이 시기 외국어 학교 입학 지원자수가 제일 많았던 과도 日語部가 아닌 漢語部와 德語部였다. 이러한 현상은 1905년 이후 日語部 지원자가 급격히 늘면서 바뀐다. 1905년 이후 조선에서 일본어 교육이 본격화되었으며, 이는 공립보통학교 체제가 성립된 이후의 일이다.

3) 강진호는 최근 연구에서 『국민소학독본』의 저본을 밝히는 한편, 한일 교과서 텍스트의 연관성과 편집주체의 성향에 기반을 둔 민족주의에 대해 고찰한 바 있다(강진호, 2012; 강진호, 2013 참조).

식 접목은 당시 광범위한 서당 교육이 존재하던 상황에서 또 하나의 개혁 모델이었다. 실제로『소학독본』(1895)은 전통적인 수신서의 체제를 갖추고 있으면서도 근대 교육개혁의 이념, 즉 급변하는 세계에 맞서는 전통과 혁신의 주체 양성을 지향하고 있다.『소학독본』은 민족의 전통에 입각한 연속성을 강조하는 한편, 충효를 전면에 내세우며 자주적인 근대국가의 공통감각을 배양하고자 했던 것이다.

『신정심상소학』(1896)에서도 일본식 교과서 체제 이면에 녹아 있는 차용과 번안의 맥락을 살펴야 한다. 단순히 일제에 의한 학정 잠식이나 이식의 의미로 단정해서는 곤란하다. 이 교과서는 1895년 학부가 발행한『소학독본』이후 갑오 교육개혁기 교과서 3종 세트의 마지막 텍스트로 발간되었다. 그런데 이 책의 성격과 체제는『소학독본』과 판이하게 다르다. 따라서 같은 책을 새로 고쳐 썼다거나 학부의『소학독본』을 저본으로 삼았다는 뜻으로 이해할 수는 없다.

『신정심상소학』의 본문 뒤에 나온 학부 발행 도서 목록을 기준으로 할 때, 학부에서 발행한 총 17권 가운데 '소학'을 표방한 것은『국민소학독본』과『소학독본』뿐이다. 이는 전통적 의미의 '大學'과 구별되는 것이자 근대 교육개혁의 맥락으로 보면, 소학교의 '小學', 즉 학제 및 학령을 염두에 둔 학습자를 호칭하고 있는 것이다.『신정심상소학』역시 이러한 학부 교과서의 규범화, 즉 교수자-학습자를 명시하는 전통을 이어받고 있다. 게다가 일본의 학제이긴 하지만 전통교육과의 차별성을 부각하기 위해 '심상'이라는 의미를 달아 이를 세분화하였는데, 이것은 실제로 개발되지는 못했으나 '고등소학'을 전제로 나온 명명이 아닐 수 없다.

이렇게 볼 때,『신정심상소학』은 1895년 학부가 발행『소학독본』과 같은 학습자를 대상으로 전혀 새로운 모습과 내용으로 고쳐 쓴 교과서라 할 수 있다. 그러면서 완전히 달라진 모습을 부각하기 위한 '신정'의 의미를 내세웠던바, 책 이름 앞에 작은 글씨로 '신정(新訂)'

이라 기재하기에 이른 것이다.4) '신정'이란 이름은 조선 학부의 교과
서 규범화(내용, 구성, 체제, 문체) 외에도 차용과 번안의 변증법을 표
상하고 있다.

한편 『신정심상소학』은 이전 학부 교과서에 비해 상대적으로 오랫
동안 사용되었고, 또한 당시 교육 현장에서 실제로 사용된 텍스트이
기도하다. 1897년 학부가 발행한 『태서신사람요(泰西新史覽要)』(1897.6)
의 책 뒤 도서목록 광고에 따르면, 학부는 1896년 당시 17종에서 7종
늘어난 24종을 발간하였다. 이 가운데 국어과 교과서로 분류되는 것
은 기존의 3종 이외에 더 이상 추가된 것이 없다. 대략 1905년까지도
학부 간행물, 특히 교과서를 개발한 흔적이 없는 것으로 보아 『신정심
상소학』은 대략 10여 년 동안 사용했을 것으로 추정할 수 있다.

『신정심상소학』은 가격도 싼 편이어서, 이 교과서의 개발 목적이
광범위한 보급에도 있었음을 알 수 있다. 실제로 『신정심상소학』의
권말 광고에는 학부 당국에서 전하는 다음과 같은 글이 실려 있다.

本局發售諸冊非要利益無圖廣布玆於原定價中又減幾鈔望僉君子諒焉(우리
편집국에서 발매하는 모든 책은 이익만 추구하는 것이 아니라 널리 보급
하는 데 힘씁니다. 이에 원래 정가 중에서 얼마간 더 **빼어** 감했으니, 여러
분은 양해하기 바랍니다).

따라서 당시 막 개교하기 시작한 소학교에서 학부 교과서인 『신정
심상소학』을 사용했다고 보는 것은 결코 무리가 아니다. 1895년 한

---

4) 물론 '심상'은 당시 일본의 소학교 편제에서 따온 것임을 부정할 수 없다. 동시에
『신정심상소학』(1896)의 저본이 된 일본의 『심상소학독본』(1887)에서 사용했던
이름이다. 그러나 그동안 '심상'의 의미를 과도하게 해석한 측면이 있다. 오히려
주목할 지점은 '신정'의 명명 과정과 의미이다. 당시 일본에서 새로 고쳐 내는 교
과서에 '신찬'을 붙이는 관행은 있었지만 '신정'이라는 이름을 붙인 경우는 보이지
않는다.

성부에 이미 개교한 장동, 정동, 계동, 조동 소학교는 물론 1896년 추가로 개교한 동현, 안동 관립 소학교에서도 사용했을 것으로 추정된다. 1895년 9월 공포한 소학교령 제15조에 의하면, "소학교의 교과용 도서는 학부에서 편집한 것 외에도 혹 학부대신의 검정을 거친 것을 사용함"이라 하여 교과서 편찬·발행 사업을 국가가 직접 담당했는데, 관립 소학교야말로 국가가 관장하는 교육 현장의 최전선이었기 때문이다.

한편『신정심상소학』이 일본 색채가 강하다는 것도 단견에 지나지 않는다. 특히 빈번하게 제기되는 편집 주체의 문제도 내용의 독자성을 좌우할 만한 것이었는지 되새겨볼 필요가 있다. 1895년 학부는 근대 교육을 위해 한성사범학교에 일본인 교관 다카미 카메[高見龜]와 아사카와 마츠지로[麻川松次郎]를 채용하였고, 이 둘은 한성 공립 소학교에서 교사를 겸직하는 한편 학부의 명으로 사범학교 '속성과' 교육에 쓰일 교과서를 번역하였다. 이들은 학부에서 출간된『심상소학』외에도『小學萬國地誌』를 편역하였고, 아관파천 이후 새로운 외국인 교관으로 헐버트(H. B. Hulber)가 부임할 때까지 한성사범학교에서 학생들을 교육하였다. 이 가운데 아사카와 마츠지로[麻川松次郎]는 학부 고빙(雇聘) 이전 경성 일본인 거류민 소학교의 교원(교장 직무 대리)으로 교육에 종사한 바 있으며, 1896년 학부와 맺은 고용 계속 계약에 의하면 1898년 3월까지 학부에 관여한 것으로 보인다. 다른 한 명의 일본인 참여자 다카미 카메[高見龜]는 조선 사정에 밝은 현직 기자 출신이었는데, 1897년 6월에 학부를 그만 두었기 때문에 실제 활동 기간은 그리 길지 않았다. 따라서 이들의 참여를 확대 해석할 필요는 없다.5) 통감부 설치 전후 학정 참여관으로 조선 교육계에 발

---

5) 기록에 의하면, 다카미 카메[高見龜]는『時事新報』(1882년 후쿠자와 유키치[福澤諭吉]가 창간한 신문)에 아산에 진주한 청나라 군대의 움직임을 보도하는 기사(1894.7.8)와 동학혁명의 지도자 5인에 대한 재판을 방청한 기사(1895.5.7)를 쓴

을 디디는 시대하라 타이라[幣原坦], 미쓰이 주조[三土忠造]와는 성격과 위상이 전혀 다르기 때문이다.

그러나 조선 학부의 교육개혁 기조는 1905년 을사늑약과 통감부의 본격적인 교육 관여가 시작되면서 급격히 바뀐다. 1906년 8월 보통학교령에 의해 근대 교육개혁이 입안한 소학교가 보통학교로 전환된다.6) 그리하여 더 이상 『신정심상소학』이 사용되지 못하고, 통감부와 거리를 두면서 민간에서 독자적으로 발행한 『초등소학』(대한국민교육회, 1906)의 방향과 통감부의 관여로 개발된 『보통학교 학도용 국어독본』(학부, 1907)의 방향으로 양분되는데, 두 교과서의 뿌리가 되는 것이 바로 『신정심상소학』임을 명심할 필요가 있다.

결과적으로 보면, 근대 교육개혁의 구체적 결과물이었던 학부의 교과서는 홍보 부족, 민비시해, 단발령 등으로 대정부 불신이 커지면서 실효를 거두지는 못한 것으로 보인다. 하지만 이것을 일련의 흐름으로 보는 것이 중요하다. 개별 교과서마다 확연한 편차가 존재하지만 오늘날 교육과정에 준하는 교과서 개발 시스템과는 달리 다양한

적이 있는 것으로 보아 당시 『時事新報』의 서울 특파원이 아니었을까 추측된다. 그 후, 다카미는 고빙(雇聘, 주임관 대우) 자격으로 학부에 관여하는데, 1896년 7월 학부와 맺은 계속 고용 계약서에 의하면, "사범학교 속성과 교육 휴가 때는, 교과서 번역도 도울 것"이라는 조항이 있다. 따라서 다카미의 주된 임무는 한성사범학교 속성과에서의 교육이었고, 학부에서의 교과서 번역은 부수적이었던 것을 알 수 있다. 한편 아사카와 마츠지로의 계약서에도 사범학교 사무와 교과서 번역의 임무에 관한 비슷한 조항이 있다(이나바 츠기오[稻葉繼雄], 2006: 23~24 참조).

6) 1895년 7월 공포된 소학교령에 의해 관공립 소학교가 설립된 이래, 대한제국 정부까지도 소학교라는 명칭을 사용했다. 물론 일본에서도 소학교라는 명칭을 사용하였다. 따라서 일본의 학제를 그대로 가져온 것은 사실이지만 명칭만 가지고는 이식과 간섭을 논단할 수 없다. 문제는 두 가지다. 하나는 1906년 보통학교로 전환한다는 점인데, 이것은 조선의 학제를 중등 및 고등이 억제된 초등 교육으로 종결하려는 식민지 교육 정책의 본질이 학제적으로 노골화된다는 점이고, 다른 하나는, 1895년 소학교령만 하더라도 예산이 없어 실행을 못했다 뿐이지 소학교-중학교의 체제는 유지하고 있었다는 점이다(오성철, 2000: 19~21).

실험과 개발과 모색의 테두리를 공유하고 있으며, 본질적으로는 존
왕애국을 기반으로 근대 지식의 습득과 부국강병이라는 목표를 지
향하고 있기 때문이다. 아울러 조선 정부가 구상한 근대 교육개혁은
전통교육을 전면 부정하거나 폐기한 것은 아니며, 다양한 실험과 개
발을 통해 통감부 이전까지 독자적인 교육 모형과 교과서 개발을
진행했다. 특히 역동적인 갑오 교육개혁시기에 상대적으로 긴 시간
동안 사용된 『신정심상소학』은 근대 교과서의 '원형체험'을 제공한
텍스트라는 점을 반드시 기억할 필요가 있다.

3. 차용과 번안의 변증법

근대적 학제 발포 직후, 일본 문부성에서는 서양문학자 다나카 요
시가토[田中義廉]가 펴낸 『소학독본』(1873)과 국어학자 사카키바라 요
시노[榊原芳野]가 펴낸 『소학독본』(1874) 2종을 전국적으로 사용하게
하였다. 이 가운데 다나카 요시가토[田中義廉]가 편집한 『소학독본』
(1873)은 미국의 『Wilson Reader』를 상당부분 참조한 것이다.[7] 일본
의 근대 국어 교과서는 이 책을 토대로 체제와 문형을 갖춰나가는데,
특히 아동의 생활용어가 소학교 교과서에 들어오고, 동시에 번역문
이 성립되는 계기를 마련하였다.

한편 1886년 일본 문부성은 교과용 도서 검정 조례를 제정하고,
소학교에서 사용하는 교과서의 기준을 제시할 목적으로 모범교과서
를 편집하였다. 대표적인 것이 유모토 다케이고[湯本武比古]가 편집·

---

7) 『Wilson Reader』는 1860년 Marcius Wilson이 편찬한 "The Reader of the school
and Family Series"(뉴욕, Harper & Brother)이다. 일본에서는 근대 초기 부분적으로
활용되다가 1885년 4월 동경에서 번각되어 영어교과서로 사용되었다(田近洵一·井
上尙美 編, 1984/2007: 326 참조).

간행한 획기적인 교과서 『독서입문(讀書入門)』이다. 가타카나를 먼저 익히고, 읽고 쓰기를 동시에 학습하는 방법은 물론, 아동의 언어 발달의 단계에 부합하도록 쉬운 것에서부터 어려운 것에 이르기까지 지도의 방침을 확립했다. 이후 문부성은 이 입문편의 속편으로 모범 교과서를 계속해서 펴냈는데, 1887년 4년제 심상과용으로 만든 『심상소학독본』(전7권), 1888~1889년에 걸쳐 만든 『고등소학독본』(전8권)이 그것이다.

일본의 『심상소학독본』(1887)은 『독서입문』(1886)에서 시작해 『고등소학독본』(1888)으로 나아가는 계통을 감안해서 만들었고, 소학교령 및 검정제도의 실시에 따라 표준이 되는 독본을 제시할 목적으로 간행되었기 때문에 민간 교과서 간행에도 많은 영향을 주었다. 또 이 시기의 언문일치운동, 표준어 논의 등 국어 성립과 국어 교육에 큰 영향을 준 일본의 근대 국어 교과서였다(田近洵一·井上尚美 編, 1984/2007). 1890년 〈교육에 관한 칙어〉를 발포하고, 소학교령을 개정하면서 본격적인 학제를 마련하기 이전의 교과서라는 한계가 있지만 일본 교과서 제도의 변천과정에서 검정교과서 시대(1886~1903)의 특징을 뚜렷이 가지고 있다. 그러므로 교과서의 규범화 양상(내용, 구성, 체제, 문체 등) 및 한일 교과서의 생산과 흐름을 이해하는 데 여러모로 유의미한 교과서이다.8)

『심상소학독본』(1887)은 1권부터 담화체를 사용하고 있으며, 옛날

---

8) 일본 근대 학교교육과 교과서 시대 구분은 대개 ① 자유발행제도 하의 '번역교과서시대'(1872~1879), ② 사전인가제도 하의 '유교주의 복고교과서시대'(1880~1885), ③ 내각제도 성립 이후 학교교육제도 기초가 다져지고, 본격적으로 교과서 정신이 만들어지면서 국가통제가 강화되기 시작한 검정제도 하의 '검정교과서시대'(1886~1903), ④ 교과서 의혹사건(1902)을 계기로 국정 1종 교과서를 표방하면서 교과서에 절대성을 부여한 '국정교과서 시대'(1904~1945)로 구분된다. 국정교과서 시대는 다시 5기로 세분되기도 한다. 小池俊夫 解題·解說, 『圖說 敎科書の歷史』, 日本圖書センター, 1996.5, 3~4쪽 및 부록(주요 교과서 일람표: 국어과) 참조.

이야기(민담, 설화)나 우화가 많이 실려 있고, 학년이 올라갈수록 문어체에 가까운 특징을 보인다. 아래 서문을 보면, 이 교과서가 '국민생활에 필요한 지식'을 배우고, "아동의 심정에 적당하고, 난이도가 학년에 따라 올라가고, 재미있게 지식을 배우면서 품성을 함양하고 기르는 데" 목적이 있음을 확인할 수 있다.

『심상소학독본』(1887) 서언

一. 이 책은 앞서 본국에서 편집된 『독서입문』에 이어서 심상소학교 제1학년 반(半)부터 제4학년 말(末)에 이르는 동안에 아동에게 독서를 가르치기 위해 도움을 주고자 편찬된 것으로서 전부 합쳐 7권이다.

一. 이 책에 선택된 교재는 아동의 심정(心情)에 알맞게 이해하기 쉽고 배우기 쉽고 좋은 내용들로서, 저절로 그 품성을 갈고 닦는 데에 적합하다고 생각되는 것을 취하였다.

一. 이 책의 문체는 처음에 담화체를 써서 점차로 나아가면서 문장체로 옮겨가, 그로 인해 목하(目下) 보통의 한자혼용체를 이해하기에 이르게 한다. 한자는 그 쓰임이 가장 넓은 것 중에서 무릇 2,000자를 택하여 그것을 전부 내용 중에 편입시키고, 가능한 한 획이 적은 것부터 점점 획이 많은 것에 이르게 하였다.

一. 이 책 제1권은 아동의 유희 또는 옛날이야기 등과 같이 뜻을 이해하기 쉽고 취미로 배우기 쉬운 것을 택하고 가능한 한 일정지역의 방언과 비야(鄙野)에 관계된 것을 제외하여 담화체의 언사(言辭)로 기록하였다. 또한 한자는 가능한 한 자획(字畫)을 줄이고 그 쓰임이 보통인 것을 사용하고, 또한, 그 기억을 견고히 하기 위하여 앞 과(課)에 쓰인 한자는 반드시 뒷 과(課)에 다시 나오게 하여 그 연습에 도움이 되게 하였다.

一. 제2권, 제3권에는 간단 평이한 문장체로 기록하고 한자도 또한 점차 그 수를 늘렸으나, 그 문자의 연습은 다소 긴요하지 않으므로 반드시 그것을 뒷 과에 반복해서 나오게 하지 않고, 다만 기술의 사항을 선택하여 유희의 이야기에 섞었는데, 속담, 생각해 볼만한 것, 여러 가지 사물의 이야기, 그 밖에 양기(養氣)에 도움이 될 만한 고인(古人)의 행실 등이 그러하며, 제4권, 제5권에 이르러서는 문장도 다소 긴 것을 실어 지리·역사의 사실을 보태고, 제6권, 제7권에 이르러서는 학술상의 사항에서부터 농공상의 직업에 관한 사항까지 더하였다. 다만, 매 권 모두 새롭게 가르치는 한자는 매 과의 끝에 적서(摘書)하여 교수의 도움이 되게 하였다.

ㅡ. 이 책은 본국에서 편찬하고 본 성(省)에 특별히 마련된 곳의 심사위원의 심사에 부쳐 문부대신의 재정(裁定)을 거쳐 이루어진 것이다.

서문에 밝힌 대로 이 책의 2, 3권은 평이한 문장체로 사물·속담·생각해 볼 만한 것 등을 기술하고 있다. 4, 5권은 지리·역사 관련 내용이 추가되고, 민담 및 설화의 수용이 두드러진다. 그리고 6, 7권은 과학 지식은 물론, 세계 문물, 특히 외국 인물 및 일화, 자국 영웅을 서술하고 있는 것이 특징이다.

그렇다면 이 책을 저본으로 한 조선의 『신정심상소학』은 어떤 모습일까? 전체 단원 구성과 내용 전반에 대한 특징은 이미 일별한 적이 있으므로(구자황, 2011가), 여기서는 한일 교과서의 생산과 흐름이라는 관점에서 비교·대조할 만한 단원 중심으로 재구성해 보았다. 대체적인 내용은 다음 표와 같다.

『신정심상소학』(조선 학부, 1896)과 『심상소학독본』(일본 문부성, 1887) 단원 구성 및 특징

단원	『신정심상소학』 권1		『심상소학독본』	비고
	제목	주제 및 내용	관련 단원	
1	학교	학교의 중요성	2권 1과 學校	삽화 번안. 내용 번안.
3	의(蟻)	개미, 저축 강조	7권 14과 蟻	삽화 번안. 제재 및 내용 번안 (노동→저축)

5	동서남북이라	방위	2권 25과 日出	삽화 차용. 내용 창작.
7	마(馬)와 우(牛)라	요긴한 쓰임새	5권 22 羊	삽화 창작. 제재 및 내용 번안 (양→말과 소)
16	식물(食物)	오곡, 과실 등	2권 15과 食物	삽화 없음. 제재 및 내용 번안 (야채→곡식과 채소)
17	쥐의 이야기	조심과 경계	1권 16과	삽화 번안. 내용 차용.
20	탐심이 있는 개라	탐심(욕심) 경계	2권 19과 慾 ふかき犬の話	삽화 차용. 내용 차용. cf. 渡邊溫, 『通俗伊蘇普物語』 (1875) 1권 18, 『초등소학』(1906) 5 권 8과.
28	아국(我國)	군주-폐하	7권 1과 我國	삽화(지도) 번안. 내용 번안. (일본→조선)
29	가마귀와 여우 의 이야기라	어리석음 경계		cf. 渡邊溫, 『通俗伊蘇普物語』 (1875) 3권 129.
30	포도전1	근면, 깨달음		cf. 福澤諭吉, 『童蒙教草』(1872) 1권 4장.
31	포도전2	근면, 깨달음		cf. 福澤諭吉, 『童蒙教草』(1872) 1권 4장.
유사도			8단원/34단원	
단원	『신정심상소학』 권2		『심상소학독본』	비고
1	병사라	병사, 군인	2권 20과 兵士	삽화 차용. 내용 번안.
5	누에라	누에고치, 옷감	3권 3과 かひこ	삽화 창작. 내용 번안.(축약)
10	동무를 가리 는 법이라	좋은 친구	4권 5과 友 のぇらび 方	삽화 차용. 내용 번안.
12	소야도풍의 이야기라	인내심	1권 30과	삽화 차용. 내용 차용.
13	익힐 습이란 자라	권학	1권 31과	삽화 없음. 내용 번안.
17	훈련이라	창가 삽입	1권 5과	삽화 차용. 내용 번안.
19	여우와 개의 이야기라	흉보기 경계, 자기 충실	1권 9과	삽화 차용
20	달팽이라	달팽이의 모양과 습성	2권 8과 かたつぶり	삽화 차용. 내용 차용.(축약)
22	시계를 보는 법이라1		2권 9과 時計1	삽화 차용. 내용 차용.
23	시계를 보는 법이라2		2권 10과 時計2	삽화 없음. 내용 차용.
25	가마귀가 조개를 먹는 이야기	불굴의 의지와 지혜로움 터득	4권 12과 鳥蛤な食ふ話	삽화 차용. 내용 차용.

31	사슴이 물을 거울삼음이라	자긍 경계	4권 23과 鹿の水鏡	삽화 차용. 내용 차용.
유사도			12단원/32단원	

단원	『신정심상소학』 권3		『심상소학독본』	
1	만수성절이라	萬壽聖節, 군주폐하	4권 29과 神武天皇	삽화 번안. 내용 번안. (일본→조선)
3	각보기일의 화라	맹인, 일화	3권 11과 塙保己一の話	삽화 차용. 내용 차용.
6	호(虎)와 호(狐)의 화라	호가호위. 위기 모면의 지혜	3권 28과	삽화 차용. 내용 차용.
9	효서의 이야기라	효, 자의 부모 봉양	4권 18과 自鼠とおや鼠	삽화 번안. 내용 차용.
13	조됨을 원하는 문답이라	心志의 아름다움. 한 교사와 세 여학생의 문답.	cf.『심상소학독본』(1904) 4권 8과 鳥につきこの問答	삽화 차용. 내용 차용.(축약)
14	국화라	식물배양, 교육	4권 16과 菊	삽화 차용. 내용 번안.(축약)
15	기원절이라	애국충군	4권 29과 紀元節の歌, 4권 30과 紀元節の歌續き	삽화 번안. 내용 창작. (일본→조선)
16	연이라	제비	3권 29과 燕	삽화 차용. 내용 차용.
17	작이 연의 쇄를 탈한 화라	스스로의 노력. 교활함의 경계.	3권 30과 燕の巢をうばひ雀の話	삽화 없음. 내용 차용.
18	서책을 독하는 법이라	책 읽는 방법	4권 14과 書物の讀み方	삽화 차용. 내용 차용.
19	회(繪)와 도(圖)라	그림의 종류와 차이	4권 25과 繪と圖	삽화 차용. 내용 차용(축약)
20	일본거류지의 지도라	일본영사관, 공사관 소개	4권 26과 公園の地圖	삽화(지도) 참조. 내용 창작
23	교활한 마라	교활함 경계	3권 16과 ほねをくみせく馬の話	삽화 차용. 내용 차용. cf.渡邊溫,『通俗伊蘇普物語』(1875) 3권 116
25	사절이라	사계절	3권 20과 四季	삽화 창작. 내용 번안
31	순명의 구(鳩)라	비둘기의 성품과 재주 시험	3권 22과 作太郎の鳩 3권 23과 作太郎の手紙	삽화 차용. 내용 번안. (편지 삭제).
유사도			15단원/34단원	

『신정심상소학』은 전 3권 100단원으로 구성된 책인데, 위 표에 의하면 차용·번안에 해당하는 단원은 35단원이다.[9] 각 권마다 대략 30% 내외의 제재를 저본에서 뽑아낸 것을 알 수 있다. 특히 우화의 차용 비율이 상당히 높은데, 저본인『심상소학독본』이 최초로 이솝 우화를 수용한 일본 교과서임을 감안할 때, 시사하는 바가 있다. 즉, 수신과 도덕의 요소를 수용하면서 국어 교과서의 외연과 체제가 갖춰지는 과정을 조선의『신정심상소학』역시 재빠르게 간취하고 있는 것이다. 그러나 차용의 방식이 단순하지만은 않다. 적극적인 번안과 개변의 사례가 드러나기 때문이다. 특히 이러한 모습은 조선의 역사와 인물, 국토와 지리, 계절이나 의식주 관련 풍습, 군사 관련 단원에서 현격하게 나타난다.

조선 학부가 '소학' 교과서에 대한 새로운 모형을 일본 문부성의 『심상소학독본』(1887)에서 찾은 것은 결코 무리가 아니었는지도 모른다. 조선 학부가 당면한 교육의 급무로 볼 때, 문부성 교과서는 서양의 문물과 지식은 물론 학제를 고려한 짜임새 있는 최신판이었기 때문이다. 그러나 조선의 학부는『심상소학독본』을 그대로 이식하거나 직역한 것은 아니다. 앞의 표에서 드러나듯이, 당시 학제상 소학교 3년의 심상과를 운영할 조선에서는 4년 과정의 일본 교과서를 3년 과정으로 압축할 필요가 있었다. 무엇보다도 근대 교육의 토대가 미흡했던 조선의 입장에서는 되도록 흥미로우면서도 조선적 현실에 맞게 교과서를 규범화(내용, 체제, 구성, 문체 등)해야 할 과제가 있었다. 따라서 저본의 1, 2, 3, 4권이 주로 활용된 반면, 5, 6, 7권

---

9) 사와다 사토시[澤田哲]는『신정심상소학』(1896)의 총 97항목 중 34항목이 일본 문부성의『심상소학독본』(1887)을 그대로 번역한 것이라고 주장하였다(澤田哲, 1988: 205; 이나바 츠기오[稻葉繼雄], 2006: 23에서 재인용). 따라서 이 글은 사와다의 견해와 반대되는 지점에 있으며, 사와다의 주장이 교과서의 생산과 흐름을 피상적으로 파악하고, 번역 이면의 구체적 실상과 교육개혁의 동력, 즉 차용과 번안의 변증법을 간과하였다는 입장이다.

의 내용은 상대적으로 많이 활용되지 않았다. 그리하여 단원의 체계 및 권별 구성의 짜임새는 덜하지만 단원의 난이도, 문장의 길이, 제재의 분포 등을 고려한 '신정(新訂)'을 마련하게 된 것이다. 이런 의미에서, '신정'은 차용과 번안의 의미를 부각시킨 조선 학부의 용어라고 볼 수 있다.

그럼, 논점을 심화해 보자. 이는 차용과 번안의 양상이 확연한 몇몇 단원을 중심으로 내용과 삽화의 궤적을 추적·비교하는 일이 될 것이다.

〈사례1〉 '학교' 단원 비교

『신정심상소학』 1권 제1과 학교	『심상소학독본』 2권 제1과 학교
학교는 사람을 교육하여 성취하는 곳이니, 비유컨대 각양각색의 모종을 기르는 모판입니다. 또 학교는 사람의 마음을 아름답게 하는 곳이니, 비유컨대 각각의 색을 물들이는 집입니다. 학생은 모입니다. 장차 좋은 꽃도 피우며, 좋은 열매도 열립니다. 학생은 하얀 실입니다. 장차 좋은 빛깔로 염색됩니다.	우리들은 작년 봄부터 학교에 입학하였다. 매일 아침 일찍 학교에 가 공부하여 여러 가지 재미있는 것을 배운다. 우리들의 학교에는 넓은 운동장이 있고 그 안에 목마와 그네가 있다. 날씨가 좋은 날에 운동장에 나가서 목마를 뛰어 넘고 그네를 타는 것은 매우 재미있다. 때때로 우리들은 그것보다 더 재미있는 놀이를 할 때가 있다. 그 놀이는 줄다리기로 많은 친구들이 두 편으로 나뉘어 하나의 줄을 서로 당기는 것이다. 우리들은 여러 가지 것들을 배우고, 재미있는 놀이를 한다. 따라서 우리들은 학교를 매우 재미있는 곳으로 생각한다.

조선의 『신정심상소학』 1권 1과는 '학교'이다. 저본인 일본 『심상소학독본』의 2권 1과 역시 '학교'를 다루고 있다.[10] 그런데 『신정심상소학』은 다분히 비유적이다. 학교를 배우는 곳으로 명시하면서도 학교를 모판에, 그리고 학생은 모종에 비유하고 있으며, 학생의 성취와 미래를 강조한다. 이에 비해 『심상소학독본』은 학교가 배우는 곳이자 규칙이 있으면서도 재미있게 생활하는 공간임을 부각시킨다. 성장과 수양을 강조하는 전통적 학문관이 고스란히 들어 있는 조선의 교과서와 생활을 강조하며 실용주의적 교육관이 드러난(수용한) 일본의 교과서가 대비되는 장면이다. 삽화의 번안은 내용의 번안만큼 적극적이진 않다. 삽화의 구도가 동일한 가운데, 교사와 학생의 복장을 조선식으로 바꾸고, 일본 중심의 세계지도도 창문으로 대체했을 따름이다.

〈사례2〉'익힐 습' 단원 비교

『신정심상소학』 2권 제13과 익힐 습이란 자라	『심상소학독본』 1권 제31과
우리들은 이미 익힐 習이란 글자를 배웠습니다. 그런데 어찌하여 이 글자가 깃 우 자와 흰 백자로 합하여 졌는지 서로 생각하여 봅시다. 그 뜻은 새가 어릴 때는 대개 그 깃이 희고 또 잘 날지 못하나, 자주 날개를 꾸준히 단련하면 자연히 잘 날게 될 것입니다. 그런 고로 이 글자를 만든 것인가 봅니다. 우리들도 새에 비교해 보면, 아직 깃이 흰	배워라 배워라 힘써서 배워라 익혀라 익혀라 꾸준히 익혀라 배움의 길을 끊임없이 익혀라 읽기도 쓰기도 배운대로, 읽는 문장도 쓰는 글자도 재미있는 첫 학습. 배워라 배워라 힘써서 배워라 이 노래는 재미있는 노래이다. 그 중 '끊임없이 배워라'는 한결같이 애써서 배우라는 것이고 '첫 학습'이라는 것은

10) 일반적으로 교과서 첫 권의 첫 과는 모종의 대표성 혹은 상징적 의미가 있다고 봐야 할 것이다. 이런 의미에서 볼 때, 일본 교과서 『심상소학독본』의 1권 1과는 제목이 없으나, 주된 내용이 '사람은 크고 개는 작다'는 식의 생활문임을 기억할 필요가 있다. 일본의 『심상소학독본』 1권이 아동의 생활과 글자 습득에 관한 것이 많았던 점을 고려하면, 조선의 『신정심상소학』은 예비 단계에 해당되는 일본 교과서의 1권을 건너뛴 채 곧바로 학교 제도 하에서의 생활과 내용을 다룬 2권을 기준으로 삼아 소학교 교과서 체제를 잡기 시작한 것으로 볼 수 있다.

때입니다. 어떤 일이라도 남처럼 잘 하진 못합니다. 고로 사람이 배울만한 산술과 독서와 습자를 한마음으로 공부하면, (마침내) 깊이 깨달아 도통하지 못할 일이 없습니다.

처음 배우는 것을 뜻한다.

익힘, 배움을 제재로 한 단원도 흥미롭다. 두 교과서 모두 한결같은 마음과 태도로 노력할 것을 당부하는 것은 동일하다. 다만 조선의 교과서는 주제 전달을 위해 글자의 제자 원리를 설명하고, 비유적인 설명을 덧붙이고 있다. 아울러 기존의 교과서에서 볼 수 없었던 질문 제시법(~생각하여 봅시다)을 도입하고 있는 것과 배움의 종류를 교과목(산술·독서·습자)으로까지 구체적으로 적시하는 것이 특징적이다. 반면 일본의 교과서는 본문 안에 노래(창가)를 도입하고 있으며, 배움(혹은 첫 학습)의 즐거움을 강조하고 있다.

『심상소학독본』(1887)이 보여 준 노래(창가) 수용 방식은 우화 및 옛이야기(민담, 설화) 수록과 더불어 국어과 내용 구성에 중요한 의미를 지닌다. 『신정심상소학』의 경우, 이 단원에서 곧바로 노래를 활용하고 있지는 않다. 하지만 몇몇 다른 단원에서는 조선의 창가를 대체·삽입하거나 일본의 창가를 삭제하는 등 일정한 교과서 규범화 전략을 확인할 수 있다.[11] 이처럼 근대 계몽기 교과서에서 노래 수

---

11) 일제는 『보통학교 조선어급한문독본』(1915~1918)에서 '일본식 창가교육'을 강요했다. 〈조선교육령〉에서 이전과 달리 창가 교과를 선택이 아닌 필수 교과로 정하고, 『신편 창가집』도 서둘러 편집했다. 이러한 배경에는 당시 사립학교를 중심으로 조선 지식인들이 주도해서 퍼뜨리던 애국적 내용의 창가를 저지하고, 식민지 지배에 순종하는 노래를 보급하겠다는 속셈이 깔려 있었다(박영기, 2009: 101·142 참조). 실제로, 당시 교과서 외에도 유행하던 읽을 거리, 예를 들어 『붉은 저고리』(1913.1~1913.6), 『아이들보이』(1913.9~1914.8)에는 순우리말 창가가 수록되고 있으며, 특히 『아이들보이』에서 옛이야기 '동화요'라는 새로운 형식의 시가가 수록되어 순우리말 창가교육이 이루어졌다. 창가를 둘러싼 이러한 길항 관계는 『신정심상소학』이래 국어과 교과서의 규범화 전략, 즉 우화(민담, 설화 등) 및 옛이야기

용과 창가 교육이 매우 중요하고 효과적이었음을 인식하고, 『신정심상소학』은 이를 차용의 수준에 그친 것이 아니라 창의적 번안과 대체를 통해 그것의 적극적 '전유(專有)' 가능성을 보여 준다.

<사례3> '小野道風 이야기' 단원 비교

『신정심상소학』 2권 제11과 小野道風의 이야기라	『심상소학독본』 1권 제30과
소야도풍이라 하는 사람은 일본국에서 이름난 서예가입니다. 이것은 도풍이 빗속에 서서 개구리를 보는 그림입니다. 이 개구리는 버드나무가지에 붙고자 하다가 여러 번 떨어지지만 더욱 힘써 멈추지 않더니, 마침내 그 가지에 붙습니다. 도풍이 그것을 보고 감동하여 무슨 일이라도 인내하여 힘을 쓴다면 못될 것이 없다하고, 그 후에는 눈 내린 아침에도 일찍 일어나고, 비내리는 밤에도 늦도록 노력하여 글씨를 배워, 드디어 유명한 서예가가 되었나니 지금까지 사람들이 대단히 칭찬합니다.	이 사람은 오노노 도후입니다. 도후는 비가 오는 가운데 서서 개구리를 보고 있습니다. 이 개구리는 버들나무의 가지에 붙으려고 달려들다 계속 떨어졌지만 끊임없이 노력해서 결국에는 성공했습니다. 도후는 이것을 보고 감동해서 어떤 일이라도 공부하면 할 수 있는 것이라고 생각했습니다. 그 후 도후는 눈이 오는 아침에도 일찍 일어나고 비 오는 밤에도 늦게까지 공부해서 글자를 익혀서 결국 고명한 서예가가 되었습니다.

『신정심상소학』의 2권 11과는 일본 3대 서예가로 잘 알려진 '오노

와 함께 노래를 수록함으로써 교과서의 외연을 확장한 것과 관련이 깊다.

노 도후'의(小野道風)의 일화를 소개하고 있다. 『심상소학독본』 역시 같은 제재를 다룬 바 있다. 그런데 삽화가 거의 일치할 정도이며, 이야기의 바탕이나 전개구조, 그리고 인내와 노력이라는 주제도 같아서 큰 차이를 발견하기 어렵다.[12] 『신정심상소학』의 차용 방식과 비중으로 볼 때, 가장 많은 것은 우화였다. 하지만 이처럼 역사적 인물의 일화를 바탕으로 교훈을 전달하는 서사 단원도 상당수 눈에 띈다. 다만 일본 서예가의 일화를 수록한 것이 유니크한데, 실제 단원 전체를 통틀어 보면, 이런 류의 역사적 인물 일화는 華盛頓(워싱턴) 같은 미국인, 司馬溫公·宿瘤 같은 중국인, 그리고 李時白·張維·英祖大王 같은 조선인의 일화까지 두루 활용하였다. 사실 이런 역사 인물의 일화를 도입하는 주된 목적은 인물의 국적과 역사가 아니라 그 일화 안의 덕목, 즉 교훈적 내용일 것이다. 따라서 보다 중요한 것은 삽화의 일치 여부나 수록 인물의 국적보다는 위인의 일화나 성공담 안에 배치된 덕목의 성격이며, 이러한 '이야기'가 한일 국어 교과서에 자리잡아가는 양상 혹은 과정일 것이다.

〈사례4〉 '탐심이 있는 개' 단원 비교

『신정심상소학』 1권 제19과 탐심이 있는 개라	『심상소학독본』 2권 제19과 욕심 많은 개의 이야기
개 한 마리가 고기 한 덩이를 물고 다리를 건널 때였습니다. (개는) 그 다리 아래에도 자기와 같이 고기를 문 개가 있는 것을 보고, 욕심이 나서 마저 **빼어먹고자** 하여, 다리 아래를 향하여 짖었습니다.	한 마리의 개가 한 덩어리의 고기를 물고 집으로 돌아가려고 했다. 다리를 건널 때 그 밑에 또 한 마리의 개가 또 하나의 고기 덩어리를 물고 있는 것이 보였다. 그때 그 욕심 깊은 개는 어떤 행동을 했을까.

---

12) 이와 비슷한 방식의 단원 구성으로 '塙保己一'의 예도 있다. 『신정심상소학』(3권 3과)과 『심상소학독본』(3권 11과)이 함께 다룬 하나와 호키이치[塙保己一] 이야기 역시 내용과 삽화 모두 큰 차이가 없다. 오히려 본문을 대조해 보면, 그가 펴낸 책의 종수를 정확히 기술하고 있다는 점에서 한일 교과서 생산과 흐름의 정교함마저 엿볼 수 있다.

그러나 (개가) 짖으려고 입을 열 때, 물었던 고기가 홀연 내에 떨어져 물속에 빠졌습니다. 그때 다리 아래 개의 입에 물었던 고기도 마찬가지로 없어졌습니다. 아까 실제 개처럼 보였던 것은 자기의 형상이 물에 비추어 그처럼 된 것입니다.

그러므로 이 개는 욕심만 내다가 자기가 물었던 고기도 못 먹었던 것입니다.

그 개는 또 한 마리의 개와 싸워서 그 고기 덩어리까지 뺏으려고 개를 향해 짖었다. 하지만 입을 열자마자 물고 있던 고기는 개울에 떨어져서 깊은 곳으로 잠겼고 아래에 있는 개가 물고 있던 고기도 없어져 버렸다. 이것은 아까는 진짜 개처럼 보였던 것이 실은 자기의 형상이 물에 비친 것이었기 때문이다. 그래서 욕심 많은 개는 결국 한 덩어리도 못 먹게 되었다.

한일 교과서의 생산과 흐름 속에서, 두 교과서의 주된 특징이자 공통점 가운데 하나는 우화의 활용과 그것의 교과서적 의미일 것이다. 『신정심상소학』(1896)에는 학부의 이전 교과서와 달리 우화가 많이 수록되었다.

제1권 20과 탐심이 있는 개라, 29과 까마귀와 여우의 이야기라, 30과 포도전(葡萄田)1, 31과 포도전(葡萄田)2

제2권 19과 여호와 고양이의 이야기라, 25과 까마귀가 조개를 먹는 이야기라, 31과 사슴이 물을 거울삼음이라

제3권 6과 호랑이와 여우의 이야기라, 23과 교활한 말이라

『신정심상소학』에 수록된 우화들은 저본인『심상소학독본』(1887) 외에도 후쿠자와 유키치[福澤諭吉]의『童蒙敎草』(1872), 와타나베 온 [渡邊溫]의『通俗伊蘇普物語』(1875) 등을 참고한 것으로 보인다. 일본 역시 1593년 포르투갈 예수회의 선교사들에 의해 이솝 우화가 처음 출판되었고, 메이지 초기에 와서는 크게 대중화되어 각종 교과서에 수록하게 된 것인데(김태준, 1981: 108), 우리나라의 경우, 다른 문헌들 보다 교과서의 중역을 통해 주로 수용되면서 교과서 안의 교육정전 으로 자리를 잡게 되었다(박영기, 2009: 58).

우화는 주로 인간 이외의 자연물(동식물)을 작중인물로 삼고, 이들 간에 벌어지는 허구의 이야기를 통해 인간 사회에 교훈을 주는 식으 로 활용한 것이다. 그러므로 우화는 상당 부분 특정 자연물의 본능을 활용하여 서사를 꾸민다. 그리하여 허구에서 출발한 우화는 허구성-계몽-문학의 축을 형성하게 된다. 이때 근대 계몽의 항목들은 성실, 직분, 충실, 근면, 효, 노동 등인데, 이는 도덕적 환원구조를 형성한 다. 특히 국민교육을 위한 정치적 전유의 결과물이라는 점을 간과할 수 없다. 이런 의미에서 볼 때, 근대교육 초기의 교과서 및 각종 민간 독본류 가운데 순수하게 문학이라고 부를 수 있는 단원들이 대부분 우화였다는 사실은 간과할 수 없는 현상이다. 온전한 상상력에 바탕 을 둔 허구적 문학, 특히 우화 형식을 빌린 서사의 등장 혹은 확장은 중요한 문학사적 분기점이기 때문이다. 더욱이 교과서란 애초 정형 화된 것이 아니고 교육적 필요에 의해 지속적으로 개발·변천된다는 사실에서 보면, 당시 교육 목적을 위해 우화 형식이나 서사 양식이 채택되었다는 것이 중요하다. 더욱이 이러한 형식 혹은 양식의 대표 작들이 계속해서 교육정전으로서의 지위를 갖게 된다는 점을 주목 할 필요가 있다.

『신정심상소학』 3권 제15과 紀元節이라	『심상소학독본』 4권 29과 神武天皇
기원절이란 것은 우리 태조대왕이 비로소 임금의 자리에 오르신 날이다. 당초에 대왕이 고려조의 벼슬 문하시중이 되었는데, 그때에 국정이 문란하여 여러 사람들로부터 촉망을 받았습니다. 일찍이 장수가 되시어 때론 왜구를 막고, 때론 내란을 평정하여, 큰 공을 세우시더니, 마침내 배극렴 등의 추대에 힘입어 대위에 오르니 억만년 종사의 업을 만드시고 묶음을 베푸셨습니다. 그날은 팔월이십사일, 이날을 기원절이라 정하며, 매년 봉축하는 격식이 되었습니다. 그러므로 우리는 이 좋은 날을 맞으면 그 은택이 깊은 줄을 생각하고, 더욱 애국 충군하는 마음을 힘쓸 것입니다.	2월11일에는 일본 사람들은 모두 일을 쉬고 집 앞에 일장기를 꽂아 축하한다. 이날은 기원절이라고 해서 신무천황이 즉위하신 날이다. 신무천황은 우리나라 제1대 천황이시며 우리나라에서 태어난 자는 모두 천황에 대해 잘 알지 않으면 안 된다. 천황은 우가야후기아에즈존의 넷째 아들로서 일향(日向: 휴가)국 다카치호궁에서 천하를 통치하셨다. 그때 서국은 일찍이 천황을 따랐지만 지금의 기내(畿內) 지방에서는 천황을 따르지 않는 자들이 많았다. 천황은 그들을 평정하고 대화(大和: 야마토)국에 도읍을 정하여 많은 군를 데리고 일향국을 떠났다. 그리하여 키비국에 와서 전쟁 준비를 하여 배로 나니와에 상륙하여 야마토국으로 향했다. 키비국이란 지금의 비젠, 빗츄, 빈고 등의 땅이고 나니와란 지금의 오사카이다. 야마토국에는 '나가스네비코 야소타케루' 등이 황군에 맞섰으나 즉시 무찌르고 또 '쓰치구모'라는 강한 자들도 무찔러서 드디어 야마토국을 평정하고 가시하라 궁에서 즉위하셨다. 이로부터 대대로 천황이 그 뒤를 잇게 되어 현 천황에 이르러서는 122대가 된다.

『신정심상소학』은 '기원절(紀元節)'과 '만수성절(萬壽聖節)'에 관한 단원을 수록하고 있다. 이는 각각 조선의 개국을 기념하거나 군주의

탄신을 축하하는 경축일이어서, 당시 조선에서는 공휴일로 삼았다. 기원절을 최초로 기념하기 시작한 것이 1895년 9월 4일이다. 갑오 교육개혁의 주체였던 온건 개화파가 주도해서 제정한 것인데, 이를 신속하게 교과서 안에 반영한 것을 보면 학부의 인식과 적극적 의지를 엿볼 수 있는 대목이 아닐 수 없다.

본문을 살펴보면, 기원절 단원이 일본의 『심상소학독본』에 기초를 두고 있는 게 분명하다. 그러나 조선 학부의 삽화 및 내용의 번안 또한 매우 적극적임을 알 수 있다. 『신정심상소학』의 삽화는 일장기 대신 태극기를 선명하게 그려 넣었다. 본문에는 국기에 대한 언급을 찾을 수 없으나, 저본이 된 『심상소학독본』이 일장기와 기원절의 유래에 대한 내용을 담고 있었기 때문에 번안의 과정에서 조선의 역사적 사실과 표상이 두드러지게 표현된 것으로 보인다. 특히 본문의 마지막 단락에는 태조의 '은택(恩澤)'과 애국 충군의 마음을 표 나게 강조하고 있다. 이는 『국민소학독본』 이래 조선의 학부가 견지해 온 교육개혁의 이념, 즉 근대지를 갖춘 보통 국민으로서의 주체 양성을 각인하는 것이 아닐 수 없다. 교과서 학습자를 국민으로 호명하는 주체가 군주-폐하에 있음을 상기시키는 것이 기원절 단원의 핵심인 바, 교과서 및 교육제도를 통해 국민·민족을 배치하는 근대 국어 교과서의 원형을 『신정심상소학』은 보여 주고 있는 것이다.

적극적인 번안의 경향은 근대지나 문물에 관한 것보다 조선의 역사적·정치적 맥락이 개재되는 단원에서 두드러진다. 예를 들어, 노래(창가)를 삽입해 애국의식을 고취하고 있는 훈련 단원(훈련, 2권 17과), 구한말 경찰 제도와 그 역할을 엿볼 수 있는 단원(경찰, 3권 5과), 근대식 화륜선과 군함을 소개한 단원(선, 3권 32과), 전쟁에 대비하는 직무를 소개한 단원(군사, 3권 33과)에서는 삽화 속 배위에 태극기를 그려 넣는다든지 경찰과 군인의 역할을 '인민의 재난을 방지하는 자', '국가와 임금을 위하여 충성을 다하는 자'로 명시하고 있다.

다음은 아이들의 놀이를 마치 군사 훈련처럼 묘사하고, 실제로 군가를 삽입하고 있는 경우다.

제십칠과 훈련이라

여기 아이가 여섯이 있으니 큰 아이는 군도를 찬 장수가 되고, 세 아이는 막대를 메고 군사가 되어 가지런히 늘어섰으며, 둘째 아이는 나팔을 불며, 셋째 아이는 북을 칩니다.
이 군사들은 다 강하고 장수의 호령대로 행진하며, 이 아래 쓴 군가를 큰 소리로 부릅니다.

朝鮮 國民되ᄂᆞᆫ 者ᄂᆞᆫ(조선의 국민들은)
我軍 我國을 爲ᄒᆞᆯ지라.(우리 임금 우리나라를 위할지라.)
膽氣勇略 奮發ᄒᆞ야(용기와 기운을 북돋아 분발하여)
敵兵 萬若 잇슬 때난(만약 적병이 있을 때에는)
목숨살기 不顧ᄒᆞ고(목숨을 아끼지 말고)
一假忠義 힘써보세.(충과 의 한 가지에 힘써보세)
飛雨갓튼 彈丸中에(탄환이 빗발치는 속에서)
鬼神갓치 다니면서(귀신같이 다니면서)
鐵노맨든 城門을난(철로 만든 성문일랑)
一聲砲響에 깨치고(한 방에 포탄소리로 깨치고)
구름갓치 뫼인 敵兵(구름같이 모인 적병일랑)
바름보듯 훗터보세.(바람처럼 흩어보세)

(띄어쓰기 및 현대어 번역—인용자)

선행 연구에서는 이러한 단원과 내용을 두고 군국주의의 이식 혹은 답습으로 해석하는 경우가 많았다. 그러나 이는 통감부 이후 일제강점기 교육 침탈을 전제로 한 결과론적 해석일 뿐이다. 오히려 당시 조선 학부의 급무와 교육 개혁의 의지가 반영된 교과서로서의 성격을 고려한다면, 이 단원의 어색함이야말로 조선의 부국강병을 표방한 조선적 번안의 사례에 가깝다. 특히 1895년 4월 청일전쟁이 끝나면서 일본의 군사적·국제적 영향력을 확인한 상태에서 개국기원절을 제정하여 교과서에 반영하고, 훈련대의 해산과 무장해제 등 일련의 반일(反日) 기조를 추진했던 온건 개혁파의 교육적 전유 방식을 드러내는 것이라고 할 수 있다. 표면적으로는 근대 문물과 우화 및 이야기를 통한 근대지의 습득을 교과서의 형태로 차용하면서도, 다른 한편으로는 제재와 삽화의 번안 가능성을 탐색하고 애국 충군의 이념 안에서 국민을 호명하는 교과서의 규범화를 제시하는 것이야말로 『신정심상소학』의 본질이자 이중적 전략일 것이다.

결국 논점의 심화를 통해 드러난 사실은 갑오 교육개혁의 혼종성과 교과서 주체의 규범화 전략이다. 이 과정에서 그간 『신정심상소학』에 덧씌워졌던 오해와 편견은 차용과 번안의 변증법, 나아가 기저에 깔린 전통적 학문관의 완강함과 부국강병에 대한 의지를 들어 불식시킬 수 있으리라 본다. 교과서 바깥과 이후를 감안하면, 이 『신정심상소학』은 통감부 설치 이후의 민간 교과서와 학부 개발 교과서에도 실질적인 영향을 끼쳤다는 점이 중요하다. 학제에 기반을 둔 교육정책이 육체를 가지려면 교과서 체제와 구성이 우선되어야 한다. 그런 점에서 볼 때, 『신정심상소학』은 다양한 문체(담화체, 언문일치체)의 시도를 통해 이전 교과서와 변별되는 실험을 하였고, 근대지의 수용과 전달 과정에서 허구적 이야기(우화 등)와 실제적 이야기(인물의 일화 등)의 수용가능성을 통해 국어 교과서의 규범과 외연을 획정해 갔던 것이다.

4. '신정(新訂)'의 의미와 위상

애초 이 글이 확대하거나 심화하고자했던 문제의식은 이런 것이었다.

첫째, 지배와 저항의 구도 하에 지배와 학정 간섭의 단순 논리를 재고해 보는 것. 이를 위해 이 글은 구체적인 교과서의 생산과 흐름을 차용과 번안의 변증법이라는 맥락에서 『신정심상소학』을 통해 실증하였다. 둘째, 한일 교과서의 생산과 흐름을 통해 양국의 동상이몽이 교과서를 통해 어떻게 구현되고 길항하는지를 살펴보자는 것. 이 글은 『국민소학독본』(1895)이 시스템 없이 상징성만 내세운 텍스트라면, 『소학독본』(1895)은 전통적 학문 체제로 교과서를 편제한 복고주의적 실험의 텍스트임을, 그리고 『신정심상소학』(1896)은 '신정(新訂)'의 의미를 구현하려는 의지가 완강했다는 점과 아울러 시스템과 내용을 연계한 당대 교육현장의 '실질적' 교과서 모형임을 입증하였다. 이 과정에서 단일 텍스트 내에서의 다성성(多聲性) 외에도 3종의 조선 학부 발간 교과서 전체에 내재된, 즉 근대 계몽기 주체에 내재된 다층적 의미가 드러났다.

언어 및 교과서의 규범화 자체(혹은 규범화 과정의 실증)는 중요하지만 더 중요한 것은 규범화 내에서의 '동력'의 문제이다. 즉, 생산과 흐름의 경과를 복원하고 재구성하는 것도 필요하지만 중요한 점은 규범화의 기능 이면에 존재하는 정신과 사상의 문제일 것이다. 이렇게 볼 때, 일제강점기 이후의 교과서 연구에서도 그러하겠지만 근대 계몽기 교육장에서 주목할 것은 규범화의 실증과 그것을 실제로 추동했던 동력의 분석이지 결과론적 해석이 아니다. 즉, 일제강점 이후 규범화의 양상을 근거로 근대 계몽기의 특정한 부면이나 요소를 의도, 전략, 원인으로 규정짓는 것은 사실을 왜곡할 가능성이 있다. 뿐더러, 근대 계몽기 교육 개혁의 내적 동력을 단순화하고 역동성을 은폐하는 결과를 초래한다.

교과서 생산과 흐름은 미디어와 기타 언론 기관의 성장을 촉발함으로써 교육 및 공론장(公論場)을 확장시켰다. 특히 조선어 교원의 의식과 지식을 공고히 하는 촉매 역할을 했다. 그런 점에서 『신정심상소학』은 비록 일본의 저본을 체제와 구성, 제재 등에서 차용하였지만 상징에서 실제로, 선언에서 구체로 체현한 교과서이다. 특히 편찬 주체와 신원의 문제에 천착하는 것보다 텍스트 생산과 한일 교섭의 흐름을 놓고 그 의미를 규정할 필요가 있다. 『신정심상소학』은 근대 국어교과서의 실제적 원형이며(『국민소학독본』에서 나아간 점, 근대적 초등교육을 위한 학부 및 온건개혁파의 산물이었고, 『소학독본』의 복고적 흐름과 상반된다는 점), 공립보통학교 체제가 성립되는 1905년까지 갑오 교육개혁의 이상을 현장에서 구현한 근대 계몽기 국어과 교과서의 원형이었다.

근대 국어 교과서를 읽는다 **제2부**

교육과 정치

국정(國定) 국어 교과서의 정치학

: 『보통학교 학도용 국어독본』(학부 편찬, 1907)을 중심으로

김혜련(성신여자대학교 교육대학원 교수)

1. 국어 교과서를 향한 욕망

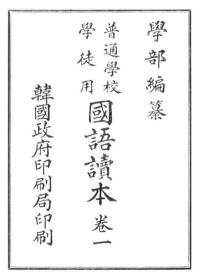 

〈그림 1〉『보통학교 학도용 국어독본』권1 표지　〈그림 2〉『보통학교 학도용 국어독본』권2 표지

이 두 그림은 1907년 학부가 편찬한 '국어' 교과서『보통학교 학도용 국어독본』의 표지들이다. 〈그림 1〉은 1권의 표지로서 '학부 편찬『보통학교 학도용 국어독본』권일 한국정부대인쇄국인쇄(學部編纂 普通學校 學徒用 國語讀本 卷一 韓國政府大印刷局印刷)'로, 〈그림 2〉는 2권의 표지로서 '학부 편찬『보통학교 학도용 국어독본』권이 대일본도서주식회사인쇄(學部編纂 普通學校 學徒用 國語讀本 卷二 大日本圖書株式會社印刷)'로 새겨져 있다.[1]

그런데 이들 표지들은 이 시기 국어 교과서에 서로 양립할 수 없는 두 개의 권력이 가로지르고 있었던 사실을 보여 준다. 각각의 표지에 새겨진 '한국(韓國)'과 '대일본(大日本)'이라는 어휘는 당시 한반도에 작용한 두 개의 권력 주체를 고스란히 보여 주는 동시에 국어 교과서가 처해 있었던 태생적인 운명을 암시한다. 물론 제시한 두 교과서의 판본이 다르긴 하지만 분명한 것은 '한국정부'가 편찬 주체이자 인쇄 주체로서 박혀 있는 〈그림 1〉의 교과서와 '한국정부'가 사라지고 그 자리에 '대일본'이라는 새로운 주체가 들어선 〈그림 2〉의 교과서가 함께 존재했다는 점이다. 다소 비약하면 〈그림 2〉는 새롭게 들어선 '대일본'의 위력에 위축된 편찬 주체로서의 '학부'가 겨우 그 이름을 내건 채 반쪽짜리 주체로서의 힘을 간신히 유지하고 있는 형국으로까지 보인다. 1권과 2권의 표지를 통해 알 수 있는 이러한 힘의 이동은 당시『보통학교 학도용 국어독본』이라는 '국어' 교과서가 처해 있었던 실존이었던 셈이다. 그리고 새삼스럽게 강조할 것도 없이 이『보통학교 학도용 국어독본』이 현재로서는 국어교육사에서 '국어'

---

1) 이 글에서 참조한『보통학교 학도용 국어독본』은 '한국 개화기 교과서 총서' 6권에 영인·수록된 것이다. 이들 교과서의 판권을 보면 1권은 '광무 11년 2월 1일 발행, 융희 2년 2월 1일 재판, 융희 3년 3월 15일 3판, 융희 3년 10월 19일 4판'이고, 2권은 '광무 11년 2월 1일 발행, 융희 2년 2월 1일 재판, 융희 3년 1월 15일 3판, 융희 3년 4월 10일 4판, 융희 3년 11월 10일 5판, 융희 4년 8월 10일 6판'으로 되어 있다.

라는 교과 이름을 내걸고 편찬된 국정 국어 교과서의 기원에 해당한다는 점이다. 최초의 국어 교과서라는 미명이 무색하리만큼 『보통학교 학도용 국어독본』은 '대일본'이라는 힘에 포섭되지 않으려는 학부의 안타까운 실존과 '대일본'이 '한국'의 공적인 언어/교육의 헤게모니를 장악하는 과정 속에서 탄생한 것이다.

이 글이 국어 교과를 위해 사용된 공식적인 교과서의 기원에 해당하는 『보통학교 학도용 국어독본』(이하, 『국어독본』)에 주목하는 것은 근대적인 교과 제도로 출발한 '국어'가 자신의 교과적 위상을 어떠한 방식으로 구축해 나갔는지 그리고 '국어'라는 교과에 대한 교육 권력의 기대가 어떻게 구체화되었는지에 대한 관심과 관계가 깊다. 이러한 관점은 다음과 같은 의문들, 예컨대 교과교육학의 역사에서 '국어'를 처음으로 제도화하여 설치하는 과정에서 '국어' 교과에 대해 상상하고 기대했던 교과적 성격이나 목표는 무엇이었을까? 공식적인 텍스트였던 국어 교과서에는 이러한 성격이나 목표가 어떻게 반영되고 구체화되었을까? 등과 무관하지 않다. 이러한 질문들은 굳이 교과에 대한 생태학적 철학이나 유기체적인 관점까지 거론하지 않더라도 교과라는 근대적 제도가 결코 자명하거나 절대적인 지식의 구성물이 아니라는 인식을 전제로 한다. 교과는 탄생하고, 변화하고, 사멸해 가는 유기체이다. 따라서 교과의 근대적 기원과 형성의 시기에 '국어'라는 교과에 요구되었던 지식을 『국어독본』이라는 교과서를 통해 들여다보는 일은 향후 국어 교과가 자신의 생존을 위협하는 교육적, 사회 문화적, 정치적인 제반 생태 환경들 속에서 교과로서의 위상과 학문적 정체성을 구축하고 계발하는 담론화해야 하는 숙명적 과제를 해결하기 위해서라도 긴절하다고 할 수 있다.

그럼에도 불구하고 『국어독본』은 그간 국어교육의 역사에서 연구의 시야에 온전하게 포착되지 않았다.[2] 현재로서는 1907년 2월 1일 '학부'가 편찬하고 '대일본도서주식회사'에서 인쇄하였으며 모두 8

권으로 이루어져 있다는 것(발견되지 않은 7권 제외), 이 시기의 수신 교과서와 마찬가지로 일제의 강제 병합 이후『보통학교 학도용 조선어독본』(1911, 1915)으로 교과서명이 변경되었다는 것, '학부 편찬'이라는 표지에서 분명하게 드러나듯 오늘날의 국정 교과서에 해당한다는 것, 한주국종체(漢主國從體)이지만 권수가 올라갈수록 한자의 난도가 높아져 초등 수준의 교재로 보기는 어렵다는 사실 정도가 밝혀진 상태이다. 또한 '서문(序文)'이나 '편찬 취의서(編纂趣意書)'는 물론 소단원의 필자도 밝혀져 있지 않아 국정 국어 교과서로서의 성격이나 집필 방향을 추론하기도 쉽지 않다. 그나마 박붕배(1987가, 1987나)와 이종국(1991) 등에서『국어독본』의 서지와 출판 사항이 대략적으로 밝혀진 이래 김혜정(2004가), 허재영(2010) 등이 국어교육사의 관점에서 편찬 맥락이나 체제 등을 밝혀냄으로써『국어독본』을 본격적인 연구의 궤도에 안착시켰다. 최근에는『국어독본』의 편찬 주체와 내용을 분석하여 이 교과서를 민족주의적 관점에서 재평가한 강진호(2011)나 교재적 관점에서 같은 시기 사찬 교과서들과 비교하여 서사적 관점에서 분석한 송명진(2012) 등을 통해서도 국어 교과서로서『국어독본』의 성격이나 위상이 새롭게 조명되고 있다.

이 글은 이러한 선행 연구들의 성과를 바탕으로 근대적인 교과서라는 형식을 통해『국어독본』이 담론화한 근대지의 한 양상으로서

---

2) 여러 가지 이유가 있겠지만 그중에는『국어독본』이 고종의 교육개혁을 중심으로 하는 근대 계몽기나 일제 조선총독부 시기에 비해 학계의 관심이나 열의가 상대적으로 부족했던 통감부 체제에서 편찬되었다는 점도 무관하지 않다. 최초의 근대적인 교과서로 알려져 있는『국민소학독본』(1895)과 일제강점기 조선어독본류들 사이에 놓여 있는 '과도기' 교과서 정도로 그 존재가 인식되었던 것이다. 아울러 이 교과서가 편찬되었던 1907년 무렵에 대해 당시 전 사회적으로 전개되었던 교육 구국 운동 등에 학계의 관심이 치우쳐 자연스럽게 민간 교과서류가 보다 적극적으로 조명되었던 것도 관찬 교과서에 해당하는『국어독본』에 대한 연구가 미약했던 원인이 될 수 있다.

국어 교과의 내용을 탐색하고자 한다. 교과서는 학교에서 수업을 위해 교사와 학생이 서로 공유하는 매개체를 넘어서서 인간이 내면화해야 할 지식의 전형을 구조화한 텍스트이다. 특히 교과서라는 제도가 당대의 지식을 전형화하고 확대, 재생산하는 데 기여하는 권력 제도라는 사실을 재삼 인식한다면『국어독본』에 작용했던 구한국과 일본이라는 편찬 세력의 이중적인 욕망과 그들 각각이 상상하고 열망했던 교과 지식으로서 국어과의 근대지(智)의 일단을 확인할 수 있을 것이다. 특히 이 글에서는 선행 연구들에 의해 그 관련성이 자주 언급되었던 일본의 '국어' 교과서의 기원에 해당하는『심상소학독본』(1904)(이하,『소학독본』)과『국어독본』(1907)에 구성된 담론을 비교하는 방법으로 이 교과서에 구체화된 국어 교과의 지식을 탐색하고자 한다.

2. 『국어독본』과 『소학독본』의 경계

그간『국어독본』과『소학독본』의 관계에 대해서『국어독본』이 "문부성 편찬의 '국어독본'의 교재를 번역만 해서 실은 것이 많"(石松慶子, 2003: 59)다는 것을 비롯하여『국어독본』이 일본 문부성 편찬의 국정 1기 교과서인『소학독본』을 저본으로 해서 만들어졌다는 논의들이 있어 왔다.3) 이에 따라 두 교과서의 편찬 배경을 잠시 살펴보기로 한다.

앞에서도 언급했지만『국어독본』은 1907년 구한국 학부가 보통학교용 '국어' 교과서로 편찬한 교과용 도서이다. 학부는 일본 통감부 치하에서 보통학교, 사범학교, 외국어학교, 고등학교 등 교육 제도를

---

3) 石松慶子(2003), 김혜림(2009), 강진호(2011) 등은『국어독본』과『소학독본』의 관계를 밝히는 데 기여했으며 이들 논의들의 대부분은『소학독본』이『국어독본』의 저본 역할을 한 것으로 보고 있다.

개편했으며 특히 보통학교의 경우 '보통학교령'(1906년 8월 27일)과 그에 따른 '시행규칙'을 통하여 종전의 소학교를 개편한 것이다. 보통학교의 교과는 '수신', '국어', '한문', '일어', '산술', '지리', '역사', '이과', '도화', '체조' 등의 10개 과목(여자에게는 '수예'를 부과)으로 설정되었다(제2장 제6조). 교과로서 '국어'는 그 이전인 소학교령 시기까지는 '독서'와 '작문', '습자'라는 교과로 운용되었던 것으로 이 시기에 들어 '국어'라는 교과명으로 등장한 것이다. 그러나 변화는 단순히 과목의 명칭에만 있는 것은 아니다. '시행규칙'의 '국어'의 '요지'와 '내용'에서 이전의 소학교령과 비교할 때 눈에 띄는 변화는 이전의 '국문'을 '문자'로 대체하고, '바른 국문을 사용하고 국어의 문법을 익히는' 것에서 '일상에 필요한 문자와 문체를 아는' 정도로 바꾸었다는 점이다. 여기에는 '국문'을 '문자'로 바꾸어 고유하고 특수한 의미에서 일반적이고 보편적인 의미로 '국어'과의 체질을 변화시키겠다는 의도가 깔려 있다고 볼 수 있다. 이와 함께 1905년에 이미 설치된 교과서 편찬위원회는 보통학교용 교과서 편찬 작업을 실시하여 보통학교의 개시와 동시에 교과서를 사용할 수 있도록 했으며, 『국어독본』역시 이 과정에서 편찬된 것이다. 『국어독본』의 편찬에 관여했던 주요 인물은 조선인으로는 학부 편수국장인 어윤적과 일본인 학정 참여관 미츠지 추조(三土忠造) 등이지만 당시 학부의 위상으로 보건대 어윤적의 역할은 상대적으로 제한적이었을 것으로 보인다.[4] 『국어독본』은 현재로서는 밝견되지 않은 권7을 제외하면 전

---

4) 『국어독본』의 편찬에 관여했던 인물은 조선인으로는 학부 편수국장인 어윤적과 편찬관 현수(玄穗)이고, 일본인으로는 미츠지 추조(三土忠造), 참여 담당관 다나카 겐코(田中玄黃), 마츠미야 순이치로(松宮春一郎), 우에무라 마사키(上村正己), 코스기 히코지(小杉彦治) 등이었지만 실제로 『국어독본』의 편찬 과정에서 교재의 틀이나 방향을 결정하는 등 직접적인 역할을 한 이는 제2대 학정참여관 미츠지 추조(三土忠造)로 알려져 있다. 이에 관한 자세한 논의는 강진호(2011)와 허재영(2010) 등을 참조할 수 있다.

체 164과(1권 45과, 2권 25과, 3권 23과, 4권 22과, 5권 23과, 6권 26과, 7권 결, 8권 23과)로 구성되었으며, 보통학교가 4년제였다는 사실로 볼 때 한 학년에 두 권씩 사용했을 것으로 추정된다.

한편, 『소학독본』은 1904년 일본 문부성 편집국이 심상소학교용 '국어' 교과서로 간행한 최초의 국어과 교과서이다. 상식적인 얘기가 되겠지만 이 시기를 전후하여 일본은 정치적으로 국가주의적 이념을 강화해 갔다. 교육 분야에서는 일본 교육의 근본을 황조황종(皇朝黃宗)의 유훈으로 명시한 '교육칙어(教育勅語)'(1890년 10월 30일)가 공포되었다. '교육칙어'에 나열된 덕목들은 동서고금을 막론하고 보편타당한 도덕들로 정립되어 일본 교육의 전 영역에 침투되기 시작했다. 이른바 국가주의 교육으로 정립된 일본의 교육은 1900년 소학교령 개정으로 심상소학교가 4년제로 통일되었고 고등소학교 역시 2년 또는 3~4년으로 바뀌었다. 이 개정으로 4년간의 의무교육이 확립되어 일본이라면 누구나 4년간의 공통 기초 교육을 받게 되었다. 이때 소학교령이 공포한 심상소학교의 과목은 '수신', '국어', '산술', '체조' 등으로 규정되었고, 종래의 '독서', '작문', '습자'가 이 규정에서 '국어'라는 교과명으로 최초로 통일되어 제안되었다. 『소학독본』은 이 새로운 '국어' 교과의 교과서로 기획된 것이다. 『소학독본』은 1권과 2권의 경우 단원이 구분되어 있지 않으며 1권은 문자를 관련 삽화와 함께 제시하고 있고 2권은 26개의 내용 단락으로 구분되어 있다. 권3부터 목차와 함께 단원 체제로 구성되었으며 전체 127과(3권 20과, 4권 20과, 5권 22과, 6권 22과, 7권 23과, 8권 20과 등)로 이루어져 있다. 특히, 당시 일본 정부는 종래의 검인정 교과서로는 강력한 표준어 정책 수행이 어렵다고 보고 1904년 소학교 '국어' 교과서를 국정화하여 언어의 통합과 표준화 정책을 추진하고자 하였다.

이를 통해 보건대 『국어독본』은 1906년 보통학교령에 의해 '국어'라는 교과의 등장에 따라 편찬된 교과서이고 『소학독본』 역시 일본이 교과명으로 '국어'를 제안한 뒤 그에 해당하는 교과서로 편찬한 교과서이다.5) 따라서 『국어독본』과 『소학독본』은 한국과 일본에서 각각 자국어교육의 역사에 처음으로 등장한 '국어'라는 교과를 위해서 국가 권력이 주체가 되어 편찬한 최초의 '국어' 교과서인 셈이다. 뿐만 아니라 다음과 같은 진술 역시 이 두 교과서의 관계에 대해 흥미를 불러일으킨다.

　　원래, 학부시대의 수신서라고 해도 그 체제, 조직은 이미 문부성 편찬의 소학수신서에 의한 것이다. 다만 초급에 나온 인물과 환경을 조선식으로 하고, 기술상 언문을 사용한 것에 지나지 않는다. 원안 집필자는 여러분도 다 아는 대로 미츠지 추조(三土忠造)였다. (조선총독부, 1938: 30)

위의 진술은 학부가 편찬한 수신 교과서의 체제나 조직이 일본 문부성이 편찬한 『소학수신서』라는 교과서를 저본으로 했다고 고백하고 있다. 등장하는 인물이나 환경을 조선에 맞게 대체하고, 표기 언어를 국어로 했을 뿐이며 이것도 단지 '기술상'의 의도였다는 것이다. 『국어독본』의 편찬 취의서가 발견되지 않은 현재로서는 『국어독본』의 편찬 상황도 이와 크게 다르지는 않았을 것으로 보인다. 실제로 『국어독본』과 『소학독본』을 일별해 보면 수신서의 경우와 마찬

---

5) 일본의 교과서 구분은 사조의 구분에 대한 논란이 있긴 하지만 대체로 ① 번역 교과서 시대(1872, 명치5~1879, 명치12), ② 유교 윤리 부활 교과서 시대(1880, 명치13~1885, 명치18), ③ 검정 교과서 시대(1886, 명치19~1903, 명치36)와 ④ 국정 교과서 시대(1904, 명치37~1945, 소화20) 등으로 구분된다. 국정 교과서 시대(1904~1945)는 다시 5기로 구분되고, 『심상소학독본』은 국정 제1기(1904~1909, 명치37~명치42)의 국어과 교과용 도서로 편찬된 것이다. 국정 교과서 시대는 교과서 채택을 둘러싼 전국 규모의 뇌물 수수 사건인 교과서 의혹 사건(1902)을 계기로 국정 1종 교과서 제도로 변환되면서 표방되었다. 교과서의 시기와 종류에 관한 내용은 唐沢富太郎(1968: 1~2) 참조.

가지로 등장인물이나 지리 등을 조선의 것으로 대체한 흔적이 적지 않기 때문이다. 뿐만 아니라 동식물 등의 자연 과학적인 대상이나 우편이나 철도와 같은 근대 제도 등에서도 내용을 요약하거나 확장하였을 뿐 유사한 소재를 취하고 있는 단원들도 자주 볼 수 있다. 그렇다면 최초의 근대적 교과서라고 평가받고 있는『국민소학독본』에 이어 '국어과' 교과서로 제작된 최초의 교과서인『국어독본』역시 단순히 일본 문부성 '국어' 교과서의 '한국' 버전인 것일까? 위의 인용대로『국어독본』의 경우도 '인물'과 '환경'을 '조선식'으로 바꾸고 기술 언어를 '언문'으로 바꾼 것에 불과할까? 이 문맥을 순수하게 받아들일 경우 일본은 그들의 자국민과 식민 통치의 대상으로 삼고자 했던 조선인에 대해 내용과 성격이 유사하게 조선의 국어 교육을 기획했다는 추론이 성립된다. 이를 확인하기 위해 먼저 두 교과서에서 제재나 내용이 유사한 단원들을 추출해 보기로 한다.

〈표 1〉『국어독본』(1907)과『소학독본』(1904)의 공통 단원

『국어독본』	내용	『소학독본』	비교
권1-20	안부 인사	권2-1과	① 제재 유사, 내용 유사
권1-22~24과	여러 가지 꽃	권2-3과, 권3-1과~3과	① 제재 유사, 내용 유사
권1-37과	자연	권3-7과	① 내용 축소
권1-43과	방위	권3-13과	내용 모방
권2-10과 我家 一	가정	권5-1과(わたくしの家)	② 제재 유사, 관점 변화
권2-11과 我家 二	가정		
권2-12과 말	교훈	권2-22단락	① 제재 유사, 내용 유사
권2-13과 葉書와 封函	엽서	권4-16과(てがみ), 권8-1과(郵便)	② 제재 유사, 관점 및 문체 변화
권2-20과 山上眺望	경치	권5-20과 (山の上のみはらし)	② 제재 유사, 문체 변화
권2-21과 水	물	권5-3과~4과 (水ノタビ)	② 제재 유사, 관점 변화
권2-22과 米와 麥	쌀과 보리	권5-5과(むぎ)	① 제재 유사, 내용 요약

권2-24과 我鄕	마을의 발전	권4-1과 (こたろ—のむら)	② 제재 유사, 관점 변화
권2-25과 獵夫와 원숭이	원숭이의 효	권4-20과(さる)	② 제재 유사, 관점 변화
권3-7과 有事探聞	일상	권6-2과(織物)의 후반부	① 제재 유사, 내용 유사
권3-10과 竹筍生長	죽순의 성장	권3-8과(タケノコ)	① 제재 유사, 문체 변화
권3-11과 蝙蝠	박쥐	권5-14과(コウモリ)	② 제재 유사, 문체 변화
권3-12과 蝙蝠話	박쥐 이야기		
권3-17과 汽車窓	기차	권5-11과, 12과 (汽車のたび)	① 제재 유사, 내용 요약
권3-22과 洪水	마을의 홍수	권5-22과(大水)	① 제재 유사, 내용 확장
권3-23과 洪水寒喧	안부		
권4-9과 雁	기러기	권4-9과(がん)	② 제재 유사, 관점 변화
권4-11과 材木	재목	권5-23과(材木)	① 제재 유사, 내용 확장
권4-12과 植物의 功效	식물의 효과		
권4-19과 石炭과 石油	석탄과 석유	권6-6과(石炭と石油)	① 제재 유사, 내용 유사
권4-21과 玉姬의 慈善	자선	권8-3과(おふみの慈善)	① 제재 유사, 내용 유사
권5-16과 蠶	누에	권5-7과(蚕)	① 제재 유사
권5-20과 麻	마	권6-2과(織物)	① 제재 유사, 내용 확장
권6-3과 軍艦	군함	권5-17과(軍艦)	① 제재 유사, 내용 확장
권6-4과 燈火	등잔불의 종류 와 사용	권6-7과(ろ—そくの話)	① 제재 유사, 내용 유사
권6-13과 鐵의 談話 一	솥, 못, 칼, 태 엽의 이야기	권6-14과~15과 (銅と鉄)	① 제재 유사, 내용 유사
권6-14과 鐵의 談話 二			
권6-26과 鹽과 砂糖	소금과 사탕	권6-22과(砂糖と塩)	① 제재 유사, 내용 확장

〈표 1〉에서 알 수 있듯이 『국어독본』은 전체 164과 중에서 『소학

독본』과 제재나 내용이 유사한 단원은 33단원(중복 단원 포함)이며 전체 단원의 20% 정도이다. 이들 단원들은 다시 제재와 내용은 유사하지만 서술 분량을 축소하거나 확장하여 변화를 준 경우(①)와 제재는 유사하지만 서술 관점을 다르게 한 경우(②)로 구분된다. 예를 들면 『소학독본』에서 '직물'(권6-2)의 경우, 직물의 종류를 견직물, 면직물, 마직물, 모직물 등으로 구분하여 설명하고 있지만 『국어독본』에 와서는 '마(麻)'라는 제목(권5-20) 아래 '마직물'에 대한 정보만으로 단원을 구성하고 있다. 반면에 『소학독본』의 '재목(材木)'(권5-23)은 소나무, 삼나무, 노송나무, 느티나무 등 나무의 특징과 쓰임새에 대해 개괄적인 정보를 제시하고 있으나 『국어독본』에서는 '재목(材木)'과 '식물의 효과(植物의 功效)'라는 두 단원으로 확장해서 건축이나 가구의 재료로 활용되는 나무는 물론 식용 식물, 의복의 재료로 사용되는 식물까지 포괄하고 있다. 이들은 제재는 유사하게 취하고 있지만 서술 내용과 분량에 변화를 준 경우들로서 총 21단원 정도가 여기(①)에 해당한다.

②는 서술 내용을 축소하거나 확장하여 단원을 구성한 ①과는 달리 제재가 유사하더라도 서술 관점에 변화를 주어 내용을 구성한 경우들이다. 『국어독본』 2권에서 두 단원(권2-10, 권2-11)에 걸쳐 구성한 '우리집(我家)'의 경우 『소학독본』의 '우리집(わたくしの家)'(권5-1)과 제재가 유사하고, 심지어 등장하는 가족의 인원수도 각각 여섯 명으로 동일하다. 그러나 두 단원의 서술 관점은 상당히 다르다.

우리 집에는 아우 두 명과 누이동생 한 명이 있으니 부모까지 모두 여섯 명이다.

가족 외에는 부리는 종도 없다. 다만 소 한 필과 닭 세 마리가 있으니 닭은 때때로 알을 낳는다.

아버지는 아침마다 일찍 일어나서 텃밭을 돌아보는 것으로 즐거운 일을 삼으신다.

　　어머니는 그 사이에 아침 식사를 지으시고 누이동생은 방 안을 쓴다.

　　나는 소에게 풀을 주고 닭에게 모이를 준다.

　　부모와 누이동생이 들에 나간 후, 나는 학교에 가고 두 아이는 집에서 논다. (『국어독본』권2-10-우리 집1)

　　저쪽에 있는 삼나무가 보이죠. 저쪽에 저의 집이 있습니다.

　　집 앞에는 벚나무와 복숭아나무가 있습니다. 벚나무는 벌써 봉오리가 크게 맺혔습니다.

　　저의 집에는 아버지와 어머니가 계십니다. 할아버지와 할머니도 계십니다.

　　또 오하나라고 하는 여동생도 있습니다.

　　저녁밥은 집안사람 모두가 모여서 먹습니다. 저녁밥을 먹고 나면 저는 학교에서 배운 것을 이야기합니다. 그 뒤에 할머니가 여러 가지 재미있는 이야기를 해주십니다. (『소학독본』권5-1-우리 집)

『국어독본』은 가족을 부모와 네 명의 자녀로 구성하고 이들 각각의 구성원이 가정에서 하는 역할에 대해 설명하고 있다면 『소학독본』에서는 가족의 수를 여섯 명으로 설정한 것은 동일하지만 조부모-부모-자녀의 삼대로 구성된 가족을 중심으로 이들의 친애적인 분위기를 보여 주는 데 초점을 두고 있다. 『소학독본』에서 가족은 나무들에 둘러싸인 집, 저녁이면 '집안 사람 모두가 모여서' 식사를 하고 함께 대화를 나누는 집, 삼대가 어우러져 따뜻한 공동체를 이루고 있는 집 등을 배경으로 구성된다. 『소학독본』이 정서적이고 공동체적인 유대를 바탕으로 한 화목하고 평화로운 가정으로 '일본의 집'을 그리고 있는 반면에 『국어독본』에서는 따뜻한 가족애에 대한 긍정적인 시각은 소거한 채 단지 가족 구성원으로서 부모와 자식이 각자의 일에 충실한 모습으로 '조선의 집'을 전형화하고 있다.

이러한 방식은 동물을 제재로 취하고 있는 단원에서도 확인된다. 『국어독본』의 2권에는 '원숭이'를 제재로 하는 '사냥꾼과 원숭이'(권2-25)라는 단원이 구성되어 있는데 흥미롭게도 『소학독본』에도 '원숭이'를 제재로 삼고 있는 단원이 있다. 『소학독본』의 '원숭이'(권4-20)는 사람과 원숭이가 비슷하다는 내용을 첫 머리로 삼아 사람은 원숭이에게 기술을 가르치고 원숭이는 사람을 잘 따르는 등 사람과 원숭이의 친화적 관계를 강조한다. 반면 『국어독본』의 원숭이 관련 단원은 삽화를 통해 조선인으로 보이는 사냥꾼이 어미 원숭이를 죽이고 새끼 원숭이들이 죽은 어미 원숭이를 찾아 사냥꾼의 집까지 찾아온다는 내용이 중심이다. 물론 원숭이의 효를 강조하는 계도적 성격으로 단원을 구성하고 있지만 『소학독본』이 인간과 원숭이의 공존 공생적 관계로 기술하고 있다면 『국어독본』은 인간(조선인)과 원숭이의 관계를 가해와 피해의 관계로 설정하고 있다. 이렇듯 『소학독본』이 인간, 집, 동물이 함께 조화를 이루며 살아가는 공존적 시각을 보여 주고 있다면 『국어독본』은 인간의 궁핍한 일상과 근로, 공격이나 피해 등을 연상시키는 내용을 구성하고 있는 편이다. 유사한 제재를 취하고 있다 하더라도 『소학독본』에서는 긍정적이고 친화적인 분위기로 기술하고 있는 데 반해 『국어독본』에서는 암울하고 부정적인 분위기를 형성하는 방식으로 기술하고 있다.

제재는 유사하지만 서술 관점에 따라 내용이 다르게 구성된 경우로 다음과 같은 단원도 있다. 『국어독본』의 '기러기'(권4-9)는 『소학독본』의 '기러기'(권4-9)와 수록 권수는 물론 제재도 '기러기'로 동일하다. 그런데 『국어독본』에서는 기러기의 생태적 특성에 대해서 간략하게 언급한 후 주로 기러기의 질서정연한 행렬의 특징에 대해서 기술하고 있는 반면에 『소학독본』에서는 기러기의 생태적 특성에 초점을 두고 있다. 예컨대, 『국어독본』에서 자주 등장하는 "서로 신

호를 맞추어 행렬을 떠나서 길을 잃어버리지 않게 하는" 면이나 "가장 앞에서 날아가는 기러기는 항상 그 행렬을 떠나서 앞으로 나아간다. 그것은 일렬 전체의 선도가 되어서 여러 기러기를 인도하여 방향을 지시하는 것"과 같은 일사불란한 질서 의식에 대한 강조를 『소학독본』에서는 만나기 어렵다. 『국어독본』의 '우리 마을'(권2-24) 역시 『소학독본』의 '코타로의 마을(こたろ—のむら)'(권4-1)과 제재는 유사하지만 서술 내용이나 관점에서 차이를 보인다. 『소학독본』에서는 학교의 교사는 친절하게 가르치고, 주재소의 순사는 세심하게 마을을 돌보고 있어서 마을 어린이들이 안심하고 행복하게 살 수 있는 곳으로 '코타로의 마을'을 설명하고 있다. 여기까지는 『국어독본』도 유사하다. '우리 마을'에 신식 관사와 학교가 있으며 군수는 마을을 잘 다스리고 순사는 마을의 치안을 위해 힘쓰고 있다는 등의 내용에는 별다른 차이가 없다. 그러나 『국어독본』에는 『소학독본』에서 발견하기 어려운 내용이 삽입되어 있는데 현재의 마을 모습을 예전과 비교하고 있다는 점이다. 이를테면 학교를 설명할 때 "모든 것이 새로워져서 이전 학교와는 전혀 다른 모습이 되었다"고 기술하고 있으며 마을의 치안에 대해서도 "순사가 우리 고을에 온 후로부터 화재와 도둑 걱정 같은 소문은 듣지 못하였다"는 식이다. 『국어독본』에서는 '학교'와 '순사'를 기점으로 마을의 과거와 현재를 구분하고 현재의 마을이 이전보다 살기 좋아졌다는 내용을 구성하여 통감 통치의 산물인 교육 제도와 경찰 제도의 긍정적 효과를 우회적으로 강조하고 있는 것이다. 그리고 이러한 내용은 적어도 『소학독본』의 '코타로의 마을(こたろ—のむら)'에서는 만나기가 어렵다.

이와 같이 『국어독본』에는 『소학독본』과 제재가 유사하다 하더라도 서술 관점에 변화를 준 단원들이 적지 않다. 『소학독본』에서는 긍정적이고 친화적인 분위기로 그려 내고 있는 단원들의 경우 『국어독본』에서는 부정적이고 암울한 분위기로 바꾸어 기술하고 있다. 인간의 일상이나 사회, 제도를 제재로 삼는 경우에도 『소학독본』이 객관적이고 사실적인 문체를 유지하려고 애쓰고 있다면 『국어독본』에서는 조선의 현재를 일본의 통치 이전과 이후를 구분하고 통치 이후를 긍정적으로 기술하여 향후 본격화할 일본의 통치를 합리화하는 담론을 마련하고 있는 식이다. 서술 관점과 내용 구성에서 구분되는 이러한 차이는 단지 '인물'과 '환경'을 '조선식'으로 바꾸어 기술했다는 당시 일본인 교과서 편찬자들의 진술을 비판적으로 독해해야 할 필요를 보여 준다. 오히려 『국어독본』은 『소학독본』과 교과지의 구성에서 '정치적 경계 짓기'를 실현하고 있다고 볼 수 있다. 따라서 『국어독본』과 『소학독본』이 국정 교과서의 기원에 해당한다고 해서, 그리고 『국어독본』과 『소학독본』 사이에 유사한 제재로 구성된 단원이 어느 정도 있다고 해서 『국어독본』과 『소학독본』의 관계를 모방본과 원본의 관계로 규정하는 시각은 재고될 필요가 있다.6) 이 글에서는 두 교과서의 공통적인 부분이 아닌 『국어독본』에만 새롭게 구성된 부분을 살펴보는 것으로 이러한 제안을 좀 더 구체화할 것이다.

3. 『국어독본』을 향한 정치적 시선

『국어독본』의 전체 단원 중에서 『소학독본』과 공통된 부분 30여 단원을 제외하면 나머지 130여 단원은 『국어독본』을 위해 새롭게 구성한 부분이다. 이 부분을 국가(역사와 정치, 지리 등), 근대 실용 지식(이과, 과학 및 사회, 제도 등), 수신(윤리, 일상(위생)) 등의 주요 내용

---

6) '저본'의 수준과 범위에 대해서는 교과서 정책이나 교과서 집필진, 교과서의 체제나 내용 등이 함께 고려되어야 하고 그에 따라 저본과 모방본의 관계가 분명히 밝혀질 것이다. 이 글에서는 그 중에서 교과서의 내용에 초점을 두어 논의했음을 밝힌다.

에 따라 구분하면 다음과 같다.

<표 2> 『국어독본』(1907)에 새롭게 구성한 단원

내용		단원명
국가	역사	③ 권3-3-영조대왕의 어진 덕, ④ 권4-13-을지문덕의 대승, 권4-22-김적명의 탄식, ⑤ 권5-1-고대조선, 권5-7-삼한, 권5-12-삼국의 시작, ⑥ 권6-1-총명한 임금의 지혜롭고 용기 있는 결단, 권6-2-삼국과 일본, 권6-9-공자와 맹자, 권6-17-수나라와 당나라의 침략, 권6-24-백제 고구려의 멸망, ⑧ 권8-1-미술 공예의 발달, 권8-7-학술의 성함과 성퇴, 권8-13-고려가 망함
	정치 대외관계	③ 권3-18-개국 기원절, ④ 권4-15-건원절,⁷⁾ ⑤ 권5-9-정치의 기관, 권5-22-중국과의 관계, ⑧ 권8-17-통감부, 권8-3-청나라, 권8-4-만주, 권8-23-세계의 강국
	지리	④ 권4-4-한국의 지세, 권4-5-한국의 해안, 권4-15-한성, 권4-20-평양, ⑤ 권5-3-5대강, 권5-15-평안도, 권5-18-함경도, ⑥ 권6-5-강원도, 6-12-황해도, 6-16-경기도, 6-20-충청도, 6-25-전라도, ⑧ 권8-22-육지와 해양
실용 지식	이과, 과학	② 권2-3-사계절, 권2-4-닭, 권2-5-소와 말, 권2-15-밤과 낮, 권2-18-태양의 힘, ③ 권3-1-초목의 생장, 권3-2-복숭아꽃, 권3-4-공기, 권3-5-조류, 권3-11-박쥐, 권3-19-암탉과 집오리, 권3-20-고래, ④ 권4-10-물새, 권4-12-식물의 효과, ⑤ 권5-2-코끼리의 무게, 5-13-꿀벌, 5-17-누에치기, 5-21-폐물 이용, ⑥6-8-소, 6-21-물의 증발, 6-22-비와 이슬, 6-23-비, ⑧ 권8-9-박테리아, 권8-11-종자의 선택, 권8-18-해로운 벌레, 권8-19-이익이 되는 벌레 등
	사회, 제도	② 권2-14-우편국, 권2-16-기차, 권2-17-정거장, ③ 권3-6-시계, 권3-16-직업, ⑤ 권5-5-기후, 권5-19-시계, ⑥ 권6-10-유교와 불교, ⑧ 권8-6-권업모범장, 권8-10-지구상의 인종, 권8-14-회사 등

---

7) '권3-18-개국기원절', '권4-16-건원절' 등과 '권4-15-한성', '권4-20-평양' 등은 石松慶子(2003), 김혜림(2009)에서는 『소학독본』과 공통된 단원으로 간주했으나 이 글에서는 한국의 실정에 적합하도록 제재를 대체하고 그에 따라 서술 내용을 구성한 것으로 보아 『국어독본』에 새롭게 기술한 경우로 분류했다.

| 수신 | 윤리 | ② 권2-1~2-아이1, 2, 권2-6~7-게으른 사람1, 2, 권2-8-집, 권2-18-욕심이 많은 개, 권2-23-어머니 마음, ③ 권3-8-훈련의 보람, 권3-9-순서, 권3-12-박쥐이야기, 권3-13-연꽃, 권3-15-조개와 황새의 싸움, 권3-21-정직의 이로움, ⑤ 5-8-다른 사람의 악한 일, 5-23-우물 안 개구리의 소견, ⑥ 권6-6-이득이 없는 근심, 권6-11-속담, 권6-15-철의 노래(운문), ⑧ 권8-2-겉옷, 권8-5-여동생에게 보내는 편지, 권8-8-속담, 권8-12-착하고 어진 벗 등 |
| | 일상
(위생) | ② 권2-9-과원과 채전, 권2-20-산상조망, ③ 권3-14-바닷가, ④ 권4-6-운동회에 청함, 권4-7~8-운동회1, 2, 권4-17-신선한 공기, 권4-18-공원, 권5-4-피부 관리, ⑤ 권5-6-연과 팽이, 5-10-어머니에게 사진을 보냄/5-11-답장, ⑥ 권6-7-나비, 권6-18~19-능금을 증여하는 편지/답장, ⑧ 권8-15~16-친구 어머니 상을 조문/답장, 권8-20~21-교외 산보를 권유함/답장 등 |

『국어독본』에 새롭게 기술된 단원은『소학독본』과는 달리 별도의 제목 없이 자모와 어휘, 문장 학습으로 이루어진 1권의 14 단원 외에 역사·정치/대외관계·지리를 포함하여 주로 '국가'와 관련된 34 단원, 근대 실용 지식과 관련된 37 단원, 수신과 관련된 41 단원 등 모두 130 단원 정도이다. 이러한 내용 구성은 근대 최초의 국정 교과서로 알려져 있는『국민소학독본』과도 크게 다르지 않다. 그러나 '국가' 관련 내용만 보더라도『국민소학독본』이 주로 국가를 보존하고 자긍심을 고취하는 담론으로 구성되어 있는 반면에『국어독본』에서는 자국의 역사 그리고 중국, 일본 등 대외 관계사의 재구성을 통해 '국가'에 관한 새로운 '지식'을 창출하고 있다. 일반적으로 제도 교육에서 민족의 역사는 학습자의 현재가 형성되기까지 민족의 과거를 복원하고 그 기원과 흐름을 역사라는 지식의 형태로 구성하는 방식을 취한다.『국어독본』역시 단군 조선에서 삼한, 삼국시대, 고려, 조선에 이르기까지 민족의 각 시기를 호명하여 민족의 역사를 기술하고 있다. 그런데 여기서 주목해야 할 것은 민족의 기원과 역사를 기술하는 방식이다. 예컨대 "단군이 평양에 도읍을 정하고, 국호를 조선이

라 칭하였으나 그 연대를 증거할 문헌이 없다"(권5-1-고대 조선)든가 "이 삼국이 처음 생긴 시기는 지금으로부터 몇 백 년 전인지 상세하지 않다"(권5-7-삼한)와 같이 조선의 민족적 기원이나 역사를 애매하게 처리하고 있는 부분이다. 조선의 학습자에게 민족의 과거를 복원시켜 주되 실증적으로 증거할 만한 문헌이 없다는 진술을 반복하여 민족의 기원이나 정체성에 대하여 부정적인 인식을 유도하고 있는 것이다.

민족사에 대한 회의와 부정을 유도하는 서술은 고학년으로 올라갈수록 한국의 역사를 상승과 발전의 역사가 아닌 쇠퇴와 멸망의 역사로 규정하는 방식으로 강화된다. 이 과정에서 『국어독본』의 편찬자들은 오랫동안 한국과 긴밀한 관계를 형성해 왔던 중국을 피해와 쇠망의 요인으로 전면에 내세운다. 『국어독본』은 "기자 준왕 때 중국 위나라 위만이 습격을 해 왔다"(권5-1-고대 조선)는 식으로 단군조선 시기에서부터 한국을 공격해 온 나라로 중국을 설정하고 있다. 중국의 수나라 황제가 30만 대군을 일으켜 고구려를 침략하고(권4-13-을지문덕의 대승), 당나라 태종이 10만 대군으로 다시 고구려를 침략한(권6-17-수나라와 당나라의 침략) 사실 등을 부각하여 중국을 부정적이고 공격적인 이미지로 지속적으로 강화하고 있다. 이를테면 '중국과의 관계'(권5-22-중국과의 관계) 단원은 "고구려의 국경은 중국과 서로 접하여 중국의 침략을 받은 것이 한두 번에 그친 것이 아니다"라고 시작하여 "삼국이 다 중국의 침해를 입거나 혹은 봉책을 받으며 공납을 언약하였으므로 속국과 같은 관계에 있었"고, 그리하여 "중국과 항쟁이 자주 일어났다"라는 담론을 전면화한다. 한국은 역사를 형성하는 매 시기마다 '중국의 침해'를 입었으며 중국과의 항쟁이 빈번했다는 진술을 통해 중국에 대한 적대적 지식을 구성하고 있는 것이다.

그렇다면 조선과 일본과의 관계는 어떻게 기술하고 있을까? 『국어독본』이 한국의 민족적 기원과 역사에 대해서 모호한 시각을 취하고, 한국이 오랜 관계를 형성해 왔던 중국과의 관계를 부정적으로 기술하고 있는 반면에 일본에 대한 서술 시각은 상당히 다르다. 예컨대 한국과 일본은 예로부터 우호적인 관계를 유지해 왔을 뿐만 아니라 두 나라는 그 기원이나 정체성도 유사하다는 것이다. 아울러 이러한 부분들은 대개가 역사적이고 실증적인 자료로서 증명되기까지 한다고 강조한다. 가령 『국어독본』에서 "일본의 옛 사료를 거슬러 조사하니 진한의 왕자 일창이 왕위를 그 동생에게 넘겨주고 일본에 귀화하였다"(권5-7-삼한)거나 "일본 사기(史記)에 이르기를, 옛날 변한의 땅에 가야라 칭하는 작은 나라가 있었는데, 삼국이 일어난 후 얼마 안 가서 가야왕이 사자를 일본에 보내어 일본 지방의 관리가 되기를 청했다" 등을 만나는 것은 어렵지 않다. 향후 조선 지배의 이론적 장치로 기능하는 '일선동조론'이나 '임나설'로 발전되는 이러한 내용들이 사기(史記) 등의 실증적 사료들을 통해 증명된다는 것이다. 이러한 기술은 한국의 민족적 기원이나 역사에 대한 서술에서 방증할 만한 문헌이 없다고 결론짓는 것과는 대조적이다.

한국과 일본의 관계에 대한 긍정적 서술은 고학년 교과서로 갈수록 "삼한과 일본은 서로 비슷한 바가 아주 많으니", "우리나라와 일본의 관계는 더욱 왕래하며 더욱 깊어졌다"(권6-2-삼국과 일본)는 것으로 한국과 일본이 기원적으로 유사하고 또한 역사적으로도 우호적인 관계를 유지해 왔다는 식으로 강화되고 있다. 한일 관계에 대한 구조적 설정은 『국어독본』의 최종 심급 교과서에서 한국과 일본의 '깊은 관계'를 명시하는 정치 체제로서 '통감부'를 제시하는 것으로 완결된다. 단원으로서 '통감부'는 당시 한국의 학습자들이 새롭게 내면화해야 할 근대적 체제이자 한국의 대외 관계에 대한 일본의 영향력을 증명하는 새로운 지식으로 제안된 것이다. 예상 가능하듯 '통감부' 단원은 '통감부가 설치된 후'부터 한국의 정치, 교육, 농공상공업이 개선되었으며 '이 형세로 수십 년이 지나면 한국은 완전히 모습을 새롭게 할 것'(권8-17-통감부)이라는 내용으로 '통감부'의 이미지를 구축하고 있다. 『국어독본』을 통해 '통감부'는 당시 보통학교 학습자들이 인지해야 하는 새로운 지식이자 향후 통감부를 바탕으로 하는 통치 체제가 본격화될 것이라고 암묵적으로 선언하고 있는 셈이다.

『국어독본』을 향한 정치적 시선은 『국어독본』 안에 적지 않은 분량으로 배치되어 있는 지리(地理) 담론을 통해서도 드러난다. 일반적으로 근대 교육에서 자국과 세계의 지리에 대한 환기는 자국 및 대외의 역사와 함께 근대 국민으로서 근대적 자아를 형성하는 관점에서 강조되어 왔다. 대략 12 단원 정도로 지리 관련 내용이 구성되어 있는 『국어독본』의 경우도 1904년 러일 전쟁 이후 조선에 대한 일본의 지배 욕망이 노골화되는 상황에서 민족주의자들의 우려를 바탕으로 애국심을 고취하는 학문으로 지리학이 자리 잡게 되었던 사정을 떠올릴 경우 그다지 새로운 현상은 아니다. 특히 이 시기 지리학적 사유의 큰 흐름이 민지를 계발하고 민족적 각성을 촉구하여 근대화를 달성하는 것을 목적으로 하는 민족주의 지리학의 성격을 견지했던 것도 잘 알려진 사실이다. 자국의 지리에 대한 정치적·이데올로기적 접근이 일본이 한반도 식민화를 위해 내세웠던 지리적 사고에 대한 반박을 넘어서서 좀 더 적극적인 형태의 영토 회복주의로 표방되기도 했다. 『국어독본』의 경우는 어떠할까?

『국어독본』의 편찬자들은 '한국의 지세'와 '한국의 해안', '5대강' 그리고 한성과 평양의 2개 도시와 7개의 도를 통해 주변국과의 경계를 인식시켜 한반도의 영토를 확정하는 내용을 구성하고 있다. '대한국'은 삼면에 바다가 둘러싸여 있고 한 면은 대륙과 인접하고 있다는 점, 북쪽으로 압록강과 두만강 그리고 장백산맥을 경계로 중국과 경계를 짓는다는 점(권4-13-우리나라의 북경), 남쪽 해안과 서쪽 해안에는 무수한 섬과 만이 있고 선박이 정박하기 좋은 항만도 많다는 점

(권4-5-한국의 해안) 등을 통해 '대한국'의 영토를 구체적으로 확정하여 자국에 대한 인식을 심어 주려는 의도로 보인다. 그러나 이들 지리 관련 내용에는 국토의 지리적 독자성을 통해 민족에 대한 긍지를 심어 주려는 편찬자의 의도 외에 또 다른 시선이 교차하고 있다. 다음과 같은 경우를 읽어 보자.

육지에는 마, 명주, 소 등의 산출이 매우 성하고, 해상에는 고래, 명태 등의 어업 이득이 풍부하다. 마포는 품질이 양호한 탓으로 예로부터 매년 진상하는 전례가 있었다. 또 금, 은, 동 등 광물의 생산액이 평안도의 다음이 되었으니 금은 영흥군에 가장 많고 은은 서천군에서 많이 나고 갑산구의 동 생산은 그 산출이 국내에서 제일이다. (권5-18-함경도)

이 단원은 '함경도'의 각 지역의 특산물과 자원에 관한 내용이 중심이다. 이러한 상황은 다른 지역에 관한 서술에서도 확인할 수 있다. 가령 '전라도'를 기술하고 있는 단원의 경우도 "쌀, 보리, 콩, 면, 마, 모시 등의 생산이 지극히 많다. 또 근해에는 어류와 소금의 이득으로 부유하다"(권6-25-전라도)라는 식으로, 그리고 '황해도'를 설명하는 단원 역시 "장연은 네 둘레의 토지가 비옥하고 기름져서 쌀과 곡식과 대두의 생산이 많다. 황주는 (…중략…) 면화, 대두, 소의 생산이 넉넉하고 풍부하며"(권6-12-황해도)와 같은 식이다. 한반도 각 지방에 관한 설명이 자원과 산업의 분포와 철도와 항만 등 교통로의 상황에 대한 탐사 보고서의 형식으로 구성되어 있다. 조선의 지리에 대한 교과 지식적 구성은 국토의 지리적 독자성을 부각시켜 민족의 정체성을 만들고 자긍심을 고취시키려는 의도 외에 조선 전역의 자원 분포 양상과 지리적 특성, 교통, 산업 등에 대한 식민 통치적 기초 자료로서의 성격도 내포한다. 『국어독본』이 한반도의 영토를 구획하고 확정하여 인지시키는 방식을 취하고 있지만 그것이 한반도의 영토에 대한 근대적 개념의 형성이나 영토 확장 또는 고토 수복에 대한 염원을 담아내고 있다고 보기는 어렵다. 오히려 편찬자들은 각 지역에 분포되어 있는 자원의 종류와 양 그리고 그 자원을 이동시킬 수 있는 교통이나 산업에 대한 내용을 비중 있게 서술하여 자원과 교통의 공급원으로서 조선을 인식했다는 편이 온당하다. 그리고 이러한 맥락이 '탐험-조사-자원 수탈'로 이어진 일본의 식민지 개척 과정의 맥락과 무관하지 않은 것은 물론이다.8) 한반도에 대한 군사적, 경제적 침탈이 실은 조선 전역의 자원과 산업의 분포 양상과 철도, 항만 등 교통 체계에 대한 치밀하고 체계적인 자료 수집을 전제로 했던 것은 이미 잘 알려진 사실인 것이다.

정리해 보면 『국어독본』의 '국가' 관련 내용은 한국 역사의 기원을 모호하게 기술하여 한국의 정체성을 희석하는 방식, 한국사를 기술하되 쇠퇴에 초점을 두어 기술하여 학습자로 하여금 한국과 한국의 역사에 대한 지리멸렬한 인식을 유도하는 방식, 한국의 산업과 자원의 지리적 분포에 주목하여 경제적, 군사적 자원으로서 한반도를 인식하는 방식 등으로 상세화되고 있다. 『국어독본』의 국가와 역사에 관한 기술은 표면적으로는 민족의 역사를 구성하여 조선의 학습자들에게 자국의 역사와 영토 관념을 새로운 근대적 지식으로 구성하여 알려 주는 방식을 취하고 있다. 그러나 심층적으로는 민족의 기원과 역사를 모호하고 쇠퇴하는 역사로 기술하여 민족의 정체성에 대한 부정적인 인식을 유도하고 있을 뿐만 아니라 한국의 대외 관계에

---

8) 남영우(1993)는 일본이 1884년부터 간첩대에 의해 한반도 지형도를 제작하기 시작하였고 1889년 육지 측량부가 발족됨에 따라 지도 제작을 군부가 완전히 장악했다고 한다. 이것은 곧 일본이 군사적 필요에 의해 대한 제국의 주권을 침해한 것으로 이미 이 시점부터 측지 사업을 발판으로 대륙 침략 정책을 구체화한 것이다. 또한 명치기(1868~1912)에 한국 지리와 관련된 많은 문헌이 발간되었으며 일본인이 저술한 한국 지리서 또한 다수였다는 점에서도 지리 탐사와 침략의 관계를 확인할 수 있다.

대해서도 중국은 공격의 나라로, 일본은 우방의 나라로 기술하여 한국에 대한 일본의 영향력에 대해 긍정적이고 우호적인 자세를 취하도록 서술하고 있다. 따라서『국어독본』이라는 국정 국어 교과서에는 민족사와 자국의 지리에 대한 구성을 통해 한국인 학습자들에게 민족과 영토에 대한 근대적 자각과 지식을 유도하는 표면적인 시선과 한국과 중국의 관계에 대한 부정적 서술과 한국과 일본의 관계에 대한 우호적 서술, 한국의 발전을 위한 일본의 노력, 한국을 자원과 교통의 공급지로서 활용하고자 하는 식민주의적 서술이 중층적으로 교차하고 있다.

『국어독본』의 두 번째 양상은 근대 실용 지식에 대한 계몽적 요구와 관련된다. 그 출발은 '학교'에 대한 계몽과 권유로 시작한다. 예를 들면 단어와 문장 학습을 끝내고 본격적으로 제재 학습을 시작하는 1권의 제15과는 한국의 어린이들에게 학교에 다니기를 권유하는 이야기이다.

복동아 오너라.
잘 잤느냐.
아침 먹었느냐.
수남이 불러라.
학교에 가자. (권1-15과)

『국어독본』에서 내용 학습에 해당하는 첫 단원은 아침에 일어나서 식사를 한 후 등교하는 것으로 어린이의 일상을 구성하고 있다. 이 단원에서 제19과까지 등교-학교에서의 수업-학교 운동장에서의 놀이-하교-집에서의 복습 등 '학교'를 중심으로 하는 어린이의 생활을 순차적으로 제시하고 있으며 그 외에도 '학교'와 직간접적으로 관련된 요소들을 도처에 배치하고 있다.

『국어독본』에서 구축하고 있는 근대적 학교의 모습은 다음과 같다. 학교는 규율에 따라 가동된다. 먼저 '종소리'로 구분하는 시간적 규율에 따라 수업 시간과 휴식 시간이 분리되고 학생들은 수업과 휴식이라는 규율에 정신과 신체를 적응시키고 통제한다. 그리고 학교에는 교사(校舍)와 운동장이라는 공간적 규율도 존재한다. '공부하는' 장소와 '운동하고 즐겁게 노는' 장소를 구분하여 학생의 삶을 구획한다. 특히『국어독본』은 이전의 서당이나 글방에는 존재하지 않았던 운동장이라는 공간을 강조하고 있는데 운동장의 크기는 '6백척 정도'로서 교내의 학생이 모두 모일 수 있을 정도의 규모이고, 각종 체조와 운동을 통한 규칙과 화합을 몸에 익히는 '신체 훈련'을 위한 장소로 그 성격을 규정하고 있다(권4-8-운동회1, 권4-8-운동회2). 뿐만 아니라『국어독본』은 근대적 학교에 교과적 규율이 존재한다는 사실도 명시한다. 이 교과서에 따르면 근대적 학교는 학생들을 학년과 학급으로 구분하고, 학교에서 배우는 내용을 '독서(讀書)'와 '산술(算術)', '작문(作文)'과 '습자(習字)' 등 혹은 '국어(國語)', 일어(日語), 한문(漢文) 등의 교과를 구분하여 체계적인 학문을 하는 곳(권1-41, 권2-6-게으른 사람1)이다.

그런데『국어독본』에서 흥미로운 사실은 '학교'에 대한 정보적, 설명적 소개로 일관하는 듯한 서술 태도가 점차 설득적이고 계몽적인 논조로 변화하고 있다는 점이다. 조선의 아동들이 학교에 가서 '새로운' 지식을 배우지 않으면 나중에 '걸인'이 되고 만다(권1-41, 권2-6-게으른 사람1)든가 '학교'에서 근대적인 지식을 배우게 되면(권2-1-기차) 삶의 성공까지 가져올 수 있다든가 하는 식의 설득적 언설로 근대 학교에 대한 강력한 계몽을 표명하고 있다.

『국어독본』의 '학교' 담론은 학교를 통해 습득 가능한 근대 지식에 대한 환기와 계몽으로 구체화된다. 〈표 1〉에서와 같이『국어독본』이 구성하고 있는 교과 내용은 1권의 전반부에 있는 문자-어휘-어절-

문장 등의 언어적 요소를 비롯하여 자연 과학이나 사회 제도와 관련된 근대적 지를 구성하는 요소들이 대거 포함되어 있다. 이는 실용주의나 과학주의를 표방하며 새로운 지(智)를 창출하여 근대적인 세계로 진입하고자 했던 편찬 주체들의 계몽적 욕망과 관계가 깊다. 그러나 선정되어 있는 내용의 면면을 살펴보면 쌀과 보리, 나무와 꽃 등의 농작물이나 일반 식물 등과 닭이나 오리, 소와 말, 누에와 꿀벌, 기러기 등 일반 동물 등 생물학적 내용들이 자연과학 혹은 이과 관련 지식의 대개를 이루고 있는 모습이다. 사회 제도와 같은 근대적 지식이란 것도 경제나 산업을 추동하는 '회사'나 '직업'과 같은 내용을 제외하면 사사로운 일상과 밀접한 제재 정도이다. 특히 철도와 우편 제도가 일본이 원활한 식민 지배를 위해 조선 땅에 이식한 편의 제도의 일부였다는 점을 감안하면 『국어독본』이 강조하고 있는 내용은 식민주의적인 선정과 배치의 결과일 뿐 근대적 지식으로 일반화하기에는 무리가 있다.

일상적 수준에서의 지식은 『국어독본』의 또 다른 내용축인 개인의 인격을 수양하는 '수신'과 결부되어 배치되고 있다. 앞의 '국가'와 관련된 내용이 주로 고학년용으로 추정되는 5권 이상에 서술되어 있는 것과는 달리 '수신' 관련 내용은 저학년용으로 추측되는 2권이나 3권에 주로 분배되어 있다. 이러한 조직은 습관이나 태도 형성과 관련된 정의적 영역은 저학년부터 서서히 훈육되고 내면화될 필요가 있다는 편찬자들의 정치적, 교육적인 판단으로 보인다. 물론 6권이나 8권으로 갈수록 수신 관련 내용이 약화되고 있기는 하지만 전체적으로는 1/3에 해당하는 적지 않은 분량을 습관이나 태도의 교정이나 윤리적 가치의 강조 등에 할애하고 있는 것이다. 『국어독본』의 '수신' 담론은 주로 개인적인 윤리와 관련된 부분과 위생이나 건강과 관련된 일상생활과 관련된 내용으로 구성된다. 이들은 주로 근면(권2-6-게으른 사람1, 권2-7-게으른 사람2)이나 탐욕에 대한 경계(권2-18-

욕심이 많은 개), 정직, 순서, 효, 편협함에 대한 경계 등의 윤리 가치를 강조한 후 마지막에 사람이 두 가지 마음을 가져서는 안 된다든가(권 3-12-박쥐 이야기)와 같은 당부나 요구를 덧붙이는 방식으로 기술되어 있다. 위생 관련 내용에서도 조선에 대해서는 부정적이고 불결하게, 근대화된 일본에 대해서는 긍정적이고 청결한 문명국으로 인지하게 하는 담론을 구성하여 일본에 대해 호의적인 이미지를 구축하도록 유도하고 있다.

이를 통해 볼 때 『국어독본』은 '보통학교령 시행 규칙'(1906년 9월 4일)의 '국어'과의 교수 요지로 제시했던 '보통 지식'의 수준과 범위를 가늠하게 한다. 『국어독본』이라는 교과서를 통해 학교에 가서 배우지 않으면 걸인이 된다는 전제하에 구성된 '보통 지식'이란 민족에 대한 부정, 한국의 대외 관계에 대한 지식인 것처럼 서술된 내용에 내재된 중국에 대한 부정과 일본에 대한 긍정, 근대 과학적 지식이라는 미명으로 구성된 일상적이고 기초적인 지식 등에 불과하다. 이들이 교과 지식으로서 국어과의 지식의 수준과 범위, 정도로 제안된 셈이다.

결국 『국어독본』이라는 국어 교과서는 소멸 위기에 처해 있던 대한제국이라는 국가 권력의 위상과 시학관 제도와 '보통교육령' 공포를 통해 조선의 교육을 전면적으로 간취하고자 했던 일본이라는 새로운 지배 권력의 욕망의 교차 속에서 탄생한 것이다. 그런 점에서 『국어독본』의 표지에 선명하게 인쇄되어 있는 '한국'과 '대일본'이라는 표지는 '국정(國定)' 형식의 교과서를 향한 두 지배 권력의 정치적 욕망에 대한 상징적 표식인 셈이다.

4. 국정 국어 교과서와 국어교육의 설정 방식

상식적인 얘기가 되겠지만 국어 교과의 개념이나 그 외연은 특정한 제도에 의해서 확정되는 것이 아니다. 국어 교과가 제도적으로 성립된 이후 시대에 따라 다양한 준거를 가진 국어교육 주체들과 국어교육 제도들 사이에서 지속적인 대화가 이루어졌고 그 과정에서 오늘날까지 다양한 합의와 차이들이 국어 교과의 맥락을 구성해 왔다고 보아야 할 것이다. 그렇다고 해서 현재 국어 교과의 개념이나 그 성격에 대한 전반적인 동의가 확정되어 있는 것도 아니다. 오히려 근대적인 제도로서 국어 교과의 개념은 무엇이고 어떻게 구성되어 왔는가는 괄호 안에 넣어 두고 있다고 보는 편이 현재 국어 교과와 관련된 연구의 실상에 비추어 보다 적절할 것이다. 이 글에서는 근대적인 관점에서 국어 교과의 개념이나 정체성이 형성되어 온 과정과 그 개념이나 정체성을 감싸고 있는 괄호의 안과 밖을 살피는 데 최소한의 역사적 맥락을 제공하고자 할 따름이다.

그동안 국어 교과에 대한 역사적 접근은 개화기부터 교수요목기를 거쳐 현대 교육과정 시기에 이르기까지 국어교육을 둘러싼 주요한 쟁점들을 체계적으로 정리해 놓았을 뿐만 아니라 그 자체로 국어교육의 형성과 흐름에 관련된 국어교육사에 대한 일반적인 동의의 지평을 열어 놓았다는 점에서도 큰 의미를 갖는다. 그러나 그 과정에서 여전히 국어 교육에 대한 처방적이고 기술적인 방식에 중점을 두다 보니 국어교육의 역사에 대한 가치론적이고 생태론적인 맥락이 소홀하게 다루어졌고 그것마저도 근대 연구자들이나 국문학 관련 연구자들의 논의를 제외한다면 국어교육사 연구는 여전히 소략한 편이다. 학교에서 국어라는 교과는 존속되어야 하는가? 존속되어야 한다면 그 이유는 무엇인가? 이러한 질문들에 대해 명쾌하게 답변을 제시하기 어렵다면, 그래서 여전히 국어 교과의 정체성에 대해서 사유해야 한다면, 국어 교과가 걸어온 자기규정의 역사를 되돌아보는 것은 그 자체로 의미를 지닐 것이다.

이러한 관점을 바탕으로 이 글에서는 국정 국어 교과서의 기원에 해당하는 『보통학교 학도용 국어독본』을 중심으로 국어 교과가 어떻게 자기를 개념화하고 규정해 왔는가를 살피고자 했다. 1906년 국어과의 성립과 1907년 국어 교과서의 편찬이라는 과정 속에서 제도로서 국어 교과는 어떻게 형성되었던 것일까? 국어 교과와 국어 교과서의 제도적 등장에는 일본의 교육 제도의 역사적 맥락을 살펴볼 필요가 있다. 잘 알려져 있듯이 일본에서 국어 교과의 성립은 1900년 소학교령 개정을 통한 '독서', '작문', '습자'의 통합과 그에 따른 '국어 교과'의 창출과 관계가 깊다. 이 배경에는 그간 존재한 적이 없었던, 그러나 국가와 국민의 통일을 위해서는 반드시 필요한 "국민을 구성하는 모든 화자에 의한 언어 표출 전체"를 포괄하는 개념으로의 '국어'가 필요하게 되었다. 국가를 위해 '국어'는 발명되어야 했고, 국가에 의해 교육적으로 제도화되어야 했다. 국어의 보급과 일본의 국체 형성을 위해 전일적인 국가 기획의 일환으로 국어과가 탄생되었던 것이다. 이른바 국정 1기 교과서로 편찬된 『소학독본』은 국어와 국체 형성을 위해, 즉 국어과의 형식과 내용을 마련했던 국어과 관찬 기획물이었던 셈이다. 국어의 기획과 보급을 위해서 '모범적인' 국어 교과서가 절실했고 그 최초의 결과물이 『소학독본』의 형태로 탄생된 것이다. 『소학독본』은 교재 선택과 배열에서 문장, 문자, 부호에 이르기까지 국가의 언어 교육의 정책 아래에서 체계적으로 검토되어 탄생한 것이다. '국어'의 표준을 정하여 교육을 통하여 통일을 실현한다는 데 중점을 두었다. 이는 일본 근대어의 다양한 모습을 정리하여 규범화, 표준화시켜 근대 국가 구현을 실현시킨 것이다.

그렇다면 근대적인 언어교육의 모델을 마련하기도 전에 일본의 언어적 침략을 받기 시작했던 당대 한국의 국어 교육은 어떻게 전개되었을까? 익히 아는 바와 같이 당시의 국어교육은 근대적인 국가와 국민의 형성을 위해 국가어로서의 언어에 대한 개념이나 성격에 대한 탐색을 펼치기도 전에 일본 권력에 의해 실행이 강제되었다. 학부 주체로 발효된 것이긴 하지만 실질적인 주체였던 일본의 교육 권력이 기획한 1906년 보통학교령과 그에 따른 국어과의 성립, 그리고 국어과의 실행을 위해 급히 제작된 국어과 교과서는 당대 학부가 자생적인 의지를 바탕으로 자국어교육의 모델을 상상하여 기획한 구현물이라고 보기 어렵다. 『국어독본』은 국어의 규범이나 언문일치 등 국어의 통일에 대한 주체적이고 학문적인 공론을 충분히 개진하고 수렴하는 과정을 거치지 않은 채 학부의 실질적인 통치 세력이었던 통감부에 의해 급조된 산물이라고 보는 것이 타당하다.

『소학독본』이 '국어'를 확립하기 위한 국가적인 기획의 산물이라면, 『국어독본』은 일본 세력이 그들의 식민주의적 욕망을 실현하기 위해 편찬한 공식적인 리허설 텍스트였으며, 이때 '국어'는 그들의 욕망을 소통할 수 있는 언어적 도구였을 뿐이다. 전범으로 삼았던 『소학독본』에서 가져온 제재는 전체의 1/4 정도에 불과하고 나머지 대부분은 조선의 식민지화를 위해 새롭게 구안한 지식들이다. 전자와 유사한 제재라 하더라도 서술 관점을 달리 하여 부정적이거나 암울한 분위기를 조장하거나 계도적인 교훈을 부가하여 강조하는 방식으로 윤색한 것이 대부분이다. 근대 지식이라는 미명 아래 다분히 기초적이고 일상적인 수준의 지식을 구성했을 뿐만 아니라 자국의 역사와 정체성에 대한 부정적인 인식과 일본 중심의 편향적이고 우호적인 대외관계를 주조하여 향후 조선의 식민지화를 위한 욕망을 교육적으로 구체화했다. 따라서 『국어독본』은 학부와 통감부, '한국'과 '대일본'이라는 두 지배 권력의 위상과 욕망이 '국정'이라는 형식을 통해 발산된 기획물이었다고 보는 편이 온당하다. 아울러 최초의 국어 교과서와 이를 통한 국어 교육은 이러한 정치적 욕망을 교과 지식의 모습으로 담아낸 형국으로 출발했던 것이다.

체계화된 형식에 담긴 일제의 계몽 담론

: '교과서의 위상'을 통해 본 『보통학교용 국어독본』(1907)의 특징

박치범(경인교육대학교 강사)

1. 『보통학교용 국어독본』의 발간 배경과 '교과서의 위상'

주지하다시피, 교육을 통한 구국의 신념은 급변하는 국내외 정세에 맞서야 했던 대한제국의 거의 유일한 선택이었다. 교육입국조서(教育立國詔書)로 알려진 1895년 고종의 '조령(詔令)'(『조선왕조실록』권33 〈고종 32(1895)년 2월 2일〉)을 통해, 대한제국은 교육에서의 '실용'을 강조하면서 근대식 학교 교육의 구체화에 박차를 가하게 된다. 이에 따라 한성사범학교(1895)를 비롯해 각종 외국어학교와 경성의학교(1899), 법관양성소(1895) 등 근대식 학교를 열고, 소학교 교칙대강(1895), 중학교관제(1899)와 같은 제도를 정비하는 한편, 신식 교육에 맞는 교과서를 편찬하기 시작하면서 대한제국의 교육은 중대한 변화를 맞게 되었다. 아울러 대한제국의 몇몇 유지(有志)와 외국인 선교사를 중심으로 사립학교를 세우게 되면서, 대한제국 교육의 변화는 더욱 힘을 얻게 되었다.

그러나 이러한 변화는 원만히 지속될 수 없었다. 신식 교육에 대한 대중들의 이해 부족[1]은 변화를 더디게 만들었고, 한일협약과 을사늑약과 같은 일제의 점진적 대한제국 침탈은 '교육을 통한 구국'과 '계몽을 통한 식민지 교육 준비', '애국계몽을 통한 반일(反日)'과 같이 다양한 교육 목표를 양산해 내면서 변화의 방향을 혼란스럽게 만들었기 때문이다. 19세기부터 일제강점기까지 병존했던 서당과 관립학교, 사립학교들은 이러한 혼란을 단적으로 보여 주는 예이다.

역사적 관점에서 볼 때, 개화기 교육의 변화와 혼란은 그것 자체로도 중요한 연구의 대상이지만, 동시에 이것은 각종 근대식 제도나 현상의 '기원'으로서 현재를 보다 다양한 관점에서 볼 수 있도록 하는 연구의 대상이 될 수도 있다. 특히 국어과 교육의 역사를 다루는 데 있어, 이 시기는 근대적 국어교육 현상의 기원을 찾아 현재의 현상을 다각도로 검토할 수 있게 해 주는 중요한 시기이자 연구의 대상이 된다.

국어과 교육의 역사에 접근하는 방법에는 여러 가지가 있을 수 있겠지만, 당대의 교과서를 살피는 방법은 당대 국어 교육 현상에 대한 실제적인 정보를 제공해 주고, 구체적인 의미화를 가능케 한다. 왜냐하면 교과서란 당시 수업에서 실제로 사용되었던 물리적 실체이므로, 교수자나 학습자와 같은 인간 요인에 비해 자료의 획득이 용이하기 때문이다.

---

[1] 이만규는 개화기 당시 신교육에 대한 사람들의 반응을 열 가지로 정리해 놓았다. 그중 "거의 전체적으로 이해가 없었다", "학교는 옛 과거를 대신할 새 과거 준비로, 졸업은 곧 과거 급제로 알았다. 그리하여 중도에도 벼슬을 할 수 있으면 자퇴하는 것이 보통이었다", "부형의 완강한 반대 때문에 도망 와서 입학한 자가 많았다", "교육으로 새 지식을 배우거나 나라를 부흥시키려는 참된 생각을 가진 자는 개화파들뿐이었다", "학교에 대해서도 한문학습 정도가 높아야 좋은 학교라고 인식하였다" 등과 같은 진술은 신교육에 대한 대중들의 이해가 어떠했는가를 잘 보여 주는 예이다(이만규, 1946; 이만규, 2010: 428~429에서 재인용).

이러한 점을 바탕으로 이 글은 1907년 학부가 발간한『普通學校學徒用 國語讀本』(이하『국어독본』)이 교과서로서 갖는 특징을 밝힐 것을 목적으로 한다.

『국어독본』은 1907년 학부에서 발간한 국정 국어교과서로 '한국정부인쇄국'에서 인쇄된 권1(권7은 낙권)을 제외하고 모두 '대일본도서주식회사'에서 인쇄되었다. 각 권 표지에 병치되어 있는 '(大韓帝國)學部 編纂'과 '大日本圖書株式會社 印刷'의 문구(〈그림 1〉)는 대중의 거센 반일 운동과 일제의 한반도 침략을 위한 대한제국 교육의 장악이라는 이중의 요구로부터 균형을 잡아야 했던『국어독본』의 운명을 상징적으로 보여 준다.

국정 국어교과서의 역사는 이에 앞선 1895년 학부에서 발간한『國民小學讀本』(1895, 이하『국민소학』)으로부터 시작하여,『小學讀本』(1895)과『新訂尋常小學』(1896, 이하『심상소학』)으로 이어진다.『국어독본』

은 국정 국어교과서의 계보에서 『심상소학』의 뒷자리에 놓는다. 그리고 『국어독본』이 발간된 1907년과 『심상소학』이 발간된 1896년 사이의 10여 년 가운데에는 을사늑약(1905)이라는 역사적 사건이 놓여 있다. 늑약은 민족사의 관점에서 중요할 뿐만 아니라 『국어독본』의 내용과 체제를 구성하는 데에도 중요한 역할을 했다. 왜냐하면 이 사건을 계기로 대한제국 사회는 대중적인 반일 운동을 벌이게 되었고, 이러한 움직임은 다시 교육을 통한 계몽운동으로 이어졌기 때문이다. 이러한 흐름을 통해 보성학교(1905), 양정의숙(1905), 휘문의숙(1906), 진명여학교(1906), 오산학교(1907), 기호학교(1908) 등 "도시에서 시골에 이르기까지 학교가 우후죽순처럼 일어나" "그 수는 실로 3,000에 이르렀으며 융희 4년 5월에 사립학교령을 내려 정리할 때에 겨우 1년 9개월 동안 인가받은 사립학교만도 2,250개"에 이르게 되었다(이만규, 2010: 483~484에서 재인용).

　이러한 상황에서 통감부를 설치하여 조선 침략을 본격화하던 일제는 대한제국의 교육을 장악하여 사립학교를 중심으로 벌어지는 반일 운동과 반일 교육을 억압하고자 하였다. 이를 위해 보통학교령(1906)과 사립학교령(1907) 등과 같은 관계 법규 정비를 통해 관공립학교의 활성화와 사립학교의 통제를 꾀하였다. 그러나 이 시기 일제가 주도하여 설치한 관공립학교의 숫자가 101개 교(이만규, 2010: 453에서 재인용)[2]에 지나지 않았다는 점을 감안할 때, 사립학교의 기능을 관공립 학교가 모두 흡수할 수 없었으므로 사립학교에 대한 즉각적이고도 강력한 통제는 현실적으로 불가능했다. 이에 일제는 교과서를 통한 교육 내용의 통제를 도모하게 되고, 그 결과 1896년 이후 10여 년 동안 국정 교과서를 따로 짓지 않고 민간에서 자유롭게 편찬

---

2) 101개교라는 숫자는 관립과 공립, 그리고 학부에서 인적(人的) 보조만을 받는 지정보조 학교를 모두 합친 것이다.

하여 사용하게 했던 대한제국 학부의 방침을 바꿔 학교교육에서 사용하는 모든 교과서에 대해 학부의 검정을 필하도록 했다('교과서용 도서 검정 규정', 1908).

동시에 일제는 국정 교과서를 편찬하여 검정에 통과하지 못한 교과서에 대한 대체 수요를 흡수하고자 했다. 이는 곧 사립학교 교육의 내용을 통제하여 을사늑약 이후 거세진 민족주의 교육을 억압하고 대한제국의 식민지화를 위한 일제의 의도를 대한제국 교육에 직접적으로 반영하는 한편, 여전히 높았던 서당의 교육 수요를 신교육 체제로 흡수하여 대중 계몽을 활성화하기 위한 포석이었다. 이를 위해 일제는 새 교과서 발간을 서두르게 된다. 이는 통감부의 초대 통감인 이토 히로부미(伊藤博文)의 지휘 아래 학정 참여관 시데하라 타이라(幣原坦)에게 맡겨졌지만 이토 통감은 시데하라의 교과서 편찬 작업이 진전을 보이지 않자 임명 1년 4개월 만에 시데하라를 경질하고 미츠치 츠우조(三土忠造)를 새로운 학정 참여관으로 임명한다.[3] 새롭게 학부 참여관을 맡게 된 미츠치는 1908년 말까지 『국어독본』을 비롯한 보통학교용 수신, 일어, 한문, 산술, 이과, 도화(圖畵), 습자(習字) 교과서를 간행하게 된다.

결국 『국어독본』의 편찬 이면에는 을사늑약 이후 반일의 움직임이 고조된 상황에서 대중들의 반일 감정을 자극하지 않으면서도 대한제국 식민화를 위한 제반 교육을 감당하기 위한 일제의 의도가 숨어 있다고 볼 수 있다. 아울러 이러한 의도는 『국어독본』이 『심상소학』의 뒤를 잇는 국정 국어교과서이자 동시대 발간된 다양한 사찬

---

3) 이무렵 이토 통감은 학정 참여관 교체에 대해 다음과 같이 말한 바 있다. "작년까지 學部에서 고용하고 있던 교과서 편찬자는 그 일이 매우 더디어, 수년 걸려서 겨우 1권을 기초했을 뿐이다. 게다가 본인은 그것조차도 읽은 적이 없는 상태이므로, 나는 그를 부적임이라고 인정해, 곧바로 해고하고 새로 편찬자를 學部에 고용하게 하여 지금 편찬에 종사하고 있다."(『日韓外交資料集成』 제6권, 504쪽; 이나바 쓰기오, 2006: 102에서 재인용)

(私撰) 국어교과서들과 경쟁적·대립적 성격을 갖는 교과서로서의 성격을 갖도록 했다.

그러나『국어독본』에 관한 연구는 다소 부진한 것처럼 보인다. 교과서 자체를 다루는 연구가 적을 뿐만 아니라『국어독본』을 다루었더라도 개화기 전체 혹은 개화기의 어떤 시기의 교과서를 다수 다루는 가운데 이를 언급하는 수준의 연구가 많다. 박붕배(1987가, 나: 123~128)와 조문제(1996: 46~92), 김혜정(2003: 283~322), 김남돈(2009: 5~24) 등의 연구가 여기에 속한다. 이들 연구는 개화기 발간 교과서 전체를 대상으로 하여 이 시기 나타난 교과서들의 특징을 일별하는 것으로 되어 있다. 이들 연구는 미발굴 자료도 많고 목록에서 누락된 자료들도 많을 것으로 예상되는 개화기 국어교과서에 대한 기초적 수준의 연구로서는 충분한 의의를 가질 수 있지만, 개별 교과서들에 대한 구체적인 분석과 의미화로 이어지지 못한 한계를 갖는다.

한편『국어독본』의 구체적인 내용을 분석한 연구도 있다. 대표적으로 강진호(2011: 65~99)의 연구가 여기에 속한다. 강진호는 여기에서『국어독본』과 1911년판『조선어독본』의 본문을 구체적으로 분석하여 두 대상 간의 관계를 밝히고, 나아가 구한말에서 일제강점기로 넘어가는 시대에 나타나는 '국민 만들기' 이데올로기의 양상을 밝혔다.『국어독본』을 대상으로 한 구체적인 논의라는 점에서 의의를 갖지만, 논의의 초점이 이데올로기에 맞추어져 있어 교과서로서 대상이 갖는 특징을 충분히 규명하지 못한 점은 아쉬움으로 남는다.

따라서 이 글에서는『국어독본』의 특징을 밝히되, 대상이 교과서로서 갖는 특징을 부각시키기 위해 교과서의 내적 체제와 본문을 분석하고, 분석의 결과 중『국어독본』만의 특징이라 판단되는 내용을 모아 '교과서의 위상'에 따라 정리함으로써『국어독본』이 교과서로서 갖는 특징을 체계적으로 밝힐 것이다. 이때 '교과서의 위상'이란 일반적으로 교과서가 그것을 둘러싼 다양한 요소들과 맺는 관계를 말한다. 즉, 교과서는 일차적으로 교실 상황에서 교사의 교수에 기준이 되고 학생의 학습을 도우며 교사와 학생 간의 의사소통을 매개하는, 수업 자료로서의 특징을 갖는다. 동시에 교과서는 교실 수업의 기초가 되는 교육과정이나 교육정책, 교육이론과 같은 교육 공동체의 신념을 반영하며, 나아가 사회·정치·문화적 배경을 반영한 결과로서의 특성을 갖기도 한다. 교과서가 갖는 위상을 도식화하면 다음과 같다.4)

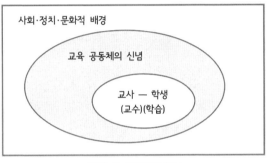

〈그림 2〉 교과서의 위상

〈그림 2〉에서 확인할 수 있듯, 교과서는 다양한 층위의 요인들로부터 영향을 주고받는 방식으로 존재한다. 따라서 『국어독본』의 내적 체제와 본문의 특징을 교과서의 위상에 따라 분류해 보면 해당되는 특징이 어떠한 요인들로부터 어떠한 영향을 받았는가를 분명히 알 수 있다.

아울러 필요하다고 판단될 경우, 『국어독본』의 특징을 앞선 국정 국어교과서인 『심상소학』이나 동시대 사찬 국어교과서인 『初等小學』(大韓國民敎育會, 1906, 이하 『초등소학』)과 비교하는 작업도 진행할 것이다. 이는 『심상소학』과의 비교를 통해 국정 국어교과서 간의 차이

---

4) 〈그림 1〉은 정혜승(2005: 339)의 〈그림 1〉을 수정한 것이다.

를 밝히는 한편『초등소학』과의 비교5)를 통해 비슷한 시기에 널리 사용되었던 사찬 국어교과서와의 차이를 밝혀『국어독본』의 특징을 보다 분명하게 하기 위함이다.

2. 한글 깨치기 학습 자료의 강화: 수업 자료로서의 특징

앞에서 설명한 것과 같이, 학교교육에서 교과서는 우선 교사와 학생의 교수 및 학습을 각각 지원하고 이 둘 간의 상호작용을 매개하는 역할을 한다. 이는 곧 교과서가 교실 상황에서 물리적 실체를 가진 수업의 자료로서의 역할을 함을 의미한다. 여기에 속하는 특징은 교실 수업 상황에서 직접적으로 눈에 띄는 교수와 학습 행위에 속하는 것들이다.

구체적으로, 교실 수업 상황에서 가장 눈에 띄는『국어독본』의 특징은 바로 한글을 대상으로 한 초기 문자 지도 자료, 즉 한글 깨치기 학습 자료에 있다. 사실『국어독본』을 비롯한 대부분의 개화기 국어 교과서들은 대체로 '표지-목차-제목-본문-삽화'와 같이 비교적 단순한 체제로만 되어 있어, 교과서의 학습과정구성 방식만을 가지고는 이 시기 국어과 교재의 특징을 구별하기 어렵다. 그러나 한글 깨치기 학습 자료의 경우, 당시 발간된 관찬·사찬 교재들 간에 내용상의 차이가 비교적 명확하고, 이러한 차이는 수업의 양상을 다르게 만들 수 있는 요인으로 작용될 가능성이 크다고 판단된다.

개화기에 발간된 총 4종의 국정 국어교과서 중 한글 깨치기 학습

---

5) 이 글에서는 논의의 편의를 위해 "교과용 검정 규정과 소위 출판법이 시행되기 직전인 1907년 말까지 광점한 보급권을 구축하고 있었"던『초등소학』을 사찬 국어교과서의 대표로 설정하여『국어독본』의 비교 대상으로 삼기로 한다(이종국, 1991: 316).

과 관련된 자료를 수록한 것은 『심상소학』과 『국어독본』의 2종이다. 『심상소학』은 국정 국어교과서로서는 최초로 권1의 표지 바로 다음에 반절표(反切表)를 수록하여 학생들의 초기 한글 학습을 지원하고자 했다. 여기에 실린 반절표는 자음 14개와 모음 13개('·'를 포함한 단모음 11개와 'ㅘ'와 'ㅟ'의 이중모음 2개)의 조합으로 되어 있다. 한글 깨치기 학습을 위해 반절표를 활용하는 방식은 한글 깨치기 지도법 중 '발음 중심 지도방법'에 해당되는 것으로, 여기에서는 "자소가 가지고 있는 음가를 정확하게 가르치는 것"(이차숙·노명완, 1994: 115)이 중요시된다. 발음 중심의 한글 깨치기 지도방법에는 지도가 이루어지는 언어의 단위가 무엇이냐에 따라 음소식과 음절식 등으로 나뉘는데,6) 그중 『심상소학』이 채택한 방식은 흔히 '가갸식'이라 불리는 음절식 지도법이다. 이는 초성–중성–종성의 결합이라는 한글의 특성을 한글 깨치기 학습에 적용하기 어려운 방식으로 판단된다.7) 또

---

6) 음절식 지도법은 자음과 모음이 결합되어 새로운 음가를 만드는 한글의 구성 원리를 배우는 것이 아니라 반절표에 제시된 180여 개의 기본 음절을 익혀 한글을 읽기 시작하도록 하는 것이다. 따라서 음절식보다 음소식이 자모가 결합되어 하나의 음절을 이루는 한글의 특성을 보다 잘 반영할 수 있는 지도법이라 할 수 있다. 이와 같은 이유에서 이천희(2006)는 "기본음절표가 가로와 세로축에 자음과 모음을 적어 결합원리에 따라 음절이 만들어진 것임을 보여 주는 표라면, 반절표는 자음과 모음 없이 '각, 낙, 닥, 락……'과 같은 방식으로 한글에서 만들어지는 글자들을 낱개로 보여 주는 것"으로 이 둘을 구분한 바 있다. 이 글에서도 이와 같은 구분을 따라 반절표에 대한 논의를 진행해 나감을 밝혀둔다(이천희, 2006: 101).

7) 음소식 지도법과 음절식 지도법의 이러한 특징에 따라, 1945년 해방 이후 문맹퇴치운동을 주도했던 조선어학회는 반절표를 사용한 기존의 음절식 지도를 '일본식의 모방'이라고 강하게 비판하며 한글 깨치기 지도에서 자모의 결합 원리를 가르칠 것을 강조한 바 있다. "조선어 독본을 과거에 총독부에서 수차 편찬하였으나, 그 어느 것을 물론하고 그 시대의 일본서 일본인 아동에게 사용하는 국어 독본 편찬 방식을 언제든지 그대로 따다가 모방하여 만든 것이었다. 48자의 음절 문자인 '가나'로써 충분히 사용할 수 있는 단 7·80마디의 어음 밖에 없는 일본 문자 교수 방식과 24자모로써 8천 내지 1만 마디나 되는 복잡한 어음을 써내는 조선 문자의 교수 방식과 어찌 같을 수가 있을 것인가? (…중략…) 이 음절 문자를 가르치는 일본식을 모방하게 된 깊은 원인은, 일본 오십음도와 비슷하게 보이는 '가갸

『심상소학』에 수록된 반절표는 "學校ᄂᆞᆫ……敎育ᄒᆞ야成就ᄒᆞᄂᆞᆫ데니譬컨딩"(권1 1과, 밑줄은 인용자)에서 볼 수 있듯, 실제로 널리 사용되는 한글 모음의 전체는 고사하고 본문에 사용되는 이중 모음조차 모두 다루고 있지 않다. 따라서『심상소학』에 반절표를 통해 제시된 한글 깨치기 자료는 한글의 특성을 잘 반영한 것이라 할 수 없으며, 그나마도 조합 가능한 한글의 음절은 물론 받침이 없는 모음조차 모두 다루지 않은 부실한 자료이다.

『심상소학』의 한글 깨치기 자료가 양적·질적으로 부실하게 만들어진 원인은 교과서 권1 맨 앞, 반절표 다음에 제시된「新訂尋常小學序」를 통해 짐작할 수 있다. 서문은 한문과 국문을 섞어 공부하여 "古ᄅᆞᆯ學ᄒᆞᆯᄲᅮᆫ아니라時勢ᄅᆞᆯ혜아려……今도學ᄒᆞ야智識을널닐" 것을 강조하면서, "國文을尙用흠은여러兒孩들을위션씨닷기쉽고ᄌᆞ흠이오점차쪼漢文으로進階ᄒᆞ야교육흘거시니"라는 구절을 통해 한글 교육이 그 자체가 목적이 아니라 한문 교육을 위한 방편임을 명시하였다. 게다가『심상소학』이 개발된 시기의 소학교 교칙대강(1895)에서는 소학교의 교과목 중 오늘날의 국어과에 해당되는 것으로 독서, 작문, 습자 등을 지정하고 있으나 어떤 문자언어를 읽고 쓸 수 있도록 가르칠지에 대해서는 별다른 언급이 없었다. 또한 한성사범학교 관제(1895)에 따르면 소학교 교사 양성 기관인 한성사범학교에서 국문과

거겨……'하는 반절표가 있기 때문이다. 이 반절표는 물론 편리한 점도 있으나, 그 편리한 점으로 인하여 받은 해독이 그 몇 갑절이 되는지 모른다."(조선어학회, 『초등 국어 교본 한글 교수 지침』, 군정청 학무국, 1945, 2쪽. 밑줄은 인용자)

　이 시기 한글 교육에 일본의 오십음도가 차용되었다는 한글학회의 지적은 당대 국어교과서 편찬을 일본인 학정 참여관이 주도했다는 점에서 개연성이 있어 보인다. 그러나 한글학회의 이러한 지적은 한글 창제 이후부터 일제강점기 이전까지 반절표가 널리 사용되었던 사정을 감안해 보면 이를 일본의 영향만으로 단정 짓기도 어려울 것 같다. 이에 대한 정확한 판단이 어려운 이유는 한글 창제 이후 한글 깨치기 학습 자료의 역사에 대한 본격적인 연구가 아직 부족하기 때문이며, 이에 대한 연구는 차후의 과제로 남겨 둔다.

한문 강독을 별도의 과목으로 가르치도록 했다. 결국『심상소학』서문과 당대 제반 상황을 종합해 보면, 학교교육에서 있어 국문(언문)은 한문과 별개의 것으로 인식되었고 전자는 후자를 잘 배우기 위해 필요한 보조적 수단쯤으로 인식되었음을 알 수 있다. 이러한 사정으로 인해『심상소학』의 한글 깨치기 자료는 한문 교육을 위한 기초로서 활용되기 위한 방편으로서의 제한적 의미만을 갖게 되었다.

또『국어독본』과 비슷한 시대에 사용되었던 사찬 교과서『초등소학』의 경우 권1 전체가 한글 깨치기 학습에 할애되었다. 여기에서는 주로 단어와 문장을 통해 한글을 익히도록 하는 '의미 중심 지도법'[8] 이 교재 구성의 중요한 원리로 되어 있다. 물론『초등소학』에서도 1권의 중간에 반절표를 제시[9]하고 있으나, 교재의 구성 상 의미 중심 지도 자료에 해당되는 내용이 훨씬 더 많다. 의미 중심 지도법은 "아동의 경험과 관심을 중심으로 읽기를 지도하는"(이차숙·노명완, 1994: 116~117) 방식으로, 그림을 통해 단어나 문장이 표상하는 의미를 짐작한 뒤 이를 통해 문장이나 단어를 구성하고 있는 자모나 음절의 음가적 자질을 파악하게 하는 방식을 말한다.

『초등소학』권1의 첫 페이지는 '나무.木-노루.獐'의 본문과 나무 밑에 노루 한 마리가 서 있는 그림으로 되어 있으며, 이는 한글 깨치

---

8) 글 깨치기 학습의 범위를 어디까지로 할 것인가에 대해서는 아직도 논란의 여지가 많다. 읽기의 경우에 한정시켜 생각해 보면, 한글 기호와 음가를 대응시켜 읽을 줄 알고 간단한 수준의 단어나 문장을 읽고 의미를 파악할 수 있는 수준까지를 한글 깨치기 학습의 범위로 삼는 것이 일반적이지만, "의미 파악까지 문자 학습에 포함시켜야 한다면 한글 학습은 인생을 마감할 때까지 끝나지 않는 과정이 된다"는 이유로 기존의 이론에 반대하는 의견도 적지 않다(최영환, 2008: 356). 즉, 이러한 의견에 따른다면 의미 중심 지도법은 한글 깨치기 지도에 포함되지 않는 것이다. 그러나 이 글은 간단한 수준의 의미파악까지 한글 깨치기 학습으로 보는 현재의 일반적 논의를 따랐음을 밝혀 둔다.

9)『초등소학』에 제시된 반절표는 자음 14개와 모음 11개의 조합으로 만들어진 154자와 이중 모음 '나', 'ᅱ'를 자음에 대응시켜 만든 28자로 되어 있다.

기 지도법상 의미 중심 지도 자료에 해당된다고 볼 수 있다. 이어진 페이지에서는 자음의 순서에 따라 '도미.鯛', '도마.俎' 등이 해당 삽화와 함께 차례차례 제시되어 있다.10) 단어 학습이 끝나면 14개의 자음과 182개의 음절이 수록된 반절표를 제시하여 음절을 단위로 한글 기호의 음가를 확인하도록 하는데, 이 부분은 발음 중심 지도법에 해당된다고 볼 수 있을 것이다. 그러나 반절표 다음에는 문장과 삽화, 그리고 문장에서 핵심이 되는 단어를 제시하는 방식으로 한글을 익히도록 했다. 예를 들어 "고양이 가, 곱으리고, 거러 가오. 고양이 猫"와 같은 식이다. 아울러 『초등소학』의 한글 깨치기 부분에서 특기할 만한 사항은 본문에서 제시하는 거의 모든 단어에 한자를 병기해 놓았다는 점과 문장을 제시할 경우 신출 한자를 교과서 각 페이지의 맨 위에 다시 한 번 제시했다는 점이다. 이러한 점을 종합해 보면 『초등소학』은 의미 중심 지도법을 중심으로 한 한글 깨치기 학습을 구현하고자 했고, 동시에 한자 익히기를 겸할 수 있도록 의도했다고 볼 수 있을 것이다.

한편 『국어독본』에서 한글 깨치기와 관련된 내용은 권1의 앞부분 15과까지와 권1의 맨 마지막에 부록처럼 제시된 '國文綴字'이다. 『국어독본』의 한글 깨치기 학습 자료는 발음 중심 지도 자료와 의미 중심 지도 자료가 대등한 비중으로 구성되어 있다. 교과서는 표지 다음 바로 '字母'표(자음 14개, 단모음 11)를 제시한 뒤(〈그림 3〉), 1과부터 15과까지 '단어-(명사)구-문장'의 순서로 학습 자료를 제시한다. 이러한 순서는 한글의 가장 작은 단위인 자모부터 이들이 결합하여 의미를 갖는 단어를 거쳐 문장으로 진행되는 것으로, 『국어독본』이 글 깨치기 학습의 복잡성이나 난이도를 고려하여 자료를 배치하였음

10) 단어가 자음의 순서대로 배치되어 있음을 통해 짐작컨대 현재 발굴된 『초등소학』은 'ㄱ'으로 시작되는 단어가 제시된 페이지가 유실된 것으로 보인다.

字母	學徒用 普通學校 國語讀本 卷一	

ㄱ		
ㄴ		
ㄷ		
ㄹ		
ㅁ		

ㅎ	ㅈ	ㅂ
ㅊ	ㅅ	
ㄱ	ㅇ	
ㅌ		
ㅍ		

`	ㅛ	ㅏ
	ㅜ	ㅑ
	ㅠ	ㅓ
	ㅡ	ㅕ
	ㅣ	ㅗ

을 보여 준다. 특히 단어를 다루고 있는 1~10과의 경우, 7과까지 단일어를 다루고 8~10과까지 복합어를 다루는 등 단어를 다루는 방식 또한 단어의 복잡도를 고려한 결과로 나타난다. 이 부분의 자료에는 삽화가 함께 들어 있으며, 여기에 언급된 자료들은 단어의 의미를 먼저 알고 그에 해당되는 음가와 한글 표기를 익히도록 한다는 점에서 의미 중심의 지도 자료라 할 수 있다. 아울러 삽화와 함께 "싸이크다. 산이놉다. 새가운다" 등과 같이 그림을 묘사하는 5개의 문장으로 되어 있는 14과 역시 의미 중심의 지도법이라 할 수 있다.

동시에 『국어독본』에서는 권1의 맨 마지막에 수록된 반절표 '國文綴字'에서도 받침이 없는 음절부터 '終聲附밧침', '重中聲', '激音된시옷',[11] '重終聲둘밧침' 등을 순서대로 제시, 총 277개의 음절을 체계적으로 익힐 수 있도록 하였다. 이는 총 180개의 음절을 순서에 대한 안내 없이 자모의 순서에 따라 배치해 놓은 『심상소학』의 그것과 비교했을 때 양과 체계 면에서 매우 진전된 모습을 보여 주는 것이다. 아울러 한글 깨치기의 전체 학습 과정이 '단어→명사구→문장' 등과 같이 상향식으로 구성되어 있고, 삽화를 통해 단어를 익히도록 하는 1~7과에서의 단어가 같은 소리가 나는 단어의 연쇄로 배

---

11) 격음(激音)은 거센소리를 말하고, 여기에 제시된 음절들은 모두 '까, 꺄, 쩌, 쪄' 등과 같이 'ㅅ'이 붙어 거센소리가 되는 경우이다.

치12)되어 있는 점 등은『국어독본』에 음절 중심의 발음 중심 지도법이 구현되어 있음을 보여 주는 것이다.

이상에서 살펴본 것과 같이 한글 깨치기 학습 자료를 제시하는데 있어,『국어독본』은 의미 중심의 지도 자료와 발음 중심의 지도 자료를 동

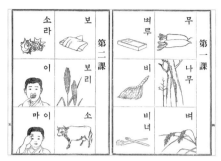

〈그림 4〉『국어독본』권1의 1과~2과. '무'를 배우고 '나무'를 배우는 과정에서 "나무의 '무'는 위의 '무'와 같은 모양"과 같은 식으로 설명될 공산이 크며, 이는 한글 깨치기 지도법 중 동음절 연상법에 해당된다.

시에 제시하고 있다. 이러한 특징은 비슷한 시기에 출간된『초등소학』의 그것과 유사하지만, 의미 중심의 지도법이 주요하게 제시되어 있는『초등소학』의 자료에 비해『국어독본』의 자료에서는 두 가지 방식의 지도법이 대등하게 나타나 있다. 이는 한글 깨치기 학습 자료를 제시하는 데 있어 발음 중심 지도법을 중심으로 의미 중심 지도법을 혼용하고 있는, 일종의 '절충식 지도법'이라 할 수 있으며, 두 가지 지도 방법의 장점과 단점을 취사(取捨)하여 장점을 극대화할 수 있는 방식이다.

---

12) 예를 들어 1과에서는 〈그림 4〉에서와 같이 삽화와 함께 제시된 여섯 개의 단어를 '무-나무', '벼-벼루', '비-비녀'와 같은 순서로 배치하였다. 이는 그림을 통해 단어의 의미를 파악하고 한글 기호가 갖는 음가와 의미를 파악하도록 하는 의미 중심의 지도법에 맞는 자료이지만, 그 다음 단어가 같은 음절이 포함된 단어이므로 '무'를 배우고 '나무'를 배우는 과정에서 "나무의 '무'는 위의 '무'와 같은 모양"과 같은 식으로 설명될 공산이 크다는 뜻이며, 이는 한글 깨치기 지도법 중 동음절 연상법에 해당되는 것이다.

3. 체계화된 구성과 다양화된 서술
: '교육 공동체의 신념의 산물'로서의 특징

1895년 2월 고종에 의해 내려진 조령 '교육입국조서'는 "民을 敎ᄒ치 아니면 國家를 鞏固케 ᄒ기甚難"하므로 "敎育이實로國家保存ᄒᄂ根本"이라고 강조하면서 "虛名과實用의分別"하여 "虛名을是祛ᄒ고實用을 是崇ᄒ"하기 위한 교육의 구체적 방법으로 '德養', '體養', '智養'을 제시한다.

그러나 근대적 교육의 원칙에 대해 고종은 '덕양'을 앞에 내세웠지만, 실제 교사를 양성하는 한성사범학교의 교재 『신찬교육학』에서는 "지육론, 덕육론, 체육론"의 순서를 제시(한용진, 2012: 50)하여 지식교육을 가장 중요한 것으로 간주했다. 아울러 당대 교육(학) 담론에서도 학교 교육에서 지식을 가르치는 것이 가장 중요하다는 인식은 어렵지 않게 찾아볼 수 있다. 일례로 1900년대 대한제국 사회에 통용되던 교육(학) 담론들 중 가장 널리 알려진 것이 류근의 「교육학원리」인데, 여기에서 류근은 "智識開發의方法을述ᄒ니 此方法이敎育上最重要의地位를占ᄒ야 名을 敎化 或 智育이라 云ᄒ지라"라고 지적한 바 있다.[13]

이에 따라 개화기에 발간된 거의 대부분의 교과서들은 교육을 통한 계몽이라는 교육적 신념을 반영한 결과물이라 할 수 있다. 계몽의 내용과 방향에 있어 교과서 간의 차이가 있긴 했지만, 이 시기에 발간된 많은 교과서들은 대체로 '계몽'을 저변에 깔고 있었으며 그 결과 '지식의 전달'이라는 사명을 가지고 있었다. 국어교과서도 예외는 아니어서, 관찬과 사찬을 가릴 것 없이 『국어독본』을 비롯한 대부분의 국어교과서는 어떤 지식에 대한 설명을 수록하여 이를 읽고 기억

---

13) 류근 역술(1907).

하도록 하는 방식으로 편찬되었다.

국어과 교육에서 이러한 교육 목표를 효과적으로 구현하기 위한 방식 중 하나가 국어교과서를 제재 중심으로 구성하는 것이다. 교과서의 단원 구성 방식 중 '목표 중심의 방식'과 '문종 중심 방식'과 달리 '제재 중심의 방식'은 '주제 중심의 방식'과 함께 본문의 내용을 강조하기 위해 사용되는 방법이다. 그리고 주제 중심의 방식이 한 편의 글 전체를 관통하는 주제를 찾고 이를 내면화하는 데 중점을 두기 위한 구성인 반면, 제재 중심의 방식은 주로 제재를 새로운 정보로서 알 수 있도록 하는 데 지도의 초점을 맞추기 용이한 구성이다. 따라서 제재 중심의 단원 구성 방식은 대부분 단원의 제목이 제재의 이름으로 되어 있다는 특징을 가지며,14) 이렇게 구성된 교과서에는 "제재 내용에 대한 학습은 충실하게 이루어질 수" 있다는 장점이 있다(한국교과서재단, 2004: 49).

결국 『국어독본』을 비롯한 개화기 국어교과서 대부분이 채택한 제재중심의 단원 구성 방식은 교과서가 제재에 대한 정보를 잘 전달할 수 있도록 의도된 것임을 보여 주며, 이는 당시 학교 교육의 가장 중요한 목표가 근대적 지식을 익히는 것이었던 상황을 반영한 결과이기도 하다. 이러한 제재중심의 단원 구성 방식은 이미 최초의 국정 국어 교과서인 『국민소학』에서 구현된 바 있으며, 『국민소학』에서는 하나의 제재를 한 단원으로 구성하는 데 그치지 않고 특히 자세히 다루고 싶은 제재에 대해서는 같은 제재를 몇 개 과로 나누어 구성15)하여 제재 중심의 단원 구성 원리를 명확하게 보여 준 바 있다.

---

14) 『국어독본』의 모든 단원명이 제재의 이름으로 되어 있는 것은 아니다. 간혹 권6 중 6과 「無益흔勞心」과 같이 제목이 주제로 되어 있거나, 18과 「林檎을ᄒᆞᄂᆞᆫ書札」, 19과 「同答書」와 같이 글의 종류로 되어 있는 예외도 있다.

15) 예를 들어 『국민소학』 14~15과의 제목은 '倫敦1', '倫敦2', 33~35과의 제목은 '西米利加獨立1', '西米利加獨立2', "西米利加獨立3'으로 되어 있다.

그런데 『국어독본』에서는 단원을 제재 중심으로 구성하되 보다 유연한 방식으로 구현했다. 즉, 긴 본문을 잘라 잇는 『국민소학』의 단원 구성 방식에서 한 발 더 나아가 『국어독본』에서는 같은 제재를 다루는 다른 장르의 글을 연이어서 배치함으로써, 해당 단원들에서 공통적으로 다루는 제재의 다양한 측면을 학습할 수 있도록 구성한 것이다. 이러한 구성은 권4의 6~8과와 권6의 13~15, 21~23과 등 『국어독본』 전 8권을 통해 총 3번 등장한다.

먼저 권4의 6~8과는 모두 운동회를 소재로 한다. 6과 「運動會에 請邀」는 조카 '壽童'이 삼촌에게 보내는 운동회 초대 편지이다. 그리고 7~8과에서는 운동회 장면에 대한 묘사가 이어진다. 이와 같은 구성은 6~8과를 하나의 대단원처럼 묶이도록 해 주며, 서간문과 설명문을 통합하여 '운동회'라는 제재에 대해 충분히 설명하고자 하는 의도를 뚜렷하게 보여 주는 예이다.

또 권6의 21과 「水의 蒸發」과 22과 「雨露」는 물에 관한 과학적 사실과 이와 관련된 기상 현상에 대한 설명으로 되어 있다. 22과는 구름이 생겨나는 원리에 대해 거울에 숨을 불면 수증기가 맺히는 현상을 예로 들어 설명한다("鏡面을對ᄒ야呼吸ᄒ즉鏡面이靉靆ᄒ야我等의吐ᄒᄂ바水蒸氣가冷흔鏡面에衝當흔즉"). 이는 21과의 내용을 복습시키는 동시에 21~22 두 과를 통해 교수·학습 내용의 연속성을 부여하는 부분이다. 이어진 23과 「雨」에서는 비를 소재로 한 시가(詩歌)가 제시되는데, 앞선 두 과에서 학습한 지식을 다시 한 번 정리하는 내용으로 되어 있다.

비야비야오ᄂ비야　/　어듸로셔나려왓노 하늘노셔나려왓네
　　　　　　　　　　　　空中에셔나려왓네
그前에ᄂ어듸잇섯노　/　河川에도잇섯고 池塘에도잇섯고 湖海에도잇섯네
엇지ᄒ야올나갓노　　/　ᄯᅳ거온볏헤쪼여 水蒸氣가되여서 뭉게뭉게올나갓네

只今어듸로가려노　　/　河川으로가려ᄒ네　池塘으로가려ᄒ네
　　　　　　　　湖海로가려ᄒ네

—『국어독본』 권6 23과 「雨」

이처럼『국어독본』권6의 21~23과는 물과 관련된 과학의 원리를
소개하고 있으며, 내용상으로 서로 이어지는 하나의 대단원인 셈이
다. 더욱이 과학적 지식을 설명하는 방식과 시가를 통해 배운 내용을
다시 한 번 복습할 수 있게 함으로써 다양한 장르의 글을 통해 제재
를 반복적으로 학습할 수 있게 한다.

또한 권6의 13~15과 역시 공통적으로 '철'이라는 제재를 다루고
있다. 13~14과에서는 솥(鼎), 못(釘) 등 철로 된 사물들이 등장해 철에
대한 과학적 사실과 활용 방법에 대해 이야기한다. 이때 눈에 띄는
점은 눈에 띄는 점은 서술방법에서 활유법을 사용해 사물이 직접
말을 하게 함으로써 지식의 전달이라는 교육의 목적을 극대화하고
자 한 점이다.

白日이遲々ᄒ야柱上에걸닌時計ᄂ午正을報ᄒ고家中이寂寞ᄒ되어되셔
소리잇셔글ㅇ되「오날은多幸히家中이閒寂ᄒ니彼此來歷을穩話ᄒ이可ᄒ도
다」ᄒ니「그것참됴흔말이라」ᄒᄂ對答소리四面에셔나더니少頃에「뇌가몬
져말ᄒ리라」ᄒ고出班ᄒᄂ者롤본즉鼎이라. 글ㅇ되

—『국어독본』 권6 13과 「鐵의談話1」

위와 같이 시작된 단원은 두 과에 걸쳐 솥과 목, 작은 칼과 시계태
엽의 말이 이어지는 것으로 되어 있다. 이를 통해 교과서는 철의 생
산 과정과 다양한 쓰임 등에 대해 설명해 나간다. 사람이 아닌 동물
이나 식물의 입을 빌려 직접 말하게 하는 방법인 의인법은『國民小學
讀本』에서부터『심상소학』, 그리고 다양한 사찬 교과서에 이르기까

지 널리 활용되는 방식이다. 그러나 이를 보다 적극적으로 활용하여 활유법을 구사한 개화기 교과서는 『국어독본』이 거의 유일한 것으로 판단된다. 한편 15과 「鐵歌」에서도 철을 다루고 있지만 그 내용은 앞선 13~14과와 매우 다르다. 15과에서는 시가의 형식을 통해 '아무리 강한 철이라도 쓰지 않으면 녹스는 것과 같이 학생들도 열심히 공부하지 않으면 안 됨'을 강조한다. 이러한 구성은 단순히 교과서가 제재에 대한 사실을 설명하고 복습시키는 데 그치지 않고, 대상을 통해 유추할 수 있는 삶의 자세까지 다룸으로써 제재의 다양한 측면을 학습할 수 있도록 해 주는 것이다.

4. 친일(親日) 세계관의 심화 및 견고화
: '당대 사회·정치·문화적 배경의 반영물'로서의 특징

서론에서 지적한 것처럼 『국어독본』은 당시 사립학교의 애국계몽 교육을 통제하기 위한 목적과 서당의 수요를 신교육으로 끌어들여 관공립 보통학교를 활성화기 위한 목적으로 편찬된 국어교과서이다. 이에 따라 『국어독본』의 본문은 한반도 교육을 장악하기 위한 일제의 의도와 을사늑약에 따른 대중들의 반일(反日) 감정을 고려하여 서술되었다. 그 결과 『국어독본』에는 일제의 입장에서 대한제국 대중들의 반발을 최소화하기 위한 서술 전략이 채택되었으며, 이는 객관적 태도를 전면으로 내세운 가운데 '민족'(또는 대한제국)과 '일본'이라는 두 가지 지향점을 본문의 겉과 속에 담는 것으로 구체화되었다.

국어교과서에서 '민족'과 '일본'이라는 두 가지 지향점이 공존하는 양상은 『국어독본』에 앞서 발간된 국정 국어교과서인 『심상소학』에서도 나타나는 특징이다. 『심상소학』에는 조선의 지리나 역사(권1 4

과 「四大門과밋四小門이라」, 권1 28과 「我國」 등), 대한제국의 기념일(권3
1과 「萬壽聖節」, 권3 15과 「紀元節이라」) 등이 수록되어 있는 동시에 일
본 위인(권2의 12과 「小野道風의이이기라」, 권3의 3과 「塙保己一의話라」 등),
일본식 가옥 삽화(권3의 1과 「萬壽聖節이라」), 일본인 거류지에 대한
정보(권3 20과 「日本居留地圖라」) 등을 수록해 두고 있다. 이러한 양상
은 『심상소학』 편찬에 일본인 타마키카메(高見龜)와 아사카와 마츠지
로(麻川松次郎)가 참여한 결과로 추측되며, 이는 "조선의 정체성을 과
시하거나 국가주의 창안을 위해 노력했던 학부의 의지와 함께 교과
서의 실질적 체제에 간여하는 일본의 교육·편집 전략이 서로 교차하
는 모습"(구자황 편역, 2012: 12)이라 평가될 만하다. 그럼에도 불구하
고 『심상소학』에 나타나는 '민족'과 '일본'의 지향 요소들은 대체로
대등한 것처럼 보인다. 이는 『심상소학』이 정치적 입장이 드러날 수
있는 역사나 지리, 정치 등에 관한 단원을 최소화하고 신문물 소개와
도덕적 교훈 전달에 단원 구성의 중점을 두었기 때문으로 보인다.

반면 『국어독본』의 경우, 일본 지향 서술이 보다 광범위하고 적
극적으로 나타난다는 점에서 『심상소학』의 그것과 양상을 달리한
다. 이러한 차이는 두 교과서가 각각 을사늑약 이전과 이후라는 전
혀 다른 정치적·사회적 배경을 두고 편찬되었다는 점에서 기인한
다. 왜냐하면 을사늑약 이후 편찬된 『국어독본』은 일제의 한반도
침략이 노골화되면서 대한제국 교육에 대한 영향을 늘리는 동시에
대중들의 반발에도 민감하게 반응해야 할 필요가 있었으며, 이에
따라 일제는 교과서 편찬을 전적으로 일본인 학부 참여관에게 맡겼
기 때문이다.

기본적으로 『국어독본』 안에는 발행의 주체인 대한제국 황실과
정부를 찬양하는 내용이 실려 있다. 권3의 18과 「開國紀元節」이나
권4의 16과 「乾元節」 등이 여기에 해당된다. 이들은 모두 민족국가
인 대한제국의 정체성과 관련된 내용들로 전형적인 민족 지향의 서

술들이다. 이밖에 권5 15과의 「平安道」와 같이 국토에 대한 정보를 다루거나 권3 3과의 「英祖大王의仁德」과 같이 민족의 역사를 다루는 과들 모두 민족 지향의 서술이라 할 만하다.

그러나 『국어독본』에는 일제의 '통감부'와 일제의 국력을 찬양하는 설명도 들어 있다. 권8의 17과 「統監府」와 23과 「世界의强國」이 여기에 해당된다. 이들 각 과에서는 대체로 통감부와 일본의 국력에 대한 객관적 사실을 언급하고 있지만, 곳곳에서 일본에 대한 우호적 태도를 드러내는 것이다. 가령, 「統監府」에서는 다음과 같은 구절이 여기에 해당될 수 있다.

統監府ᄂ設置된後로其日은<u>猶淺</u>ᄒ나韓國의政治敎育農商工業은漸次改進 ᄒᄂ데로ᄒ얏ᄂ지라.

—『국어독본』 권8 17과 「統監府」(밑줄은 인용자)

인용한 부분은 통감부를 설치한 효과에 대해 진술한 부분인데, 강조해 놓은 부분에서 볼 수 있듯 현재 대한제국의 상황은 '猶淺'하지만 통감부 설치를 계기로 "韓國의政治敎育農商工業은漸次改進"될 것이라는 전망을 보여 준다.

또한 「世界의强國」에서는 일본을 세계열강의 지위에 올려놓고 오직 아시아 대륙에서 일본만이 세계적 강대국이 되었음을 강조한다. 총 35행으로 되어 있는 본문은 아시아의 정세를 설명하면서 일본이 아시아 국가 중 유일하게 강대국이 되었다는 사실을 설명하는 데 총 10.5행을 할애한다. 도입에 2.5행 영국에 6행, 프랑스에 2.5행, 독일에 3.5행, 러시아에 6행,16) 미국에 4행을 각각 사용한 점을 감안할

---

16) 일본을 제외한 나라 중 러시아에 대한 설명이 긴 것은 러시아의 약점에 대해 부연했기 때문이다. 교과서에서는 러시아가 국토는 넓지만 대부분이 매우 추운 곳이어서 땅이 척박하고 인구 밀도가 낮다고 설명한다.

때, 이를 통해 본문이 일본에 대해 설명하고 강대국 일본의 이미지를 부각시키는 데 초점을 맞추고 있음을 엿볼 수 있다. 이와 같은 양상은 모두 일본에 대한 우호적 이미지를 만들기 위한 것들로서 모두 일본 지향의 서술이라 할 수 있다.

한편 민족 지향의 서술과 일본 지향의 서술이 개별 단원 각각에서가 아니라 한 과 안에서 혼재되어 있는 경우도 많다. 이는 특히 민족사를 다루고 있는 과의 본문에서 잘 나타나며,『초등소학』에서 민족사를 다루는 방식과 비교해 보면『국어독본』의 특징이 보다 선명해진다.『국어독본』은 전 8권을 통해 총 15과에 걸쳐 민족사 관련 내용을 서술하고 있다.[17]『초등소학』역시 전8권을 통해 총 15과에 걸쳐 민족사 관련 내용을 다루고 있다.[18] 그러나『국어독본』과『초등소학』은 민족사를 다루는 태도에 있어 전혀 다른 특징을 보인다. 가장 먼저 지적할 수 있는 점은『초등소학』이 민족사를 서술함에 있어 역사적 인물을 주로 다루고자 했다면『국어독본』은 시간의 흐름에 따른 왕조사(王朝史)를, 특히 고대국가의 수난(受難)과 흥망(興亡)을 중심으

---

17)『국어독본』에서 민족사와 관련된 내용을 다루고 있는 15개의 과는 아래와 같다. 과의 제목 다음에 괄호로 묶은 숫자는『국어독본』권(卷)과 과(課)의 차례를 각각 나타낸다.
　‘英祖大王仁德’(2-3), ‘開國紀元節’(3-18), ‘文德大勝’(4-13), ‘金纘命의歎息’(4-22), ‘古代朝鮮’(5-1), ‘三韓’(5-7), ‘三國의始起’(5-12), ‘明君의英斷’(6-1), ‘三國과日本’(6-2), ‘儒敎와佛敎’(6-10), ‘隋唐의來侵’(6-17), ‘百濟, 高句麗의衰亡’(6-24), ‘美術工藝의發達’(8-1), ‘學術의盛衰’(8-7), ‘高麗가ㅿ훔’(8-13).
　이상의 목록은 결락 처리되어 있는 7권의 목록을 제외한 결과이다.

18)『초등소학』에서 민족사와 관련된 내용을 다루고 있는 15개의 과는 아래와 같다. 과의 제목 다음에 괄호로 묶은 숫자는『초등소학』권(卷)과 과(課)의 차례를 각각 나타낸다.
　‘乙支文德’(5-16), ‘姜邯贊’(5-26), ‘開國紀元節’(6-1), ‘國文’(6-3), ‘楊萬春’(6- 6), ‘영조조의 성덕’(6-14), ‘이시백’(6-21), ‘우리나라 옛날의 역사’(7-1), ‘신라 태조 혁거세’(7-14), ‘高句麗史’(7-21), ‘趙光祖’(7-24), ‘郭再祐’(7-29), ‘송상현’(8- 4), ‘백제의 간략한 역사’(8-7), ‘삼학사의 충절’(8-14).
　이상의 목록은 결락 처리되어 있는 3, 4권의 목록을 제외한 결과이다.

로 다루고자 했다는 점이다. 이러한 특징은 두 교과서에 수록된 민족사 관련 단원의 제목만을 통해서도 쉽게 확인할 수 있다(각주 28, 29).

아울러 역사에 대한 구체적 서술에서도 두 교과서의 입장은 매우 다르다. 특히 삼국 시대와 관련된 부분에서 두 교과서 간의 역사관이 매우 다름을 볼 수 있다. 먼저 『국어독본』의 경우 「三韓」(5권 7과), 「三國의 始起」(5권 12과), 「三國과 日本」(6권 2과), 「儒敎와 佛敎」(6권 10과), 「隋唐의 來侵」(6권 17과), 「百濟, 高句麗의 衰亡」(6권 24과), 「美術工藝의 發達」(8권 1과), 「學術의 盛衰」(8권 7과) 등 총 8개 과에서 고대 삼국에 관한 내용을 다루고 있다. 이는 『초등소학』에 비해 높은 빈도인데, 『국어독본』이 삼국 시대에 관한 역사를 빈번하게 다루는 것은 이 시기가 한일 양국 간에 우호와 협력이 가장 잘 이루어진 시기였기 때문으로 판단된다. 삼국 시대를 중요시하여 다루겠다는 기획도 기획이지만, 『국어독본』은 해당 단원에서 역사에 관한 일본의 관점을 그대로 드러냄으로써 역사 서술에 있어 일본 지향의 특징을 분명하게 드러낸다.

이러한 사정은 권6의 2과 「三國과 日本」을 통해 뚜렷하게 알 수 있다. 「三國과 日本」에서는 제목과 같이 고구려, 백제, 신라 등 삼국과 일본의 관계가 서술된다. 그런데 서술의 중간 중간 나타나는 구절은 '한국 고대사'에 대한 일제의 관점을 그대로 반영한 것들이다. "일본 사기에 云ᄒ되"로 시작되는 「三國과 日本」의 두 번째, 세 번째 단락은 일본이 가야국을 보호할 명목으로 한반도에 진출하여 가야 일대에서 신라에게 사실상 항복을 받아낼 정도의 강력한 영향력을 미쳤다는 임나일본부설을 그대로 옮겨 놓은 것이다. 또 다음 단락에서는 삼국시대에 선진문명을 이룬 '我國'이 '日本'의 '學文工藝' 발전에 큰 영향을 끼쳤다는 설명이 다음과 같이 이어진다. "當時에 我國은 學文工藝等이 무已 발달ᄒ고 日本은 <u>오히려</u> 幼稚홈으로써…."(강조는 인용자) 이 구절에서 '오히려'라는 부사어는 앞서 제시된 임나일본부설의 내용과 함께 시사적이다. 예상과 다르다는 의미의 '오히려'는 민족의 입장에서 서술하려는 태도보다 일제의 입장에서 서술하려는 태도에 가까워 보이기 때문이다. 이와 함께 고대사 서술에서 백제에 관한 내용이 비교적 많다는 것과, 백제가 "일본의 友邦이되야" 문물을 전해 주고 일본은 백제의 "有事의時에는일본이븐드시援兵을發ᄒ야保護ᄒ얏다"는 식의 서술이 거듭되는 것 역시 『국어독본』에 나타나는 일본 지향 서술의 모습이다.

반면 『초등소학』에서는 고대 삼국의 역사에 관해 다루고 있긴 하지만 『국어독본』만큼 빈번하게 다루어지지 않는다. 고대 삼국과 관련된 내용도 왕조의 흥망이나 삼국 간의 관계가 아니라 삼국 각국의 건국 설화 중심이다. 예를 들어 권7 21과 「高句麗史」의 본문은 총 25줄로 되어 있는데 그중 20줄은 해부루와 금와에 대한 설화와 주몽의 고구려 건국 설화로 되어 있다. 나머지 5줄에서는 고구려의 700년 역사가 "왕이 사방을 정복하여 영토를 개척하고 위만에게 잃은 영토를 회복하며 중국의 땅을 차지하니 (그 세력이) 오늘날 중국의 성경(盛京)과 길림(吉林)에 이르렀다. (고구려는) 이와 같이 나라를 세운 지 700여 년에 이르러 신라에게 망하였다"로 간략하게 서술되어 있을 뿐이다.

역사를 다루는 방식과 함께 근대지(近代知)를 서술하는 방식에서도 민족 지향의 서술과 일본 지향의 서술이 혼재되어 있음을 발견할 수 있다. 교과서에서 근대지를 다루고자 하는 발상에는 애국 계몽의 요소가 들어 있으므로, 이러한 계획은 일종의 민족 지향의 서술이라 할 수 있을 것이다. 이에 따라 『국어독본』과 『초등소학』은 공통적으로 다양한 분야의 근대지를 다루지만, 그 방식은 매우 다르다. 가장 큰 차이는 근대적 지식을 민족국가의 발전과 연결 짓고자 했던 『초등소학』과 달리 『국어독본』에서는 근대적 지식을 비교적 객관적인 태도로만 다루려고 한 점이다.

'養蠶'에 관한 단원에서 이러한 차이를 확인할 수 있다. 『국어독본』 권5의 16(「蠶」), 17과(「養蠶」)는 누에와 관련된 내용을 다룬다. 16과에서는 누에의 성장 과정을 설명하고 17과에서는 당시의 양잠기술을 다룬다. 이들 각 과의 설명은 과학 교과서에서 볼 수 있는 것 같은 객관적인 태도를 견지한다. 한편 『초등소학』 권6의 23과 「養蠶」에서도 간략하게나마 누에에 관한 과학적 사실을 전달하고 누에 기르기와 누에로부터 실을 뽑아내는 방법 등에 대해 설명한다. 그러나 본문의 말미에 "생실은 …… 매해 우리나라로부터 외국에 수출하는 것이 많고 또 직물을 제조하여 외국에 판매한다. 양잠하는 법은 먼저 뽕나무를 심는 것이 옳은데 (이는) 곧 국가의 가장 큰 부(富)의 원천으로 그 이익이 벼와 보리를 키우는 것보다 적지 않다. 국가의 부성(富盛)을 바라는 자는 어찌 힘을 다하지 않겠는가"라는 진술을 덧붙여 두었다. 이는 앞서 소개한 지식과 국가 경제 발전 간의 명시적인 연결고리인 셈이다.

그러나 객관적 태도를 견지하려는 『국어독본』의 태도는 종종 그 중심을 잃고 일본 지향의 태도로 바뀌어 나타나기도 한다. 이를 가장 잘 보여 주는 것이 『국어독본』의 권6 3과 「軍艦」이다. 마침 『초등소학』 권6에도 같은 제목의 단원(4과 「軍艦」)이 있어 이 둘을 비교해 볼 만하다. 『국어독본』 「군함」에서는 "古代의 軍艦은 木船에 지나지 못ᄒ얏스나" 오늘날의 군함은 강철로 만들어져 튼튼하고 커다란 대포를 장착하여 강한 화력을 갖추었으며 두꺼운 강철로 되어 있어 방어력도 우수하다고 설명한다. 반면 『초등소학』의 「군함」에서는 군함의 정의와 원리를 간단히 소개한 다음 "우리나라는 삼면에 바다가 있고, 한 면은 육지이기 때문에 군함을 많이 마련하는 것이 옳다"고 역설한다. 두 교과서의 본문만을 살펴보았을 때에는 앞에서 언급한 '양잠' 단원의 양상과 크게 다르지 않다. 그러나 본문과 더불어 삽화를 살펴보면 양상이 조금 달라진다.

『국어독본』의 권6 3과와『초등소학』권6 4과에서 수록된 삽화19)
에 묘사된 군함의 모습은 서로 크게 다르지 않다. 두 그림 모두 커다
란 대포로 무장한 채 굴뚝으로 연기를 뿜으며 거친 바다를 가르는
군함의 모습이다. 그런데 가장 눈에 띄는 차이는 바로 군함에 매달린
국기의 모습이다.『국어독본』삽화의 군함에는 선미에 일제의 욱일
기(旭日旗)가,『초등소학』삽화의 군함에는 선체 중간에 태극기가 각
각 걸려 있는 것이다. 이에 따라『초등소학』「군함」의 경우 결국 민
족국가의 부국강병 담론이,『국어독본』「군함」의 경우에는 군함이라
는 근대 기술에 대한 소개와 일본 해군의 우수성이 각각 학습자들에
게 전달될 가능성이 크다.

5. 매혹과 곤혹 사이에서

이상과 같이 이 글에서는 1907년 학부에서 발간한 국어교과서『국
어독본』의 특징을 교과서의 위상에 따라 살펴보았다.『국어독본』은
을사늑약 이후 거세진 '반일 운동'과 한반도 침략의 일환인 '대한제
국의 교육 장악을 위한 일제의 의도'라는 두 가지 요구 사이에서 편
찬된 교과서이다.

이러한 배경을 바탕으로 교과서의 내적 체제와 본문 분석을 통해
살펴본 결과,『국어독본』은 우선 수업 자료로서 한글 깨치기 학습이
강화된 교재라는 특징을 갖는다. 특히 여기에서는 반절표를 활용한

---

19)『국어독본』의 권6 3과와『초등소학』권6 4과의 군함 삽화는 이 책의「학부검정
   교과서에 나타난 애국과 친일의 양면성」(박민영의 글)에 수록된 〈그림 1-2〉와
   〈그림 1-3〉에서 확인할 수 있다.『국어독본』삽화의 군함에는 선미에 일제의 욱일
   기(旭日旗)가,『초등소학』삽화의 군함에는 선체 중간에 태극기가 각각 걸려 있어
   대조를 이룬다.

발음 중심의 지도를 기본으로 하되 단어와 문장, 삽화를 활용한 의미 중심 지도가 중간 중간 나타나는 절충식 지도법이 구현되어 있었다. 반절표를 활용한 방식은 한글의 구성 원리를 제대로 반영하지 못한 것으로 볼 수 있지만, 『국어독본』에 앞서 편찬되었던 국정 교과서 『심상소학』에 비해 자료의 양과 체계 면에서 진전된 모습을 보여 주었으며, 당대의 사찬 『초등소학』에 비해서도 한글 학습에 충실함과 동시에 체계적으로 구성된 특징을 나타냈다. 또 『국어독본』은 '교육 공동체의 신념의 산물'로서 교과서 구성이 체계화되고 다양한 서술 방식이 구현된 교재라는 특징을 갖는다. 『국어독본』의 단원구성방식은 다른 개화기 국어교과서와 마찬가지로 제재 중심의 원리로 되어 있지만, 제재 중심의 단원 구성 방식이 보다 심화되어 지식으로서 전달하고자 하는 한 가지 제재를 몇 개 과에 걸쳐 다양한 장르나 서술 방식을 구현하기도 했다. 아울러 『국어독본』은 '당대 사회·정치·문화적 배경의 반영물'로서 친일 세계관이 보다 심화되고 견고화된 교재로 평가될 수 있다. 『국어독본』은 『심상소학』에 비해 일제의 관점이 보다 적극적으로 드러나지만, 이를 교과서 전면에 내세우기 보다는 객관적 진술 태도 뒤에 숨겨 제시하는 방식을 취했다. 이러한 특징은 『초등소학』의 민족 지향적 서술과 비교해 볼 때 더욱 분명하게 드러났다.

결국 『국어독본』은 일제가 대한제국의 교육을 장악하기 위한 일환으로 편찬한 교과서로서 내적체제와 본문에 이르기까지 거의 모든 요소들이 일제의 의도와 관계를 맺고 있었다. 대중의 거센 반일 감정을 무시할 수 없었기에 일제는 『국어독본』의 본문 서술과 편집에 있어 객관적 태도를 유지하려는 포즈를 취하기도 했지만, 그 이면에는 일제의 대한제국 침탈을 위한 의도가 개입되어 있었던 것이다. 동시에 『국어독본』은 글 깨치기 학습 자료나 단원 구성 방식 등은 물론, 활자나 삽화 등에서도 당대의 사찬 교과서에 비해 상당히 체계화되고 진전된 모습을 보여 주었지만, 교과서 편찬과 활용 맥락을 고려할 때 이 또한 일본식 근대화이자 계몽의 단면으로서 평가할 수 있을 것이다.

근대적 국어교과서의 출발에 일제의 영향이 적지 않게 자리하고 있으리라는 짐작을 구체적으로 확인하는 작업은 종종 연구자를 곤혹스럽게 만들기도 한다. 그러나 이러한 곤혹스러움을 뒤로하고 당대의 현상을 객관적으로 보고, 이를 적절하게 의미화하는 작업은 교과서, 국어교육 나아가 언어 공동체의 역사를 서술하는 데 매우 중요한 것이다. 특히 단순한 체제로만 되어 있다고 치부해 버리기 십상인 개화기 국어교과서를 의미화하려는 시도와 교과서를 교과서로서 바라보고자 하는 태도를 견지하여 국어교육사(史)의 측면에서 중요하게 여길 만한 점이다. 이러한 시도와 태도가 누적되어 역사 서술이 이루어질 때 현재의 국어교육 현상의 기원을 알 수 있게 되고, 기원에 대한 천착은 현재에 대한 의미를 풍부하게 만들어 줄 수 있으며, 나아가 내일에 대한 방향을 더욱 적절하게 보여 줄 수 있기 때문이다. 앞으로도 이러한 작업이 간단없이 계속되어, 과거 국어 교육 현상에 대한 통찰이 오늘날 국어 교육 발전에 도움이 될 수 있길 바란다.

학부검정 교과서에 나타난 애국과 친일의 양면성

: 『신찬초등소학』(1909)과 학부 편찬 교과서와의 비교를 중심으로

박민영(성신여자대학교 교양학부 교수)

1. 학부검정 교과서의 양면성

『신찬초등소학(新纂初等小學)』은 1909년(융희 3) 8월에 현채(玄采, 1856
~1925)가 출간한 개화기 민간 편찬 교과서다. 1909년 2월 출판법이
발효된 직후 사립학교용 교과서로 간행된 『신찬초등소학』은 '교과
용 도서검정규정'(1908년 공포)을 통과했으며, 한일강제병합 이후인
1913~14년에 6권 중에 권1·2·3이 재간되면서 일제강점기 유일한 학
부검정 민간 편찬 국어교과서로 사용됐다.

1977년에 발간된 『신찬초등소학』의 영인본 해제에는 이 책에 대
한 평가가 다음과 같이 이뤄져 있다.

한말의 교과서가 일제에 의하여 무수히 금서의 화를 입었는데 이 『신
찬초등소학』은 이를 면하고 한일합방후인 1913년(아직 조선총독부편찬
교과서가 나오기 전)에 재판 발행되어 잠정적으로 사립학교용 교과서로

사용되었다는 점을 미루어 다른 많은 한말교과서와는 다른 점이 있다고
보아진다.

백순재가 지적한 『신찬초등소학』이 동시대 민간 편찬 교과서와
다른 점에 대해, 박붕배는 "이 책이 일제 관여하의 검정 교과서이니
만치 민족교육 교과서로는 (민족정신과 반일사상이) 많이 약화된 상
태"라고 말했으며(박붕배, 1987가: 132), 그렇게 보는 것이 일반적인
견해다. 여기서 한 걸음 더 나아가 주진오는 『신찬초등소학』을 역사
의식이 부재한, 혹은 일제의 침략정책에 동조한 본격적인 친일 교과
서로 평가했다(주진오, 1994: 41). 백태희 역시 이 교과서를 일본의 지
배논리에 맞게 쓰인 책이라고 비판했다(백태희, 2000: 63). 이렇게 『신
찬초등소학』 연구는 지금까지 친일 교과서라는 평가 일변도였다.
다만 석송경자(石松慶子)는 통감시대 교과서를 동시대 일본 교과서
와 비교하는 과정에서 『신찬초등소학』을 언급하며 '현채가 계몽활
동을 계속하기 위해 교과서 검정을 통과시켰다'고 지금까지의 연구
와는 다른 견해를 피력했다. 석송경자의 의견에 따르면, 현채는 '교
과서 검정을 통과시켜 그 범위 내에서 자신의 사상을 전하려 했다'는
것이다(石松慶子, 2003: 72~76 참조). 논문 전체에서 『신찬초등소학』에
대해 언급한 부분은 4~5쪽에 지나지 않으나 석송경자의 관점은 『신
찬초등소학』을 보다 입체적으로 이해하는 전기로 판단된다. 필자는
석송경자의 관점에서 논의를 시작하고자 한다.
『신찬초등소학』이 출간될 당시에는 이미 학부(學部)에서 발간된
『보통학교 학도용 국어독본(普通學校學徒用 國語讀本)』(1908)이 있었으
며, 널리 알려진 대로 이 책은 한일강제병합 직후 간행된 『보통학교
학도용 조선어독본(普通學校學徒用 朝鮮語讀本)』(1911)의 저본이 된다.
즉, 『신찬초등소학』은 『보통학교 학도용 국어독본』과 함께 통감부시
기에서 총독부시기로 넘어가는 일제침략기 과도기적 교과서라고 볼

수 있다. 공립학교 국어교과서였던 『보통학교 학도용 국어독본』이 교육을 통해 일제침략의 야욕을 실현시키고자 기획됐다면, 사립학교 국어교과서였던 『신찬초등소학』은 민간 편찬 교과서였던 만큼 근저에는 애국과 계몽의 사상이 어느 정도는 존재할 것이라는 추론이 가능하다. 동시에 그것이 당시 출판법에 저촉되지 않을 정도의 애국과 계몽의 사상이었으리라는 것도 어렵지 않게 짐작할 수 있다. 문제는 어떤 양식으로 존재하느냐다.

『신찬초등소학』의 애국적인 요소의 존재 양식을 단적으로 보여주는 예로 권4의 제26과 「군함(軍艦)」이라는 단원을 들 수 있다. 이 단원은 근대화와 국력의 상징이라 할 수 있는 군함을 설명하고 있으며, 하단에 군함 삽화를 싣고 있다. 그런데 주목해야 할 것이 군함의 태극기다. 눈에 잘 띄지는 않으나 자세히 보면 군함에 펄럭이고 있는 것이 모두 태극기임을 알 수 있다(〈그림 1-1〉). 이전에 출간된 『보통학교 학도용 국어독본』에도 「군함」이라는 단원이 있으며, 동일한 내용을 다루고 있다. 그런데 이 책의 군함 삽화는 『신찬초등소학』과 전체적으로 매우 흡사하되, 선미와 선수에는 일본 제국주의의 상징인 욱일기(旭日旗)를, 그리고 중앙 기둥에는 만국기를 달고 있다(〈그림 1-2〉). 그러니까 『신찬초등소학』은 앞서 출간된 『보통학교 학도용 국어독본』의 군함 삽화에서 욱일기와 만국기만 태극기로 바꿔 단 모습을 삽화로 수록하고 있는 것이다. 이는 '군함'이라는 같은 제목

〈그림 1-1〉 『신찬초등소학』 4-26　〈그림 1-2〉 『보통학교 학도용 　〈그림 1-3〉 『초등소학』 6-4
　　　　　　　　　　　　　　　　　　 국어독본』 6-3

의 유사한 내용을 다루고 있는 민간 편찬 교과서 『초등소학(初等小學)』(1906~07년 출간, 1909년 발매 금지)의 커다란 태극기가 정면에 펼쳐 있는 군함 삽화와 비교된다(〈그림 1-3〉).

근대화의 상징인 군함에 욱일기와 만국기를 모두 태극기로 바꿔 단 현채의 태도는 『신찬초등소학』이 단순히 친일 교과서로 집필되지 않았다는 사실을 암시한다. 출판법을 통과하고 일제강점기에도 국어교과서로 사용된 친일적 요소 그 이면에는 '욱일기를 태극기로 바꿔 단' 애국적인 요소가 존재하고 있으며, 이러한 『신찬초등소학』의 양면성이야말로 이 책이 지금까지의 교과서와는 다른 다중적 의미의 교과서라는 것을 알려준다.

이렇게 『신찬초등소학』은 단순히 '친일'의 논리만으로는 설명할 수 없다. 필자는 욱일기를 태극기로 바꿔단 군함을 출발점으로 하여 출판법 통과와 애국사상 고취라는 상반된 입장이 『신찬초등소학』에 어떻게 나타나 있는지 살펴보고자 한다. 그러기 위해서는 먼저 『신찬초등소학』의 체제와 내용을 개괄적으로 살펴보고, 당시 학부 편찬 교과서와의 비교를 통해 『신찬초등소학』이 앞서 간행된 교과서와 어떤 연계성을 가지고 있으며,[1] 궁극적으로 한 교과서 안에 존재하는 친일과 애국이라는 이중적 의미에 대해 알아보고자 한다. 이러한 비교 작업은 동시대 국어교과서 간의 영향 관계를 파악하면서, 국권 침탈기 학부검정 교과서에 나타난 애국과 친일의 양상을 보다 입체적인 관점에서 판단할 수 있다는 점에서 유의미한 시도가 될 것이라 기대한다.

---

1) 『신찬초등소학』 이전에 발간된 개화기 국어교과서는 학부 편찬 교과서 외에도 민간 편찬 교과서가 있다. 『신찬초등소학』에 영향을 주었을 것으로 판단되는 민간 편찬 교과서는 『초등소학』(1906~07), 『유년필독』(1907), 그리고 『최신초등소학』(1908)이다. 이들 민간 편찬 교과서와의 영향관계에 대해 고찰한 연구로는 박민영(2014)이 있다.

2. 『신찬초등소학』의 체제와 내용

『신찬초등소학』은 국한문 혼용체의 인쇄본으로서 6권 6책으로 이뤄져 있다. 초판본은 1909년 발간되었으며, 6권 중 1, 2, 3권이 한일 강제병합 후 일부 단어와 문장, 삽화를 교체해 1913~4년 이른바 '자구정정본(字句訂正本)'으로 재간된다.[2]

이 책의 권1은 41과, 권2는 38과, 권3은 40과, 권4는 38과, 권5는 40과, 권6은 38과로 편성됐으며, 전체적으로 삽화와 부도를 많이 사용하여 내용을 이해하기 쉽게 했다. 다른 국어교과서와 비교하여 편집 면에서 특이한 점은 각 단원마다 본문 위쪽에 신출한자를 제시하고, 권말에 본문에서 다룬 한자의 일람표를 게재하고 있다는 것이다. 체재는 다른 국어교과서와 대동소이하나, 구두점을 권점(圈點)으로 표시하고, 권2를 제외한 나머지 권에서는 띄어쓰기를 하고 있지 않으며, 존대어미를 사용한 문체로 일관하고 있다.

『신찬초등소학』의 내용은 기초 지식이나 일반 상식이 많은 부분을 차지한다. 권1은 특별한 제목 없이 자모(字母)와 철자의 보기를 들고, 낱말 익히기 형식의 단어나 짧은 문장을 제시하고 있다. 즉, '자모 → 음절 → 단어 → 문장'의 순으로 발전시켜 나가고 있다.[3] 각

---

2) 이 글에서는 권1~3의 『신찬초등소학』은 국회도서관에서 소장하고 있는 1909년 초판본을 텍스트로 했으며, 권4~6은 1977년 아세아문화사에서 출간한 『신찬초등소학』 영인본(1909년 초판본)을 텍스트로 했다. 권1~3의 재판본은 아세아문화사의 영인본 권1(1914), 권2(1913), 권3(1913)을 참고했다.

3) 이는 앞서 발간된 민간 편찬 교과서 『초등소학』의 영향으로 판단되나, 『신찬초등소학』은 단어를 '가나다' 순서로 정리해 제시하는 등 『초등소학』보다 체계적인 구조를 갖추고 있다. 『신찬초등소학』의 낱말 익히기에서 예시로 든 단어와 삽화 중 『초등소학과』과 중복되는 것은 전체 61개의 절반에 해당하는 31개 단어다. 학부 편찬 교과서 『보통학교 학도용 국어독본』에도 글자 익히기 단원이 있으나 『신찬초등소학』보다는 덜 체계적이다. 『초등소학』 이전에 발간된 교과서에는 『신정심상소학』이 책머리에 한글 자모를 조합해 배열하고 있을 뿐, 본격적인 낱말 익히

단어에는 그에 해당하는 삽화가 그려져 있다. 1906년 보통학교령이 공포되고 일본어가 정규과목이 된 시점에서 이 책은 이전의 어떤 국어교과서보다도 체계적인 한글 교육을 시도하고 있다.

권2~6은 하나의 주제에 대해 설명하거나 우화(寓話) 형식의 비유를 통해 기본적인 상식, 혹은 교훈을 전달하는 데 주력한다. 이것은 크게, 실생활에 필요한 '실용지식'과 '한국의 지리와 역사', 그리고 인간으로서 갖추어야 할 '기본 도리'로 나눠 살펴볼 수 있다.

먼저, 실용 지식을 다룬 부분으로는 '일상적 기초 지식'을 다룬 단원과 '근대적 지식'을 다룬 단원으로 다시 나눌 수 있다. 저학년 대상인 2~4권에는 주로 일상적 기초 지식이 설명되고 있으며, 고학년 대상인 5~6권에는 과학과 기술, 사회와 경제, 세계의 지리와 문화 등과 연관된 근대적 지식이 서술돼 있다. 이 교과서가 '국어'에 해당하는 교과내용뿐만 아니라 신학문으로 일컬어지는 다양한 분야를 포함하고 있음을 알 수 있다.

일상적 기초 지식은 「닭」「도(稻)」「천(蚕)」「염(鹽)」「목리(木理)」 등 상식적으로 알아야 할 것들에 대해 설명하는 단원과, 「학교」「개학」「헤는 법」「7요일」「시(時)」「위생」「시계 보는 법」 등 근대 교육의 기초에 해당하는 단원이 포함된다. 특히 이 부분에서는 '시계' '지남침' '기차' '군함' 등 근대화와 관련된 서구문물에 대한 소개가 큰 비중을 차지하고 있다. 다음은 앞서 삽화로 먼저 살펴본 「군함」 단원의 일부다.

(…전략…) 군함(軍艦)에 포과(包裹)한 강철(鋼鐵)은 기(基) 후(厚)가 일척(一尺) 혹(或) 일척(一尺) 사오촌(四五寸)이 되는 고(故)로 여차(如此)한 대포(大砲)로 발사(發射)하야도 관통(貫通)키 어려우니 고(故)로 군함(軍

기기 단원은 없다.

艦)을 해상성(海上城)이라 ᄒᆞᄂᆞ니다

넷젹 성루(城壘)ᄂᆞᆫ 대포(大砲)로 사격(射擊)ᄒᆞ면 곳 파괴(破壞)ᄒᆞᆯ 것이
오 군함(軍艦)은 항구(港口)에 대이면 산악(山岳)이 올립(兀立)흠과 갓다
가 기적(汽笛)의 소ᄅᆡ가 출(出)ᄒᆞ면 흑연(黑煙)을 토ᄒᆞ고 응취(應鷲)와 갓
치 질주(疾走)ᄒᆞ니 넷젹 군함(軍艦)은 천백(千百) 쳑(隻)이라도 금일(今日)
군함(軍艦) 일쳑(一隻)을 대적(對敵)지 못ᄒᆞ고 기(基) 가격(價格)도 넷젹
군함(軍艦)보다 천백배(千百倍)가 되ᄂᆞ이다

―「군함」 부분, 『신찬초등소학』 권4 제26과

인용문에서 강하고 크고 빠른 군함은 과거의 성루(城壘)와 구식 군
함과 비교되면서 근대화의 상징으로 그려져 있다. 그런데 앞에서 살
펴보았듯이, 이 단원의 삽화는 태극기를 단 군함이다. 본문의 서두에
서 정의한 대로 "군함이라 하는 것은 해상의 전쟁에 쓰ᄂᆞᆫ 선(船)"임
을 상기할 때, 이 군함은 부국강병을 지향하는 근대화된 대한제국을
상징하고 있음을 알 수 있다.

'근대적 지식'을 다룬 부분으로는 「태양」「수(水)의 변화 1, 2」「신
체의 결구(結構)와 골육(骨肉)」「회(繪)와 도(圖)의 이동(異同)」「평방과
입방」「통상」「조세」「사회」「아등(我等)의 세계」「동서양 제국」「세
계의 인종」 등이 있으며, 이 단원들은 하나의 주제를 자연과학적,
혹은 인문·사회적으로 심화 설명하고 있다.

다음은 한국의 지리와 역사를 다룬 단원들이다. 『신찬초등소학』
에는 한글의 자모와 사용법에 초점을 맞춘 권1을 제외하면, 권2부터
권6에 이르기까지 한국의 지리와 역사에 대한 이야기가 지속적으로
언급되고 있다. 「한양」「평양」「구항(九港)과 삼시(三市)」「지세와 경
계와 산해 급(及) 연해안」「고대조선」「신라 고구려 백제 삼국의 기
원」 등의 단원이 그것이다. 특히 권5에서는 을지문덕, 서희, 강감찬
과 같이 난세에 나라를 구한 영웅들의 일화가, 권6에는 황희와 허조,

이준경과 이원익과 같이 충신들의 이야기가 나온다.

『신찬초등소학』의 또 다른 내용으로 효성과 신의, 근면과 성실과 같은 인간으로서 갖추어야 할 기본 도리를 강조한 단원이 있다. 여기서는 일본의 서예가인 소야도풍(小野道風), 미국의 초대 대통령 워싱턴, 그리고 가난하지만 면학하는 아이들을 예로 들어 '정직하게 열심히 노력하면 반드시 성공한다'는 긍정적인 주제를 전달하고 있다. 이솝 우화와 같은 이야기를 통해 겸손하고 현명하게 살아갈 것을 권하기도 한다. 다음은 이 책에 나온 소야도풍의 이야기다.

> 이 그림은 **內地**[4]의 명필(名筆) 소야도풍(小野道風)이가 우중(雨中)에서서 와(蛙)를 견(見)ᄒᆞᄂᆞᆫ 것이오이다
>
> 이 와(蛙)ᄂᆞᆫ 류지(柳枝)에 붓고쟈 ᄒᆞ다가 여러 번 ᄯᅥ러지되 더욱 용력(用力)ᄒᆞ야 긋치지 아니 ᄒᆞ더니 필경(畢竟) 그 류지(柳枝)에 붓텃ᄂᆞᆫ지라
>
> 도풍(道風)이가 이것을 보고 감동(感動)ᄒᆞ야 아모 일이라도 인내(忍耐)ᄒᆞ야 역(力)을 용(用)ᄒᆞ면 못 될 것이 업다 ᄒᆞ고 기후(其後)ᄂᆞᆫ 한서(寒暑)와 주야(晝夜)를 교계치 아니 ᄒᆞ고 글시를 공부(工夫)ᄒᆞ야 유명(有名)ᄒᆞᆫ 필가(筆家)가 되얏ᄂᆞ이다
>
> —「소야도풍」 전문, 『신찬초등소학』 권3 제36과

소야도풍은 10세기 일본 평안(平安) 말기 등원(藤原) 시대의 유명한 서예가다. 이 글은 비오는 날 개구리 한 마리가 버드나무 가지에 이르고자 여러 번 뛰다가 마침내 성공한 것을 보고 크게 깨달았다는 소야도풍의 청년시절 에피소드를 담은 것으로, "아모 일이라도 인내ᄒᆞ야 역(力)을 용(用)ᄒᆞ면 못 될 것이 업다"는 인내와 노력의 미덕을

4) "內地"는 본래 인쇄된 글자를 지우고(가리고) 그 위에 붓으로 덧쓴 글자다. 국회도서관 소장 『신찬초등소학』 권1~3 초판본에는 이렇게 덧쓴 글자가 다수 발견된다. 이후 덧쓴 글자는 고딕강조하고 밑줄을 그어 표시하였다.

강조하고 있다.

　그런데 인용문의 원문을 보면 특이한 점이 발견된다. 원문에 "內地"는 본래 인쇄된 글자가 아니라, 그 부분을 지우고(가리고) 위에 붓으로 덧쓴 글자다(〈그림 2-1〉). '내지'는 식민지에서 본국을 가리키는 말이므로, 이 책은 1909년 9월에 발간되었으나 실제 교과서로 사용된 것은 1910년 8월 국권 상실 이후이며, 덧쓴 글자는 당시 총독부 학무국에서 배포한 '구학부 편찬 보통학교용 교과서 및 구학부 검정 및 인가 교과용 도서에 관한 교수상 주의할 자구 정정표'(이하 '자구정정표')에 따라 임의로 수정된 것으로 추측할 수 있다. 우리나라가 일본의 식민지임을 자인하는 이 단어는, 정작 1913년 자구정정본으로 현채가 재판한 책에는 "日本"이라고 인쇄돼 있다(〈그림 2-2〉). 즉, "內地"라고 덧쓴 글자는 이 책을 편찬한 현채의 집필 의도와는 무관함을 알 수 있다.

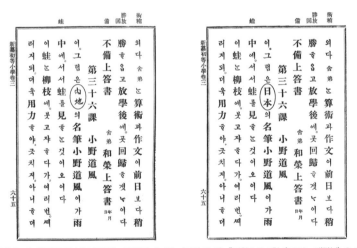

〈그림 2-1〉『신찬초등소학』(1909, 초판본) 3-36　〈그림 2-2〉『신찬초등소학』(1913, 재판본) 3-36

　소야도풍의 일화는 학부 편찬 교과서인 『신정심상소학(新訂尋常小

學)』에도 「소야도풍의 이이기라」(권2 제12과)라는 유사한 단원이 있다. 그러나 민간 편찬 교과서에서 일본인을 위인으로서 등장시킨 예는 『신찬초등소학』이 유일하다.

이렇게 『신찬초등소학』은 실용지식을 바탕으로 서구문물을 받아들이고, 한국의 지리와 역사를 배울 것이며, 성실하고 바른 품성을 기르자는 내용으로 이뤄져 있다. 그런데 그 내용이 이전에 발간된 교과서와 여러 곳에서 중복되며, 초판본과 재판본 사이에서도 차이가 발견된다. 그러면 앞서 발간된 학부 편찬 교과서 교과서와의 비교 및 초판본과 재판본의 비교를 통해 『신찬초등소학』의 특징을 살펴보도록 하겠다.

3. 학부 편찬 교과서와의 비교

현채는 1897년경부터 1907년까지 학부 편집국에 근무하면서 청과 일본의 서적을 번역하거나 교과서 편찬 작업에 참여했다. 특히 1905년 학부위원과 사립 한성법학교 교장에 임명돼 활동했던 경험은 이후 교과서를 집필하는 데 도움이 되었으리라 짐작된다. 그는 학부에서 해임된 후 민간 편찬 교과서로서 『유년필독(幼年必讀)』(1907)과 『신찬초등소학』(1909)을 차례로 출간했다.

『신찬초등소학』 이전에 학부에서 출간된 국어교과서는 『국민소학독본(國民小學讀本)』(1895), 『소학독본(小學讀本)』(1895), 『신정심상소학』(1896), 그리고 『보통학교 학도용 국어독본』(1907~08) 등 4종류다. 공교롭게도 현채가 근무했던 기간은 이 4종류의 교과서가 출간된 시기와 겹쳐지지 않는다. 그러나 학부 근무 직전에 출간된 『국민소학독본』, 『소학독본』, 『신정심상소학』과 해임 직후에 출간된 『보통학교 학도용 국어독본』은 『신찬초등소학』 집필에 많은 영향을 주었을 것이다. 실제로 『신찬초등소학』은 이들 학부 편찬 교과서 중 특히 『신정심상소학』과는 내용과 표현 형식에 있어서 거의 동일한 단원이 다수 있으며, 『국민소학독본』 『보통학교 학도용 국어독본』과 유사한 단원도 있다. 이를 정리하면 〈표 1〉과 같다.[5]

〈표 1〉 『신찬초등소학』과 학부 편찬 교과서와의 유사 단원 비교

『신찬초등소학』(1909)		『국민소학독본』(1895) 『신정심상소학』(1896) 『보통학교 학도용 국어독본』(1907~08)	
권-단원	제목	* 권-단원	제목
2-1	학교	신정1-1	學校
2-3	동서남북	신정1-5 (목차에는 4과로 표기)	동서남북이라
		보통1-43	무제
2-4	소	신정1-7	마(馬)와 우(牛)라 ('우' 부분)
2-8	기야미	신정1-3	의(蟻)
2-10	입	신정1-13	입은 흔아이라
2-12	무지개	신정1-10	홍(虹)
2-13	참시	신정1-12	작(雀)
2-17	농공상	신정1-8	농공상
2-18	말	신정1-7	마(馬)와 우(牛)라 ('마' 부분)
2-19	효(曉)	신정1-9	효(曉)
2-21	시(時)	신정1-6	시(時)

---

5) 같은 제목이라도 내용이 서로 다르거나, 유사한 내용이라도 서술방식에서 유사성을 찾을 수 없는 '소재나 내용의 단순 차용'은 포함시키지 않았다. 예를 들어, 『신찬초등소학』의 「소」(2-4) 「말」(2-18) 「한양1, 2」(3-29, 30) 「평양」(6-4) 「천(泉)」(3-12) 등은 각각 『보통학교 학도용 국어독본』의 「우(牛)」(6-8) 「마(馬)」(2-12) 「한성」(4-15) 「평양」(4-20) 「잠(蠶)」(5-16) 등과 제목이 동일하거나 유사하며, 각각 제목에 해당하는 보편적인 내용을 다루고 있으나 서술방식에 유사성이 없으므로 제외했다.

2-22	사시(四時)	신정3-25 보통2-3	사절(四節)이라 사시(四時)
2-24	승(蠅)과 비아(飛蛾)의 이야기	신정1-26	승(蠅)과 비아(飛蛾)의 이익기
2-25	조고마흔 양	신정1-27	조고마흔 양이라
2-26	아국(→조션)	신정1-28	아국
2-31	고(苦)눈 락(樂)의 종(種)	신정1-11	고(苦)눈 락(樂)의 종(種)이라
2-32	가마귀와 여호의 이야기	신정1-29	가마귀와 여호의 이익기라
2-33	부엉이가 비둘기의게 우슴을 보왓소	신정1-15	부엉이가 비둘기의게 우슴을 보왓더라
2-35	조충(曹冲)이 상(象)의 즁량을 홈	보통5-2	상(象)의 즁량
2-36	운동	신정2-2	운동이라
2-38	자모(慈母)의 심(心)	보통2-23	모심
3-2	탐심 잇는 견(犬)	신정1-20 보통2-18	탐심 잇는 개라 욕심이 만흔 견(犬)
3-4	화목흔 가권(家眷) 1	신정1-21	화목흔 가권(家眷) 1
3-5	화목흔 가권(家眷) 2	신정1-22	화목흔 가권(家眷) 2
3-8	포도전 1	신정1-30	포도전 1
3-9	포도전 2	신정1-31	포도전 2
3-12	천(蚕)	신정2-5	누에라
3-14	식물	신정1-16	식물
3-15	서(鼠)의 이야기	신정1-17	쥐의 이익기
3-17	염(鹽)	신정2-11 보통6-26	소곰이라 염(鹽)과 사탕(砂糖) ('염' 부분)
3-19	목리(木理)	신정2-7	목리(木理)라
3-20	기름	신정2-8	기름이라
3-21	시계를 보눈 법 1	신정2-2 보통3-6	시계를 보눈 법이라 1 시계
3-22	시계를 보눈 법 2	신정2-23 보통3-6	시계를 보눈 법이라 2 시계
3-23	시계를 보눈 법 3	신정2-23 보통3-6	시계를 보눈 법이라 3 시계
3-24	태양	보통2-19	태양력
3-26	인성의 지혜	신정2-3	지성의 지혜라
3-27	장유(張維)	신정2-4	장유(張維)의 이익기라
3-33	산응성(山應聲) 1	신정2-29	산응성(山應聲)이라 1

3-34	산응성(山應聲) 2	신정2-30	산응성(山應聲)이라 2
3-36	소야도풍(小野道風)	신정2-12	소야도풍(小野道風)의 이익기라
3-37	붕우를 가리는 법	신정2-10	동모를 갈히는 법이라
3-39	여호	신정2-6	여호라
3-40	조(鳥)가 합(蛤)을 식(食)하는 지혜	신정2-25	가마귀가 조개를 먹는 이익기라
4-2	방(蚌)과 휼(鷸)의 상쟁(相爭)	보통3-15	방휼지쟁(蚌鷸之爭)
4-3	아해(兒孩)의 도리	신정1-18	으들 되는 자의 도리라
4-5	조(鳥)됨을 원하는 문답	신정3-13	조(鳥)됨을 원하는 문답이라
4-6	개국기원절	신정3-15 보통3-18	기원절이라 개국기원절
4-7	학문을 권함	신정3-2	비호기를 권함이라
4-8	영조조께서 욕(褥)을 환급 하신 일 영조대왕인덕	신정3-10 보통3-3	영조조게오서 욕(褥)를 환급하신 이익기라 영조대왕 인덕
4-12	이시백이 꽂을 밧치지 아니한 일	신정3-11	이시백이 꽂을 밧치지 아니한 이익기라
4-15	호(虎)와 호(狐)의 화(話)	신정3-6	호(虎)와 호(狐)의 화(話)라
4-16	과수(渦水)	신정2-21	回水라
4-17	와(蝸)	신정2-20	달핑이라
4-18	나타(懶惰)한 사름 1	신정2-26	무식한 스름이라 1
4-19	나타(懶惰)한 사름 2	신정2-27	무식한 스름이라 2
4-21	화성돈(華盛頓)	신정3-7	화성돈(華盛頓)의 화(話)라
4-22	건원절	보통4-16	건원절
4-23	기차와 정차장	보통2-16 보통2-17	기차 정차장
4-25	선(船)	신정3-32	선(船)이라
4-26	군함	보통6-3	군함
4-29	菊花	신정3-14	국화라
4-32	안(鴈)	보통4-9	안(鴈)
4-34	구(鳩)	신정3-31	순명의 구(鳩)라
4-35	경찰	신정3-5	경찰이라
5-1	나려제삼국(羅麗濟三國)의 기원	보통5-12	삼국의 시기(始起)
5-5	설(雪)	신정2-16	설(雪)이라
5-6	기후	보통5-5	기후

5-8	공자	보통6-9	공자와 맹자('공자' 부분)
5-9	맹자	보통6-9	공자와 맹자('맹자' 부분)
5-14	불교	보통6-10	유교와 불교('불교' 부분)
5-16	을지문덕	보통4-13	문덕대승
5-17	공기	보통4-17	신선흔 공기
5-18	삼국의 쇠망 1	보통6-24	백제, 고구려의 쇠망
5-22	공원	보통4-18	공원
5-23	석탄과 석유	보통4-19	석탄과 석유
5-32	수(水)의 변화 1	보통6-21	수(水)의 증발
5-33	수(水)의 변화 2	보통6-22	우로(雨露)
5-37	세계의 인종	보통8-10	지구상의 인종
6-2	문학의 진보급쇠퇴	보통8-7	학술의 성쇠
6-10	회(繪)와 도(圖)의 이동(異同)	신정3-19	회(繪)와 도(圖)라
6-11	서책을 독(讀)ᄒᆞᄂᆞᆫ 법	신정3-18	서책을 독(讀)ᄒᆞᄂᆞᆫ 법
6-15	지세와 경계와 산해급(及)연 해안	보통4-4 보통4-5	한국지세 한국해안
6-25	덕으로써 원(怨)을 보(報)홈	국민1-9	이덕보원(以德報怨)
6-27	노농(老農)의 석화(夕話)	국민1-24	노농석화(老農夕話)

* 국민=『국민소학독본』, 신정=『신정심상소학』. 보통=『보통학교 학도용 국어독본』

〈표 1〉을 살펴보면 『신찬초등소학』의 전체 194단원(권1 제외) 중학부 교과서의 내용과 유사한 단원은 총 85개로 전체의 44%에 이른다. 이 중 가장 많은 유사성을 보인 『신정심상소학』은 무려 60개의 단원(31%)이 일치했다. 『신정심상소학』의 전체 3권 97개 단원의 62%가 『신찬초등소학』에 그대로 수록됐다는 것이다. 이것에 비하면 거의 같은 시기에 출간된 『보통학교 학도용 국어독본』과의 유사한 단원은 31개에 그치며,6) 이 중 9개는 『신정심상소학』과 이미 중복된 내용이다. 『국민소학독본』과는 2개의 단원만 일치했다.

---

6) 텍스트로 한 아세아문화사의 『보통학교 학도용 국어독본』 영인본과 도서출판 경진의 『보통학교 학도용 국어독본』 상·하권에는 권7이 빠져 있다. 이를 고려하면 실제 유사성은 이보다 다소 높을 것이라 짐작된다.

이렇게 현채는 『신찬초등소학』 내용의 절반 가까이를 학부 편찬 교과서에서 가져와 재수록했다. 이 장에서는 『신찬초등소학』과 학부 편찬 교과서 『신정심상소학』 『보통학교 학도용 국어독본』과의 비교를 통해 형식과 내용의 연계성을 살펴보고자 한다.

1) 『신정심상소학』과의 연계성

『신정심상소학』은 1895년 '소학교령' 이후 학부에서 발간한 세 번째 교재다. 앞서 발간된 『국민소학독본』과 『소학독본』이 신교육에 대한 열망에도 불구하고 전근대적인 형식과 내용에서 크게 벗어나지 못했다면, 『신정심상소학』은 비교적 근대 교과서의 체제를 잘 갖추고 있다고 평가되며, "아동의 신체발달에 비추어 국민교육의 기초와 생활에 필요한 보통 지식 및 기능을 갖추게 하는" 소학교령의 교육목적에 부합하는 내용으로 이뤄져 있다.

『신정심상소학』의 서문에 따르면, 이 책은 만국이 교류하여 문명의 진보에 힘쓰던 그 당시에 교육이야말로 "목하의 급무"임을 깨달아 집필되었으며, 그 과정에서 학부가 일본인 보좌원 고견구(高見龜)와 마천송차랑(麻川松次郎)을 영입했음을 밝히고 있다.

당시 조선 정부는 학부 초기인 1895년부터 일본의 교육 행정 관계 전문가를 초빙해 학부대신의 보좌원 자격으로 교육제도를 개혁하는 일에 참여시켰다. 이들에 대해서는 "한 편으로는 정부의 초빙 목적에 좇으면서, 다른 한편으로는 식민지 경영계획을 진행시키고 있었다"(이종국, 1991: 130)는 시각도 있다. 그러나 학부 초기인 이 무렵만하더라도 민족 계몽의 필요성에 의해 교과서가 집필됐다는 사실은 분명하며, 교과서 곳곳에서 애국과 민족의 자존감을 강조하고 있다. 이 책의 서문에서 내건 "천하만국의 문법과 시무(時務)의 적용" 역시 만국이 교류하는 시대에 조선의 지리와 역사를 넘어선 근대적 지식을 지향하는 의미로 풀이할 수 있다. 따라서 『신정심상소학』에 나타난 친일적 성향은 많은 부분이 일본을 통해 근대적 문물을 받아들이는 과정에서 미처 정제되지 못한 것들이라고 볼 수 있다. 1904년 을사조약 이후 시작된 통감시대에 학부에서 편찬한 『보통학교 학도용 국어독본』의 성격과 비교해 볼 때 『신정심상소학』의 친일적 성향은 오히려 소박한 수준이며, "배움으로써 나라를 구하자"는 근대 계몽 정신이 주축을 이루고 있다. 현채가 사립학교용 국어교과서인 『신찬 초등소학』을 집필하면서, 불과 1~2년 전에 출간된 『보통학교 학도용 국어독본』보다 십여 년 전의 『신정심상소학』을 적극적으로 참고했다는 사실은 『신찬초등소학』이 지향하는 바가 『신정심상소학』과 보다 가깝다는 말이 된다.

다음은 『신정심상소학』의 「아국(我國)」이라는 단원이다.

우리 조선(朝鮮)은 진실(眞實)노 조혼 나라이라 기(基) 인수(人數)는 일천오백만(一千五百萬)이오 풍속이 순박(淳朴)ᄒ오이다 서울을 한양(漢陽)이라 칭(稱)하며 대군주폐하(大君主陛下)게옵서 계시는 데니 크고 번화(繁華)ᄒ기는 조선국(朝鮮國) 중에 제일(第一)이오이다

조선(朝鮮)은 기후(氣候)가 조코 토지(土地)도 조흐니 각색(各色) 곡식이 만이 나며 또 광물(鑛物)도 만이 산출(産出)ᄒᆞ옵ᄂᆞ이다

조선(朝鮮)에는 녜부터 어진 스람이며 용맹(勇猛)혼 스람이며 일홈난 스람이 허다(許多)ᄒ니 여러분도 학교(學校)에서 각반공부(各般工夫)를 ᄒᆞ야 재예(才藝)를 닥고 몸을 충실(充實)ᄒ게 ᄒᆞ여 제세(濟世)ᄒᆞᆯ 스람이되야 국가(國家)를 위(爲)ᄒᆞ야 맛당히 진충(盡忠)ᄒ고 갈력(竭力)ᄒᆞᆯ 거시니이다

—「아국」 전문, 『신정심상소학』 권1 제28과

인용문에서 우리나라는 좋은 나라이며 풍속이 순박하고 기후가 좋고 각종의 곡식이 많이 나며 광물도 풍부하다고 나와 있다. 또 예

로부터 어진 사람이며 용맹한 사람이며 이름난 사람이 허다하니 여러분은 공부를 열심히 해서 "제세홀 스룸이되야 국가를 위ᄒᆞ야 맛당히 진충ᄒᆞ고 갈력"해야 한다고 말한다. 즉, 공부를 하는 것은 제세(濟世)할 사람이 되기 위함이며, 이들은 곧 국가를 위하여 충심을 다하는[盡忠] 사람이다. 이 당시만 하더라도 교육의 목적이 구국(救國)에 있음을 분명히 밝히고 있다.

이 단원은 『신찬초등소학』에 다음과 같이 유사한 형태로 재수록된다.

> 우리 대한(大韓) 세계(世界)에 조혼 나라이라 인구(人口)는 이천만(二千萬)이오 풍속이 순박ᄒᆞ오이다
> 서울은 한양(漢陽)이오
> 대황제폐하(大皇帝陛下) 읍셔 계시ᄂᆞᆫ 데니 크고 번화하기ᄂᆞᆫ 朝鮮에 제일(第一)이오이다
> 우리나라ᄂᆞᆫ 기후(氣候)가 쌋쌋ᄒᆞ고 토지(土地)도 조흐니 각싴 곡식이 만히 나고 ᄯᅩ 광물(鑛物)이 만히 나옵ᄂᆞ이다
> 朝鮮에ᄂᆞᆫ 녜브터 어진 사룸과 용밍ᄒᆞᆫ 사룸과 일홈난 사룸이 허다(許多)ᄒᆞ니 여러분도 학교(學校)에셔 공부(工夫)ᄒᆞ야 재예(才藝)를 닥고 몸을 츙실케 ᄒᆞ며 직업(職業)을 부즈런히 힘써 가(家)와 국(國)을 부(富)케 하옵시다
>
> —「아국(我國)」전문, 『신찬초등소학』(초판본) 권2 제26과

인용문에서 우리나라의 국호는 '조선'에서 '대한'으로 바뀌었고, 그에 따라 '대군주폐하'는 '대황제폐하'가 됐다. 인구도 1천 5백만에서 2천으로 증가했다. 이러한 변화에도 불구하고 이 단원의 전반부는 『신정심상소학』의 「아국」과 거의 동일하다. 그러나 글의 후반부 교육목적에 이르면 두 교과서는 확연한 차이를 보인다. 앞서 살펴보

왔던 것처럼『신정심상소학』에서는 교육의 목적을 제세, 즉 구국에 두었던 것에 반해『신찬초등소학』에서는 "직업을 부즈런히 힘써 가 와 국을 부케 하옵"는 부국(富國)에 두고 있다. 교육목표에 정치적인 함의가 배제되었으며, 보다 실질적인 것으로 바뀌었음을 알 수 있다.

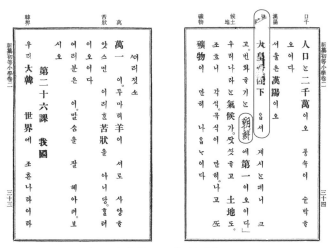

〈그림 3〉『신찬초등소학』(초판본) 2-26

인용문에는 "朝鮮"이 2번 덧쓴 글자로 돼 있다(〈그림 3〉). 이 단원 의 제목이 '아국'임을 고려하면 본래 그곳에는 '我國'이 인쇄되었을 가능성이 높다. 1913년 재판본(자구정정본)에는 "朝鮮"이 인쇄돼 있 다. 또한 "大皇帝陛下"는 훼손시킨 흔적이 역력하다. 이 책도 앞에서 살펴본 권3과 마찬가지로 1909년 출간됐으나 실제 교과서로 사용된 것은 국권 상실 이후로 판단되며, '자구정정표'에 의해 임의로 수정 된 것으로 추측된다.

초판본의 「아국」은 재판본에서 「조선」으로 제목이 바뀌어 수록된다.

우리 조선(朝鮮)은 세계(世界)에 조흔 쓰이라 인구(人口)는 이천만(二千

萬)이오 풍속이 순박ᄒ오이다

서울은 경성(京城)이오

<u>일반인민이 취집(聚集)ᄒ 도회(都會)니 크고 번화하기ᄂ 조선(朝鮮)에</u>
제일(第一)이오이다

조선(朝鮮)은 기후(氣候)가 쌋쌋ᄒ고 토지(土地)도 조흐니 각식 곡식이
만히나고 또 광물(鑛物)이 만히 나옵나이다

조선(朝鮮)에ᄂ 네브터 어진 사람과 <u>츙효ᄒ 사람</u>과 일홈난 사람이 허
다(許多)ᄒ니 여러분도 학교(學校)에셔 공부(工夫)ᄒ야 재예(才藝)를 닥고
몸을 츙실케 ᄒ며 <u>직업(職業)을 부즈런히 힘써 가(家)와 국(國)을 부(富)케</u>
<u>하옵시다</u>

—「조선」 전문, 『신찬초등소학』(재판본) 권2 제26과

초판본 「아국」과 재판본 「조선」의 차이는 단원명 자체에서 드러
난다. 재판본의 '조선'은 『신정심상소학』에서의 '조선'이 의미하는
것과 다르다. 『신정심상소학』이 출간될 1896년의 우리나라 국호는
'조선'이었다. 그래서 『신정심상소학』의 「아국」에는 우리나라가 "조
선" 또는 "조선국"으로 표기됐다. 이후 1897년부터 우리나라의 국호
는 '대한제국'이었으며, 1910년 한일강제병합 이후 일제에 의해 다시
'조선'으로 불렸다. 국권 상실 후 '국어'가 '조선어'가 되고 '일본어'가
'국어'가 됐다는 사실을 상기하면, '아국'과 '조선'의 차이가 국권의
유무를 시사하고 있음을 알 수 있다. 초판본에서의 "우리 대한은 세
계에 조흔 나라"가 재판본에서 "우리 조선은 세계에 조흔 ᄯ"이라고
서술된 것도 같은 맥락에서다. 재판본에서 '조선'은 나라가 아닌 땅,
즉 한 지역을 일컫는 말로 쓰이고 있는 것이다. 또한 초판본에서 한
양이 최고 통치자이자 국가의 상징인 "대황제폐하 읍셔 계시ᄂ 데"
라고 기술돼 있는 것에 비해, 재판본에서 경성은 "일반인민이 취집
ᄒ 도회"라고 설명돼 있다. 이 부분 역시 국권 상실 이후 '자구정정

표'에 따른 수정으로 판단된다.

문제가 되는 것은 그 다음, 조선인의 정체성을 거론하면서 학생들에게 면학을 권장하는 부분이다. 초판본에서는 "조선에ᄂ 녜브터 어진 사ᄅᆞᆷ과 용밍ᄒᆞᆫ 사ᄅᆞᆷ과 일홈난 사ᄅᆞᆷ이 허다ᄒᆞ니"라고 기술된다. 그런데 재판본에서는 '용밍ᄒᆞᆫ 사ᄅᆞᆷ'이 '츙효ᄒᆞᆫ 사ᄅᆞᆷ'으로 바뀌어 있다. 이것은 이 단원의 저본이라고 할 수 있는 『신정심상소학』에 이미 "국가를 위ᄒᆞ야 맛당히 진츙ᄒᆞ고 갈력ᄒᆞᆯ거시니이다"라는 구절이 이미 나와 있었다는 점에서 교체 자체가 부자연스러운 것은 아니다. 그러나 국권 상실로 '대황제폐하'를 '일반인민'으로 대체한 시점에 굳이 조선인의 미덕 중 용맹을 버리고 충효를 선택한 것은 '충성스럽고 선량한 국민'을 육성하고자 하는 일제의 식민지 교육정책을 수용한 것으로 해석할 수 있다.

이렇게 『신찬초등소학』은 『신정심상소학』의 여러 단원을 그대로 가져오거나, 시의에 따라 일부 변경해 재수록하고 있다. 다만, 권4의 35과 「경찰」과 같은 단원은 『신정심상소학』의 내용을 재수록하면서 그 책의 발간 당시와는 다르게 내용이 왜곡된 경우다. 『신찬초등소학』의 「경찰」 단원은 국권 상실 전후 시기의 무단통치 체제를 옹호했다는, 이른바 친일 교과서 혐의에서 자유로울 수 없는 부분이다.

경찰(警察)이라 ᄒᆞᄂ 것은 시가(市街)와 전야(田野)와 산림(山林)과 혹(或) 수상(水上)이던지 그 관할(管轄)되ᄂ 데를 순시(巡視)ᄒᆞ야 화재(火災)며 수환(水患)이며 도난(盜難)이며 기타 인민(人民)의 재난(災難)을 예방(豫防)ᄒᆞ기도 ᄒᆞ고 ᄯᅩ 구원(救援)ᄒᆞᄂ이다

그 직분(職分)을 부담(負擔)ᄒᆞᆫ 사ᄅᆞᆷ은 <u>경시(警視)와 경부(警部)와 순사(巡査)</u>라 이런 사ᄅᆞᆷ은 항상(恒常) 엄(嚴)ᄒᆞᆫ 규칙(規則)을 준수(遵守)ᄒᆞ야 인민(人民)의 재난(災難)을 방비ᄒᆞ며 구제(救濟)ᄒᆞ기에 졔 신명(身命)을 고(顧)치 아니ᄒᆞᄂ 자(者) ㅣ니 고(故)로 인민(人民)되ᄂ 자(者)ᄂ 이 사ᄅᆞᆷ

을 항상(恒常) 경애(敬愛)홀 것이오이다

―「경찰」 전문, 『신찬초등소학』 권4 제35과

무릇 경찰은 시가(市街)ㅣ며 전야(田野)ㅣ며 산림(山林)이며 혹(或) 수상(水上)이며 그 관할(管轄)되는 데를 순시(巡視)ᄒ야 화재(火災)며 수난(水難)이며 도난(盜難)이며 기타(其他) 각양(各樣)으로 인민(人民)의 재난(災難)을 예방(豫防)ᄒ기도 ᄒ고 혹(或) 구원(救援)ᄒ기도 ᄒᄂ이다

그 직분(職分)을 당(當)ᄒ 스름은 총순(總巡)과 순검(巡檢)이라 이런 스름은 궁상(恆常) 엄(嚴)ᄒ 규칙(規則)을 준수(遵守)ᄒ야 인민(人民)의 재난(災難)을 방비(防備)ᄒ며 구제(救濟)ᄒ기에 제 신명(身命)을 고(顧)치 아니ᄒᄂ 자(者)ㅣ니 고(故)로 인민(人民)되는 자(者)는 이 스름을 궁상(恆常) 경애(敬愛)홀 것이오이다

―「경찰이라」 전문, 『신정심상소학』 권3 제5과

1894년 포도청을 폐지하고 경무청을 신설함에 따라 새로 조직된 개화기 경찰의 역할은 국권 상실을 전후로 무단통치의 기반을 마련하는 것으로 바뀌었다. 1909년에 발간된 『신찬초등소학』은 이렇게 변모한 경찰에 대한 통찰 없이 『신정심상소학』의 「경찰」 단원을 직급명만 '총순·순검'에서 '경시·경부·순사'로 수정하여 수록했다. 이 책이 1913년에 재판돼 그 이후까지 사용되었던 것을 감안하면, 「경찰」 단원은 무단통치의 첨병 역할을 했던 일제강점기 경찰을 찬양하는 것으로 읽힌다.

이 부분에 대해서는 "일본의 지배의도를 무비판적으로 서술했다"(백태희, 2000: 34)는 평가가 지배적이다. 물론 이 단원은 현채가 직접 쓴 것이 아니라 『신정심상소학』의 내용을 재수록한 것에 불과하지만, 그의 의도와는 별개로 일제의 지배체제를 인정하고 미화한 결과를 초래했다는 사실은 분명하다.

2) 『보통학교 학도용 국어독본』과의 연계성

『보통학교 학도용 국어독본』은 1907~1908년 학부가 공립 보통학교 학도를 위한 국어교과서로 편찬한 책이다. 여기서 보통학교란 1906년 공포된 보통학교령에 따라 종전의 소학교를 개편한 것이다. 이 책은 당시 학부 편집국장이었던 어윤적과 일본인 학정참여관 삼토충조(三土忠造)에 의해 기획되었으며, "교과를 통한 친일교육의 강화"(손인수, 1980: 307)라는 통감시대 교육방침이 본격적으로 드러난 교과서로 평가된다.

『신찬초등소학』과 『보통학교 학도용 국어독본』과의 연계성은 『신정심상소학』보다 크지 않다. 『보통학교 학도용 국어독본』은 통감부에 대해 "한국정치를 개선ᄒᆞ고 교육이 보급ᄒᆞ고 농상공업을 발달케 ᄒᆞ야써 한국인민의 안녕행복을 쉐ᄒᆞ"(권8 제17과)는 곳이라고 정의한다. 그리고 통감부가 설치된 후, 통치 기간은 비록 짧으나 한국의 정치·교육·농공상공업은 점차 개선되어 나아지고 있다고 말한다. 게다가 "이 형세로써 수십년을 경과ᄒᆞ면 한국은 완전히 면목을 일신ᄒᆞ리로다"라며 식민통치의 지속성을 전망하기까지 하고 있다. 『보통학교 학도용 국어독본』의 성격이 단적으로 드러나는 단원이다. 『신찬초등소학』에는 이와 유사한 단원이 없다.

또한 『보통학교 학도용 국어독본』은 국권침탈과 강제병합을 정당화하기 위한 사관(史觀)으로서 '임나일본부설(任那日本府說)'을 수용하고 있다. 이 책의 권6의 제2과 「삼국과 일본」은 임나일본부설을 바탕으로 삼국과 일본의 관계를 재구성하고 있다. 『신찬초등소학』에는 이와 유사한 단원이 없다.[7]

---

7) 임태보(林太輔)의 『조선사』를 편역한 현채의 『동국사략』에는 『조선사』의 임나일본부설을 부정하고 있다. 김태영(1976)은 현채의 역사관에 대해 "『조선사』가 침략적인 식민주의 사관으로 일관한 데 반하여, 『동국사략』은 민족주의 사관으로 점철

『보통학교 학도용 국어독본』에는 삼한의 역사 역시 일본과의 교류를 중심으로 기술돼 있다. 이 책의 「삼한(三韓)」단원에서는 진한의 왕자 일창(日槍)이 일본으로 귀화했다는 부분을 예로 들어 "삼한과 일본은 상사(相似)ᄒᆞᆫ바ㅣ 기다(其多)ᄒᆞ니"라며 동질성을 강조하고 있다. 일본에 대한 친밀감을 부각시키면서, 합병에 대한 저항을 완화시키고자 하는 의도가 숨겨져 있음을 알 수 있다. 즉, 이 단원은 일제강점기 식민지배의 궁극적인 목적인 내선일체를 위한 '동화정책'의 일환으로 저술되었음이 자명하다.

『신찬초등소학』에도 '삼한'에 대해 서술하는 유사한 단원이 있다. 그러나 위에서 인용한 부분은 『신찬초등소학』에서 모두 생략되며, 마한과 지리적으로 인접해 있다는 설명에서만 일본이 잠시 언급된다.[8]

『보통학교 학도용 국어독본』에는 우리나라를 비하하거나, 은연중에 부정적인 측면을 강조하는 부분이 다수 발견된다. 한성에 있는 "아국가옥은 다 왜소"(권4 제15과 「한성」)하다고 말하는가 하면, 백제의 제왕은 태반이나 "교사음일(驕奢淫佚)ᄒᆞ야" 국정을 돌보지 않았고(권6 제24과 「백제 고구려의 쇠망」), 고려의 의복·기구(器具)와 각

되고 있다"고 하면서 "『동국사략』은 『조선사』가 인정하지 않은 단군을 분명한 한국사의 시초로 인식하고 삼한정통론(三韓正統論)을 내세워 국사의 자주적인 연속성을 확인하였으며, 『조선사』가 획기적인 사실로 과장한 한사군(漢四郡) 및 소위 임나일본부(任那日本府) 무게를 경시 및 부정하고 있다. (…중략…) 『조선사』가 임진왜란을 마치 왜군의 승전보처럼 꾸며놓은 것에 반하여, 『동국사략』에서는 우리의 전첩 상황을 상세히 기술한 것은 물론, 특히 민중의 자의에서 우러난 의병활동을 상세히 기록하여, 민족적 저항정신을 의식적으로 고취하고 있다"라고 말했다 (김태영, 1976: 417).

8) 다음은 『신찬초등소학』 권4 제37과 「삼한(三韓)」에서 일본이 유일하게 언급된 부분이다. "마한(馬韓)은 경역(境域)이 북(北)은 황해(黃海)를 접(接)하고 남(南)은 일본(日本)에 임(臨)ᄒᆞ며 서(西)ᄂᆞᆫ 해(海)를 침(枕)ᄒᆞ니 그 싸에 젹은 나라이 오십여(五十餘)라 총(摠)히 십여만호(十餘萬戶)니 금(今) 경기(京畿) 충청(忠淸) 전라(全羅) 삼도(三道)의 지(地)오"

214

종 장식이 발달한 이유를 "역대제왕이 유연(遊宴)과 사치로 위사(爲事)"(권8 제1과 「미술공예의 발달」)했기 때문이라고 한다. 고려시대 문치주의에 대해서는 "학술의 진보를 인ㅎ야 부화(浮華)를 숭상ㅎ난 문약의 폐가 생ㅎ야 시문을 농ㅎ며 연락(宴樂)을 취(趣)나 ㅎᄂ 자ㅣ 점다(漸多)"(권8 제7과 「학술의 성쇠」)하다고 까지 기술된다. 사실을 왜곡하거나, 부정적으로 기술함으로써 민족적 열등감을 불러일으키고 있는 것이다.

다음은 이 책에서 '석탄'에 대해 기술한 부분이다.

> 석탄(石炭)은 돌과 ᄀ흐나 그러나 원래(元來) 돌이 아니라 태고시대(太古時代)에 수목(樹木)이 토중(土中)에 매몰(埋沒)ㅎ야 된 것이라 아국(我國)에도 석탄(石炭)이 부다(富多)ㅎ나 그러나 <u>그 품질(品質)이 양호(良好)치 못ㅎ다</u> 운(云)ㅎᄂ니라.
>
> —「석탄과 석유」 부분, 『보통학교 학도용 국어독본』 권4 제19과

『보통학교 학도용 국어독본』의 「석탄과 석유」는 그대로 『신찬초등소학』에 재수록된다. 다만 인용문에서 석탄이 "그 품질이 양호치 못ㅎ다"는 부분은 다음과 같이 수정된다.

> 석탄(石炭)은 외면(外面)으로ᄂ 석(石)과 갓흐나 차(此)ᄂ 석(石)이 아니오 태고시대(太古時代)에 수목(樹木)이 토중(土中)에 매몰(埋沒)ㅎ야 된 것이라 아국(我國)에도 석탄(石炭)이 다(多)ㅎ나 <u>아직 채굴(採掘)치 아니ㅎ야 타국(他國)에서 수입(輸入)ㅎᄂ다</u>
>
> —「석탄과 석유」 부분, 『신찬초등소학』 권5 제23과

현채는 단원의 전체를 그대로 가져오면서 석탄이 품질이 양호하지 않다는 부분만 "아직 채굴치 아니ㅎ야 타국에셔 수입ㅎᄂ이다"로

바꿔 놓았다. 아직 채굴하지 않았기 때문에 품질에 대한 판단을 유보하고 있는 것이다. 석탄에 대한 진술의 차이는 민간 편찬 교과서인 『초등소학』의 유사 단원인 「석탄과 석유」를 보면 더 분명하게 드러난다. 이 책에서는 우리나라 평양에서 산출되는 석탄은 "연매(烟煤)가 무(無)ᄒ야 품질이 양호"(권7 제18과)하다고 정반대로 기술돼 있다. 동시대 학부 편찬 교과서와 판금된 민간 편찬 교과서에 드러난 석탄에 대한 상반된 서술은 석탄이 단순한 광물이 아닌 조선인, 혹은 조선의 잠재력을 상징하고 있음을 암시한다. 이렇게 민족정신이 투사된 석탄의 품질에 대해 현채는 『신찬초등소학』에서 부정적인 언급은 삭제하되, 그렇다고 긍정적으로 평가하지도 않음으로써 논란을 비껴가고 있다.

이렇게 현채는 『보통학교 학도용 국어독본』에서 식민지배의 일환으로 저작된 단원은 『신찬초등소학』에 재수록하지 않았으며, 부정적인 기술에 대해서는 삭제시키거나 중립적인 입장을 취했다. 그가 『신찬초등소학』에서 『보통학교 학도용 국어독본』을 적극적으로 참고한 부분은 '근대적 문물과 지식'을 다룬 단원들로, 「기차와 정차장」 「군함」 「공원」 「태양」 「수(水)의 변화 1, 2」 「세계의 인종」 등이 해당된다.

4. 애국과 계몽사상의 존재 양식

지금까지 필자는 출판법 통과와 애국사상 고취라는 애국과 친일의 상반된 입장이 학부검정 교과서 『신찬초등소학』에 어떠한 양식으로 존재하는지 살펴보았다.

『신찬초등소학』은 실용지식을 바탕으로 서구문물을 받아들이고, 한국의 지리와 역사를 배울 것이며, 성실하고 바른 품성을 기르자는 내용으로 이뤄져 있다. 그런데 그 내용이 이전에 발간된 교과서와 여러 곳에서 중복되며, 초판본과 재판본 사이에서도 차이가 발견된다. 그래서 필자는 『신찬초등소학』을 기간된 학부 편찬 교과서와 꼼꼼히 비교했다. 동시대 국어교과서 간의 영향관계를 파악함으로써 『신찬초등소학』의 성격을 상대적인 입장에서 비교 분석하고, 애국과 친일의 양상을 보다 입체적인 관점에서 판단하고자 했다.

또한 초판본과 재판본도 비교했다. 1909년에 발간된 『신찬초등소학』 초판본 중 1·2·3권은 1913~1914에 걸쳐서 재간되는데, 국권 상실에 따라 '아국'이 '조선'으로 바뀌는 등 부분적인 수정이 가해졌다.

『신찬초등소학』의 학부 편찬 교과서 의존도는 매우 높다. 현채는 학부 편찬 교과서에서 여러 단원을 그대로 가져오거나, 시의에 따라 일부 수정해 재수록하고 있다. 『신찬초등소학』은 『보통학교 학도용 국어독본』보다 『신정심상소학』과 중복되는 내용이 더 많은데, 그 이유는 일제의 국권침탈 정책으로 기획된 『보통학교 학도용 국어독본』보다 "배움으로써 나라를 구하자"는 근대 계몽정신이 주축을 이룬 『신정심상소학』이 현채가 지향한 바와 일치했기 때문으로 보인다. 이는 학부 교과서를 적극 참고하되 일제에 의해 왜곡된 내용은 피해가는 현채만의 집필 전략으로 해석할 수 있다.

일본 군함에서 욱일기와 만국기를 하나하나 태극기로 바꿔 그렸듯이, 현채는 학부 편찬 교과서 중 주로 근대화와 관련된 내용을 선택하고, 그중 일제에 의해 왜곡된 부분은 수정하거나 삭제해서 『신찬초등소학』에 재수록했다. 그것은 군함의 태극기가 눈에 잘 띄지 않듯 사소하고 미미한 성과일지도 모른다. 그러나 1909년 출판법 발효 이후, 교과서 편찬자는 민족계몽을 위해 교과서를 출간해야 한다면 반일과 애국을 전면에 내걸고 결국 판금당할 것인가, 아니면 친일을 표방하면서 그 이면에 애국 계몽적인 태도를 견지할 것인가를 먼저 고민해야 했을 것이다. 현채는 후자를 택한 것으로 보인다.

1913~1914년『신찬초등소학』이 재간된 지 100년이 지났다. 개화기에서 일제강점기까지 사용된 유일한 민간 편찬 국어교과서로서 애국과 친일의 양면성이 다중적으로 존재하는『신찬초등소학』은 이제라도 새롭게 평가받아야 한다.

신지식과 계몽

근대 국가주의 교육관의 성립 과정

: 현채(玄采)의 『유년필독(幼年必讀)』을 중심으로

이정찬(한국교육과정평가원)

1. 근대교육과 국가주의

근대 초기에 출현한 국가주의(國家主義)는 근대적 교육 개혁의 시행과 관련된 일련의 교육적 이념 및 사회적 변혁 등을 이해하는 데 있어 중요한 키워드 중 하나이다. 특히 우리나라의 경우 일본을 비롯한 중국, 러시아 등 외세의 침입이 본격화된 시기에 그에 대한 대응으로서 국가주의에 기반을 둔 교육 개혁을 실시하였다는 점에서 주목할 필요가 있다. 주지하듯이 1894년 갑오개혁 이후 1910년 일제에 의한 강제 병합의 시기까지 당시 사회의 주된 변화의 흐름은 자강(自強)·개혁(改革)·계몽(啓蒙)이라고 할 수 있다. 그리고 이에 대한 제도적 실천 중 하나는 바로 새로운 교육 제도의 시행으로, 국가주의는 당시의 교육 제도를 추진하는 데 있어 강력한 이념적 동력으로서 작용하였다. 하지만 과연 당시의 근대적 국가주의 교육관이란 무엇이며 그것은 어떤 역사적인 배경 속에서 출현한 것인지에 대한 명확한 설명은 여전히 부재한 실정이다. 물론 이와 관련해서는 무엇보다도 근대적 교육관의 성립 과정, 그리고 그것이 국가주의 교육으로 변화(혹은 변질)해 가는 과정, 아울러 그것을 주도했던 사람들의 가치관 및 이력 등에 대한 보다 실증적인 검토가 이루어져야만 할 것이다.

본 연구에서는 이런 물음에 대한 해답의 단서로서 근대적 국가주의 교육관의 성립 과정을 일본과의 영향관계 속에서 살펴보고자 한다. 아울러 당대 대표적 저술가인 현채(玄采)를 통해 그러한 영향관계가 교과서라는 교육 제재로 어떻게 구현되었는가를 그가 저술한 『유년필독(幼年必讀)』을 토대로 확인해 보고자 한다.

2. 일본의 근대적 국가주의 교육관의 성립 과정

1872년 메이지 정부는 근대 교육의 실행을 목적으로 한 새로운 학제를 공포하였고, 이를 위해 문부성 주도로 『소학독본(小學讀本)』(1872)을 발간하였다. 문부성이 발행한 이 교재는 미국의 『Wilson Reader』를 번역한 것으로, 1872년부터 1879년까지의 문부성 발행 교과서는 주로 미국의 교과서를 번역하거나 혹은 일부 전통적 한학(漢學) 교재를 차용하는 것에 머물러 있었다. 이처럼 이 시기 일본의 교육계는 주로 미국의 영향을 받았으며 이로 말미암아 세계적 보편 의식과 개인의식의 함양이 강조되는 한편 상대적으로 민족적·국가적 의식 교육은 약화되었다(尾形裕康 외, 1979: 151). 즉, 이 시기 일본 사회는 문명과 개화를 목표로 서구 선진국의 문물을 빠르게 흡수하였으며 스스로를 이에 동화시키고자 노력하였던 시대였다. 따라서 자국의 역사나 민족적 자긍심에 대한 관심보다는 서구의 신문물을 도입하는 것에 더 경도되어 있었다.

이러한 경향은 이 당시 새롭게 공포된 학제(學制)에서도 잘 나타난다. 정부가 새롭게 발표한 학제란 프랑스식 학제를 수용하여 일본 전체를 8대학구로 나누고, 각 대학구에 32개의 중학구를 설치하며, 각 중학구에는 210개의 소학구를 설치하는 식의 제도였다. 즉, 각 지역의 특색이나 문화적 배경을 배제한 채 전국에 8개의 대학과 256개의 중학교와 53,760개의 소학교를 균질적으로 도입하는 것이 바로 학제의 기본 계획이었던 것이다. 이러한 학제 구분은 교육의 기회 균등의 이상이 반영된 것이라고 할 수 있지만 다른 한편으로는 근대 이전 무사(武士)와 서민(庶民)이 각기 藩學校, 寺子屋에서 다른 교육을 받아왔던 전통을 타파하고 소위 단선적인 학교 교육 제도를 채택하여 신분에 상관없이 동일한 교육을 시행하고자 하는 '근대적 국민교육'의 이념이 반영된 것이라고도 할 수 있다. 이를 위해 메이지 정부는 미국에 도움을 요청하여 당시 Arbany Academy 교수였던 머레이(David Murray)를 문부성의 학감으로 초빙하였고, 그를 통해 미국식 교육 이념을 보급하였다(尾形裕康 외, 1979: 163). 이처럼 메이지 정부가 시도한 근대적 교육 개혁이란 결국 기존의 신분제 교육에서 탈피하여 세계적 보편 의식과 개인의식의 함양을 목적으로 한 서구 지향적 의식이 반영된 것이라고 할 수 있다. 당시 소학교 교재였던 『소학독본』(1872)을 통해서도 이러한 특징을 발견할 수 있다.

> 이 고양이를 보라. 침대 위에 있다. 이것은 좋은 고양이가 아니다. 침대 위에 올랐다. 나는 고양이를 쫓아 버렸다. 내 손에 올려 놓으면 고양이는 날 물 것이다. 고양이는 다른 곳으로 가야 할까 또는 여기에 머물게 할까. 고양이가 이 방에 있다 하더라도 침대 위에 오르는 것을 허용하지 않는다. 나는 고양이가 쥐를 잡는 것을 보았다. 그것은 큰 쥐가 아니었다.
> ―『소학독본』 권1 중에서

주지하듯이 전통 교육의 목적은 기본적으로 한학(漢學)을 중심으로 한 유교적 가치관의 보급과 확산에 있었다. 그리고 이러한 교육 환경에서 중요한 역할을 담당하는 언어(漢字, 漢文)란 일상적인 언어와는 괴리가 있는, 당대 중국어도 아니고, 일본이나 조선의 고어(古語)도 아닌 고전(古典)에만 존재하는 독특하면서도 이질적인 언어였다. 그러나 그 언어는 오히려 일상어와는 괴리가 있기 때문에 품격 있고, 고상하며 옛 성현(聖賢)이 추구했던 진리와 가치를 온전히 담을 수 있는 유일한 언어로서 인식되기도 하였다. 따라서 이러한 언어를 습득하는 것 자체가 곧 성현의 가르침을 깨닫는 과정이며, 그것을 실천하는 행위로 여겨졌다.

그러나 인용문에서처럼 옛 성현이 아닌 당대의 갑남을녀(甲男乙女) 누구나 일상적으로 주고받는 언어[1]가 교육의 중심이 될 때, 과연 그러한 언어 교육의 목적과 내용은 무엇인가 하는 문제가 남게 된다. 즉, 한문은 옛 성현의 가르침을 깨닫고 자신을 수양하며, 이를 발판으로 경세(經世)의 뜻을 펼칠 수 있는, 중세 지식인에게 있어서 가장 중요한 언어로서의 위상을 갖게 되지만, 이 당시 일상어는 그러한 기존의 관념에 대항하는 논리 체계를 갖추지 못했던 것이다. 따라서 '고양이가 침대에 오른다' 식의 교육 내용은 당시로서는 하나의 커다란 문화적 충격이었다고 할 수 있다.

물론 이러한 언어 교육의 이면에는 개개인의 일상생활을 중시하는, 기능적이며 실용적인 서구의 교육 이념이 담겨 있었다. 따라서 이는 교육 내용뿐만 아니라 교수법에 있어서도 전통적 방식과는 많은 차이점을 보였는데 이 당시 동경사범학교에 부임한 스코트(Scott)는 미국에서 행해졌던 문답법을 토대로 『소학독본(小學讀本)』의 교수 방법을 다음과 같이 체계화하였다.

---

1) 물론 여전히 국어(國語)로서의 인위적 형태인 '표준어'의 문제는 남아 있지만 이 글에서는 이 문제에 대해 논외토록 하겠다.

一. 문답은 사물에 유의하여 그 고구를 정하고 지력을 배양하는 기틀로서, 회화(discourse)를 가르치는 가장 좋은 방법이기 때문에, 반드시 간략한 답을 시키지 말고, 정중한 답을 하도록 노력해야 한다.

二. 단어 그림을 사용하여 그림 속에 있는 한 그림을 지시하며, 그 물품의 성질 혹은 용도, 혹은 먹는 방법 등을 문답할 것. 다음에 예를 보라.

> 감이라는 것은 어떤 것인가.　　　　○ 감나무에 여는 과실이다.
> 어디에 쓰는 물건인가.　　　○ 과일의 일종으로 음식물이 되는 것이다.
> 어떻게 먹는 것인가.　　○ 흔히 그대로 먹고 때로는 말려서 먹기도 한다.
> ─『소학교사필휴(小學敎師必携)』 중에서

1879년 이자와슈지(伊澤修二)는 페스탈로치의 교육이론을 일본에 소개하면서 아동의 학습 능력과 흥미, 동기 등을 고려한 교육 방법론을 주창하였다. 이와 더불어 정부에서도 교육의 자율성을 보장한 새로운 교육령을 공포하면서 교육 일반에서는 미국식 자유주의 교육이 급격히 확산되었다.

그러나 이러한 일련의 과정은 그 취지가 온전히 전달되지 못한 채 많은 부작용들을 낳았다. 일례로 야마나시현(山梨縣)에서는 '(새로운) 교육령이 자유교육주의로 나아간 것이라고 오인하여 학생은 교육에 태만하고, 교원의 수를 감축하거나 아예 없애는 일도 다반사였으며 혹은 교원으로서 적격하지 못한 사람도 채용하고 학교 규율이 바로 서지 못하였다'라고 이 당시 현황에 대해 보고하였다(尾形裕康 외, 1979: 184). 결국 개인주의와 실용주의 교육 이념과 이에 근거한 기능적 언어 교육은 급격한 제도의 실행에 따른 일반 대중의 오해와 보수파 정치인과 지식인들의 반발 등으로 인해 교육령을 주도한 머레이가 1880년에 해임되면서 개인보다는 민족과 국가를 강조하는 새로운 교육관으로 대체되고 말았다.

위에서 언급했듯이 기존의 '교육령'이 실용주의와 자유주의에 입각한 교육을 표방했다면 개정 교육령은 정부에 의한 교육의 장려 및 감독이 중요한 특징이라고 하겠다. 이 개정 교육령은 1881년 '소학교 교칙강령'으로 구체화되어 공포 되었는데, 종래 소학교 교과목 중에서 가장 하위에 놓여 있던 수신과를 모든 과목의 중심으로, 즉 최상위 교과로서 격상하였고, 국어과에서도 일상적 회화보다는 역사와 민족을 강조하는 내용으로 대체되었다.

'소학교 교칙강령'은 세계적 보편 의식의 함양을 목적으로 한 세계사 과목을 폐지하고 국사(國史)를 중심으로, 수신과의 내용을 존왕애국(尊王愛國)으로 재편하였다. 이는 같은 해 문부성에서 발표한 '소학교 교원심득(敎員心得)'에서 "사람들로 하여금 몸을 닦고 업에 종사하게 하는 것은 무엇 때문인가? 존왕애국의 지기(志氣)를 진기(振起)하여 풍속을 순미(淳美)하게 하여……이로서 국가의 안녕복지를 증진함을 얻기 위하여…"(山住正己, 1987: 164)로 명문화되었다.

1887년까지 이러한 민족주의·국가주의 교육 이념은 일부 교육학자들에 의해 비판을 받았지만 오히려 사회 일반에서는 큰 무리 없이 수용되었고, 때마침 동경대학에 부임한 독일인 하우스크넥트(E. Hausknecht)에 의해 근대적 교육 철학으로 분장(扮裝)되었다. 하우스크넥트가 소개한 헤르바르트 교육학이란 근본적으로 수신이나 애국 등의 가치와는 무관한 개개인의 보편적이면서도 이상적인 도덕성을 함양하는 것에 중점을 둔 교육 이론이었다. 헤르바르트에 따르면 인간은 체력과 지력 그리고 덕성을 가진 존재이다. 따라서 교육은 이 세 가지를 개발하고 함양하도록 하는 것이 중요한데 그중 덕성은 인간만의 고유한 특성이기에 다른 것보다도 우위에 있다고 그는 주장하였다. 그러나 덕성에 대한 이러한 인식이 개인적 차원에서는 수신으로, 공동체적 차원에서는 애국으로 왜곡되면서 일본의 국가주의 교육관을 근대적으로 분장(扮裝)하는데 이용되었다. 즉, 하우스크넥트가 소개한 헤르바르트 교육 이론은 수신과 애국 중심의 국가주의 교육 이념에 근대적 논리 체계를 제공하였고, 이는 전통적 가치를 근대적 가치로 전환하는 데 결정적 계기를 마련했던 것이다. 그리고 헤르바르트와 그의 제자 케른, 린드너, 라인 등의 교육이론이 당시에는 '과학적 교육학'이란 이름으로 통용되었고, 1912년까지 강력한 영향력을 가지면서 일본 교육을 주도하였다.

> (헤르바르트의) 5도념은 전적으로 윤리의 본성을 가장 간단한 방법으로 강의한 것으로, 이것을 응용함에 있어서는 각기 특수한 경우에 각기 특수한 변형을 발견하게 된다. 예를 들어보자. 우리들에게 하사한 교육칙어 속에 있는 忠, 孝, 友, 和, 信, 博愛 등을 중시 여기고 국법을 준수하고, 義・勇・公에 봉사하는 등 우리들이 준수해야 할 덕은, 모두 어느 것이나 저 5도념의 하나 또는 두 개 이상을 결합한 것이, 다른 경우에 다른 명칭을 갖는데 지나지 않는 것이 아닌가. …… 헤르바르트의 교육학은 가장 우리들에게 적합하고 또 가장 정당하다고 믿는 바이다.
>
> ―1890년대 교육학자 이와다간지로(岩田巖次郎)

헤르바르트가 주장한 5도념(5가지 도덕적 관념)은 1. 내적 자유의 관념, 2. 완전성 혹은 완벽성의 관념, 3. 선의지의 관념, 4. 권리의 관념, 5. 형편의 관념을 말한다. 이는 모두 개인적 측면과 사회적 측면을 포괄하는 것으로 지식과 그것을 실천에 옮기는 데 필요한 내적 의지 및 사회적 관계 등을 의미하는 것이다. 그러나 이러한 본질은 사라지고 오히려 5도념과 오륜(五倫)이 일치하는 것으로, 나아가 교육칙어와 헤르바르트 교육학의 목적이 일치한다는 주장을 전개하여 일본의 국가주의 교육을 강화하는 수단으로서 활용되었다.

헤르바르트의 5개 도덕개념을 祖述함으로써, 진의를 음미할 때는 오히려 本邦 五倫五常의 教義에 가깝고… 이제 번역자가, 예수교를 대신하여 勅語의 御旨를 이에 대신함은, 다만 우리 국정에 적합시키기 위하여서 뿐만 아니라, 또한 헤르바르트의 도덕주의로 하여금 관철하는 바 있게 함이니라.

—유하라 모토이치(湯原元일一)의 『倫氏教育學』(1896) 서문 중

또한 헤르바르트가 학교 교과에서 강조했던 역사와 과학, 그중에서 역사 과목은 헤르바르트의 논의에 따르면 역사와 언어가 포함되는 것으로 이기심을 극복하고 전인 교육을 담당하는, 모든 학교에서 인간의 조건과 인간관계를 교수하기 위한 방편이자 목적으로서 간주되었다.[2] 그러나 이러한 주장은 당시 일본 정부에 의해 왜곡되었고 일본 정부는 이를 근거로 하여 『소학수신서』에 국사(國史: 일본사)를 대거 삽입하고, 역사 교육 바탕으로 천황에 대한 충성과 효, 인의(仁義) 등을 개인적 덕성을 함양하는 것으로 체계화하는 데 이용하였다.

오오 헤르바르트, 헤르바르트의 이름은, 여러분의 꿈자리에도 품어서 잊어버릴 수 없을 것이다. 오오 헤르바르트, 헤르바르트의 학설은, 너희들이 밤낮으로 창도하여 게을리 해서는 안 되는 자이니라.

—다니모토 도미(谷本富), 『실용교육학급교수법』(1894) 첫머리에서

앞서 언급했듯이 '고양이가 침대에 오른다' 식의 교재(『小學讀本』)가 대상으로 삼았던 언어란 학습자가 일상생활에서 사용하는 언어이며, 거기에는 개인주의에 기반을 둔 기능적이고 실용적인 교육관이 반영되어 있었다. 그러나 국사(國史)를 중심으로 한 존왕애국의 가치 교육 및 언어 교육은 기존의 실용적인 언어 교육에서 가치 지향적인

---

2) 헤르바르트의 논의에 대해서는 W. Boyd(1996: 512~518) 참조.

언어 교육으로의 전환을 의미하며, 그것은 중세 수신(修身)과 경세(經世)의 보편적 가치를 지향했던 것과는 다른, 민족어를 기반으로 한 국왕 중심의 국가주의 이념을 견고히 하는 교육으로의 전향(轉向)을 의미한 것이었다. 그리고 이러한 교육 이념은 1890년대 중반에 들어서면 지배적인 이론으로 추앙되었고, 이후 1945년 일본이 전쟁에서 패배할 때까지 지속되었다.[3]

3. 구한말 국가주의 교육관의 유입

1894년 갑오개혁 이후 조선은 근대 국가로의 변화를 모색하였다. 이러한 변화 속에서 1895년에 반포된 '교육입국조서'는 근대 국가로서의 조선이 지향하는 교육적 가치를 드러냈다는 점에서 주목할 만하다.

(…전략…) 이제 내가 교육의 강령을 보여 헛된 이름을 버리게 하고 실용을 숭상하도록 하겠노라. 말하노니 덕을 기르라 함(德養)은 오륜의 행실을 닦아 풍속을 문란하게 하지 말며 … 말하노니 체력을 기르라 함(體養)은 몸 움직임을 일정하게 하여 근면하도록 하고 … 말하노니 지혜를 기르라 함(智養)은 사물에 대하여 깊이 생각하고 지식을 넓히며 이치를 연구하여

좋고 싫은 것과 옳고 그른 것, 길고 짧은 것에 자신과 타인을 구별하지 않게 하고 … 말하노니 이 세 가지는 교육의 기본 강령이니 내가 정부에 명하여 학교를 널리 세우게 하고, 인재를 양성하여 너희 신민의 학식으로

---

3) 일본에서의 헤르바르트 교육학의 도입 과정을 비교적 자세히 기술한 논문으로 박균섭(2000)이 있다.

국가 중흥의 큰 공을 이루려 하노니 <u>너희 신민은 충군애국하는 마음으로 너희의 덕, 체, 지를 기르도록 하라.</u> (今에 朕이 敎育ᄒᆞᄂᆞᆫ 綱領을 示하야 虛名을 是祛ᄒᆞ고 實用을 是崇ᄒᆞ노라 曰 德養은 五倫의 行實을 修ᄒᆞ야 俗綱을 紊亂치 勿ᄒᆞ며 … 曰 體養은 動作을 常이 有ᄒᆞ야 勤勵ᄒᆞᄆᆞ로 主ᄒᆞ고 … 曰 智養은 物을 格호ᄆᆡ 知를 致ᄒᆞ고 理를 窮ᄒᆞᄆᆡ 性을 盡ᄒᆞ야 好惡是非長短에 自他의 區域을 不立ᄒᆞ고… 曰 此 三者ᄂᆞᆫ 敎育ᄒᆞᄂᆞᆫ 綱紀니 朕이 政府를 命하야 學校를 廣設ᄒᆞ고 人材를 養成호믄 爾 臣民의 學識으로 國家의 中興大功을 贊成ᄒᆞ기 爲ᄒᆞ미라 爾 臣民은 忠君愛國ᄒᆞᄂᆞᆫ 心性으로 爾德爾體爾智를 養하라)

인용문에서처럼 '교육입국조서'는 교육의 대상을 덕(德)·체(體)·지(智)로 구분하고 이를 충군애국(忠君愛國)과 연계하고 있다. 여기서 중요한 것은 교육의 대상으로 덕·체·지를 강조한 것인데, 이는 기존의 유교적 교육관에서 비롯된 것이 아니라 바로 일본의 교육관, 즉 헤르바르트의 교육 이념의 영향을 받은 것으로 추정이 된다. 이러한 점은 '교육입국조서'를 구체화한 '소학교령'을 통해 그 관련성을 확인해 볼 수가 있다.

제 8조 소학교 심상과 교과목은 수신, 독서, 작문, 습자, 산술, 체조로 하며, 다만 시의에 따라서 체조를 제하고 본국의 지리, 본국의 역사, 도화, 외국어의 한 과목 혹은 여러 과목을 더하고 여학생을 위하여 재봉을 더할 수 있다. (第 八條 小學校 尋常科 敎科目은 修身 讀書 作文 習字 算術 體操로 홈 但 時宜에 依하야 體操를 除ᄒᆞ며 또 本國地理 本國歷史 圖畵 外國語의 一科 或 數科를 加ᄒᆞ고 女兒를 爲ᄒᆞ야 裁縫을 加홈을 得홈)

제 9조 소학교 고등과의 교과목은 수신, 독서, 작문, 습자, 산술, 본국의 지리, 본국의 역사, 외국의 지리, 외국의 역사, 이과, 도화, 체조로 하고

여학생을 위하여 재봉을 더할 수 있다. 다만 시의에 따라 외국어 한 과목을 더하며 또 외국의 지리, 외국의 역사, 도화 중 한 과목 혹은 여러 과목을 제할 수 있다. (第 九條 小學校 高等科의 敎科目은 修身 讀書 作文 習字 算術 本國地理 本國歷史 外國地理 外國歷史 理科 圖畵 體操로 ᄒᆞ고 女兒를 爲ᄒᆞ야 裁縫을 加홈 但 時宜에 依하야 外國語 一科를 加ᄒᆞ며 또 外國地理 外國歷史 圖畵 一科 或 數科를 除ᄒᆞ믈 得홈)

헤르바르트는 덕성을 기르는 교과로서 역사(역사와 언어)를, 지성을 기르는 교과로서 과학(수학, 과학, 지리)을 강조하였는데, 인용문에서처럼 소학교령에서는 심상과 및 고등과의 교과목으로 모두 수신을 가장 먼저 거론하고 이어 독서, 작문, 습자의 언어교과와 산술과 체조를 거론하고 있다. 다만 시의에 따라 체조 및 한국의 역사와 지리, 도화, 외국어 등이 가하거나 제할 수도 있고, 고등과의 경우 이과(과학)와 본국지리, 본국역사는 필수로 하되 외국지리와 외국역사가 유동적으로 선택될 수 있음을 보여 주고 있다. 결과적으로 헤르바르트가 주장했던 덕육으로서의 수신과 언어, 지육으로서의 산술은 심상과와 고등과 모두에서 필수 과목으로 지정되고, 한국의 지리와 역사는 심상과에서는 선택이지만, 고등과에서는 이과(과학)와 함께 필수 과목으로 지정되는 것으로 확인할 수 있다. 즉, '교육입국조서'에서 강조했던 덕·체·지의 실체가 바로 역사와 언어 그리고 산술과 과학 등의 교과를 통해 구체화되었다는 점에서 헤르바르트의 이론이 '교육입국조서'와 '소학교령' 등에 반영되었다고 할 수 있다. 또한 이러한 교육제도의 변화는 궁극적으로 '충군애국'이라는 국가주의 교육관의 보급과 확산에 목적이 있음을 다음의 사례에서도 찾아볼 수가 있다.

1895년 9월 28일 학부대신 서광범(徐光範)은 학부고시 제4호로 개화교육의 본지를 밝혔는데 이를 정리하면 다음과 같다.

① 愛國의 心과 富强의 術이 나오도록 한다.

② 虛文을 袪하고 實用을 尙하도록 敎育한다.

③ 모든 敎科에는 五倫行實을 바탕으로 한다.

④ 國文도 모든 敎科 중의 主要主旨科目의 하나로 한다.

(박붕배, 1987가: 19 재인용)

인용문에서처럼 학부대신 서광범이 밝힌 개화 교육의 목적은 기본적으로 '애국'에 있다. 이를 위해 모든 교과는 오륜행실에 바탕을 두고 그것의 실천을 도모해야 한다고 주장하고 있다. 하지만 여기서 중요한 것은 그 오륜행실이 기존의 유교적 가치관에 기초한 것이 아니라 당대 현실의 사회적 요구에 맞게 새롭게 변형된, 앞서 언급했듯이 일본에서 헤르바르트의 5도넘을 오륜(五倫)과 유사한 것으로 보고 이를 국가주의 교육이 이념으로 변형한 것과 유사한 방식으로 사용하고 있다는 것이다. 더욱이 이러한 양상은 근대 교육에 있어 중요한 역할을 담당했던 한성사범학교에서도 찾아볼 수가 있다.

주지하듯이 한성사범학교는 갑오개혁 이듬해에 설립이 되었다. 설립 당시 학부는 일본인 교관 다카미 카메(高見龜)와 아사카와 마츠지로(麻川松次郎)를 채용하고, 이 둘로 하여금 한성공립소학교에서 교사를 겸직하는 한편 한성사범학교 '속성과' 교육에 쓰일 교과서를 번역하고, 소학교 교과서 편찬을 돕도록 하였다. 이미 알려진 바와 같이 이들은 학부에서 출간된 『심상소학』 외에도 『小學萬國地誌』를 편역하였고, 아관파천 이후 헐버트(H. B. Hulber)가 부임할 때까지 한성사범학교에서 학생들을 교육하였다. 그러나 문제는 이들이 과연 소학교와 사범학교에서 조선인 학생들을 교육하고 또한 교과서를 번역하거나 편찬할 만큼 조선어에 능통하고, 조선의 교육 사정은 물론 서구의 교육학 및 교육 이론 등에 밝았는가 하는 점이다. 따라서 만약 그들이 이러한 일련의 업무들을 수행하는 데 있어 조선이 조력자가 존재했다면 과연 그는 누구였을까 하는 점들이 현재까지는 밝혀지지 않은 채 의문점으로 남아 있다. 본 연구는 이러한 의문점의 실마리로서 '현채'에 주목하고자 한다.

1894년까지 현채는 주로 지방에서 역관으로 근무를 하다가 1895년이 되어서야 관립 외국어학교 부교관 및 한성사범학교 부교관으로 부임하게 되었다. 물론 그 이전에 잠시 아유가이 후사노신(鮎貝房之進)과 함께 을미의숙의 설립에 직간접적으로 관여하게 되었지만[4] 한성사범학교 교관으로 임명되면서부터 그의 교육가로서의 활동이 본격화되었다고 할 수 있다.

이전 시기 일본에서 머레이나 하우스크넥트가 그랬던 것처럼 조선 역시 일본인 교관이었던 다카미 카메와 아사카와 마츠지로를 통해 근대적 교육에 대한 구체적인 상(교육이론과 방법 등)을 형성하게 되었다. 이 중에서 특히 관심을 끄는 것은 이들에 의해 번역됐을 것으로 추정되는 구한말 최초의 근대적 교육학 저서인 『신찬교육학』(1896)이다. 앞서 언급했듯이 다카미 카메와 아사카와 마츠지로는 학부의 명으로 한성사범학교 '속성과'에서 쓰일 교재를 번역하는 임무를 맡았다. 그리고 이들이 부임했을 당시 한성사범학교 교관으로 함께 근무했던 이가 바로 현채였다. 현채는 한성사범학교에 부임하기 전까지는 주로 외교관련 업무를 맡았다. 하지만 한성사범학교에서

---

4) 갑오개혁 이후 한성에 최초로 설립된 관립 소학교는 바로 이 아유가이 후사노신이 경영하던 을미의숙(乙未義塾)을 모체로 발전한 것이다. 을미의숙은 당시 외무아문 주사로 근무하던 현채가 설립자로 되어 있지만 실질적인 교육 업무와 사무는 모두 후사노신에 의해 진행되었다고 한다. 이를 통해서도 현채는 이미 일본인 교육가들과 일찍부터 교류해 왔고 이로 인해 한성사범학교가 설립된 후에 외무아문 주사에서 사범학교 교관으로 자리를 옮긴 것이 아닌가 하는 추정을 하게 된다. 아울러 후사노신은 훗날 명성황후 시해 사건에도 가담한 것으로 알려지고 있어 오래전부터 조선의 내정에 깊이 관여했던 것으로 추측된다. 구한말 후사노신의 활동에 대해서는 이나바쯔기오[稻葉繼雄](2006) 참조.

학부로 자리를 옮기기 전까지 일본인 교관들과 함께 학생들을 가르치는 일을 하였고 당시 한성사범학교에서 일본어에 능통했던 인물로 현채를 꼽을 수 있다는 사실 등을 감안할 때 현채와 일본인 교관들은 밀접한 관계를 형성했으리라 추정된다. 또한 이전까지 교육 경험이 전무했던 현채가 본격적으로 교육자로서 활동하기 위해서는 직간접적으로 일본인 교관들의 영향을 받았을 것이라는 추정도 가능할 것이다.

일본인 교관들에 의해 번역 됐을 것이라고 추정되는 『신찬교육학』은 기무라 토모하루(木村知治)에 의해 1896년 일본 오사카에서 발행된 교육학 저서이다. 이 책은 출간된 해(1896)에 국한문체로 번역되어 윤치호의 헌사와 함께 경성에서 발매되었으며, 현재까지의 기록으로는 구한말 최초의 근대적 교육학 저서로 알려져 있다.[5] 현재 저자인 기무라의 이력이나 행적에 대해서는 알려진 바가 거의 없다. 다만 이 책이 1896년에 오사카에서 발행이 되고 같은 해 국한문체로 번역되어 조선에서 재발매되었다는 점에서 다카미 카메와 아사카와 마츠지로에 의해 번역됐을 것으로 추정할 뿐이다. 이 책은 총 6장으로 1장이 서론, 2장이 총론, 3장은 지육론, 4장과 5장은 덕육론, 6장은 체육론으로 구성되어 있다. 그중 서론에 해당하는 부분에 제시된 부분을 인용하면 다음과 같다.

헤르바르트(영국의 철학자이다) 교육학이라는 것은 윤리학으로 그 목적을 삼고 심리학으로 그 방편을 삼으니 <u>이 분의 교육 이론은 일본과 조선 그리고 청국의 상황에 가장 적합하다</u>고 할 수 있다. 따라서 헤르바르트, 케른 (헤르바르트의 제자) 두 분의 교육 이론에 의하면 <u>본국의 지리, 역사, 정치,</u>

---

5) 이 책의 원본은 국내에 부재하다. 필자는 2009년 일본국회도서관에서 이 책을 발견하였고, 단국대학교 허재영 선생님께 PDF본을 제공하였는데, 이를 허재영 (2012)에서 현대어로 번역하여 출간하였다.

풍속, 경제를 참조하고 응용하는 교육을 실행해야 하는 것이다. (이것이) 서구의 말로 에듀케이션(구미의 교육학이다)과 같으며, 교육이라는 글자의 의미를 해석하면 곧 '이끌어낸다'라는 것이 되니 또한 사람의 품성과 하늘의 덕을 개발하고 펼치게 하여 인물의 완전무결한 것을 만드는 것이다. (헤루바루도(英吉利之哲學者也라) 氏 敎育學者는 以倫理學으로 爲其目的ᄒ고 以心理學으로 爲是方便ᄒ니 同氏之敎理也ㅣ 最適于日本朝鮮淸國之狀態라 故로 依헤루바루도, 게룬(헤루바루도氏之門弟야)兩氏之學理ᄒ야 參照本國之 地理 歷史 政治 風俗 經濟ᄒ야 以施應用的敎育也니 如歐語 에서 유게시욘(歐美敎育學也)으로 解敎育之字義ᄒ야 卽爲導出之義ᄒ며 亦爲發達開暢乎人之稟 天之德ᄒ며 鑄造人物之完全無缺者也니라)

『신찬교육학』 역시 헤르바르트의 교육학을 조선에서 가장 적합한 것으로 소개하면서 윤리(덕육)를 교육의 가장 근본적인 대상으로 제시하고 있다. 이를 위해 본국의 지리, 역사, 정치, 풍속, 경제 등을 적용하면 사람의 품성과 하늘의 덕을 사람에게 주입할 수 있음을 강조하고 있는데, 이처럼 이 책은 당시 일본에서 유행하던 헤르바르트와 그의 제자 케른, 린드너 등의 저서를 인용하여 근대적 교육학의 개념을 설명하였다. 그리고 이는 당시 한성사범학교 속성과를 마친 윤태영(尹泰榮), 원영의(元泳義) 등에 의해 이후『사범교육학』(윤태영, 1907, 보성관 발행),「교육신론」(1096.11~1907.4, 원영의,『소년한반도』에 연재) 등으로 재생산되었으며 일본 유학과 출신인 최광옥(崔光玉; 동경사범학교 출신,『교육학』, 1907), 김상연(金祥演: 와세다대학 출신,『신찬보통교육학』, 1908) 등에 의해 교수법 등의 상세한 이론으로 정교화되었다.

이상의 내용을 요약하면 일본에서 국가주의 교육이념으로 왜곡된 헤르바르트 교육 이론은 기무라의『신찬교육학』을 통해 1895년에 한성사범학교의 교관인 다카미 카메와 아사카와 마츠지로에 의해 번역되어 소개되었고, 이러한 일련의 과정에서 현채가 일정부분 관여하거나 혹은 직간접적인 영향을 받았을 것으로 추정이 된다. 물론 갑오개혁 이후 근대 국가를 수립하고자 하는 의도에서 시작된 교육 개혁은 일정부분 성과를 거두는 데 성공하였다. 하지만 일본을 통해 간접적으로 서구 문물을 받아들일 수밖에 없는 것은 당시의 시대적 한계였으며, 이러한 측면은 자국 역사에 대한 인식(한국사에 대한 관점)에도 부정적인 영향을 끼칠 수밖에 없었다.

4. 『유년필독』에 나타난 국가주의 역사관

백당(白堂) 현채(玄采)가 집필한 『유년필독(幼年必讀)』(1907)은 국어 독본으로서의 위상과 역사 교재로서의 위상을 모두 가지고 있기에 일찍부터 주목을 받아왔고 비슷한 시기의 다른 교재들에 비해 비교적 많은 연구 성과물들을 축적하고 있다. 현채의 생애에 대한 전반적인 연구는 이미 노수자(1969)에 의해 가계와 활동 내역 등의 기초 자료가 정리되었고, 그의 사상과 역사관 등에 대해서는 김태영(1976), 이만렬(1981), 전세영(1999) 등에 의해 고찰한 바 있다. 이들 연구는 대체로 현채를 근대 역사학의 방법론을 도입한 민족주의 사학자로서 평가하였고, '자주독립의지를 고취하려 했던 애국계몽사상가'(이연희, 2006) 등으로 규정하였다. 이외에도 『유년필독』의 본질을 독본 교재의 측면에서 살펴보고, 그 체재와 제재들의 특징에 대해 분석한 연구(최기영, 1993)도 있지만 『유년필독』이 출간되기까지의 사회적 변화와 교육사적 배경 그리고 『유년필독』에 나타난 현채의 국가주의 역사관과 이의 성립 과정 등에 대한 종합적인 연구는 여전히 부족한 실정이다.

앞서 살펴보았듯이 1907년 『유년필독』이 발간되기까지 근대적 교육 이념의 핵심은 일본을 통해 유입된 국가주의 교육관, 특히 기존의

'존왕애국'의 가치가 헤르바르트 교육학에 의해 재포장되어 그 대상(일본 학도→조선 학도)과 목적(일본 천황에 대한 애국심→조선 국왕에 대한 애국심)이 바뀌었을 뿐 근본적 도식(圖式)은 온전히 차용되는 과정을 보여 준다. 이는 1895년 현채가 교관으로 임명되었던 한성사범학교 규칙에서도 그 단면을 찾을 수가 있다.

첫째, 정신의 단련과 덕조의 마려(磨勵)는 교육자에 있어 중요하므로 평소에 이에 유의하여야 한다.

둘째, <u>존왕 애국의 지기(志氣)</u>는 교육자에 있어 중요하므로 평소에 충효의 대의를 밝히고 국민의 지도를 진기(振起)함을 요한다.

셋째, 규칙을 지키고 질서를 보존하며 사표의 위의(威儀)를 갖추는 것은 교육자에게 있어 중요하므로 평소에 장상(長上)의 명령 및 훈회(訓誨)에 복종하고 기거언동(起居言動)을 바르게 함을 요한다.

(한국교육개발원, 1994: 106 재인용)

근대 교육을 위해 설립된 한성사범학교 역시 교육자의 덕목으로 강조한 것이 덕성(德性)이며 그 구체적 강령으로서 '존왕애국'을 강조하고 있다. 이러한 점은 1890년대부터 1910년 일제에 의한 강제 병합까지 학부 및 민간에서 출간된 역사서들 중 상당수의 책들이 역설적이게도 한편으로는 민족의 자긍심과 가치를 높이고 있지만 여전히 일본에 의해 확립된 '존왕애국'의 틀을 답습하고 있다는 것에서도 발견할 수가 있다.

물론 일본에서의 국가주의는 천황을 중심으로 근대 국가를 건설하여 점차 제국주의로 발전하는 이념적 틀을 제공했다면, 반면 구한말 조선에서의 국가주의는 황제를 중심으로 외세에 저항하고 주체적인 국가를 건설하자는 것에서 기본적인 차이가 있다고 하겠다. 하지만 현실적인 위기 속에서 외세에 저항하는 것과 새로운 근대 국가를 이룩하는 것은 선후의 문제를 넘어서 보다 근본적인 문제를 내포하고 있다. 즉, 외세에 저항하는 사상적 기저로서의 민족주의와 새로운 근대 국가를 건설하기 위한 추진력으로서의 민족주의는 겉으로 드러나는 일부 형식의 유사성으로 인해 의미적 혼동을 일으키는 경우가 있지만 그 맥락과 본질은 상이하게 다르다. 가령 최익현(崔益鉉)과 서재필(徐載弼), 주시경(周時經)의 민족주의를 동일한 선상에서 논의할 수 있을까? 최익현의 민족주의는 결국 외세에 대한 배타적 인식이 강화되었을 뿐 유교적인 이념 체계에서 벗어나지 못한 반면 서재필은 보편적 시민 의식에 기초한 민족주의로, 주시경은 언어 공동체에 기초한 민족주의로 각기 다른 사상적 배경과 지향점을 갖고 있다고 할 수 있다.

사실 이 당시 민족의식을 강조하기 위해 편찬된 일부 교과서와 역사서들은 겉으로는 민족의식을 고양시키고, 외세에 저항하여 주체성을 확립하고자 하였지만 그 이면을 살펴보면 사상적 배경이나 교육적 담론은 철저히 일본의 그것을 모방하는 '종속적 한계'를 보여주고 있다.

지금 이 책을 써서 각각의 사람들로 하여금 쉽게 읽힘으로써 기름 흐르듯이 이치에 따르고 신령한 지식을 낸 후 더 나아가서 천하의 먼 데까지 이르게 하려고 하였다. 대략 그 재주를 용이 날아다니고 봉황이 나는 것처럼 다함으로써 임금을 높이고 나라를 사랑하는 대사업을 달성한다면, 만국에 명예를 떨치는 것이 장차 왕성하여 그것을 막지 못할 것이다. (故今爲是書慈 使人人易讀 油然理順發其神識 然後進而放于天下之遠 略以盡其才龍驤鳳翥 成就尊君愛國之大事業 而播令譽於萬國者 將沛乎 其莫之禦也)
―『보통교과 동국사략』(1899) 학부 편집국장 이규환의 서 중에서

일본은 천하에 이름을 날리니, 세상 사람들이 일본을 영국과 독일 등

의 나라에 비견하는데 우리는 폴란드, 이집트, 인도와 같은 나라가 되어 버렸다. 한 대륙에서 한 시대를 같이 살면서 하나는 용이 머리를 들고 호랑이가 달리는 것처럼 천하를 내려다보고, 또 하나는 거북이가 움츠리고 꿩이 엎드린 것처럼 수치스러워하며 주위를 보니 그 득실과 영욕이 진실로 어떠한가?(日本則馳名天下 世人比之於英德等國 乃我則不免 爲波瀾 爲埃及 爲印度 同居一州 同生一世 一則龍驤虎賁實宇 一則龜縮雌伏 羞見他人 其得其失 其榮其辱 固何如哉.)

— 『중등교과 동국사략』(1906) 자서 중에서

현채가 학부에 부임한 이후 출간한 『보통교과 동국사략』(1899)은 당시 학부 편집국장인 이규환의 서문에서처럼 그 목적이 '존왕애국 (尊王愛國)'에 있었다. 이후 1906년에 출간한 『중등교과 동국사략』은 현실에 대한 위기의식이 이전보다 한층 높아졌지만 여전히 기존의 국가주의 교육관이 그대로 반영되어 있음을 확인할 수 있다. 그러나 흥미로운 사실은 『보통교과 동국사략』의 경우 같은 시기에 출간된 김택영의 『동국역대사략(東國歷代史略)』(1899)을 참고하여 이를 초등용 교재로 재구성한 것이지만, 외세에 의한 위기의식이 한층 높아진 1900년대에 출간된 『중등교과 동국사략』은 정작 일본인 하야시 다이스케(林泰輔)의 『조선사』를 역술한 것으로 원전(原典)의 선택에 있어서는 앞선 시기의 그것보다 더 외세에 종속적인 모습을 보이고 있다. 이에 대해 현채는 '지난날 내가 학부에서 번역일을 하며 여러 부의 역사서를 편집하였는데, 번번이 체제가 서지 않아 독자들로 하여금 갈피를 잡지 못하게 하였으니 뉘우치고 부끄러움이 더욱 심하였다. 일본인 하야시 다이스케는 사학가이니 특히 우리나라의 역사에 힘을 써서 『조선사』 7책을 저술하였는데, 삼국시대부터 조선에 이르기까지 모두 확실한 증거가 있고 또한 각 부문의 종류를 나누었으니, 사람들이 한번 읽으면 명료하였다. 실로 외국인이라 해서 편견을 가지고 볼 것이 아니니, 또한 여기에 이 책을 역술하였다'라고 하여 스스로 지난날의 역사서(『보통교과 동국사략』)를 부정하고, 일본인에 의해 기술된 역사서를 더 높이 평가하는 모순된 모습을 보였다.

기존의 연구자 중 일부는 현채가 다양한 외국의 역사서를 번역 소개한 점을 들어 객관주의적 태도를 견지한, '근대 역사학의 방법론을 도입한 민족주의 사학자'라는 평을 내리고 있으나 오히려 일련의 과정을 보면 번역이라는 행위를 통해 일부 식민 사학의 침투를 허용한 식민사학자라는 평가도 가능할 것이다.[6] 즉, 현채에 대한 기존의 민족주의 사학자라는 학계의 일부 평가는 오히려 단편적인 면에 치우친 것이라고 할 수 있다.

『유년필독』 또한 이러한 한계를 여실히 보여 주고 있다. 1907년 학부에서 해임되기 직전까지 현채가 주로 한 활동은 외국과 자국의 역사를 책으로 번역하거나 저술하는 것이었다. 그중에는 『청국무술정변기』(1900)와 『월남망국사』(1906)처럼 양계초의 저술을 번역한 것도 있고, 위에서 언급한 『동국사략』(1906)과 같은 책도 있다. 기존에는 이런 저술 활동을 통해 현채의 민족주의와 주체적 의식을 높이 평가하기도 하지만 양계초가 청국의 개혁을 위한 실천적 활동으로서 『월남망국사』 같은 책을 저술한 것에 비하면 현채의 역사 인식은 일본이 자국의 역사에 대한 기본적 이념으로서 설정한 '존왕애국'을 그대로 차용하고 있다는 한계에 머물고 있다고 평할 수밖에 없다.

우리 대한 사람들은 낡은 풍습만을 숭상하여 나라를 성실히 사랑하는 것에 어둡기 때문에 이 책은 오로지 국가에 대한 생각을 일으키는 것을 위주로 하여 역사를 총괄하고 덧붙여 지리와 세계의 정세를 기술하고자

---

6) 물론 이런 평이 일부 지나친 면이 있지만, 신채호의 『조선상고사』(1931)와 비교해 볼 때 비록 시간적인 차이가 있다 하더라도 그를 '민족주의 사학자'로 평가하는 것은 무리가 있다 하겠다.

하였다. (我韓人, 尚泥舊習昧於愛國誠 故, 此書專以 喚起國家思想爲主, 以歷史爲總括 傍及地誌與世界事狀)

―『유년필독』 범례 중에서

인용문은『유년필독』의 서문에 해당하는 범례로 저술 목적이 '애국'에 있음을, 즉 역사를 통해 국가주의를 환기코자 하는 취지를 밝히고 있다. 물론 앞서 언급했듯이 침략적 민족주의와 저항적 민족주의를 동일한 것으로 간주할 수는 없을 것이다. 또한 구한말의 시대상 속에서 하루가 다르게 유입되는 외국 문물을 그 근본부터 간파하고 새로운 저항 논리를 기획하는 것 또한 그리 쉬운 일은 아닐 것이다. 그러나 당대의 주시경이 '언어 공동체'로서의 민족적 가치를 인식하고 그 중심에 민중 일반(근대적 개인으로서의 민중)을 설정하고 있었다는 점과 비교할 때 분명 현채의 역사관은 일정부분 한계를 가질 수밖에는 없을 것이다.[7]

김현은 전체주의의 본질을 '동어반복'으로 규정하고 있다. '나는 권위 있기에 권위가 있다'라는 식의 동어반복은 모든 이성적 성찰이나 반성을 금지하고 오직 절대적 존재로의 귀속과 대타적(代他的)인 의식을 강화할 뿐이다.『유년필독』에 나타난 역사관의 기저에 존재하는 국가주의 역시 이와 유사한 속성을 지니고 있다.

이 책은 기존의 다른 교재와는 다르게 지금의 참고용 도서라 할 수 있는『유년필독 석의(釋義)』를 함께 출간하였다.『유년필독 석의』는 대부분『유년필독』의 내용에 대해 상술하고 있는데, 특히 역사적인 서술에 있어서는 그 사건의 전말을 비교적 상세히 제시하고 있지만 상당부분 하야시 다이스케의『조선사』를 인용하고 있다. 이는 원

---

7) 이런 관점에서 지금의 교과서 연구는 기존의 해석을 반복하기보다는 교과서라는 역사적 실체를 다양한 관점에서 해석하고 그 사회적·역사적·교육적 맥락을 명료하게 밝히는 것이 중요한 과제라고 생각한다.

작에 귀속될 수밖에 없는 번역서의 한계인 동시에 현채가 가진 역사 인식의 한계이기도 하다. 물론 일부에서는 양계초의 저술을 상세하게 인용하고 있지만 그 부분 역시 외국의 정세-대표적으로 세계 최소(最小) 국가인 다와랍국(多瓦拉國)[8]와 유태인과 폴란드의 역사에 해당하는 극히 일부분에 불과하다.

(가) 乙支文德은 高句麗 대신이라 一千二百九十五年前에 支那의 隋나라 인 군 楊廣이 와 치거늘 旗가 九百六十里에 셧쳣고 북소릭는 셔로 들니 는지라 文德이 나아가 막을 식 거짓 敗ᄒᆞ야 일곱번 싸홈에 일곱번 다라ᄂᆞ니 隋나라 군ᄉᆞ가 安州 淸川江을 건너 平壤과 샹거가 三十里쑨 이오리다

　　　　　　　　　　　　　　　　　　　　　　　　　　　　　　—『유년필독』(1907)

(나) 이곳에 둙이 셰 머리가 잇도다.

흔 머리는 수컷이오 두 머리는 암컷이니라.

수컷은 몸이 크고 쇼리가 길고 머리우헤 아름다온 花冠을 엿도다.

수컷은 새벽마다 울어셔 밤이 붉음을 솜 ᄒᆞ고 암컷은 알을 낫터라.

　　　　　　　　　　　　　　—학부 편찬, 『보통학교 학도용 국어독본』(1907)

서구에서도 근대 국가 초기의 자국(自國) 역사에 대한 재인식의 기저에는 민족주의가 내재하고 있으며 그 기표로서 영웅에 대한 기술은 공통적으로 나타나는 특징이다. 따라서 (나)와 같이 기능 위주의 교육보다는 자국의 역사를 강조하고 민족적 자긍심을 고취시키기 위한 방편으로서 (가)와 같은 영웅 중심의 교재 출간은 시대적인 모

---

8) '서북학회지'와 '호남학회지' 등에서 그 이름을 발견할 수 있으나 정확히 어느 나라인지 알기 어렵다. 다만 그 내용을 감안했을 때 1815년 독립한 산마리노 공화국으로 추정할 뿐이다.

습을 반영하는 것이라고 할 수 있다. 그러나 이렇게 재인식된 역사의
실체가 무엇인가 하는 것은 여전히 문제가 된다.

(가)에서처럼 『유년필독』에는 많은 영웅들의 이야기가 있다. 그들
은 대부분 국가의 위기 상황에 구국과 애국의 화신으로 등장한다.
즉, 『유년필독』의 중심에는 여전히 민족주의에 근거한 '존왕애국'이
자리를 잡고 있었으며, '유년'이라는 학습 대상과 교육의 내용(必讀)
은 (나)와 같은 언어의 기능적 습득과는 거리가 먼 교재라고 할 수
있다. 특히 그러한 교육을 통해 일시적으로 민족적 자긍심을 고취시
킬 수는 있지만 여전히 계몽의 중요한 목적인 근대적 자아의 형성,
특히 학교 교육을 통한 자의식의 성장은 국가에 대한 무조건적인
애국으로 축소될 수밖에는 없었다.

(가) 사람의 권리는 곳 사람의 勢力이니

我의 하는 일은 남의 妨害흠을 밧지 아니ᄒ고 나의 가진 物은 남의
侵犯흠을 許지 아니ᄒᄂ니 이는 일온 바 사람의 권리라 正道로써 직
히고 나라의 法을 범치 아니ᄒ 연후에 보전ᄒ나니라

—유길준, 『노동야학독본』(1909)

(나) 我身과 我父母祖宗이 居ᄒ든 地는 日 本國이오 本國人은 日 國民이라
興盛ᄒ 家는 他人이 其子弟를 陵侮치 못ᄒ고 興盛ᄒ 國은 外人이 其國
民을 陵侮치 못ᄒᄂ다

故로 國이 强ᄒ면 國民의 榮華오 國이 弱ᄒ면 國民의 羞恥라 我輩가
비록 幼年이나 다 大韓國民이라 大韓을 愛ᄒ야 自强흘지니

自强ᄒᄂ 道는 無他오 保身ᄒ면 禮强ᄒ고 敦行ᄒ면 德强ᄒ고 力學ᄒ
면 智强ᄒᄂ니 人人이 能히 다 自强흘진된 아 大韓이 곳 地球上의 强
國이 될지라 엇지 榮幸치 아니ᄒ오릿가

—『유년필독』

비록 (가)와 (나)는 교육 대상이 노동자와 초등 학습자라는 점에서 차이가 있지만 더 본질적으로는 이 시기 독본류 교재들이 지향하는 두 가지 교육 목표가 단적으로 대비되어 나타나고 있다. (가)에서 추구하는 교육 목표는 근대적 자아의 형성이며 이것이 계몽이라는 사회적 목적과 밀접한 관련이 있음을 전제로 하고 있다. 반면 (나)의 목표는 민족주의에 근거한 국권의 회복이다. 물론 이 당시 교육의 중요한 목표는 (가)와 (나)에서처럼 개인에게 있어서는 계몽을 통한 근대적 자아의 형성이며, 국가 차원에서는 외세의 영향에서 벗어난 진정한 자주 독립국의 건설이라고 할 수 있다. 그러나 (나)에서는 후자를 더 본질적으로 보고 개인의 발전은 이를 위한 수단으로 인식하고 있다. 이러한 개인과 국가의 관계 인식은 앞서 살펴보았듯이 일본의 영향을 받은 것이라 할 수 있으며, 결론적으로는 현채가 가진 인식의 한계라고 할 수 있다.

5. 국가주의 교육관에 대한 재평가

본 연구는 현채의『유년필독』을 중심으로 근대 초기 국가주의 교육의 성립과정을 살피고 그것의 의의를 밝히고자 하였다. 일본의 경우 초기 보편적 시민 의식의 함양을 목적으로 한 교육 이념이 보수적 국가주의로 대체되고 헤르바르트 교육학을 통해 '존왕애국'이 근대적 교육철학으로 분장(扮裝)되면서 교육 전반에서 최상위 목표로 부상하는 양상을 보였다. 그리고 이런 일련의 과정은 모두 일본 사회의 특수한 맥락 속에서 일어난 것이었다. 그러나 우리나라의 경우 교육의 근대화를 추구하는 과정에서 자생적인 노력과 함께 일본의 영향을 직간접적으로 받게 되다 보니 역설적이게도 일본에 저항하는 교육의 내적 논리를 일부분 일본을 통해 수립하는 양상을 보였다. 특히 이러한 모습은 최초의 근대적 교육학 저서라고 할 수 있는『신찬교육학』을 통해 보다 분명히 드러난다.

앞에서도 논의했듯이 이 책의 번역과 교수에 현채가 밀접히 관여하였다고 추정이 되며, 이는 현채의 교재 저술 및 편술·역술 활동에도 많은 영향을 끼쳤을 것으로 여겨진다. 갑오개혁 이전까지 현채는 역관으로서 활동하였을 뿐 교육가로서 활동은 극히 미비하였다. 그러나 아유가이 후사노신(鮎貝房之進)과의 교류를 통해 을미의숙의 설립에 직간접적으로 관여하게 되고, 이후 한성사범학교 교관으로 임명되는 등의 이력은 그가 역관에서 교육가로의 변화 과정에서 일본의 영향, 특히 당시 일본의 주류 교육 이념이었던 헤르바르트를 중심으로 한 국가주의 교육이념에 영향을 받았다는 추정을 가능케 한다. 특히『유년필독』에 나타난 현채의 역사 서술은 역설적이게도 하야시 다이스케(林泰輔)의『조선사』에 의존하는 경향을 보였고 이는 결국 '번역'이라는 행위를 통해 식민사관의 침투를 허용했다는 비판에서 자유로울 수 없다는 것을 반증한다. 지금까지 학계 일반에서는 일제에 의해 자행된 1909년 교과서 검정에서『유년필독』이 가장 많은 제재를 받았다고 하여, 그리고 그 내용이 주로 조선의 역사와 민족의식을 고취시키고 있다고 하여 이를 긍정적으로 평가하는 경향이 지배적이었다. 그러나 교과서 검정 제도의 시행이 말 그대로 교재에 대한 검정만을 목적으로 한 것이 아니라 사립학교를 탄압하기 위한 명분이었다는 점을 고려한다면 그 해석은 달리질 수 있을 것이다. 즉,『유년필독』이 당시 사립학교에 널리 사용되고 있기에 이를 금지함으로써 사립학교의 활동을 위축시키고자 했다고도 해석할 수 있을 것이다. 특히 1910년 이후 현채는 조선사편수위원으로 임명이 되고 조선사편수위원의 역할이 일제에 의한 역사 왜곡과 강제 병합의 역사적 정당성을 확보하기 위한 것이었음을 감안할 때 과연 현채가 신채호나 박은식과 같은 민족주의 사학자라고 평할 수 있는지

의문이다.

본 연구는 근대 초기 국가주의 교육관이 성립되는 과정을 살펴보고, 현채를 통해 그 공과를 보다 면밀히 고찰해 보고자 하였다. 물론 본 연구에서 다루지 못한 다른 많은 측면들이 이 당시 교육을 둘러싼 복잡한 논의들을 형성하고 있으며 이들 중 상당부분은 여전히 그 사실관계조차 명확히 규명되지 못한 채로 남아 있다. 다만 본 연구는 기존에 밝혀지지 않았던 사실 중 일부들을 정리하고 이를 통해 기존 학계의 해석에 문제를 제기하고자 하였다.

여성 교과서의 열녀전(列女傳/烈女傳), 그리고 애국부인들

: 장지연의 『여자독본』(1908)을 중심으로

문혜윤(고려대학교 강사)

1. 근대계몽기 여성 교육과 교과서

국민국가의 실현을 위해 제도와 체제를 정비해 가던 근대계몽기는 여성에게도 새로운 지평을 선사했다. 젠더로서의 '여성'이 계급, 규범, 시대 등의 다양한 맥락을 통해 구성되는 역사적 개념임을 상기한다면, 근대계몽기의 '여성'을 만드는 데 일조한 것이 공적 교육의 허용이었음을 부인할 수 없다. 갑신정변의 주도자였던 박영효는 1888년 일본 망명 중 고종에게 올린 '개화상소문'에서 남녀동권론(男女同權論)을 제기하였다. 이를 바탕으로 과부재가와 취첩금지를 주장하였고, '설소중학교 사남녀육세이상 개취교수학사(設小中學校 使男女六世以上 皆就校受學事)'라 하여 남녀간 교육의 기회균등을 강조하였다(박용옥, 1983: 32~33 참조). 이보다 이른 시기인 1886년 선교사 스크랜튼에 의해 최초의 여성 교육기관인 이화학당이 설립되었는데, 본격적 여성 교육의 계기가 마련된 것은 갑오개혁 이듬해인 1895년 7월 19일

칙령145호로 '소학교령(관립 소학교, 공립 소학교 및 사립 소학교 3종으로 나누고 보통, 고등 2과로 편성하여 남녀를 모두 공부하게 한다)'이 제정·공포되면서부터였다.

1890년대 중반 ≪독립신문≫ 및 ≪매일신문≫ 등을 통해 여성 교육에 관한 의식의 각성과 담론의 제기가 이루어졌다. 여성 교육의 필요성을 강조하는 논설들은, 여성 교육을 반대하는 것은 '무식하고 생각 없는 연고'라 단언하고, '사나이가 계집을 압제하는 대한의 제일 큰 악습'과 '기천 년 습속에 젖어 사람의 남녀 간 평등 권리를 생각지 못한 폐단'을 고칠 수 있는 유일한 방법은 여성에 대한 교육이라고 역설하였다(홍인숙, 2006: 110). 1898년 9월 8일자 ≪황성신문≫에는 북촌 부인 300명이 낸 최초의 여권선언 「여권통문」이 실렸다. 이 선언문은, 여성 역시 남성과 마찬가지로 문명개화 정치를 수행하는 민족 대열에 참여할 권리, 남자와 동등하게 직업을 가지고 일할 권리, 남자와 동등하게 교육을 받을 권리가 있다고 천명하였다(박용옥, 1983: 58). 신문에 실린 개화파의 논설들이 선언적 차원에 머물렀음에 비해, 「여권통문」을 제출한 부인들은 찬양회를 조직하여 여학교 설립운동을 벌였다. 찬양회는 1898년 10월 11일 상소를 올려 관립 여학교의 설립을 건의하였고 고종의 허가 비지도 단 이틀 만에 내려졌지만 최종적으로는 대신들의 반대로 무산되었다. 이미 학도를 모집해 놓은 상태에서 학부 예산만 기다리고 있었던 찬양회는 사재를 털어 순성여학교를 개교하였는데, 이 학교는 초대 교장인 양현당 김씨가 세상을 떠난 1903년 이후 사라진 것으로 보인다(홍인숙, 2006: 113~120 참조).

1905년 을사조약 이후가 되어서야 여성 교육은 교육을 통한 국가 중흥의 차원에서 새로운 전기를 맞이할 수 있었다. 1905년에서 1910년 사이 서울과 지방에서 유지들이 사재를 털어 세운 여학교가 200개를 넘게 되었고, 장로교 설립학교의 경우 1903년에서 1908년 사이에 학생 수가 10배 정도 늘었다. 1906년 이래 다양한 여성 단체가 만들어졌는데, 이들은 자선사업 활동(자혜부인회, 자선부인회), 장학 활동(대한여자장학회, 관사립여학교연합장학회), 학교설립 활동(한일부인회, 진명부인회, 여자교육회, 양정여자교육회 외 다수) 등을 벌였다(조경원, 1999: 164 참조). 이 시기의 여성 운동은 찬양회 운동 때 나타난 투쟁적 의식보다는 남녀 상호간의 협조와 조화를 중시하였으며, 운동의 목표가 보다 세련된 '현모양처 교육'으로 한정되었다는 특징이 있다(박용옥, 1983: 120 참조).

근대계몽기 여성 교육의 실태는 공포된 법령의 내용, 매체의 담론, 설립된 학교의 개수, 여성 단체의 활동 등을 통해 어느 정도 짐작 가능하다. 그러나 그것들이 보여 주는 것과는 다른 특징—여성 교육의 중요성이 강조되는 상황에서도 관립 여학교의 설립이 반대에 부딪힌다든지, 남녀동등을 주장하며 세워진 순성여학교의 교과목에 천자문, 동몽선습, 소학 등이 포함된 것(조경원, 1999: 167)[1]과 같은 문제—이 돌출되기도 했다. 이러한 모순과 착종의 실제를 확인하고, 이를 통해 드러나는 근대계몽기 여성 교육의 목표 및 지향을 분석하기 위해 당대에 편찬된 여성 대상 교과서를 주목해 볼 수 있다.

1906년 이후 많은 수의 사립학교가 설립되면서 교과용 도서가 활발히 간행되었다. 이원긍의 『초등여학독본』(보문사, 1908), 강화석의 『부유독습』(황성신문사, 1908), 장지연의 『여자독본』(광학서포, 1908), 노병희의 『여자소학수신서』(박문서관, 1909) 등이 이 시기에 출간된 여성 대상 교재였다. 『여자소학수신서』는 '이화학당장 부라이(富羅伊), 진명여학교감 여몌예황(余袂禮黃), 양원여학교장 윤고라(尹高羅)'

---

1) 조경원(1999)에 따르면, 순성여학교는 교사 수급과 교과서 선정 문제를 여성 교육에 매우 소극적이었던 학부에 의존하였다. ≪제국신문≫ 1898년 9월 13일자 사설은 '이전의 학문이나 가르쳐서 칠거지악이 있으면 사나이가 마땅히 버린다든지 여자는 안에 처하여 밖을 말하지 못한다는 등속 교훈이나 배우게 할 지경이면 오히려 가르치지 않는 것만도 못할' 것이라며 경계하였다고 한다.

가 교열을 보았다고 판권에 명시되어 있어 적어도 세 여학교의 교재로 사용되었음을 추측할 수 있고, 다른 책들도 당시 성행했던 야학이나 강습회 등에서 사용되었던 것으로 보인다.

이 중 본격적으로 살피고자 하는 것은 장지연의 『여자독본』인데, 이 책은 당시의 교과서들 사이에서 형태상 이질성을 드러낸다. 물론 근대적 교육 체재가 도입·실행된 최초의 시기였으므로 교육 과정이 따로 마련되어 있지 않았고, 교과서들은 일정한 기준 없이 급조되었기 때문에 체재와 서술이 제각각일 수밖에 없었다. 하지만 『국민소학독본』(1895)을 비롯하여 『신정심상소학』(1896), 『초등소학』(1906), 『유년필독』(1907) 등 비슷한 시기의 학부 및 민간 교과서들이 근대적 문물과 지식의 소개, 논설 및 시(노래), 우화, 편지 등의 다양한 문종을 혼성 배치하였던 것에 비해, 『여자독본』은 여주인공을 중심으로 펼쳐지는 이야기들로만 묶여 있다는 특징을 보인다. 이러한 『여자독본』의 방식은, 다른 여성 대상 교재인 『초등여학독본』이나 『여자소학수신서』가 여성들이 지켜야 할 덕목에 대해 설교·설명하는 글이 많았던 것과도 대비를 이룬다.

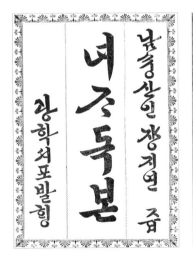

근대적 교과서의 형태와는 다르게 보이는 『여자독본』의 구성은
역사상 최초의 여성 대상 교재인 전한(前漢) 시대 유향(劉向)의 『열녀
전(列女傳)』이 취했던 것과 같은 방식이었다. 『초등여학독본』은 '명륜
장(明倫章), 입교장(入敎章), 여행장(女行章), 전심장(轉心章), 사부모장
(事父母章), 사부장(事夫章), 사구고장(事舅姑章), 화숙매장(和叔妹章)' 등
조선시대 여성 교육의 교재였던 『여계(女誡)』, 『여논어(女論語)』, 『내
훈(內訓)』 등의 체제와 내용을 본뜨고 있고, 『여자소학수신서』 역시
얌전하고 단정한 행실이나 여자의 본분으로서의 효도, 우애, 화목,
공경, 후덕 등을 강조하고 삼강오륜을 가르친다. 『여자독본』이 『열
녀전』처럼 역사상 인물의 언행을 전함으로써 교훈을 읽도록 하는
'인물설화형' 교재였다면, 『초등여학독본』이나 『여자소학수신서』는
『여계』나 『여논어』와 같이 교조적인 교훈을 열거하는 '덕목설교형'
교재였던 것이다.2) 즉, 근대계몽기의 여성 대상 교과서들은, 중국에
서부터 비롯되어 동아시아 일대에 파급되었던 조선시대 이래의 여
훈서(女訓書) 형태를 차용한 것이 대부분이었다.

그러나 『초등여학독본』에는 남녀의 동등한 권리를 강조하는 부분
이 나타나고, 『여자소학수신서』에도 시간의 엄수, 운동의 중요성, 몸
의 건강을 위한 청결, 편지 쓰는 법 등의 근대지(知)가 포함되어 있으
며, 『여자독본』도 상권의 한국 여성들에게 요구했던 현모양처상과
달리 하권의 중국·서양 여성들에게는 적극적 사회 활동, 진취적인
기상 등을 강조하고 있다. 여성 대상 교과서에 나타나는 이러한 모순
에 대해, 근대계몽기를 "전통적 여성상인 '가문의 며느리'가 여성 정
체성의 중심을 이루고 있으며, 현모양처와 여성의 '국민화'는 불안정
한 형태로 모색되는 단계"(김언순, 2010: 35)였다고 평가한 의견이 있

---

2) 히라타 유미가 근대 일본의 여전(女傳)을 설명하는 과정에서 인용한 가케히 구미
코(筧久美子)의 분류법을 재차용한 것이다(平田由美, 2009: 125).

다. 『여자독본』이 취했던 '전통'의 방식은 당시 교과서들 사이에서 두드러지는 차별점을 드러낸다고 할 수 있지만, 동시대 신문과 잡지 등의 매체에서 범람하였던 인물 기사3)나 영웅적 인물을 소재로 한 단행본 출간붐(김성연, 2013: 65~74 참조)을 고려할 때 근대계몽기의 특수성을 반영하는 것이라고도 할 수 있다. 또한, 그 시대 교과서에 문학 제재가 희소한 것이었다고는 해도 위인의 생애, 이솝우화로 대표되는 우화, 학습자 또래의 에피소드를 담은 또래 서사 등이 학습자의 흥미를 불러일으키기 위한 수단으로 적극 활용되었다(조희정, 2012: 99~110 참조)는 점을 고려한다면, 『여자독본』의 방식을 전근대적인 것이라고만 판단할 수 없는 부분들이 존재한다.

이 글은 근대계몽기 여성 대상 교과서 중 장지연의 『여자독본』을 중심으로 하여 그 시대 여성 교육의 모순점—상반된 듯 보이는 여성상이 같은 책 안에 배치되는 점, 여성 교육에 관한 근대적인 담론이 팽배한 시대였지만 교실이라는 구체적인 공간에서 맞닥뜨린 교과서는 이전 시대와 별로 달라지지 않은 듯 보이는 점 등—을 살피고, 이를 통해 근대계몽기 여성 교육이 지향했던 바가 무엇이었는지를 확인하는 데 관심을 둔다.

2. 교과서 구성 원리로서의 열녀전(列女傳)

『여자독본』은 상·하권을 합해 총 120과로 이루어져 있으며, 상권에 한국 여성 55인(이름이 호명되지 않은 채 자매나 형제로 등장하는 이들은 1인으로 계산), 하권에 중국 및 서양 여성 28인이 등장한다. 보통은 한 개의 과마다 혹은 몇 개의 과를 이어서 한 여성을 주인공으로

---

3) 이에 대해서는 김영민(1997), 김찬기(2004), 김찬기(2005), 이승윤(2009) 등을 참조.

하는 일화 및 이야기가 전개되는데, 때로 별다른 일화 없이 여러 여인의 덕목들이 나열되기도 하였다. 그 구성 및 내용은 다음과 같다.

	상권	목차(인물)	내용
제1장 총론	제1과	제목 없음	나라 백성된 자의 어머니인 여자 교육 강조.
	제2과	제목 없음	어머니는 아들에 대한 사적 애정보다 교육이 중요함을 깨달아야 함.
제2장 모도	제3~4과	김유신 모친	아들을 엄하게 훈계하여 명장이 되도록 함.
	제5과	정여창 모친	아들을 엄하게 훈계하여 명현이 되도록 함.
	제6과	이항복 모친	가법을 엄하게 하여 남매간의 예법을 규제함.
	제7과	이이 모친	어머니에게 글을 읽고 그림 그리는 재주가 있어, 아들을 명현이 되도록 함.
	제8~9과	홍서봉 모친	어머니는 자신에게 손해가 되더라도 남에게 해가 가는 일을 해결함(자기 비녀를 팔아 독 있는 고기를 사들임), 글을 읽는 재주가 있어 아들의 글을 직접 평가해줌.
	제10~11과	김유신 부인 (김원술 모친)	(남편의 죽음 이후) 남편의 뜻을 받들어, 패한 전쟁에서 살아 돌아온 둘째 아들 원술을 보지 않음.
제3장 부덕	제12과	소나 처	(남편의 죽음 이후) 남편의 뜻을 받들어, 왕사로 죽은 남편의 일을 슬퍼하지 않음.
	제13~18과	온달 처	남편을 현명하게 내조하여 영웅으로 만듦, 전쟁터에서 죽은 남편의 관을 고향으로 옮겨 장사지냄.
	제19과	유응규 처	남편의 뜻을 받들어, 뇌물을 받지 않음.
	제20과	인열왕후	인조 비. 광해군을 위해 눈물 흘리는 궁인을 덕으로 포용하여 인조에게 충성하게 만듦.
	제21과	윤 부인	신숙주 부인. 남편에게 절개를 가르쳐 부끄럽게 함.
	제22과	이 부인	이세좌 부인. 덕행과 지감이 있어, 연산군 어머니에게 사약을 전달한 남편 및 아들의 죽음을 예언함.
	제23과	김 부인	조린 부인. 교만하지 않고 예의가 발라 집안일을 잘 처리하는 내조, 봉제사 접빈객을 잘함.
	제24~26과	이 부인	신흠 부인. 근검한 성품, 검소한 의복. 뇌물을 거절.
	제27~28과	권 부인	이정구 부인. 근검한 성품, 검소한 의복.
	제29과	장 부인	장현광 증손. 자손을 엄하게 훈계. 남에게 피해를 준 손자를 거부하고 죽음.
제4장 정렬	제30~31과	석우로 처	불 타 죽은 남편의 복수를 위해 왜의 사신을 불 태워 죽임.
	제32~33과	박제상 처	죽은 남편을 그리워하다가 죽음. 남편에 대한 지조.
	제34~35과	도미 처	권력 앞에서도 변하지 않는 남편에 대한 지조.
	제36~37과	설씨	말로 맺은 약속을 지키기 위해 생사를 알 수 없는 가실을 6년 동안 기다림. 정혼자에 대한 지조.

제38과	영산 신씨	부모 죽인 원수인 왜인을 따라갈 수 없다고 왜인의 목을 물다가 죽임을 당함.
제39과	제목 없음	이동교의 처 성주 배씨, 강호문의 처 광주 문씨, 강화의 세 자매는 왜적에게 지절을 굽히지 않다가 죽임을 당함.
제40과	안동 김씨	수자리 떠나는 남편(유천계)이 호랑이에게 물려가자 호랑이를 제압하고 남편을 구함.
제41과	제목 없음	단성의 연이, 정산의 옥배는 남편이 호랑이에게 물려가자 호랑이를 쫓아가 남편을 구함.
제42과	군위 서씨	남편(도운봉)의 죽음 이후, 집 뒤 대나무 숲에서 매일 울어 백죽이 자라남. 백죽도(열녀 서씨 포죽도)로 그려짐.
제43~44과	정 부인	조지서 부인. 갑자사화에 남편이 죽은 후, 조상의 신주를 본가로 데려가 극진히 제사하며 3년상을 마침.
제45과	권 교리 부인	권달수 부인. 갑자사화에 남편이 죽은 후, 60여 일 식음을 전폐하며 남편의 환장이 끝나기를 기다리다가 따라 죽음.
제46과	윤 부인	세력가의 하인에게 맞아죽은 남편(나계문)의 원통함을 신설하고자 소장을 지어 접수. 그 하인은 사지를 찢어 죽이는 형벌을 받음.
제47과	임 의부	서울서 벼슬하는 남편(박조)을 대신하여 시어머니를 극진히 섬김. 불길 속에 뛰어들어 시어머니를 구함.
제48~50과	송 열부	의주에서 살해당한 남편(고준실)의 원수를 갚기 위해 의주행. 남편을 죽인 범인을 잡아 관아에 넘기고 직접 그 배를 갈라 간을 꺼내 남편 혼령에 제사함.
제51과	김 열부	안동에서 살해당한 남편(차상민)의 원수를 갚기 위해 안동행. 범인을 찾아 관아에 넘기고 직접 그 살을 베어 먹고 남편을 선산에 환장함. 육칠 년 주야읍곡하다가 맏딸 출가 후 자결함.
제52과	박 효랑 형제	성주 사족. 호강의 집에서 박씨의 선산에 늑장하자 아버지가 억울해하다 죽음. 아버지의 원수를 갚기 위해 호강의 분묘를 파서 해골을 빻아 분을 풀고 관청에 자수함. 그러나 감옥에서 죽음.
제5장 잡편	제53과	의기 논개	절개 있는 기생. 왜 장수를 안고 떨어져 죽음.
	제54과	계화월	절개 있는 기생. 왜 장수를 죽이는 것을 돕고 스스로 목숨을 바침.
	제55과	금섬, 애향	동래부사 송상현의 첩 금섬, 부산첨사 정발의 첩 애향은 남편을 따라 죽음.
	제56과	야은 비 석개	길재 하인. 절의를 지킨 길재를 본받음. 표풍에 휩쓸려 생사를 알지 못하는 남편를 기다리며 수절. 10여 년 만에 남편이 일본에서 돌아옴.

제57과	약가	길재 이웃. 남편이 왜적에게 잡혀간 후 생사를 모르니 고기를 먹지 않고 의복을 입고 자면서 수절함. 8년 만에 남편이 돌아옴.
제58~59과	향랑	길재 지주비 아래 강물에 투신자살. 남편은 집에서 내쫓았으나 남편에 대한 지조를 지킴.
제60과	목주곡	효녀. 아버지와 계모의 미움을 받음에도 극진히 봉양하려고 하나 받아들여지지 않음. 원망하는 마음을 노래로 표현함.
제61과	회소곡	양편으로 나누어 길쌈.
제62과	무녀 일금	임금을 속이지 않음.
제63~64과	허난설헌	문장이 뛰어났던 여자들 소개(부인 중에는 허난설헌, 빙호당, 남씨, 기생 중에는 이옥봉, 황진이, 이계생, 취선, 취죽, 양사언 소실 등).

하권	목차(인물)	내용
제1~2과	맹모	아들 교육을 위해 세 번 이사. 아들을 엄하게 훈계하여 성현으로 만듦.
제3과	제영	아버지를 대신하여 육형 받기를 자청하는 상소를 올림. 중국의 육형 제도를 없애는 계기가 됨.
제4과	방아, 가녀	방아는 아버지 죽인 원수에게 복수하기 위해 비수를 품고 다니며 10여 년을 기다리다가 적절한 기회를 얻어 그를 칼로 찔러 죽였고, 가녀는 아버지 죽인 원수를 죽이고 그의 심간을 꺼내 아버지에게 제사함.
제5~6과	이기	마을의 동녀를 잡아먹는 뱀을 처치하기를 자청함. '딸이 있고 아들이 없어 능히 종양치 못하면 일찍 죽는 것만 같지 못하다'고 부모를 설득. 그 일로 동월의 왕비가 됨.
제7~9과	목란	아버지 대신 남장을 하고 전쟁터에 나가 12년을 보내며 군공을 세움. (목란시)
제10과	순관	적에게 포위된 상태에서 아버지 대신 빠져나가 지원병을 모아옴. 문무의 재주를 겸비하여 아버지와 백성을 구함.
제11과	부인성	적에게 포위된 상태에서 아들을 대신하여 성 안의 부인들을 모아 성을 쌓음.
제12~13과	양 부인	전쟁터에서 군사의 용맹을 돋우며 싸움을 독려함. 남편이 도망하는 적을 베지 못한 것을 벌하라는 상소를 올림.
제14과	안 공인	전쟁터에서 도망간 관병을 대신하여 채(砦)를 만들고 군사를 모집하여 마을을 지킴. 군사의 용맹을 돋우며 싸움을 독려함.
제15~16과	세 부인	계책을 세워 남편 대신 적을 습격하여 이김. 남편이 죽은 이후 직접 전쟁에 나서 난을 평정함. 아들, 손자를

		도와 직접 전쟁을 치름.
제17과	진양옥	죽은 남편을 대신하여 전쟁을 치르고 군대를 거느림.
제18~19과	양향, 동팔나	양향은 14세에 호랑이에게 물려가는 아버지를 구하였고, 동팔나는 할머니를 물고 가는 호랑이의 꼬리를 잡고 할머니를 구했지만 자신은 호랑이에게 먹힘.
제20~22과	적량공 이모	측천무후를 섬기는 적량공은 이모에게 '여자 임금 섬기는 부끄러움'을 배움. 측천무후에게 간언을 하는 신하가 되어 현신이라는 평을 얻게 됨.
제23과	반소	학문이 높아 『여계』를 짓고, 오빠인 반고가 완성하지 못한 『한서』를 완성함.
제24과	황숭가	여자인 것을 거부하고 남자의 복장을 하고 삶. 책사를 짓고 정사를 돌볼 줄 아는 능력을 지님.
제25과	위 부인	왕희지에게 글씨를 가르침.
제26~28과	사로탈	샤를로트 코르데(Challotte Corday, 1768~1793, 프랑스). 정사를 어지럽히는 마랍을 암살하고 처형됨.
제29~31과	마리타	안나 마리아 리베이루 다실바(Anna Maria Ribeiro da Silva=아니타Anita, 이탈리아). 남편 가리파를 도와 아르헨티나−브라질 전쟁에 참여함. 남편과 함께 군대를 거느리고 이태리 본국으로 돌아와 오스트리아와 전쟁을 치름. 전쟁터에서 죽음. 남편은 후에 이태리 중흥호걸이 됨.
제32~33과	로이미세아	루이즈 클레망스 미셸(Louise Clémence Michel, 1830~1905, 프랑스). 전쟁에 참여했다가 잡힘. 옥에서 풀려난 후 책을 지음.
제34~37과	여안	잔 다르크(Jeanne d'Arc, 1412~1431, 프랑스). 계교를 부려 전쟁을 치름. 마녀로 몰려 화형당함.
제38~40과	라란 부인	롤랑 부인(Madame Roland, 1754~1793, 프랑스). 남편과의 애정. 부모의 명을 듣지 않고 자신이 원하는 신랑과 결혼함. 남편 라란씨를 정당에 들어가게 하고 공문 보고와 연설 초고를 씀. 단두대에서 사형당함.
제41~42과	루지	루시 허친슨(Lucy Hutchinson, 1620~1681, 영국). 남편과의 애정. 교육을 받음.
제43~46과	부란지사	프란시스 윌라드(Frances Willard, 1839~1898, 미국). 대학 교육까지 받음. 부인회를 창설하고 학교를 개교함. 부인교풍회를 만들어 가정 개혁, 국가 풍속 개혁.
제47~48과	류이설	루이제 아우구스테 빌헬미네 아말리(Luise Auguste Wilhelmine Amalie, 1776~1810, 프로이센 왕후). 전쟁으로 뺏긴 국토를 변론을 잘하여 회복하고, 백성의 사기를 진작하여 나라의 부흥을 위해 일함.

제49~51과	비다	해리엣 비처 스토(Harriet Beecher Stowe, 1811~1896, 미국). 노예 제도의 불합리함을 깨닫고 이를 타파할 수 있는 능력의 남자를 만나 결혼. 그에게 책을 쓰게 하여 노예해방의 기폭제가 되게 함.
제52~56과	남정격이	플로렌스 나이팅게일(Florence Nightingale, 1820~1910, 영국). 간호사로 전쟁에 참여. 이에 대한 공로로 받은 상금을 투자하여 간호사 학교를 세움.

『여자독본』은, 앞서 언급했듯이, 유향의 『열녀전(列女傳)』이 취했던 방식과 동일하게 여러 여인들의 전(傳)을 나열하는 형태로 구성되어 있다. 상권은 5개의 장으로 나뉘어 장 제목이 따로 달려 있지만, 하권은 그러한 구분이 없다. 『열녀전』은 '모의전(母儀傳)', '현명전(賢明傳)', '인지전(仁智傳)', '정순전(貞順傳)', '절의전(節義傳)' 등으로 구분되어 각 주제에 맞춰 여성 인물들의 전기가 묶이고 있는데, 『여자독본』도 상권의 2장 '모도(母道)'에서 어머니의 도리를 실천한 여인, 3장 '부덕(婦德)'에서 아내로서의 덕을 수행한 여인, 4장 '정렬(貞烈)'에서 지조와 절개의 모범을 보인 여인을 기술하고 있다. 그런데 각 장에서 여인의 행동 덕목으로 제시한 것은 자식에 대한 훈육, 남편에 대한 복종, 절개를 위한 자결 등 전근대 사회의 여성에게 요구되었던 것과 동일하였다. 이는 당시 ≪독립신문≫, ≪매일신문≫, 『가정잡지』 등의 매체가 설파하였던 근대적 여성 담론과는 방향을 달리하는 것이었다. 이에 비해 하권은 별도의 장 구분 없이 중국 및 서양 여성의 전기를 수록하였는데, 아버지를 대신하여 전쟁터에 나가 싸우는 중국 여성, 남성과 동등하게 전쟁이나 혁명, 정치에 참여하는 서양 여성의 모습을 제시함으로써 상권의 여성들과 대비되는 여성상을 제시하였다.

전통적 여성상과 근대적 여성상이 하나의 책 안에 묶일 수 있었던 것은 '열녀전(列女傳)'이라는 형식의 동일성 하에서이다. '열녀전(列女

傳)', 즉 '여러 여자[列女]'의 '전(傳)'이 나열되듯 배치되었기 때문에
상·하권의 다른 기준은 문제가 되지 않는 듯 보인다. 전(傳)은 본래
"거사직서(據事直書)의 원칙 위에서 특정한 인간의 삶을 포폄(襃貶)하
거나 권징(勸懲)하는"(김찬기, 2004: 24) 전통의 서사 양식이다. 그런데
"유학자 계층의 이데올로기를 추인하는 서사 양식으로서의 전(傳),
특히 유학자 계층 사이에서만 문집의 형태로 회람되던 전(傳)이 근대
계몽기에 들어와서 신문·잡지와 같은 공공 매체의 영역 안"에 빈번
하게 등장하였다(김찬기, 2004: 28~30).[4] ≪독립신문≫, ≪그리스도신
문≫, 『서우학회월보』, 『서북학회월보』, 『대한자강회월보』 등 그 당
시의 신문과 잡지에서는 을지문덕, 길재, 양만춘, 온달, 김부식, 강감
찬, 최도통 등 민족의 영웅으로 추앙된 인물에 대한 전(傳)을 쉽게
접할 수 있었다. 대부분 남성이 주인공이지만, 프랑스의 전쟁 영웅
'잔 다르크'를 다룬 『애국부인전』이나 프랑스의 혁명가 '롤랑 부인'
에 대해 쓴 『라란부인전』 등 여성 주인공의 전(傳)이 연재·출판되기
도 하였다.

　신문이나 잡지에 발표된 짧은 인물 기사나 단행본으로 출간된 영
웅전은 『여자독본』에 실린 전(傳)과 대응되기도 한다. 장지연이 찬성
원으로 관여했던 『가정잡지』에는 동서양의 유명한 여성들의 일화가
'동서양 가정 미담'이란 제목으로 소개되고 있었다. 1908년 1월호
'동서양 가정 미담'에는 「김유신의 모친」이라는 글이 게재되었다. 이
글은 본래 신채호가 작성한 것인데, 장지연이 『여자독본』에 대강의
내용만 간추려 수록한 것으로 보인다(배정상, 2006: 79). 개신유학자
김택영이 새로 입전한 전(傳) 중 차상민의 처 김씨, 고준실의 처 송씨
의 이야기가 있는데(김경미, 2002: 189~193 참조) 『여자독본』의 「김 열

---

4) 이 책(김찬기, 2004)의 각주 39)에는 근대계몽기 신문·잡지에 실린 전(傳)의 목록
　이 정리되어 있다.

부」, 「송 열부」로 들어와 있다. 『가정잡지』 1908년 4월호에는 「가리발디의 부인 마리아」란 글이 실렸는데(신지영, 2007: 244)[5] 『여자독본』 하권의 「마리타」로 실린 듯하다. 장지연이 『애국부인전』을 통해 다룬 바 있는 잔 다르크는 하권의 「여안」으로 실렸다. 애초에 한국뿐 아니라 일본과 중국에도 잔 다르크를 주인공으로 하는 다양한 서사가 전파되어 있었고 『애국부인전』에서는 '약안'으로 표기되었던 이름이 『여자독본』에서는 '여안'으로 바뀌었으므로, 장지연이 번역을 위해 사용한 판본이 무엇이었는지 확인하기 어렵다. 그런데 이는 판본 자체의 다양성 때문에 나타나는 문제이기도 하지만, 『여자독본』 속의 글들이 가지는 '요약본'으로서의 특성 때문에 한층 강화되는 문제이기도 했다.

『여자독본』의 열녀전은 본래 유통되던 이야기에서 서사의 세부를 생략하고 줄기만을 요약해 놓은 형태인 경우가 대부분이었다. 여러 이야기가 한꺼번에 묶이다 보니 각 글의 분량 자체도 줄어들었을 뿐더러, 『애국부인전』과 같은 경우 매회의 마지막에 논찬이 붙지만 『여자독본』 속의 「여안」에서는 이것들이 모두 생략되었다. 『여자독본』의 이야기들은 서사화로의 욕망보다는 교훈의 전달에 집중하려는, 다시 말해 인물의 행적을 표창하는 전(傳) 본래적 속성에 충실하면서도 주제 전달이라는 목적이 선행되는 교과서로서의 속성을 함께 가지고 있었다. 따라서 『여자독본』이 수용한 열녀전의 형태는 전래의 여성 교과서를 그대로 따른 것이기보다 여성이라는 대상을 고려한 교재 편찬이었기 때문에 나타난 현상이라고 볼 수 있다. 어린이를 대상으로 한 『소년』, 『붉은 저고리』, 『아이들보이』, 『새별』 등의 잡지가 여러 가지 이야기 및 우화를 통해 아이들을 교육하려고 시도한 것과 비슷한 양상이다.

---

5) 1908년 4월호 『가정잡지』 원문은 확인할 수 없었다.

또한, 『여자독본』은 여성 인물의 이야기를 서술하고 각 과의 말미에 학습해야 할 한자와 그것의 뜻풀이를 제시함으로써 한자 습득의 역할도 겸하고 있다. 그런데 그 과의 이야기에서는 등장하지 않았던 한자가 달리거나 본문의 내용 순서와는 다르게 한자가 제시되는 경우가 종종 있었다. 이는 장지연이 다른 어떤 판본을 참고하여 '요약하는' 형태로 『여자독본』을 만들었기 때문에 나타난 현상으로 보인다. 다른 여성 대상 교재인 『부유독습』은 한자 학습의 목적을 전면에 내세우고 있는데, 한자들을 먼저 제시하고 나서 그것들을 이용하여 만든 문장을 보여 준다. 그런데 이 책은 한자를 난이도별로 선별하여 앞뒤로 배치하였다기보다는 전달할 문장의 내용을 먼저 생각한 후 거기에서 한자를 뽑아낸 듯한 인상을 준다. 그것은 각 문장이 담고 있는 내용이 국가의 체재와 부속기관의 하는 일, 세상의 기본 원칙, 인간의 기본 윤리 등의 계몽적인 것들, 즉 말하고 쓰는 언어 능력을 키우기 위한 것이 아니라 교훈적 사상을 전달하는 데 초점을 둔 것들이기 때문이다. 하지만 상권의 문장은 국문체, 하권의 문장은 국한문체를 사용함으로써 단계별 한자 학습이라는 본래 목적을 완전히 상실하지는 않았다. 『부유독습』이라는 책의 제목에서도 드러나듯이, 한자 학습은 여성[婦]과 어린이[幼]를 한자 문해력의 세계로 끌어들이려는 목적 하에 이루어지는 것이다. 남성 인물이 중심이 되는 전기물과 다르게 여성 인물을 주인공으로 내세운 『라란부인전』과 『애국부인전』은 국문체로 번역이 되었는데 "본래 이 시기 역사전기물은 국한문체로만 번역되거나 국한문체 번역이 먼저 이루어진 후에 국문체 번역이 추가로 이루어지는 경우가 대부분"이었기 때문에 처음부터 국문체로 이루어지는 것은 "이례적인 케이스"였다(손성준, 2012: 171). 여성을 대상으로 한 교재에서 한자는 '학습'되어야 할 것이었으므로, 『여자독본』이 여성들의 이야기를 순 국문 문장으로 진술하고 그 말미에 한자를 달아 놓았던 것은 여성 교육의 의도를 이미 내포한 것이었다.

이렇게 『여자독본』은 유향의 『열녀전』이 취했던 전통적인 체재를 그대로 차용하지만, 내용상으로는 구국의 영웅을 주인공으로 한 인물 기사나 인물 전(傳)의 범람이라는 당대의 상황에 영향을 받았다. 전범이 되는 여성 인물을 통해서 새로운 시대의 여성상을 세우고, 그것을 따라 배우게 하려는 계몽적 의도를 지니고 있는 것이다. 그리고 형식상으로는 이야기의 주제만을 요약적으로 제시함과 동시에 한자 습득의 역할까지 겸함으로써 '어린' 여성을 교육의 장에 편입시키려는 의도를 함께 드러낸, 전통의 『열녀전』을 근대적으로 재배치한 책이다.

3. 열녀(烈女)의 새로운 덕목, 애국

'여러 여자'라는 의미였던 열녀가 조선시대에 '열(烈)'을 수행한 여인'으로 의미가 한정되는 경향이 나타났다. 본래 『열녀전(列女傳)』에는 '얼폐전(孽嬖傳)'처럼 집안을 망친 여인의 이야기도 실려 있으나 정사(正史)에 삽입되면서 이 부분은 삭제된다(송진영, 2002: 304 참조). 맹모의 이야기만 하더라도 『열녀전(列女傳)』에는 4가지 일화가 등장하는데, 『여자독본』을 비롯한 후대의 기록에는 자식의 교육에 관한 일화만이 전해진다. 조선시대에 편찬된 각종 열전들이나 『여자독본』에서는 열녀(烈女)가 큰 비중을 차지한다. 『여자독본』 상권에서 분량상 가장 많은 부분을 차지하는 것은 '정렬'장이고, 또 '잡편'장에도 '정렬'장에서 강조하던 덕목을 지닌 여성들이 나타나기 때문에 그 비중은 더 커진다. 왜구의 강간에 저항하다 죽음을 당하고, 왜구의 강간을 피하려고 자살하거나, 남편을 물어 가는 범을 쫓아가 남편을 구해내고, 남편에 대한 정절을 지키기 위해 수절하거나, 남편 사후 3년 동안 여묘살이를 하는 등의 이야기는 『삼국사기』 열전, 『속삼강행실도』 열녀편, 『고려사』 열전, 『신증동국여지승람』, 『동국신속삼강행실도』 등에 등장하던 것들이다. 그러나 전래의 자료가 아니더라도 ≪독립신문≫, ≪제국신문≫ 등 여성 관련 주제에 대해 비교적 진보적 입장을 표방했던 한글 신문을 비롯하여, ≪황성신문≫은 물론 ≪대한매일신보≫나 ≪매일신문≫에 이르기까지 근대계몽기의 거의 모든 신문의 '잡보'란에는 꾸준히 열녀(烈女) 이야기가 등장했고 (홍인숙, 2008: 421), 근대계몽기에 새로 입전된 열녀전(烈女傳)도 30여 편에 달했다(김경미, 2002: 188~189).6)

열행(烈行)이란, 여성이 사회적으로 유일하게 공인된(혹은 공인될) 성적 상대자(대부분은 남편)에게 자신의 '성적(性的) 종속성'을 천명하

---

6) 노론 산림을 대표하는 유학자 간재 전우, 위정척사론자로서 의병활동을 했던 의암 유인석, 영남 남인 출신으로 의병, 독립 투쟁에 나섰던 면암 곽종석, 개성 출신으로 한말 문장가로 손꼽혔던 창강 김택영, 호남 출신 선비로 강제병합 이후 자결한 매천 황현 등이 이 시기에 열녀전을 새로 입전하였다(김경미, 2002: 190~191).

기 위해 자신의 신체를 학대하거나, 신체의 일부 또는 신체 전부를 희생하는 것[從死](강명관, 2009: 16)이다. 근대계몽기에 열녀전(烈女傳)이 유행하는 현상에 대해 홍인숙은, 여성 욕망을 인정해야 한다는 개가론의 '의식적 차원'과 달리, 열녀담의 '무의식적 차원'은 여전히 정절을 지키는 것이 '더 훌륭한 인간 본성'이라는 유학자적 결론을 내리는 것이라고 평가하였다(홍인숙, 2008: 432). 그러나 의식적·무의식적 차원에서 더 나아가, 열행의 강조 및 열녀전의 유행은 여인의 정절이 국가의 시스템을 유지하는 중요한 근간이었음을 증명한다. 국가의 위기 상황일수록 여성 정절의 훼손은 민족의 훼손과 동일한 것으로 여겨졌다. 그런 점에서 본래 열녀(烈女)가 지녔던 성적인 의미는 『여자독본』의 전체적인 체재 내에서 다소 의미가 변화한다.

하권에 제시된 여성상이 한국 여성을 대상으로 하는 상권과 다르다고 앞서 언급한 바 있는데, 『여자독본』에 등장하는 서구의 여성들은 "기존 이야기에 존재하지 않았던 새로운 여덕을 온몸으로 보여줄 수 있는 풍부한 여성상의 원천"(平田由美, 2009: 136)으로서 기능하였다. 이와 연관되어 박용옥은 "애국애족적이며 자기희생적인 서구 여성 10명을 75쪽의 지면을 할애하여 다루"는 것은 "세계사 속에서의 여성의 위치와 역할을 강조하는 것이며, 한국의 애국적 여성상을 세계사 속에서 정립시키려는 원대한 의미가 포함되어 있는 것"이라며 긍정적인 평가를 내린 바 있다(박용옥, 1992: 207).[7] 상권의 장 구분과 달리 하권에 장 구분이 없는 이유도, 상권의 여성들에게는 여성을 평가하는 전래의 기준이 적용될 수 있음에 비해 하권에서는 이전엔

---

7) 이 논문은 이러한 긍정적 평가의 연장선상에서 "『여자독본』 상·하권 어디에도 남편을 위해 목숨을 끊은 이른바 유교적 열녀는 한 명도 취급되어 있지 않다"(박용옥, 1992: 206)는 부정확한 언급을 곁들이기도 하였다. 그러나 이 논문은 '사로탈', '마리타', '로이미세아' 등의 한자음역어에 해당하는 서양 여성이 누구인지를 정확히 밝힘으로써(박용옥, 1992: 209), 이후 『여자독본』 연구의 중요한 기초가 되었다.

본 적 없는 새로운 여성상이 제시되면서 여기에 적용할 만한 분류 기준이 마련되지 않았던, 저자와 사회의 가치 혼란 상태를 반영하는 것이라는 해석도 가능하다. 어쨌든 한국의 여성과는 다른 자질을 가진 이들이 근대계몽기에 소개됨으로써 기존의 부덕(婦德)이 지녔던 내포가 흔들리고, 그 사이에 새로운 여성상이 틈입하게 된다.

그렇다면 근대계몽기에 호출된 열녀(烈女)의 의미는 무엇인가. 이야기로만 묶인 『여자독본』에서 저자(편집자)의 편찬 의도를 엿볼 수 있는 곳은 총론 이외에 없다. 이 책의 총론 1과는 "여자는 나라 백성 된 자의 어머니 될 사람이다. 여자의 교육이 발달된 후에 그 자녀로 하여금 착한 사람을 이룰지라. 그런 고로 여자를 가르침이 곧 가정교육을 발달하여 국민의 지식을 인도하는 모범이 되느니라"고 되어 있다. 그것은 가정에서의 여성의 역할을 아들에 대한 교육자 혹은 매개적 위치에 둠으로써 그 가정은 국가에 귀속되고 결국 여성은 국가에 대한 열(烈)을 실천하는 인물이 되는 것이다. 여성 교육에 관한 담론이 확장하고 남녀동등권 및 여성 교육의 필요성이 대두되었던 시대였지만, 이때의 여성에게는 국민(아들 및 남성)을 육성하기 위한 어머니의 역할이 부여되고 있었다. 이러한 목적은 『여자소학수신서』에서도 "여자는 나라 백성의 어머니 될 자니 어머니 될 자가 무식하고 학문이 없으면 그 나라 백성이 어떠한 백성이 되리오. 실상으로 생각하면 여자의 직책이 남자의 책임보다 몇 배가 더하니 청년 여자 학생들아 마음을 깨끗이 하고 몸을 단정히 가져 후일에 국민을 낳고 기르고 가르치는 조은 어머니가 되소서"(25과~26과)와 같은 형태로 동일하게 나타나고 있다. 근대계몽기 여성 교육의 필요성은 '여성=어머니'라는 여성의 정체성에 있었다. 따라서 여성 교육은 '장차의 어머니 교육'을 의미했다(전미경, 2006: 157).

『여자독본』은 누군가의 어머니, 누군가의 아내로서의 한국 여성의 모습을 보여 준다. 이때의 한국 여성은 주체(국민)의 위치가 아니라 주체와 주체를 '매개'하는 역할을 부여받은, 관계 종속적 존재였다. 근대계몽기에 유행했던 영웅전의 제목은 남성을 주인공으로 할 때는 주로 인물의 이름이 책의 제목이 되었다. 가령, 을지문덕, 이순신, 최도통, 원천석, 길재, 김유신 등은 글의 전면 제목으로 등장하는 데 비해, 여성을 주인공으로 하는 경우는(서양 여성의 경우에도) '애국부인', '라란부인' 등과 같이 누군가의 부인이라는 관계 의존적 용어를 사용하고 있다. 근대계몽기 비국민을 국민으로 포섭하는 국가적이고 문명적 시스템이 작동할 때 '가정' 안에서의 여성의 배치를 규정한 언표는 '부인'이었다(신지영, 2007: 244 참조).[8] 그런 점에서 본다면 아버지를 대신하는 중국의 여인들이나 자신의 능력을 남편 일을 보조하는 데 쓰는 서양의 여성 역시 관계 의존적이었다고 할 수 있다. 하권의 「라란 부인」이나 「루지」에서는 여성들이 남편 될 사람과 자유연애를 통해 결혼하였다는 점을 강조하여 다른 부분에서 기술하였던 덕목들과는 어울리지 않는 내용이 등장하는데, 이는 '낭만적 사랑'이 '열'을 대신하는 형태로 제시된 것이라 할 수 있다(이상현, 2009: 120~129 참조). 한국의 여성들에게는 남편에 대한 정절을 직접적으로 강조하였다면, 서양 여성들에게는 연애를 통한 남편과의 일대일 관계를 강조하여 일견 독립적이고 주체적인 인물로 보이게 만들면서도 또 다른 형태의 정절 관념을 부여하고 있는 것이다.

---

8) 이 논문은 근대계몽기 '부인'의 용법을 네 가지로 분류하고 있다. 첫째, '부인'은 국가 기념일이나 학교의 개교, 운동회 등의 의례에 참여하는 조선에 온 대사관의 아내를 지칭하는 말이었다. 대사관 부인들은 교육사업, 자선사업 등을 활발히 벌였고 따라서 '부인'이란 용법은 '개화된 여자'라는 이미지를 흡수하면서, 1910년대 이전에 보다 광범위하게 분포한다. 둘째, 영웅의 아내나 여걸을 지칭하는 의미로 쓰인다. 셋째, 좀 더 개화된 여성을 지칭하는 말로 '부인회, 찬양회' 등 여성의 사회단체활동을 묘사할 때 등장한다. 넷째, 거의 대다수의 여성들을 기사에서 지칭할 때 적당한 말이 없으면 '부인'이라는 언표를 광범위하게 사용한다(신지영, 2007: 244~245 참조).

또한, 같은 전(傳)의 형식이라고 하더라도, 적어도 『여자독본』에서 여성 인물의 전은 남성 인물을 다루는 방식과 다르다. 상권 3과~4과 '김유신 모친'의 경우, 그 어머니의 훌륭함을 드러내는 것은 아들 김유신의 행동이다. 4과와 같은 경우는 김유신의 어머니가 아니라 김유신을 중심으로 한 일화(기생의 집을 찾아간 말의 머리를 베었다는 김유신 관련 설화)를 보여 주고, 김유신의 어머니는 이 일을 꾸중하기 위해 마지막에 잠깐 등장할 뿐이다. 상권 9과~10과는 '모도'를 이야기하는 부분임에도 제목이 '김유신 부인'이라고 되어 있다. 김유신의 둘째 아들 원술의 모친을 조명하고 있는 부분인데, 9과는 김유신이 전쟁에서 패한 둘째 아들 원술을 내치는 이야기이고, 10과가 김유신 사후 남편의 뜻에 따라 원술을 받아들이지 않는 어머니의 이야기이다. 석우로, 박제상도 두 개의 과로 구성되었는데, 앞의 과는 석우로, 박제상의 이야기이고, 뒤의 과가 그 아내들의 이야기다. 여성의 이야기는 남편이나 아들, 시어머니 등이 없으면 성립하지 않는다. "'규범적 가치'를 표창할 일화와 인물만을 극단적으로 부각시키는 전형적인 전(傳)의 양식"(김찬기, 2005: 289)이 여성을 대상으로 할 때에는 입전인물과 주변인물의 '관계'에 비중을 두는 것으로 바뀌는 것이다.

상권 5장 '잡편'에는 논개, 계화월, 금섬, 애향, 석개, 약가, 향랑, 효녀, 일금, 허난설헌 등이 포함되어 있다. 여기에 속한 인물들은 다른 장에서 표창된 여인들이 지니는 덕목들을 지니고 있음에도 '잡편'으로 따로 분류되었다. 논개나 계화월, 금섬이나 애향은 지아비나 국가에 대한 정절을 지킨 인물이지만 기생 혹은 첩이었고, 일금은 임금을 기망하지 않는 충성스런 마음을 지녔지만 무녀였다. 효녀는 아버지를 극진히 봉양했지만 아버지에게서 버림받았고, 허난설헌은 문장 재주를 지녔지만 그 재주가 자식 교육과 관련되지 않았다. 또한, 지아비에게 버림받은 향랑의 경우는 그렇다 치더라도 석개나 약가의 정절은 잡편에 속할 이유가 없어 보이는데, 특이한 것은 석개,

약가, 향랑이 모두 야은 길재(吉再)와 관련을 맺고 있다는 점이다. 석개는 길재의 하인이며, 약가는 길재의 이웃이었고, 향랑은 길재의 지주비 아래 있는 강물에 투신자살하였다. 이들은 가족 관계에서 벗어난 인물이기에 '따로 다루어져야 했고', 가족이 아닌 길재에게 감화를 받았다는 점에서 '따로 다룰 만한' 인물들이었던 것이다. 근대 계몽기 국민 생산 프로젝트에 기여해야 할 여성 중 '우부우맹을 현혹시키는 무당'이나 '기생을 비롯한 매음녀'는 국가의 발전과 이익에 방해가 된다고 여겨지는 척결의 대상이었고, 이들이 '상등여자'가 될 수 있는 방법은 '충렬'을 통해서였다(전미경, 2006: 142~151 참조).

그러므로『여자독본』은 상·하권의 편제를 통해 여성을 위계화된 질서로 분류하고 있다고 할 수 있다.

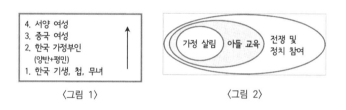

〈그림 1〉　　　　　〈그림 2〉

〈그림 1〉 제일 아래 단계에는 국민으로 포괄하기 어려운 기생, 첩, 무녀 등이 있는데 이들은 남편이나 나라에 대한 정절과 헌신을 통해 국민으로 끌어올려질 수 있는 자들이다. 그 위에는 가정에 속한 누군가의 어머니, 누군가의 아내가 있는데 이들은 남편에 대한 내조나 아들에 대한 교육을 통해서만 국민에 포섭될 수 있는 자들이다. 또 그 위에는 전쟁에 참여하여 작전을 짜고, 글을 저술하는 중국 여성, 그 위에는 전쟁에 참여하고 혁명을 이끌고 조직을 만들어 국가의 방향을 결정하는 서양 여성이 있다. 이러한 위계화된 질서는 제일 꼭대기의 서양 여성이 보여 주듯이 국가에 대한 충성으로 이어져 있다는 점에서 하나의 지점으로 모아진다. 이를 다른 말로 하면, 상

권과 하권의 배치는 기준 없이 각 인물을 독립적으로 나열하는 방식이 아니라 맨 아래 단계의 여인들이 그 다음 단계에 종속되고, 그 다음 단계가 또 그 다음 단계에 종속되는 위계적인 힘을 가지고 있다. 그 마지막에서는 국가에 대한 충성과 만난다.

장지연의 『애국부인전』은 약안(잔 다르크) 이야기의 중요한 세부 사항을 포함하고 있다.[9] 약안은 남자로 태어났다면 큰일을 이루었을 것인데 불행히 여자로 태어났다는 사람들의 말을 들으며 마음이 불편하였다. "어찌 남자만 나라를 위하여 사업하고 여자는 능히 나라는 위하여 사업하지 못할까. 하늘이 남녀를 내시매 이목구비와 사지백체는 다 일반이니 남녀가 평등"(342쪽)하다고 생각하면서 나라를 위해 일하고자 스스로 군사훈련을 한다. 약안이 집을 떠나려고 할 때 부모가 붙잡으면서 "네가 집을 떠나면 늙은 부모를 누가 봉양하겠느냐. 너는 효순한 자식이 되고 호걸여자가 되지 말라"(350쪽)고 말하는 데 대하여, 약안은 "국민된 책임을 다하여야"(351쪽) 한다고 대답한다. 이에 대해 약안의 아버지는 "여자로서 애국하는 의리"(351쪽)를 안다면서 딸을 보내준다. 그녀는 여러 전쟁에 "애국심"(366쪽), "애국충의"(379쪽)를 가지고 참전하지만 적의 속임수에 걸려들어 처형된다. 약안이 가정의 일을 보조하던 일개 여자에서 구국의 영웅으로 거듭나게 된 동인은 그녀의 마음속에 있던 애국심이다. 영국과의 전쟁에서 패배를 거듭하여 프랑스의 "전국이 거의 영국 영토가 될 지경이요, 전국 인민은 다 외국의 노예와 도야지"(346쪽)로 전락하였는데, 이를 한 국가의 국민으로서 겪는 모욕으로 여겼다. 그러면서 작가는 "옛적 우리나라 고구려 시대에 당 태종의 백만군병을 안시성 태수 양만춘이 능히 항거하여 백여 일을 굳게 지키다가 마침내 당병

---

9) 장지연, 『애국부인전』(한국개화기문학총서 역사전기소설편 6), 아세아문화사, 1979에 의거하여 쪽수를 표기하였다.

을 물리치고 평양성을 보전하였으며, 수 양제의 백만 병은 을지문덕의 한 계책으로 걸안 소손녕의 삼십만 병을 물리치고 송경을 보전하였으니 아지 못커라. 법국은 이때에 양만춘 을지문덕 강감찬 같은 충의 영웅이 뉘 있는고"(348쪽)라는 논찬을 덧붙이고 있다.

약안의 일대기가 한국의 열녀와 비슷한 점은 첫째, 원수에 대한 보복이 있다. 약안이 원수 영국과의 전쟁을 통해 국권을 회복하려고 했다면, 한국의 열녀는 남편을 죽인 자에 대해 잔인한 복수를 감행한다. 둘째, 뜨거움과 열렬함을 가지고 있다. "충간열혈"(351쪽), "뜨거운 피 기운"(354쪽), "열사"(354쪽), "열심"(354쪽), "더운 피"(360쪽), "열성"(363쪽), "더운 피"(366~367쪽), "애국열심"(367쪽), "애국열성"(367쪽) 등의 서술에서도 드러나듯이, 약안이 전쟁에 참여하는 바나 열녀가 자신의 신체를 훼손하거나 남편에 대한 정조를 지키는 것은 이 열렬함에서 비롯된 것이다. 셋째, 비(碑)가 세워진다. 약안의 죽음 이후 프랑스 사람들은 "각각 재물을 내어 빛나고 굉장한 비를 그 죽던 땅에 세워 그 공덕을 기념하"(377쪽)였고, 열녀들의 경우도 정려각이나 정려비가 세워져 가문과 동리의 영광이 된다. 그리고 넷째, 이들이 최종적으로 이르는 지점이 '죽음'인 경우가 많다. 정절을 지키기 위해 자결을 하는 한국의 여인들을 차치하고라도, 전쟁 영웅이었던 잔 다르크나 혁명 영웅이었던 롤랑부인도 화형과 사형이라는 비극적 죽음을 맞이하였다. 이들은 "남성화된 여성의 전형"(송명진, 2010: 254)이었기 때문에 배제되어야 했다. 여성은 "여전히 '국민'을 위한 '국민', 즉 제2국민으로서의 역할이라는 전근대적 실상으로부터 자유로울 수 없었다."(송명진, 2010: 265) 죽음을 피해 갈 수 있었던 여성은 "남편의 협력자·내조자·친구로서의 아내상, 자녀를 교육시키는 어머니상"(김성연, 2013: 58)에서 멀리 벗어나지 않았던 교육자나 간호사들이었다.

〈그림 2〉 열녀(烈女)가 지녔던 성적인 종속성이라는 기준이 사라진

것은 아니었다. 여성은 전통적인 여성의 역할을 수행하는 가운데 또 한편으로 서양 여성의 미라고 소개되는 덕목을 함께 갖추어야 했다(전미경, 2006: 166). 근대계몽기의 여성은 전근대사회에서 여성에게 중요하게 부과되었던 바느질, 음식 마련 등의 가사 업무를 여전히 유지하면서, 자식(아들) 교육, 정치 참여 등의 일도 해야 했다(해야 한다고 교육받았다). 바느질이나 음식 등은 이전에서 해오던 것이지만 보다 위생적, 효율적으로 처리할 수 있는 지식을 교육을 통해 습득해야 했고, 자식(아들) 교육은 조선시대에 부친이나 조부가 담당했던 것이었지만 근대에 들어서 여성의 임무가 되었으며, 보다 주체적인 여성상 수립을 목표로 서양 여성들과 같은 사회 참여, 정치 참여도 보장받았다. 그러나 이는 전 시대의 의무가 삭제된 것이 아니라 새 시대의 임무가 하나 더 부과된 것이다. 예를 들어 정절은 근대 사회에서도 여성에게만 중요한 문제로 제기되는데(예를 들어, 식민지 모던걸에게 부과된 비판적 눈길), 이는 정절을 모든 여성에게 강요할 수 없는 시대에 직면했으면서도, 여전히 일부 고매한 품격을 지닌 소수 여성의 윤리로 강조하면서 '의무초과'적 규범으로 정립하였던 것(전미경, 2006: 135)과 같은 이치이다.

그러므로 『여자독본』에서 서구의 여성상은 가장 최종적인 지점에서 한국의 여성상을 새롭게 주조하는 모델로 소개되지만, 한국의 여성상이 추구하였던 것과 그리 다른 결과에 다다르지는 않는다. 한국의 여성상은 서구의 여성상을 '따라가야 할 것'으로 여기면서도 근본적으로 여성에게 부과하였던 전래의 규범에서 벗어나지 못하였다. 여성상은 단계별 위계를 가진 채 배치되어 있었고, 허용된 '이상'과 실현된 '현실'은 언제나 간극을 유지하고 있었다.

이는 한국이 처했던 국가적 위기 상황과도 무관하지 않은바 식민지시기에 본격적으로 '현모양처' 담론이 전개·정착되게 된 사정과도 연결될 수 있다. 식민지 시기의 『여자고등조선어독본』에는 『여자독본』과 겹치는 일화들이 많이 등장한다(권2-7 맹모, 권2-8 설씨녀의 정절, 권2-23 온달의 처, 권4-24 신흠의 처 이씨, 권4-16 조선여자의 시가 회소곡, 사임당 신씨, 난설헌 허씨 등). 그런데 『여자고등조선어독본』은 다른 무엇보다 '허영심'을 경계하고 '근검'을 강조하는 부분이 많이 등장한다(김혜련, 2011: 211~218 참조). 제2차 조선교육령은 식민지 여성 교육의 기획을 '부덕 있는 국민으로 양성하는 것'을 목적으로 하였다. 똑같이 '부덕'이라는 용어가 사용되었으나『여자독본』의 부덕과『여자고등조선어독본』의 부덕은 다소 다르다.『여자고등조선어독본』의 권1-17 절부(節婦) 백수정은 '절부'의 본래 뜻대로 남편의 사망 이후 개가하지 않고 시댁에 머문다.[10] 그러나 백수정은 시부모님을 극진히 봉양하는 것에서 더 나아가 양잠 등을 통해 시댁의 가산을 늘리는 식산흥업을 이룸으로써 진정한 의미의 '절부'가 된다. 여기서 '절부'는 섹슈얼리티적인 의미보다 절약이나 근검 등의 경제적 활동과 더 잘 어울리는 말이 된다.

근대계몽기 여성을 설명하는 데 있어서 '열(烈)'은 중요한 관념이었다. '열'은 어느 시대에나 여성에게 요구되었던 것인데 그 세부적 양상이 변화하고 있었다. 근대계몽기의 '열'은 열렬한 애국심, 애국열심으로 변형되면서 여성의 '열'을 국가 정향적인 것으로 만들었다. 그런데 일본의 '양처현모'나 중국의 '현처양모'와 달리 한국에서는 '현모양처'라는 말이 정착되었던 그 이후의 사정을 통해서도 알 수 있듯이 (金富子, 2009: 219~233 참조), 여성은 국가에 대한 의무를 더 부여받았지만 여성이 지닌 존재적 위치는 여성을 여전히 '열'을 요구받는 종속적인 위치에 두고 있다.『여자독본』은 한국과 서구 여성의 대조적 위치를 통해 서구의 여성상을 여전히 '이상'으로서 존재하게 하면서

---

10) "절부는 남편의 사망 이후 개가하지 않은 여성, 곧 새로운 성적 대상자를 찾지 않은 여성이다. 곧 공인된 성적 대상자의 소멸 이후에도 그 남성에게 성적으로 종속되어 있음, 곧 성적 종속성을 실천하는 여성이다."(강명관, 2009: 34)

도, 여성에 대한 태도와 관념은 수정되지 않은 채 요구 사항을 늘려가는 모순을 드러내고 있었다.

4. 교과서를 통한 여성상의 주조

장지연의 『여자독본』은 여성에 대한 교육이라는 관점에서 여성에 대한 당대의 감각, 즉 당시 사회가 주조하려고 했던 여성상이 구체적으로 어떠한 것이었는지 확인할 수 있게 하는 자료이다. 히라타 유미는 19세기 말 일본 미디어에 다수의 여전(女傳)이 나타났다고 하면서 이는 "여성의 '삶'의 궤적을 기록하여 남기는 재현이고자 한 것이 아니라, 각각의 여성이 지닌 개별성을 없애버림으로써 '여전'을 향수하는 당사자인 여성들의 삶을 규정하는 주형"(平田由美, 2009: 142~143)이었다고 언급하였다. 『여자독본』에 등장하는 여성상도 근대계몽기에 교육을 통해 형성하고자 했던 모형이자 전범이었다.

『여자독본』은 유향의 『열녀전』이 취했던, 전통적 여성 대상 교과서의 형식을 그대로 차용하지만, 구국의 영웅을 주인공으로 하는 전기물의 범람이라는 당대의 영향을 받아 여성 계몽의 의도를 곳곳에 배치하고 있는 근대적 교재이다. 또한 이상적인 여인상으로서 서구의 여성들을 소개하고 있지만, 한국의 여성들이 도달하지 못할 '이상'으로서의 서구 여성들은 국가에 대한 정향이라는 측면에서 한국 여성들과 같은 지점을 바라보고 있었다. 다만 그것들이 단계적·위계적 실현의 형태가 다를 뿐이었다. 여성들은 집안일로부터 벗어나지 못했으며, 새로운 시대의 의무로서 교육과 정치 참여의 임무까지 부여받게 되었다.

『여자독본』이 강조하고 있는 것은 '열녀(烈女)'였으며, 이들은 정조 관념을 가지고 있으면서도 사회와 국가를 위해 헌신할 줄 아는 '애국

부인'이었다. 이러한 여성의 형상이 도입되었던 과정에 "일본의 영향력 속에 놓여 있었"(김성연, 2013: 55~56)다는 점을 감안한다면, 근대계몽기 여성 교과서로서 『여자독본』이 드러내었던 내용적·형식적 모순들은 새롭게 해석될 가치가 있다. 이러한 여성 교육과 여성 대상 교재들이 한국에 어떠한 영향을 미쳤는지에 대해서는 식민지 시기의 여성 교과서와 매체의 분석을 통해 그 연속적 과정을 새롭게 조명해야 할 것이다.

노동자 교육을 둘러싼 지식의 절합과 계몽의 정치성

: 유길준의 『노동야학독본』(1908)을 중심으로

조윤정(KAIST 초빙교수)

1. 노동자의 양의성과 보통지식의 이상성

1905년을 전후로 조선에는 공립과 사립학교뿐 아니라 야학이 급증한다. 1890년대부터 이미 조선에는 근대적 공장들이 출현하고 일본 자본이 생산에 투자되면서 근대적 노동자층이 형성되기 시작한다(강만길 외, 2004: 10). 이 과정에서 농민집단의 분화가 이루어지고 임노동자가 출현한다. 조선의 농민들은 현물이 아닌 돈으로 노동의 대가를 받기 시작했으며, 광산과 철도사업, 조선 내 회사의 증가 추세 속에서 다양한 직업군으로 분화되어 간다. 유길준이 노동야학을 염두에 두고 『노동야학독본(勞動夜學讀本)』을 간행한 것 역시 이러한 사회적 분위기 속에서 이해될 수 있다.

1908년 발간된 유길준의 『노동야학독본』은 보통교육을 받지 못한 노동자를 위해 간행된 교과서라고 할 수 있다. 1909년 1월 26일 ≪황성신문≫ 광고는 이 독본이 노동자의 덕성 함양과 지식의 계발을 목적으로 간행되었을 뿐 아니라, 보통지식을 가진 동포도 읽을 수 있음을 보여 준다.

국가(國家)의 근본적(根本的) 되는 노동제군(勞動諸君)의 덕성(德性)을 함양(涵養)ᄒ고 지식(知識)을 계발(啓發)ᄒ기 위(爲)ᄒ야 간명격절(簡明擊切)히 저술(著述)ᄒ온 바 단(但)히 노동제군(勞動諸君)만 교육(敎育)ᄒᆯ 쑨 아니라 보통학식(普通學識)이 우유(優裕)ᄒᆫ 동포(同胞)도 노소(老少)를 무론(勿論)ᄒ고 청람(淸覽)에 가공(可供)ᄒᆯ만 ᄒ오니 첨언(僉彦)은 속구(速購)ᄒ시옵1)

신문 광고가 매체를 이용해 독자에게 책의 소비를 유도하는 의도적인 활동이라는 점을 감안한다면, 광고가 주요 독자층을 노동자에서 동포의 영역으로 확대시켰음을 생각해 볼 수 있다. 서문이 없는 이 독본에 대한 광고는 저자가 생각했던 독본의 주요 독자가 노동자임을 강조하는 동시에, 독본의 내용이 보통지식을 가진 동포가 읽어도 될 만큼의 수준을 갖췄음을 암시한다. 그러므로 광고의 내용은 역으로 교육적 이력이 없는 노동자를 대상으로 한 야학의 교재인 이 독본이 초급자를 대상으로 한 (어학)교재의 수준을 넘어선 내용을 담고 있음을 방증하는 자료이기도 하다.

『노동야학독본』은 유길준이 이상으로 삼았던 모든 국민의 교육을 실행하는 데 있어 시작점에 놓인 작업이라 해도 과언이 아니다. 이 광고와 독본의 내용에서 주목할 수 있는 것은, '국가의 근본'으로서 조선 동포 전체를 포섭하는 노동자와 사회적 혜택을 받지 못하고 '배제된 계급'인 노동자의 의미가 공존한다는 사실이다. 『노동야학독본』은 교육의 대상인 노동(자)의 개념과 윤리를 담고 있을 뿐 아니

---

1) 「노동야학」, ≪황성신문≫, 1909.1.26. 이하 인용문의 띄어쓰기 및 국문 번역은 인용자에 의한 것임을 밝혀 둔다.

라, '노동자의 양의성'을 발견할 수 있는 자료다. 독본의 기저에 깔린 노동자의 양의성이야말로 독본을 통해 계몽할 대상과 내용을 결정짓는 동시에, 독본을 발간했던 지식인이 노동자를 바라보는 시선, 당대 노동자가 자신을 인식하는 방식을 내포한다.

『노동야학독본』에 대한 기존 논의는 야학의 교재로 간행된 이 독본을 통해 구한 말 야학과 유길준의 독본 간행이 갖는 정치적 의미를 고찰한 연구,[2] 교과서적 특성에 대한 분석과 지식 체계가 갖는 시대적 성격을 살핀 연구,[3] 독본이 가진 담론상의 특징에 대해 언급한 연구[4]로 집약된다. 첫째 연구는 야학이 성행했던 구한말의 시대적 분위기 속에서 교육활동에 가담했던 유길준의 이력에 비추어『노동야학독본』의 특성을 규명하고, 그 한계를 유길준의 정치적 이념이나 이력 속에서 해명하려는 시도이다. 이 논의가 저자의 사상을 중심에 두고 진행되어 독본의 내용을 왜곡하거나 일부분을 부각할 수 있는 위험을 내포한 데 반해, 두 번째의 연구는 근대 초기 교과서의 내용과 구성방식에 대한 고찰을 시도함으로써 노동자 교육의 양상과 그 이념 및 가치를 밝히는 방향에서 진행된다. 그리고 세 번째의 연구는 독본의 내용을 당대 중심 담론과의 연계 속에서 고찰함으로써 근대 초기 노동 개념의 해석과 교육이 지향한 이념적 성격을 살피는 방향으로 확대된다. 기존의 선행연구들은 모두 매체가 기반하고 있는 교육열과 국가 이데올로기를 언급하는데, 이는 근대 조선의 지식으로서 노동 개념의 형성과 교육의 문제를 살피는 데 중요한 사상적 기반으로 간주될 수 있다. 그리고 이와 같은 선행 연구는 역으로 민족이나 국가 중심의 사상에 근거해 번역되고 유통된 노동(자)의 의미와

---

2) 이훈상(1994), 윤병희(1998), 양재만(2000).

3) 박붕배(1987가), 구자황(2004), 배수찬(2006).

4) 김종진(2004), 박주원(2006), 김현주(2008).

지식체계가 텍스트 내부와 외부에서 빚어낸 균열의 지점을 내포할 수밖에 없음을 암시한다.

우리가 노동자라고 부르는 대상은 사실 단일한 주체가 아니라 대립하는 양극 사이를 오가는 변증법적 진동이라고 할 수 있다. 개화기 노동자에게 부여된 산업인력으로서의 중요성과 계급적 소외의 현상은 노동자의 정치적 위치와 통한다. 한편에는 총체적이고 일체화된 정치체로서의 노동자가 있고, 다른 한편에는 가난하고 배제된 자들의 부분적이고 파편화된 다수로서의 노동자가 있다. 또한, 한편에는 나머지라곤 없는 듯이 보이는 포함적 개념이 있고, 다른 한편에는 아무런 희망도 주지 못한다고 생각되는 배제적 개념이 있다. 한 쪽 극에는 주권과 일체화된 시민들의 완전한 국가가 있고, 다른 쪽 극에는 비참한 자, 억압받는 자, 정복당한 자로 구성된 금지영역이 있다(Giorgio Agamben, 2009: 40).[5] 이런 맥락에서 볼 때, 노동자라는 용어가 지시하는 단 하나의 압축적인 대상은 그 어디에도 존재하지 않는다. 노동자는 두 극단 사이의 복잡한 관계와 이중의 운동 속에 놓인 개념이다. 이 말은 곧 노동자가 하나의 정치체로 구성되려면 근본적인 분열을 거치게 된다는 뜻이기도 하다.

『노동야학독본』에서 노동자라는 용어는 구성상의 정치적 주체를 가리키는 동시에, 사실상 정치로부터 배제된 계급을 가리킨다. 이런 양의성 속에서 만들어진 독본은 지식인 유길준이 노동자를 바라보는 관점에서 비롯한 것인 동시에 개화기 조선에서 야학이 갖는 특성에 근거한다. 이 책에는 노동자와 야학이 갖는 양의성이 공존한다. 유길준은 이 책을 통해 '보통지식'의 보급을 열망했다. '노동'과 '야학'이라는 표제어 속에는 '국민'이나 '보통', '초등'과 같은 '국민적

---

5) 노동자의 양의성에 대한 관점은 근대 유럽에서 '인민(popolo)'이라는 용어의 정치적 의미에 관한 아감벤의 논의를 참고했다.

교과과정'으로 향해 가는 경향이 잠재해 있다. 이러한 문제는 이 책이 신지식에 대한 열망을 가진 노동자들의 야학 개설 열기와 산업인력을 부각시키려는 정치적 의도가 교차하는 지점에서 발간되었다는 사실과 관련된다. 독본 편찬자가 학교에서 가르치는 교과과정의 수준을 참조하되 충실한 노동력의 양성을 목적으로 삼을 때, 그 텍스트는 상식 수준의 지식과 국민으로서의 윤리적 덕목을 내용으로 삼아 저학년의 수신교과서나 국어교과서의 성격을 갖기 쉽다.6) 노동야학을 염두에 쓰고 간행된 이 책의 내용적 특성과 한계는 바로 이 지점에서 찾을 수 있다.

『노동야학독본』의 특성은 동시대 간행된 야학 관련 도서와의 비교 고찰을 통해서 구명될 수 있다. 남궁억이 노동야학을 염두에 두고 통신강의록으로 활용할 수 있도록 발행하여 인기를 얻었던 잡지 『교육월보(敎育月報)』, 조선과 달리 야학이 정규교육기관으로 기능했던 일본에서 간행된 『야학독본(夜學讀本)』(堀江秀雄, 1905),7) 일본의 야학교과서로 편찬된 『일본청년독본(日本靑年讀本)』과 『청년야학독본(정편종)(靑年夜學讀本(正篇終))』(小谷重, 1908/1911)8)을 그 비교대상으로 삼

---

6) 선행 연구자들이 특정 과목명을 내세우지 않은 『노동야학독본』을 수신 교과서로 분류하거나(윤병희, 1998: 71; 이훈상, 1994: 752), 국어학습용·어문교육용 교과서로 분류하여(박붕배, 1987가: 141; 배수찬, 2006: 601) 분석할 수 있었던 이유도 이와 같은 자료의 특성과 관련하여 생각해 볼 수 있다.

7) 호리에 히데오(堀江秀雄)의 『야학독본』은 1903년 초판 발행되었으며, 필자가 확인한 자료는 1905년 간행된 것임을 밝혀 둔다.

8) 고다니 시게루(小谷重)는 지리 역사, 수신, 서간 등 교육용 도서 발간에 주력했던 지식인이다. 그는 일본 청년교육을 위한 청년야학독본으로 『일본청년독본(정편)』(日本靑年讀本 正編, 金港堂, 1908)을 편찬했으며, 이 책은 제1장 청년과 학문(靑年と學門)부터 제60장 수신이십칙(修身二十則)까지 구성되어 있다. 주로 비료, 회사, 병역 등 노동하는 청년이 갖추어야 할 상식을 다룬다. 그는 청년 야학 교육을 위한 교재를 지속적으로 간행했으며, '청년야학독본'이라는 제목으로 독본을 편찬하는 과정에서도 내용상의 변화를 추구한다. 이는 1911년 간행된 『청년야학독본』의 내용과 1912년에 간행된 동일 제명의 도서의 내용이 차이를 보이는 것에서도 알

을 수 있다. 호리에 히데오의 『야학독본』은 야학의 교과서라기보다 야학을 설립하려는 노동자와 지식인이 알아두어야 할 사항들을 정리한 안내서의 성격이 강하다. 이 책은 야학의 개설부터 활동과 내용, 영향에 이르기까지 야학 자체에 대한 분석적 지식을 담고 있어 야학에 대한 이해와 야학의 지속적인 창출을 목적으로 삼는다. 또한, 고다니 시게루의 『청년야학독본』은 개인의 활동 및 권리부터 은행과 회사에 대한 지식, 신문잡보, 농촌자치의 문제에 이르기까지 노동자에게 필요한 실용적 지식을 담고 있어 충량한 신민의 양성을 목적으로 삼되, 청년 노동자에게는 생활과 밀접한 상식과 전망을 제시한다. 이 책은 처음 간행된 1877년부터 1912년까지 70판의 재판을 찍은 것으로 보아 그 인기가 상당했음을 짐작할 수 있다.

이 논문은 1908년 조선에서 간행된 유길준의 『노동야학독본』의 내용과 체계의 특이성을 살피되, 동시대 간행된 야학 교과서와의 비교 고찰을 병행하고자 한다. 교과과정의 정치학은 그것이 제도권 내에 있다는 점에 있다(David Huddart, 2011: 219). 그러나 조선의 노동자와 야학은 제도권 내부에 놓여 있되 외부를 환기한다는 점에서 문제적이다. 유길준은 (대문자) 노동자와 (소문자) 노동자 사이에 존재하는 정치적 균열을 메우기 위해 후자의 계몽이라는 방식을 선택했다. 이러한 방식은 공부하는 노동자상을 만들어 낸 동시에, 노동자를 호명하고 그들을 계몽하는 지식인상을 창출했다. 이는 노동자 계몽의 논리에 내재한 현실과 이상 사이의 간극과 모순을 드러낸다. 이 논문은 독본의 분석을 통해 개화기 노동자에 대한 계몽의 논리와 그에 내재한 분열의 양상을 고찰함으로써 독본의 정치·문화적 위상과 한계를 밝힐 것이다.

수 있다. 1911년 독본에는 1912년 간행된 독본에서는 찾아볼 수 없는 '朝鮮'이라는 장이 구성되어 있다. 이는 1910년 한일병합의 상황과 『조선지리역사(보습용)(朝鮮地理歷史(補習用))』을 간행했던 이력과 연관시켜 생각해 볼 수 있다.

2. 『노동야학독본』의 편찬 배경과 노동자 계몽의 논리

유길준의 교과서 편찬사업은 1907년 설립된 흥사단(興士團) 활동과 관련되어 있다. 우리에게 잘 알려진 도산 안창호의 흥사단은 기실 김윤식, 유길준 등이 창립한 흥사단의 정신을 계승한 것이다. 유길준은 근대적 시민을 육성하는 데 있어 그 모델을 전통의 '선비'에서 발견했다. 여기에서 선비(士)는 전통적인 사농공상(士農工商)의 질서에 있는 '사'가 아니라 근대적 지식과 도덕을 갖춘 사람을 의미한다. 흥사단은 '국민 모두를 선비로 만든다'로 실천 목표를 정한다. 이는 교육으로 '선비'를 창출하여 새롭게 형성된 '선비'가 전국에 사풍(士風)을 일으키고 국가의 제반 산업을 담당하여 부국강병을 이룩한다는 것을 의미한다(유길준전서편찬위원회 편, 1971: 364~367). 일반 국민에게 교육을 보급할 목적으로 조직된 흥사단은 흥사단 규칙 제 3조 1항으로 교과서 편찬 사업을 들고 있다(유길준전서편찬위원회 편, 1971: 371). 유길준은 흥사단에서 부단장을 역임하며, 국어독본과 수신 교과서를 편집한다.9) 흥사단에서는 교과서 편찬사업을 위해 1908년 동문관(同文館)이라는 인쇄소를 설치한다. 이 인쇄소에서는 1909년 흥사단편집부의 『초등본국지리(初等本國地理)』, 『초등본국역사(初等本國略史)』와 같은 소학교용 지리·역사 교과서와 유길준의 동생인 유성준이 저술한 『신찬 소박물학(新撰 小博物學)』, 유길준이 저술한 『대한문전(大韓文典)』 등이 간행된다.

그러나 유길준의 『노동야학독본』은 일본인 경영의 경성일보사에서 간행된다. 동문관에서 본격적으로 도서가 간행된 것이 1909년이라는 점을 감안해 보면, 1908년 7월 유길준의 독본을 출판하기에는 동문관의 사정이 아직 여의치 않았다는 점을 추측할 수 있다. 또한,

---

9) 「유씨열심(兪氏熱心)」, ≪황성신문≫, 1907.12.28.

『노동야학독본』에 수록된 삽화 　　　　　『夜學讀本』의 표지

경성일보사의 출판기획과 유길준의 교육사업의 방향이 통했다는 점을 생각해 볼 수 있다. ≪경성일보≫는 1906년 9월 1일 통감 이토 히로부미(伊藤博文)의 지시에 따라 통감부 기관지로 창간된 신문이다. 당시 경성일보사에서는 통감부의 『한국사정요람(韓國事情要覽)』(1907)과 주정균의 『법학통론(法學通論)』(1908)이 발행된 상태였다. 전자는 통감부가 조선의 관제, 세입·세출, 일본인의 무역, 산업기관 등을 조사하고, 일본 거류민단의 상황을 파악한 자료이며, 후자는 조선사회에서 개인-사회-국가, 법률 및 권리의무, 계약 등의 개념을 수용하고 각인하는 단계에서 출판된 도서다. 그런 의미에서 『노동야학독본』은 조선의 노동자에게 보통교육을 베풀어 노동자의 의식을 개화하기 위한 유길준의 계몽열과 조선민중을 상대로 한 도서 간행을 통제하고 산업인력인 노동자를 각성시키려는 통감부의 정치적 욕망이 교차하는 지점에서 탄생한 교과서라고 할 수 있다.

　『노동야학독본』의 첫 장에는 한편의 삽화가 수록되어 있다. 삽화에는 노동야학회 고문 유길준과 노동자가 이야기를 주고받는 장면이 담겨 있다. 노동야학회는 교육사업을 하던 한영규(韓榮奎), 김태유

(金泰裕) 두 사람이, 정부 및 사회에서 주의를 기울이는 중등 이상의 교육과 달리 하등자에 대한 교육이 이루어지지 않음을 애석하게 생각하여 설립한 것이다. 흥사단 활동을 하던 유길준은 이 단체의 고문 역할을 한다. 노동야학회의 취지를 밝힌 《황성신문》의 기사에서는 노동을 "심로(心勞)"와 "역로(力勞)"로 이분하고, 전자를 '상등인의 노동(上等人之勞動)'으로, 후자를 '하등인의 노동(下等人之勞動)'으로 언급한다. 여기에 '상하가 비록 다르지만 노동은 하나'라는 말을 덧붙이고, 요순(堯舜)과 공맹(孔孟)의 주장을 환기한다. 실제로 『노동야학 독본』을 살펴보면, 전통적인 사유는 유길준이 독자에게 제시하는 이념이나 주장의 근본이 되고 있는데, 이는 앞서 살펴본 흥사단의 활동 목표가 전통적 사유체계의 근대적 변용을 꾀한 것과 같은 맥락에서 이해할 수 있다.

> 무릇 노동자(凡於勞動者)는 당초(當初)에 아무것도 가진 것이 없이(赤手無資)ㅎ야 부모를 모시고 처자식을 거느리는 자 모두 취업하니 어찌 여유롭게 문필을 즐기겠는가(艱於奉率者擧皆就業則何暇遊於翰墨乎)아 그 사정을 돌아보고 슬퍼하는지(顧其情則憾矣)라 이제(今) 좋은 일에 뜻을 둔 사람들이(有志君子) 규합일회(糾合一會)ㅎ야 이름을(名曰) 노동야학회 (勞動夜學會)라ㅎ니 이 또한(是亦) 상등노동인(上等勞動人)의 두터운 마음과 힘을 쓴 가운데에 나온 것이(多費心力中所出者也)라 오직 우리 노동제군에게 바라는 것(惟願我勞動諸君)은 급진우진(急進又進)ㅎ야 낮에 노동(晝出勞動)ㅎ고 밤에 학교에 가서(夜入學校) 부지런하고 꾸준히(勤勤孜孜)ㅎ야 이름과 실상을 나누길(以副名實) 원망하는 바이다(是所願望哉)[10]

이 글의 내용에서 주목해 볼 것은, 가진 것이 없어 문필을 멀리

---

10) 「노동야학회」, 《황성신문》, 1908.3.19.

할 수밖에 없는 노동자의 사정을 돌아보고 '슬퍼하여' 뜻있는 자들이 모여 노동야학회를 만들었으며, 이는 '상등노동인의 노력' 속에서 비롯한 것임을 강조한다는 점이다. 그러므로 노동야학회는 교육사업을 하는 지식인이 스스로를 노동자로 자처하며 만든 조직이며, 상하의 구별 속에서 하등 노동자에 대한 연민과 동정, 조선 지식인으로서의 책임의식에 기원을 두고 있다. 노동야학회는 노동이 하나라는 통합과 동일화의 논리를 강조하지만, 그 이면에는 상하의 간극이나 구별짓기의 논리가 작동한다. 이는 계몽이 추구하는 바와 관련된다. 계몽은 통일된 체계를 꿈꾸기에 구성요소들은 체계 속에서 적당한 위치를 차지해야 하며, 각각의 요소들은 체계와 유용한 기능적 관계를 맺어야 한다(노명우, 2005: 120). 계몽의 전개과정은 "유용성의 척도에 들어맞지 않은 것"(Theodor W. Adorno & Max Horkheimer, 2001: 25)을 제거하는 과정과 동궤에 놓인다. 유길준을 포함한 노동야학회의 중심인물들은 조선민족 모두를 노동자로 단일화하는 방식으로 계몽을 도모하지만, 민족을 구성하는 다양한 군상들을 교육이라는 행위에 적합하게 배치하고자 상하등의 구별을 인정할 수밖에 없었다. 삽화 속에서 교육적 시혜자로서의 유길준이 '나라 위해 일할 것'과 '배워야 함'을 말하고, 노동자는 그의 말에 사의를 표하는 것은 이와 같은 맥락에서 이해할 수 있다.

양복을 차려입는 유길준과 한복에 짚신을 신은 노동자 사이의 거리감은 이 책의 저자와 독자 사이에 존재하는 위계와 거리감을 함축한다. 또한, 유길준에 비해 왜소한 노동자의 모습에서 둘은 서로 악수를 하고 있음에도 불구하고, 넓은 의미의 노동자라는 범주에 융화된 지식인과 노동자의 관계가 부각되기보다 '노동야학회 고문' 유길준이 두드러지는 효과를 낳는다. 유길준의 말에 대한 노동자의 '고맙소'라는 대답은 기실 노동자의 것이 아니라 유길준의 언어, 즉 유길준이 노동자로부터 듣고 싶은 말이라 해도 과언이 아니다. 이 책은 개화기의 시대상황 속에서 국민으로서 노동자를 호명하지만, 노동자를 호명하는 지식인의 자의식이 과잉된 양상을 보인다.

모든 국민이 노동자라는 논리에 내재한 지식인의 시혜와 희생 의식은 남궁억의 『교육월보』나 일본 야학독본의 논리와 비교해 볼 때 명징해진다. 이 야학교재들은 공통적으로 모든 국민의 '학자(學者)'되기를 지향한다. 그것은 조선이나 일본인이 가지고 있던 향학열을 전제한다. 남궁억과 호리에 히데오, 고다니 시게루는 이와 같은 사회적 분위기에 힘입어 노동자의 학습을 자극하고, 그것을 집단화한다. 유길준, 남궁억, 호리에 히데오, 고다니 시게루의 야학 교재가 가진 계몽의 논리는 '인민을 향하는 동시에 인민의 폐지를 목표로 하는 노동운동 특유의 아포리아'(Giorgio Agamben, 2009: 42~43)와 연결되어 있다. 그러나 방법론상으로 남궁억이나 일본 지식인은 노동자를 동일성의 순수한 원천으로 보고, 상황에 따라 자기를 재규정하고 정화시킬 수 있는 대상으로 형상화하고 있다. 이에 반해 유길준은 노동자를 본질적으로 결핍된 대상으로 보고 그들이 존재하기 위해서는 자신과 대립 관계에 놓인 대상과의 관계 안에서 스스로를 부정하는 과정을 거치도록 한다.

일본 지식인 호리에 히데오에 의해 저술된 『야학독본』의 표지에 실린 그림을 보면, 『노동야학독본』에 나타난 노동자의 위상을 더욱 분명하게 파악할 수 있다. 1902년 『국자개량논찬(國字改良論簒)』을 편찬하고 1907년 『언문일치문범(言文一致文範)』을 간행한 호리에 히데오는 1909년 『대한문전』을 통해 언문일치를 강조했던 유길준의 지적 이력과 공유하는 바가 많은 지식인이다. 그는 '세상의 잠자고 있는 무리를 각성시킬 책략에 대한 생각'을 모아 이 독본을 썼다고 말하며, 자서(自序)에서 이 책이 한 지방의 '미풍'이 되어, 그것이 '전국'에 이르고 '천하'를 더할 수 있기를 기대한다고 서술한다.11) 그는 산간벽지의 책을 든 세 명의 소년이 야학의 시발점이 될 수 있음을 언급하며, 그 모임이 조직이 되고, 규칙을 정하고, 사업을 일으키는 과정을 독본에 자세히 소개한다. 그리고 이렇게 조직된 야학회가 마을과 회사 내에서 다시 확장과 번식을 이뤄나가는 과정을 제시한다.

『야학독본』의 표지는 저자가 생각하는 야학회의 조직 및 기본 정신과 관련하여 해석할 수 있다. 네 명의 청년이 등불 아래 모여앉아 마주보며 이야기를 나누는 모습은, 유길준에게 당부의 말을 듣는 삽화 속 노동자의 개인성과는 대조적이다. 호리에의 독본은 낮에 일하는 노동자와 가난한 집의 소년들이 배우기 위해 모여, 그 모임을 확장해 나가는 원리에 의해 구성되고 있기 때문에 네 명 중 누가 가르치는 주체인지, 배움을 얻는 대상인지는 중요하지 않다. 동일하게 학문의 장려를 목적으로 삼고 있지만, 유길준의 독본은 '상등노동자인 지식인에 의해 조직되고, 호명되고, 교육받는' 노동자를 중심에 두고 있다. 이 때문에 노동자 이전에 지식인의 입장에서 구성되고 서술된 내용이 많은 부분을 차지한다. 개화기 조선의 사회적 주체로 급부상한 노동자는 바로 이러한 지식 체계와 관계망 속에서 자기를 인지하고, 자신의 노동을 나라와 연결시켜 사유할 수 있었던 것이다.

3. 유길준의 교육론, 전통사상을 통해 전유한 사회진화론

노동야학은 공교육의 혜택을 받지 못한 노동자들이 새로운 시대에 대한 정보와 지식을 얻을 수 있도록 만들어 낸 교육장이다. 노동자들은 이 속에서 인간과 노동, 집단, 더 넓게는 사회, 국가라는 범주를 상상할 수 있게 된다. 그 교육과정 속에서 독본은 중요한 매개체로 기능한다. 유길준의 『노동야학독본』은 총 50과로 구성되어 있다.

---

11) 호리에 히데오(堀江秀雄), 『야학독본(夜學讀本)』, 박문관(博文館), 1905, 3쪽.

이 책에서 유길준은 1-13과에 인간의 조건과 도리, 환경에 대해 언급하고, 14-30과에 근대사회의 물질적 조건과 노동의 의의 및 노동의 종류와 특징 등에 대해 설명하며, 31-50과에 국민이 지녀야 할 자질과 덕목에 대해 역설한다. 이 속에서 유길준은 비유, 분류, 비교, 대조, 예시의 방식을 통해 노동에 대해 설명함으로써 노동(자)의 개념을 각인한다.

14-50과에 저자의 의도가 집약되어 있으며 주요 독자를 노동자로 상정한 점에 입각해 볼 때, 14-30과에 독본의 핵심에 해당하는 내용이 담겨 있다고 할 수 있다. 이 장에서 유길준은 노동이 국가 및 사회의 근본이며 부강, 문명의 원천이라 하여 노동의 소중함을 깨우치고 노동자 스스로 자신의 역할에 자부심을 갖도록 한다. 산업의 발달이 나라의 운명을 좌우하는 현실에서 유길준은 노동에 대한 기존의 인식을 버리고 대중이 노동의 의의와 노동자의 존재 가치를 깨닫도록 유도한다. 그리고 노동자가 신지식(사상)을 습득함으로써 국민의 자격을 획득할 수 있음을 언급한다.

독본에 따르면 노동은 '국가를 건립하는 것', '사회를 건립하는 것'인 동시에 '세계를 움직이는 것'으로 확대된다. 유길준은 나라나 법을 의인화하는데, 이는 눈에 보이지 않는 대상을 독자에게 설명하고, 이해시키기 위해 고안된 방식이다. 나라는 "백성의 직업"을 "목숨"으로 삼는다는 표현이나, "나의 몸은 다른 사람이 가지지 못하되 만일 죄를 범하면 법이 가져간다"와 같은 표현이 그러하다. 이때, 개인의 일은 나라의 일이 되며, 애국심은 성실, 의무, 도덕심, 근검절약, 건전한 경쟁과 같은 일상적 가치들과 연결된다. 설명의 과정에서 노동은 과거의 개념으로부터 그 범주를 확대하고 구체화하게 되며, 노동자는 개인을 넘어 '사회-국가-세계'의 지형도 안에서 자신을 바라보게 된다. 이처럼 『노동야학독본』에는 국가 담론 속에서 노동자의 정체성이 만들어지고, 그것이 독자에게 이양되는 과정이 담겨 있다.

유길준은 노동을 둘러싼 개념에 대한 설명을 하되, 조선 노동자에 대한 기존의 인식과 태도를 비판하는 자리에서 논의를 시작한다. 그는 귀천, 근면과 나태 등의 대립항 속에서 서사를 이끌어 가며, 조선의 노동자가 가졌던 부정적 요소들을 제거하고 바른 방향으로 나아가도록 유도한다. 이와 같은 양상은 유길준이 일제의 보호국화를 사회진화론적 시각에서 인정하여 적대 주체를 자신에게서 찾는 논리와 관련되어 있다. 이는 당시 실력양성론을 주창했던 애국계몽운동의 논리이기도 하다. 애국계몽운동의 역사인식은 문명지상주의로, 정치적 불행을 문화적 열등의 소치로 돌리는 경향을 보였다(정용화, 2004: 109). 이와 같은 경향 속에서 유길준은 조선 노동자의 반성과 문명화를 강조한다.

유길준은 노동자에 대한 서술에 앞서 '사람', '나'와 관련한 주제로 논의를 시작하는데, 이는 노동자가 노동자이기에 앞서 인격을 가진 사람임을 강조하는 부분이다. 유길준은 "사람의 자격은 사람 노릇ᄒ는 지식(知識)이 잇신 연후(然後)에 비로소 가쵸나니"[12]라고 말함으로써 '동물과 분별된 존재'가 되기 위해 무지한 노동자는 배워야 함을 당부한다. 그리고 지식의 습득이 집과 나라, 사회를 이롭게 하는 방식임을 언급한다. 1-13과의 경우, '사람'이나 '나'를 '국민', '노동자'로 치환하여도 내용상 무리가 없을 정도인데, 이는 저자가 국가라는 체계 속에서 노동자의 사회적 위치, 권리 및 의무를 문제 삼기 때문이다.

유길준은 근대 조선에 생겨난 직업의 다양성을 인지하고, 그 직업을 크게 정신노동과 육체노동으로 나누어 설명한다. 그리고 육체노동을 다시 "정업(定業)"과 "잡업(雜業)"으로 나누고 그것을 농공상으로 분류하여 설명한다. 그는 그중에서도 잡업, 즉 뜬 일에 종사하는

---

12) 유길준, 「사람의 자격(人의 資格)」, 『노동야학독본』, 경성일보사, 1908, 6쪽.

노동자들의 가난과 불안, 무지를 언급하며 '가련하다'고 말한다. 앞서 노동야학회의 취지를 알리는 신문기사에서 살펴봤던 '슬퍼하다'와 같은 단어에서 알 수 있듯이 하층 노동자에 대한 감정적 표현에는 노동자에 대한 지식인의 동정적 시선이 투영되어 있다. 이처럼『노동야학독본』은 개화기 조선에 형성되어 있던 노동의 분야와 형태를 알려주는 동시에, 노동자를 둘러싼 감정의 기원들을 접할 수 있는 자료다. 그것은 개화기의 노동자에 대한 사회적 가치평가와 지식인의 상대적 시선이 굴절되어 반영된 것이다. 노동자에 대한 지식인의 감정은 노동자의 각성을 유도하는 동시에 노동자의 감정으로 조장된다는 점에서 문제적이다.

> 職業이 千萬가지로 分혀시나 그 實狀은 二路에 出지 아니ᄒ니 曰대
> 一 心을 勞ᄒ는 者이니 곳 心智로 事ᄒ는 사람
> 二 力을 勞ᄒ는 者이니 곳 筋力으로 事ᄒ는 사람
>
> 金章燦爛ᄒ 禮服을 身에 둘느고 정부에 안젓다고 자랑ᄒ지 말지어다 사람의 직업이니라 해진 衣에 지개 젓다고 붓그러 말지어다 ᄯ흔 사람의 직업이니라[13]

위의 내용은 「사람의 직업」이라는 장의 내용으로,『맹자』의 '등문공상(滕文公上)'편에 근거한 것이다. 유길준은 모든 사람에게는 직업이 있고, 그 직업에는 귀천이 없는 것처럼 말한다. 그러나 다스리는 자와 다스림을 받는 자의 구조를 '천하에 통용되는 의(天下之通義)'로 언급했던 맹자와 달리, 그는 '자랑'과 '부끄러움'에 대한 금지와 부정을 덧붙임으로써 노동에 대한 사회적 가치평가를 비판하는 태도를 취한다. 이는 「노동의 거룩한 일」(勞動의 巨祿한 事)에서 "나진 일이라

---

13) 「사람의 직업(人의 職業)」, 위의 책(『노동야학독본』), 8쪽.

고 실혀마오 버리ᄒ기에ᄂ 귀천(貴賤)이업나니다"14)와 같은 내용을 통해서도 반복된다. 독본에서는 조선의 모든 사람이 노동자라는 논리와 함께 근력으로 일하는 육체노동자에 대한 구분과 교화의 논리가 공존한다. 이때, 육체노동자는 가난과 수치라는 수식어로부터 자유롭지 못하다. 유길준의 언어는 노동자에 대한 기존의 통념을 비판하고 노동의 중요성을 부각하지만, 상대적으로 정신노동의 우월함과 육체노동의 열등함을 부각하는 결과를 초래한다. 이는 유길준이 독본을 통해 부자의 오만과 빈자의 수치를 비판하지만, 노동자의 문명화 노력이 개인과 국가의 부(富)로 연결된다는 논리로 계몽을 시도하여, 결국 모순을 드러내는 것과 같은 맥락에 놓여 있다.

근대사회에서 빈곤과 무지에 근거한 배제는 경제적·사회적일 뿐만 아니라 매우 정치적인 범주다. 그러므로 그의 독본 발간은 배제된 자들인 노동자에 대한 고정관념을 근본적으로 제거하여 국민을 분할하던 분열을 메워보려는 시도로 이해할 수 있다. 개화기에는 발전에 대한 강박관념이 큰 위력을 발휘했는데, 그것이 균열 없는 하나의 국민을 창출하려는 정치적 계획에 부합했기 때문이다. 『노동야학독본』에서 「노동의 거룩한 사」, 「용기」, 「단합」, 「분발」, 「경쟁」, 「경쟁연설」과 같은 장은 사회진화론의 영향을 보여 준다. 이 글들은 우승열패가 지배하는 시대에 노동자의 자각이 부국강병, 자주독립을 도모하는 근본임을 강조한다. 그 내용은 서양의 경우를 예시로 삼아 서술된다. 유길준은 이 글에서 노동의 힘을 사회―국가―세계로 확장하고, 노동자의 개화가 국가의 세계적 경쟁력을 획득하는 길이라고 주장한다. 그는 경쟁의 논리를 세계로 확장하고, '천하 만국사람'을 경쟁자로 상대화하여 조선인의 "일심단체(一心團體)"15)를 주장한다.

---

14) 「노동의 거룩한 사(勞動의 巨祿한 事)」, 위의 책(『노동야학독본』), 36쪽.
15) 「경쟁연설」, 위의 책(『노동야학독본』), 85쪽.

유길준이 후쿠자와 유키치(福澤諭吉), 모스(Edward Sylvester Morse), 프랜시스 웨일랜드(Francis Wayland) 등을 통해 사회진화론을 접했으며, 그것이 『서유견문』에 반영된 사실은 언급된 바 있다(이은송, 2008). 그러므로 그가 접한 사회진화론이 교육사상을 통해 어떻게 조선적으로 변용되었는지를 고찰하는 일은, 망명 이후 조선에 돌아온 그가 '교육사업'에 투신한 근거를 드러내는 데 일조할 것이다. 사회진화론은 사회의 조화적·점진적 발전을 주장하고 자본주의 사회의 존속을 정당화하며, 혁명운동을 사회 존속에 대한 파괴활동으로 본다. 동시에 생존경쟁·자유경쟁에 의한 사회발전을 주장하고, 사회에서 자본가의 지배적 지위를 적자생존의 결과로 본다. 이 때문에 유길준은 원론적인 내용에서는 노동의 가치를 고귀한 것으로 언급하지만, 「노동연설4」, 「노동연설5」처럼 현실적인 맥락에서는 힘써 벗어나야 하는 것으로 언급한다. 독본의 내용은 애국이나 개화의 차원에서 노동에 의미를 부여하고 그 가치를 적극적으로 알리지만, 노동자는 '무식한 사람'의 신세를 벗어나기 위해 배움을 가져야 한다는 귀결을 보인다. '사람의 자격은 지식의 유무에 따라 결정된다'는 논리나, '노동하는 일은 빈천한 자의 일이다'라는 논리가 그와 관련된다. 의병을 부정적으로 보는 시각이나,16) 귀천과 상하의 질서가 존재하는 것은 자연의 도리17)라고 말하며 노동자의 직분을 강조하는 논리 역시 노동자를 다시금 사회적 하층민으로 규정하고 배제하는 결과를 낳는다.

유길준이 『서유견문』에서 프랑스혁명에 가담한 사람들을 '잔악무도한 폭도(殘惡無道한 暴徒)'18)로 지칭한 것에서 알 수 있듯이 그는

---

16) "나라의위태ᄒᆞᆫ째에義兵이라假稱ᄒᆞ고盜의事을행흠은의도아니며용맹도아니니라"(유길준, 「용기」, 위의 책(『노동야학독본』), 75쪽)

17) "貴ᄒᆞᆫ쟈가잇신즉賤ᄒᆞ쟈도잇심이며富者가잇심으로貧ᄒᆞ쟈도잇심이라이갈은社會의平等치아니흠이니ᄯᅩ한사람살기에自然ᄒᆞᆫ道理니라"(「질서」, 위의 책(『노동야학독본』), 80쪽)

노동자의 정치 참여, 사회변혁을 위한 혁명적 움직임을 부정적으로 바라본다. 그러한 시각은 유길준이 부르주아 중심의 근대사회를 구상해 왔다는 것과 관련된다. 유길준에게 있어서 노동자가 애국하는 방법은 정치에 참여하는 것이 아니라 각자의 직분에 맞게 일을 함으로써 나라의 발전에 기여하는 것이다. 그리고 그 과정에서 노동자는 '부세 바치는 일, 병정 되는 일, 자녀 가르치는 일'을 의무로 갖는다. 그에게 노동자는 통치되고 교화되는 대상이며, 사회개혁의 주체로는 서기 힘든 '대상'으로 각인되어 있다. 이처럼 『노동야학독본』에는 전통적 관념으로서의 노동자와 근대적 관념으로서의 노동자가 혼재하는데, 이는 노동자가 갖는 양의성에서 중요한 부분이다. 그 점은 총체적이고 일체화된 정치체로서의 노동자와 배제된 자들의 부분적이고 파편화된 다수로서의 노동자라는 노동자의 양의성이 갖는 간극을 매개하는 중요한 요소이기 때문이다. 이와 같은 양상은 유길준이 전통과 근대의 혼재 속에서 지식의 교섭과 길항을 경험하며 자신의 지식 체계를 구축한 인물이라는 점과 관련된다.

유길준은 '경쟁'에 대해 서술하는 부분에서 옛 사람의 말을 인용하는데, 그것은 『논어』의 '팔일편(八佾編)'에 기원을 두고 있다. 그는 '겸손'과 '양보'의 도를 아는 군자의 다툼에 관한 공자의 말을 인용하면서, '경쟁의 역량'이 가진 중요성을 말한다.[19] 그리고 '세계의 진보는 경쟁'에 있음을 설파한다. 유길준은 신지식으로서 사회진화론을 받아들이되, 불가피한 경쟁을 할 때에는 힘을 과시하는 다툼이 아니라 예와 덕을 갖추고 형세를 살피는 방식을 강조한다. 이는 경쟁이나 진보 자체에 방점을 둔 것이 아니라, 경쟁과 진보의 방식과 태도를 문제삼은 것이라 할 수 있다. 그리고 이것은 예의를 모르는 경쟁,

---

18) 유길준전서편찬위원회 편, 『유길준전서』 I, 일조각, 1971, 134쪽.
19) 유길준, 「경쟁」, 앞의 책(『노동야학독본』), 1908, 84쪽.

즉 제국주의와 식민화에 대한 비판이라 해도 과언이 아니다. 그가 「외국사람과 교제ᄒ는 일」(外國사람과 交際ᄒ는 事)에서 일본, 중국, 영국, 미국사람이 다 외국 사람이며, 그들에게 고용되어 일을 하더라도 근면, 정직, 성실함을 지키고 사랑하는 마음으로 교제하되 사람의 권리를 범하는 것을 허락하지 말 것을 당부하는 것 역시 같은 맥락에서 이해할 수 있다. '재래의 공맹사상을 통해 전유한 사회진화론'이야말로 유길준이 조선에서 기획한 교육론이라 할 수 있다.

그러므로 그는 문명화에 대한 필요성을 역설하며 서양을 예로 들지만, 외국 사람을 상대화하여 식민의 상황에 대한 경각심을 야기함으로써 분발을 촉구하는 방식을 취한다. 그 내용에는 조선인의 나태만이 아니라, 조선을 향한 외국 사람의 무분별한 욕심에 대한 인식과 비판도 개입되어 있다. 유길준은 독본에서 자신이 중요하다고 생각하는 부분은 강조점을 붙여두는데, 가장 많은 강조점을 가진 다음의 글을 살펴보자.

天下萬國이셔로通ᄒ야外國사람이물미듯오는셰샹에아모노릇도아니ᄒ고팔쟝씨고눕히안쪄코노래나불으거나느진ᄌᆷ을깁히들어대낫으로밤을삼고편히노니팔자됴타빙경거려ᄒ는말삼내집일도못ᄒ거든나라일을엇디알니그러뎌럭되는대로이렁뎌렁살어가면외국사람그쳐잇나샛별갓튼두눈동자휘휘둘너이리뎌리삷히면서두쥬먹을불큰쥐고보는대로욕심내며닥치며ᄂᆞ가쪄가니그쟝사의ᄒ는말삼네돈이내돈이다그농군의ᄒ는말삼네쌍이내쌍이다그쟝색의ᄒ는말삼네물건이내물건이다그즁에도그션배의ᄒ는말삼을들어보소네디식이얼마되나켜켜묵은머리쌔로샹투아래썩은골이배혼다니오쥭ᄒᆞ며생각ᄒᆫ달므엇ᄒ고녯사람의씻거기는이셰샹에쓸데업다새학문을닥지아니ᄒᆞ면네노릇은남의죵될샏이라ᄒᆞ나다
분발ᄒᆯ지어다同胞들아同心合力이어차이나라를이릐키셰살랴거든죽기를므릅쓰소[20]

이 글에서 '새 학문을 닦지 않으면 남의 종이 된다'는 구절은, 「경쟁연설」에서 "벌서 얼마즘 우리가 지고 안씨 아니 ᄒ얏소 어서 정신 차리시오 우리도 남보다 잘ᄒ야 봅시다"[21]라는 구절과 만나 노동자의 불안과 공포심을 자극하고, 분발을 촉구하는 효과를 낳는다. 당대 조선 노동자의 임금 수준이 일본인 노동자의 1/2~1/3 수준에 불과한 것이었다(강만길 외, 2004: 186~193)는 점을 생각해 보면, 노동자가 일본인에 대해 느꼈을 적대감이나 조선 노동자 사이의 집단 심리를 추측해 볼 수 있다. 경쟁, 분발과 관련한 내용을 자세히 들여다보면, 외국 '선비'가 하는 말이나 '우리'와 '동심합력'이라는 단어에서 알 수 있듯, 유길준의 목소리는 노동자뿐 아니라, 전대의 지식인, 그리고 자기 자신을 향해 있기도 하다. 그는 자신이 강조했던 용기와 분발을 실천하는 방법으로 조선인의 교육을 생각했던 것이다.

4. 노동자가 읽(지 않)는 교과서, 노동자를 읽은 교과서

유길준은 『노동야학독본』에 상당한 기대감을 갖고 3000부를 간행한 후 지속적으로 광고를 내지만, 이 책은 거의 팔리지 않았다고 한다.[22] 1908년에 간행된 『노동야학독본』에는 '제1권'이라는 권수가 붙어 있다. 그것은 저자인 유길준이 이후 1권에 이은 독본을 더 간행하려고 했음을 보여 준다. 그러나 그는 독본의 판매와 독서 상황에 근거하여 차후의 작업을 수행하지 않은 것으로 보인다. 1908년 6월에 간행된 『교육월보』가 야학에서 교과서로 채택될 정도로 널리 쓰

---

20) 「분발」, 위의 책(『노동야학독본』), 78~79쪽.
21) 「경쟁연설」, 위의 책(『노동야학독본』), 86쪽.
22) 「노동교과발간」, ≪대한매일신보≫, 1909.7.25.

인 것과 대조적이다.[23] 당대 신문기사는『교육월보』의 흥행 소식을 전하며, 조선민족의 반을 차지하는 '부인동포'와 조선의 80~90%를 차지하는 '노동사회'에 '보통지식'을 전수하기 위해 간행된 서적에 대한 기대감을 표명하기도 한다.[24] 이훈상(1994)은 일본과의 관계에서 국민들에게 좋지 않은 인상을 안겨 준 유길준과 달리, 반일의 입장에서 애국계몽운동을 전개했던『교육월보』의 편집진, 잡지에 수록된 논문이 노동단체의 결성을 촉구하는 내용을 담고 있다는 점 때문에『교육월보』가『노동야학독본』에 비해 노동야학의 참여자들의 호응을 얻은 것이라 진단한 바 있다(이훈상, 1994: 751~762).

그 이외에도 원인을 찾아보면,『노동야학독본』은 노동자들이 구입해 보기에 비싼 가격(35전)의 책이라는 점을 들 수 있다. 이는 월간으로 발행되는『교육월보』의 구독료가 15전이라는 점을 생각해 보면 쉽게 이해할 수 있다. 1900년대 초 경부선을 건설하던 철도 노동자의 임금은 식사를 제공하지 않을 경우 14~50전, 광산 노동자의 임금은 지역에 따라 20~50전이었다. 당시 쌀값이 현미 1두에 최고 80전이었으므로 일당 40전이면 근근이 생계를 꾸려 나갈 수 있을 정도였다. 당시 임금은 일당으로 지급되는 경우가 많았는데 월급이 아닌 일급의 형태는 노동에 따른 위험 부담률을 노동자에게 전가시키는 것일 뿐 아니라, 안정적 생활을 불가능하게 해 노동조건을 한층 악화시키는 것이었다(강만길 외, 2004: 186~193). 이러한 상황에서 노동자가 하루 일당에 해당하는 금액을 들여 독본을 사본다는 것은 어려운 일이었음을 생각해 볼 수 있다. 특히,『교육월보』측이 애초부터 잡지 광고에 의존하여 경영할 것을 천명하며 4,000부를 찍어 전국에 배포했으며, 나중에는 독자들의 구독료가 수거되지 못해 경영난

---

23) 「흥명기흥(興明其興)」, ≪황성신문≫, 1909.9.7.
24) 「교육월보의 효력」, ≪황성신문≫, 1909.4.17.

을 겪게 된다(최기영, 1990: 23~24)는 점은 유길준의 독본과 차이를 보이는 부분이다.

『노동야학독본』이 독자들의 호응을 얻지 못한 또 다른 원인으로는, 비실용적인 내용과 난해성, 순응적 노동자상에 대한 강요 등을 들 수 있다.[25] 『노동야학독본』은 국문체의 사용을 위해 훈독을 시도하며, 민중을 의식한 글쓰기를 보여 준다.[26] 유길준은 글뿐 아니라 말과 행실의 중요성을 언급하며, 배우기 쉬운 국문을 익히면 바른 행실을 할 수 있다고 생각했다. 그리고 '한문(漢文)도 쓸 데 없고 일본문(日本文)도 쓸 데 없고 영국문(英國文)은 더군다나 쓸 데 없으니 우리나라 사람에게는 우리나라의 국문(國文)이라야'[27] 한다고 말함으로써 배움은 자국의 언어로부터 시작해야 함을 강조한다. 그는 독본의 중간에 「육조가」(六條歌), 「애국가」(愛國歌), 「노동가」(勞動歌)와 같

---

25) 배수찬(2006)은 『노동야학독본』이 문맹에 가까운 노동자들에게 지나치게 어려운 근대적 개념을 문어적으로 설명하고 있는 텍스트로, 실무를 가르쳐야 할 이들에게 노동이라는 새로운 근대적 추상어를 가르치는 이론 교육에 독본의 편집 방향이 잡혀 있음을 언급한 바 있다. 그는 교육적 실효의 관점에서는 유길준의 『노동야학독본』이 실패했을지 몰라도, 노동경제학적 내용과 노동 및 노동자의 성격과 자질에 대한 설명은 노동자가 숙지하고 있어야 할 시대적 지식이었다는 측면에서 그 내용상의 가치는 인정받아야 한다고 주장한다. 또한, 이훈상은 노동자들이 사회로부터 차별받아 온 구조적 모순을 고려하지 않은 채 그들에게 상하의 위계질서를 준수할 것을 강조한 내용을 들어 유길준의 독본이 노동자로부터 배척받게 되었다고 언급한 바 있다. 본 연구는 노동(자)에 대한 독본의 내용이 갖는 시대적 가치와 한계를 지적하는 데에서 더 나아가 그 내용을 전하기 위해 도입한 다양한 서술 방식의 체계와 지식의 교섭 및 경합의 양상을 분석하여 『노동야학독본』의 정치, 문화적 의미를 밝히는 방식을 취한다(배수찬, 2006: 603~604; 이훈상, 1994: 761~762).

26) 「서적원매광고」(書籍原賣廣告), ≪황성신문≫, 1909.12.14.
한 서점의 책 광고에는 유길준의 『노동야학독본』도 자리하고 있는데, 학부의 검정과 내부인가를 끝냈다는 내용과 함께 제목 아래 조그만 글씨로 '순국문(純國文)'이라고 강조하는 말이 덧붙어 있다.

27) 유길준, 「노동연설4」, 앞의 책(『노동야학독본』), 46쪽.

이 4·4조의 노래를 삽입하여 앞에 서술한 내용을 정리한다. 이러한 기획은 독자가 리듬감 있는 짧은 형태의 가사로 읽기 쉽고, 암기하기 쉽고, 즐겁게 공부할 수 있도록 배려했던 저자의 뜻을 담고 있다. 또한, 저자는 연설의 형태로 서술되는 「노동연설」 1-5와 「연설에 대ᄒ는 답사」, 「경쟁연설」이라는 장을 마련하여 대화체로 노동의 중요성과 노동자의 권리와 의무를 설명하는 태도를 취한다. 이와 같은 부분 역시 지식에 대한 접근과 이해를 돕는다.

그러나 『노동야학독본』에는 노동자의 현실과 거리가 먼 내용이 많다. 유길준에 의해 창출된 노동자의 목소리를 담고 있는 「연설에 대ᄒ는 답사」의 내용을 살펴보자. 「노동연설」을 들은 노동자의 답사는 유길준의 계몽 논리를 그대로 답습하고 있으며, 노동자 교육에 힘쓰는 유길준에게 감사의 뜻을 전하는 내용으로 구성되어 있다. 그러므로 이 글은 유길준의 노동자 교육이 지향하는 바를 노동자의 목소리로 들려주는 셈이다.

우리가 勞動은ᄒ지오만은우리도大韓帝國의백성이온즉백성되는 義務 ᄂ힘써야홀지며

大皇帝陛下의신하이온즉신하되는忠誠은다ᄒ여야홀지니그도리ᄂ달름아니라우리ᄒᄂ노롯을잘ᄒ기에잇다ᄒ압니다

션생의가라치시ᄂ말삼이간절ᄒ며샹쾌ᄒ야마대마대우리의깁흔잠읗가이시며우리의묵은병을다사리사정신을ᄲ나이시고고운을이릭키시니우리ᄂ마암에박으며肝에삭이어忘지아니ᄒᄂ中에배호라ᄒ시ᄂ일과子女가라치라ᄒ시ᄂ일과遠은생각으로쥰비ᄒ라ᄒ시ᄂ일에對ᄒ야우리가感謝ᄒ올쑨아니오라그리ᄒ여야ᄒ올必要를ᄶ달앗사온즉우리勞動學會에서션생의말삼대로ᄒ기를의론ᄒ오니됴흔方法을만히가라쳐쥬시기를바라압나이다[28]

인용문의 앞에는 지식과 문견이 없어 나아갈 방향을 알지 못하고 살아가는 노동자의 처지가 바람에 이는 잎사귀나 물새는 배, 어둔 밤에 비유되어 장황하게 서술되어 있다. 이것은 문맹에 가까운 노동자의 목소리가 아니라, 그 목소리를 빌린 유길준의 언어다. 이 글은 '우리가 노동은 하지만은'과 '우리도 대한제국의 백성이니 백성 되는 의무는 힘써야 할 것'이라는 내용에서처럼 노동자에게 투영되었던 양의적 시선이 발화되는 순간을 보여 준다. 이 글은 노동야학회에서 연설을 듣고, 공부하여 각성된 노동자의 태도를 취하고 있다. 이와 같은 내러티브의 기획은 아직 교육받지 못한 노동자를 계몽하는 방식인 동시에 노동야학회를 알리는 방식이다. 그리고 노동자의 목소리로 노동자의 개화를 위해 교육하고 헌신하는 유길준 자신을 드러내는 방식기도 하다. 노동자의 현실과 그 현실에 근접하지 못한 유길준은 노동자의 목소리로 지식인의 자의식을 표출하는 부자연스러움 속에서 노동자 교육을 시도했던 것이다.

『노동야학독본』은 문맹에 가까운 노동자들에게 근대의 개념을 설명하지만, 관련된 삽화가 제시되어 있지 않다. 또한, 노동자와 같은 민중에게 재미와 흥미를 줄 수 있는 이야기의 활용, 구체적인 지명이나 인물을 동원한 지식 등을 발견할 수 없다. 이러한 양상은 유길준이 『노동야학독본』에서 설명하는 내용이 구체적인 삽화나 일화로 제시하기에는 어려운 추상적인 개념들을 주제로 삼는 경우가 많은 데서 기인한다. 유길준은 독본에서 근면, 정직, 성실, 의무, 권리와 같은 개념을 설명한다. 이 개념들은 교육의 목적인 동시에 내용이며, 국민으로서 노동자의 외연과 내포를 구체적으로 드러내는 역할을 한다. 유길준은 이 개념들을 설명하기 위해 '비유'와 '예시'의 방법을 쓰며, 그것은 중심 개념 및 그것과 대립관계에 놓인 개념을 동원하는

---

28) 「연설에 대ㅎ는 답사」, 위의 책(『노동야학독본』), 52~53쪽.

방식으로 구성되어 있다. 이 설명의 방식은 성공한 노동자인 동시에 선량한 국민상을 만드는 방향으로 수렴된다.

근대적 개념의 설명 체계 속에서 노동자는 근면하거나 정직하지 못하면 '국가의 좀', '사회의 도적'[29]이 되고, 노동자로서 의무와 책임을 다하면 '착한 백성'[30]이 되는 극단적 상황에 놓여 있다. 유길준은 착한 백성과 개화한 노동자가 갖춰야 할 덕목들을 말하지만, 경성일보사에서 간행된 이 독본의 내용은 기실 일본의 입장에서 볼 때 충량한 신민을 만드는 수단으로 활용될 여지를 안고 있다. 그 점은 노동자를 위한 독본에 직업 수행에 활용될 과학적 지식, 일상생활에 유용한 법률적 지식이 아예 소거되고 윤리적 덕목이 강조되어 있는 점과 관련해서 생각해 볼 수 있다. 물론 독본에는 대한제국의 법률에 대한 설명이 제시되어 있기는 하나, 그것은 '국민되는 의무'를 설명하는 과정에서 "법률명령(法律命令)에 복종(服從)하는 일"[31]을 강조하기 위한 전제로 기능하는 측면이 강하다. 이러한 양상은 식민지 조선에서 강조된 '지식의 위계와 절합'을 드러내는 부분이다.

독자들의 호응을 얻지 못했던 『노동야학독본』이 국어와 수신의 절합을 보인다면, 남궁억이나 일본 지식인의 야학독본은 국어와 수신, 과학, 산술 등 다양한 지식의 병렬적 활용을 보여 준다. 고다이 시게루의 『청년야학독본』이 '재미와 실용'과 거리가 먼 교과서의 폐해를 지적하고, "즐겁게 독서하는 동안에 유익한 지식과 교훈을 얻는 것에 주의하여"[32] 간행된 교과서라는 점을 생각해 볼 때, 노동자를 대상으로 한 유길준의 교과서가 가진 한계를 알 수 있다. 그 점은

---

29) 「노동연설 3」, 위의 책(『노동야학독본』), 45쪽.

30) 「국민되는 의무」, 위의 책(『노동야학독본』), 56쪽.

31) 위의 글, 55쪽.

32) 고다이 시게루(小谷重), 『청년야학독본(靑年夜學讀本)』, 금항당서적주식회사(金港堂書籍株式會社), 1911, 2쪽.

남궁억의 『교육월보』와의 비교를 통해 더욱 분명히 드러난다. 이 잡지는 보통지식을 지향하며, "노동자와 학교연한 외 동포(勞働及學校年限外同胞)신지" 학식을 얻게 하고자, 순국문으로 간명하고 쉽게 간행한 점에서는 유길준의 독본과 비슷한 지점에 놓여 있다. 그러나 남궁억은 여기서 더 나아가 "실지사업(實地事業)을 진행"하기 어렵지 않게 내용을 구성하고 서술하기 위해 노력한다.

근일(近日)에 지(至)ㅎ야 각처(各處)에 노동학교(勞動學校)가 계속 흥(相繼而興)ㅎ니 차(此)는 보통개명(普通開明)의 장본(張本)이니 어찌 진실로 찬하하지 않으랴(豈不誠讚賀萬萬哉)아 그런 교과(然其教科)가 간명이지(簡明易知)ㅎㄴ 국문(國文)으로 저술(著述)ㅎㄴ 서적(書籍)이 무(無)홈으로 갑자기 번역하여 교수(倉猝間翻譯而教授)ㅎㄴ 것이 오직 군급(但窘急)의 탄식(嘆)이 유(有)ㅎ쌀 아니(不是)라 쏘ㅎ 완전(完全)ㅎ 교과(敎科)가되지 못ㅎ지로다 어시(於是)에 사회유지(社會有志)가 교육보급(敎育普及)의 방침(方針)을 연구(硏究)ㅎ야 교육월보(敎育月報)를 발행(發行)ㅎㄴ딕 무릇 동국역사(凡東國歷史)와 대한지지(大韓地誌)와 만국역사(萬國歷史)와 만국지지(萬國地誌)와 산술(筭術)、물리학(物理學)、위생론(衛生論)、가정요결(家庭要訣)、한문초학(漢文初學) 등(等)을 모두 순국문(皆純國文)으로 편집인행(編輯印行)ㅎ니 그 읽기 쉽고 깨닫기 쉬운(其易讀易觧)ㅎ 방법(方法)이 부인여자(婦人女子)와 농상공사회(農商工社會)와 초동목수(樵童牧豎)라도 호에 따라 책을 읽기(逐號閱讀)ㅎ면 삼사개월(三四朔)을 불과(不過)ㅎ야 그 학리(其學理)를 해득(觧得)ㅎ야 실지사업(實地事業)을 진행(進行)ㅎ기가 불난(不難)홀지니 차(此)엇지 천하(天下)의 묘결(妙訣)이아니리오

연즉(然則) 이 월보(此報)가 발달(發達)ㅎㄴ 일(日)이면 아대한민족(我大韓民族)이 거개유식(擧皆有識)ㅎ 학자(學者)가되ㄴ 일(日)이니 차목적(此目的)에 득달(得達)ㅎ면 오(吾)의 국가(國家)를 가이유지(可以維持)홀

것이오 오(吾)의 종족(種族)을 가이보전(可以保全)홀것이오 문명(文明)혼 민족(民族)과 동등자격(同等資格)을 가이점유(可以占有)홀지니 유아동포(惟我同胞)는 주의어차(注意於此)호야 혹노동(或勞動)의 가(暇)와 침식(寢息)의 여(餘)와 주거(舟車)의 중(中)에 재(在)호야 반다시 이 월보(此報)를 열독(閱讀)호되 학리(學李)를 연구(硏究)호야 지식(知識)을 개광(開廣)호고 국성(國性)을 배양(培養)호야 의무(義務)를 여행(勵行)호기로 십분(十分) 무도(懋圖)홀지어다[33]

"동국역사(東國歷史)와 대한지지(大韓地誌), 만국역사(萬國歷史)와 만국지지(萬國地誌), 산술(筭術)、물리학(物理學)、위생론(衛生論)、가정요결(家庭要訣)、한문초학(漢文初學) 등(等)"을 모두 순국문으로 편집 인쇄한다는 내용에서 알 수 있듯이,『교육월보』는 다양한 지식을 섭렵한 종합 교과서의 형태를 띤다. 1909년 4월「교육월보의 효력」이라는 신문기사를 보면, 제 10호부터는 '농업요설(農業要說)'과 '형법대요(刑法大要)'가 잡지의 내용에 첨가되었음을 알 수 있다. 특히, 통신 강의록의 형태를 도모하고 있었던 이 잡지는 노동자들에게 매달 최신의 유용한 지식을 학습하고 실생활에 적용할 수 있는 기회를 제공한다.『교육월보』는 제 2호에「노동샤회에 권고홈」이라는 글에서 서양각국의 노동사회의 형편을 말하며, "노동회샤의 조직"과 "동밍파공"에 대해 소개하기도 한다.『노동야학독본』이 애국심을 중심에 두고 노동자 단결과 협동을 언급하거나, 외국 사람이 사람의 권리를 범하는 일을 허락하지 말 것을 당부하는 정도에 그치는 것에 비교할 때,『교육월보』의 구성이 조선 노동자의 주체성이나 권익을 도모하는 관점에서 서술되고 있음을 알 수 있다.

유길준은 개인, 자유, 의무, 권리, 평등, 사회, 국가 등의 개념을

---

33)「교육월보」, ≪황성신문≫, 1908.7.1.

통해 노동자를 설명하고, 결국 '사람', '사랑', '도덕' 등을 말함으로써 근대적 차원의 인간 이해의 방식을 보여 준다. 노동자가 노력을 통해 자신의 상황을 변화시킬 수 있고, 그를 위해 교육을 받아야 한다는 의식은 분명 조선사회에 노동자의 개념을 확정하고, 세분화된 노동의 가치를 재해석하는 데 일조한다. 그러나 유길준은 상하계급과 빈천의 구별이 질서유지를 위한 자연의 도리라는 내용을 통해 노동자의 자기갱생과 사회변혁의 욕망을 차단하는 모순을 드러낸다. 「질서」에서 노동자는 아랫사람의 도리를 지키지 않으면, 질서를 문란케 하는 죄인이 된다.[34] 이때, 법에 저촉된 죄인은 국민으로서의 권리를 박탈당한 존재를 의미한다. 유길준은 위아래의 조화로 표현했지만, 그것은 상하등의 위계다. 상하귀천의 위계를 조화나 질서로 표현하고, 이를 국권회복의 원동력으로 가르치는 논리는 국권상실에 대한 불안 속에서 대중을 통합하기 위한 논리이기도 하다. 『노동야학독본』에 내재한 이와 같은 논리적 상충은 개화기의 시대적 사명을 한 몸에 지녔던, 또 스스로 그렇다고 믿었던 지식인의 내적 모순을 드러낸다.

유길준은 국가의 발전과 독립을 향한 노동자의 문명화를 계몽의 목표로 삼는다. 그는 그것을 위해 근면, 노력 등 인간 의지의 활성화를 계몽의 수단으로 취한다. 그리고 그는 새 학문을 최상위 개념으로 내세우면서 신지식과 인간의 본분 사이의 일치 가능성을 시험한다. 이 때문에 사람의 도리, 사람의 자격과 같이 인간적인 것에 방향을 잡고 있는 유길준의 계몽은 보편적이며 추상적인 성격이 강하다. 그는 개인의 인간성, 즉 사람됨의 실현으로서의 계몽이 개인 외적인 사회 상황과 충돌할 때 생기는 모순을 이해하지 못한다. 그는 인간으로서 노동자의 본분과 국민으로서 노동자의 본분을 분화하지 않은

---

34) 유길준, 「질서」, 앞의 책(『노동야학독본』), 81쪽.

상태에서 논의를 진행한다. 그 결과 계급과 직업에 구속되어 제한성을 갖는 국민의 계몽과 무제한적인 인간의 계몽을 같은 선상에서 논의할 때 발생할 수 있는 모순을 드러낸다. 그는 노동자 계몽을 다만 일반적이고 추상적으로 각자의 지위에 합당한 상황 속에서 인간의 본질을 실현시켜 나가는 점진적 과정으로 보았던 것이다.

당시 노동야학의 성행은 노동자들이 지식인들과 관계를 맺고 교육을 매개로 자신의 이익과 국가의 운명을 합치시켜 이해하려 한 새로운 노력(이훈상, 1994: 754) 속에서 이해될 필요가 있다. 그러므로 노동자들에게 필요했던 것은, 인간의 도리나 자유와 평등이라는 개념들보다 노동자들이 단합하여 자신의 권리를 획득하는 방법, 일상생활에 필요한 과학적 지식이 아니었을까. 유길준이 노동자들에게 줄 수 있는 가장 효과적인 계몽과 감화의 방식은 누구보다 해외체험이 많았던 그가 경험했던 세계 속 노동자들의 생활, 그들이 삶 속에서 경험하며 살고 있는 자유와 평등, 독립의 실질적 사례들이었을 수 있다. 이것이야말로 '노동자' 계급이 경제적 구성체의 한정된 범주로부터 빠져나와 스스로 사회적 문화적 구성체가 되게 할 수 있는 방법이기 때문이다.

『노동야학독본』에서 사람과 국민을 연결하기 위해 동원된 '노동'과 '지식'은 결국 현실의 긴박함과 거리를 둔 채, 일반적이고 추상적인 개념들 속에서 노동자를 여전히 계몽하고 구제해야 할 타자로 남겨둔다. 그러나 유길준이 1856년에 태어나 50세가 넘은 나이에 『노동야학독본』을 썼다는 세대적 감각을 생각해 볼 때, 독본이 가진 한계는 그 노동지식의 체계와 선진성을 넘어서기 어렵다. 또한, '노동자'나 '야학'처럼 교육의 중심으로부터 배제된 대상을 계몽의 중심에 두고 사유할 수 있었던 가능성은 일찍이 없었다는 점, 이 독본이 시작(1권)에서 끝났다는 점을 감안한다면 그 한계를 사료적 가치보다 부각시키기 어려운 것 또한 사실이다. 그러므로 이 독본이 갖는 의미와 한계는, 구한말 조선의 지식문화사 안에서 교육제도의 외부에 놓인 노동자와 야학을 전면에 내세워 하나의 지식체계가 구성될 수 있다는 가능성을 제시하려는 의도 안에 이미 함축된 것이라 하겠다.

혼란 속에서 싹튼 여성 신교육의 맹아

: 『초등여학독본(初等女學讀本)』(1908)을 중심으로

박선영(한성대학교 강사)

1. 여성만을 위한 독본의 등장

신교육은 교육체제 혁신을 통해 근대화를 앞당기려 한 대한제국의 의지와 이에 개입한 외부압력이 혼란스럽게 얽힌 근대계몽기, 그리고 주도권을 장악한 일제가 외압을 체계화해 나간 일제강점기를 거치며 전개되었다. 자주개화를 열망하며 근대적 국민 육성으로 국가기틀을 확립하고자 한 갑오개혁은 교육에서도 구래의 전통과 단절하는 개혁을 단행하고 새로운 교육체제로 이행하는 전기를 마련한다. 1895년 2월 2일에 반포된 '교육입국조서(敎育立國詔書, 1895.2.2)'는 정부주도 하에 교육제도 개혁을 구체화한 본격적 시도였다. "오호(嗚呼)라 민(民)을 교(敎)치 아니면 국가(國家)를 공고(鞏固)케ᄒᆞ기 기난(難)ᄒᆞ니"라는 대목이 보여 주듯 교육입국조서는 국가발전의 근간으로 교육을 내세운다. 나아가 교육의 3대 목표로 '덕육(德育)', '지육(智育)', '체육(體育)'을 천명하고 '수신(修身)'을 국민의 덕육함양을 위

304

한 최우선 과목으로 제시하였다.[1] 이와 관련해 당시 학부는 국민정신을 재주조할 목적으로 수신과목을 신설하고 수신교과서를 발행한 바 있다. 하지만 학부 편찬 수신서들의 내용은 위인의 언행 소개 등이 주를 이루고 있어 근대국가의 근간을 이룰 국민양성과는 상당한 거리가 있었다. 그러나 같은 해 반포된 '소학교령'에서 '심상과(尋常科) 교과목은 수신, 독서, 작문, 습학(習學), 산술, 체조로 함'이라는 규정은 교육개혁 기조와 방향이 상당기간 일치했음을 보여 준다. 하지만 근대 초기 교육제도화 과정은 다른 개혁들과 마찬가지로 일제의 간섭 속에서 이루어지고 있었다.[2] 대한제국 식민화의 야심을 체계적으로 추진했던 일본은 보통학교령(1906.8.27) 발포 후 일본인 참여관을 학부발간 교과서에 참여시킨다. '보통학교령'[3]은 대한제국이 국가의 근본이라 천명했던 교육을 일상생활의 보통지식과 기예

---

1) "심상과(尋常科)에는 효제(孝悌) 우애(友愛) 예경(禮敬) 인자(仁慈) 신실(信實) 의용(義勇) 공검(恭儉) 등 실천(實踐)ᄒᆞ는 방법(方法)을 수(授)ᄒᆞ고 별(別)로히 존왕애국(尊王愛國)ᄒᆞ는 사기(士氣)를 양(養)흠을 무(務)ᄒᆞ고 또 신민(臣民)으로 국가(國家)에 대(對)ᄒᆞ는 책무(責務)의 대요(大要)를 지시(指示)ᄒᆞ고 취ᄒᆞ야 염치(廉恥)의 중(重)흠을 지(知)케 ᄒᆞ고 아동(兒童)을 유(誘)ᄒᆞ야 풍속(風俗)과 품위(品位)의 순정(純正)에 취흠을 주의(注意)흠이 가(可)흠. 여학생(女學生)은 별(別)로히 정숙(貞淑)흔 미덕(美德)을 양(養)케 흠이 가(可)흠."(『고종실록(高宗實錄)』 권33, 고종 32년 2월 2일 갑신조(甲辰條))

2) 일제의 개입을 제도적으로 보장하는 교육 시스템 속에서 『국어독본(國語讀本)』(1907~1908), 『신찬초등소학(新撰初等小學)』(1909)이 편찬되었다. 또한 1886년에 발간된 『신정심상소학(新正尋常小學)』은 교육전반에 걸친 일본의 개입을 상징적으로 보여 준다. 일본인 보좌원 고견구(顧見龜)의 참여뿐만 아니라, 일본정부에서 제작한 심상소학독본을 모범으로 해서 만들었다는 사실이 이를 뒷받침한다(김태준, 2004: 11).

3) '보통학교령' 1조는 "보통학교(普通學校)는 학도(學徒)의 신체발달(身體發達)에 유의(留意)ᄒᆞ야 도덕교육급국민교육(道德教育及國民教育)을 시(施)ᄒᆞ고 일상생활(日常生活)에 필요(必要)흔 보통지식(普通知識)과 기예(技藝)를 수(授)흠으러써 본지(本旨)를 흠이라"고 제시한다. 조선총독부 관보(朝鮮總督府 官報), 보통학교령(普通學校領) 1조, 1906.8.27.

등으로 격하시켜 버린 법령이었다.[4]

식민지인 양성전략이 치밀해지자 위기의식을 느낀 대한제국 구성원들은 근대교육과 민족교육을 결합시키려는 저항적 열망을 강하게 표출한다. 그 결과 원산학사(1883) 설립 이후 강제병합 전까지 세워진 근대적 교육기관의 수는 수천을 헤아리게 되었다. 당시 총독부 통계에 의하면 1908년 전국의 학교 수는 서울 시내 100여 교를 포함해 총 5,000여 개교에 달했으며 학생 수는 20만 명에 이르렀다고 한다. 또한 ≪황성신문≫ 1905년 5월 8일자 보도에 의하면 1907년부터 1909년 4월까지 민중들이 세운 각종 사립학교의 수가 무려 3,000여 개교에 달했다(손인수, 1998: 265 참조). 교육확대의 분위기를 타고 유교적 가치관이나 내외법에 구속된 여성교육 역시 개화된 교육목표에 부합해 제도권 내로 편입되기 시작한다. 바야흐로 여성에게도 학교교육의 기회가 열린 것이다.

교육입국조서 반포 시 간략하나마 여성교육에 대해 언급하고, 언론 또한 개화파 인사들의 여성 개화론과 교육관을 활발히 소개하자 여성교육이 본격화되기 시작한다. 당시 『서유견문』, ≪독립신문≫, ≪대한매일신보≫, ≪제국신문≫, 『여자지남(女子指南)』 등은 남성에 의한 속박으로부터 여성을 해방시키고 인권을 확보하자고 소리를 높이던 대표적 매체들이었다. 대한제국의 국력이 갈수록 약해지고 일본의 침탈이 가속화되는 현실 아래 인구의 반인 여성의 교육과 계몽은 국권회복과 맥을 같이하고 있었다. 여성에게 근대교육의 기회를 부여하는 일은 인권확보뿐 아니라 여성교육의 제도권 진입이라는 측면에서도 커다란 의미가 있었다. 국권회복운동이 활발하던 기간에 여학교 역시 급속히 늘어나 1906년 이래 서울과 지방에서

---

4) 인재를 양성하기 위해 필수적 개념이었던 '국가' 개념을 삭제한 독본에서 궁극적으로 강조하고 있는 것은 결국 '불완전한 비국민으로서의 개체'에 불과했다(송명진, 2012: 510).

유지들이 사재를 털어 세운 수천의 사립학교 중 여학교가 200개가 넘게 되었다(박용옥, 1984: 45).

1906년 이후 붐을 이룬 사립학교 설립은 근대화와 민족부흥이라는 목적에 부합하는 독자적 교재를 필요로 했고 사립학교 설립에 참여한 개화 사상가들을 중심으로 각종 민간교재 출간을 이끌어 낸다.[5] 이들 교재는 저마다 나름의 방식으로 직간접적으로 민족주의와 자주독립, 반일과 배일을 표방하고 있었다. 여학생만을 위한 교과서도 이 시기에 처음 등장하는데 그 종류는 현재 국어교과서에 해당하는 독본류(類), 도덕 윤리 교과서에 해당하는 수신서류(類)였다.[6] 독본은 말 그대로 작문과 독해력을 위한 교재이며 수신서는 당시 새롭게 등장한 신교육의 기본방향을 제시해 여성의 정신적 바탕을 다질 목적으로 발행된 교재이다. 이들 교재는 당시 여성교육이 지향한 지식의 내용과 성격이 어떤 것이었는지 짐작하게 해 준다. 1920년대 초까지 여성들 대부분이 학교교육과 무관했던 상황에서 1900년대 여성들에게 지식의 의미는 읽고 쓰기 정도였다. 하지만 '리터러시(literacy)'의 습득은 그 의미가 문식력의 단순 확보 여부에 한정되지는 않는다. 읽고 쓰기를 익히는 것은 동시에 습득주체가 속한 외부의 가치체계를 학습하고 수용하며 판단할 구성적 도식을 형성하는 과정이기 때문이다. 당시 교재들은 그 안에 교육의 체제나 기술적 형식과 더불어 교육대상인 여성을 근대적 인간으로 만들어 가기 위한 이상적 지식의 모범을 담고 있었다. 하지만 여성교육의 현실적 여건은 언론이나 지식인의 선도에 미치지 못했던 대중의식 등으로 여전히 큰 한계가 있었으며 여성교재 역시 대안적 교육기관으로 운영된

---

5) 한국학문헌연구소 편, 『한국 개화기 교과서 총서』 1, 아세아문화사, 1977, 4쪽.
6) 개화기 독본에 관한 연구는 상당 부분 진척되어 있다. 그중 본 논문과 동일한 시기를 다룬 중요 연구는 다음과 같다. 조문제(1986), 구자황(2004), 허재영·김경남(2012) 등.

간이학교를 위한 책자와 독학서들이 대다수였다. 초등지식 습득을 목적으로 한 당시 여성용 교과서로는 『초등여학독본(初等女學讀本)』(이원긍, 1908), 『부유독습(婦幼獨習)』(강화석, 1908), 『녀자독본(女子讀本)』(장지연, 1908), 『여자수신교과서(女子修身敎科書)』(노병희, 1909)가 있었다. 이들 교재에는 남녀 성역할에 대한 가치, 사회문화적 상황 속에서 규정된 성역할, 가치기준과 행동양식의 기준정립 등이 포함되어 있는데 그 내용은 당시 여성교육의 다양한 불연속성(조경원, 1998)[7]을 증명한다.

『초등여학독본(初等女學讀本)』(1908)은 1권 1책의 초등여학교 1학년용 한문·국문 교육용 책자로 합방 직전까지 민간교과서가 추구한 여성계몽의 방식을 유추할 수 있게 한다. 읽기와 쓰기 교과서의 특징과 수신 규범의 학습내용이 결합되어 있는데, 남녀평등이나 여성의 사회적 역할 같은 근대적 가치관과 유교적 수신가치가 혼재하는 텍스트이다. 이러한 특성은 모순적인 가치관의 단순 결합으로 치부되어 그간 많은 주목을 받지 못하였다. 적게나마 이 책에 대한 연구가 있었으나 다른 여성용 교재와 함께 편제와 개관정도[8]만 다뤄져 전면적 면모를 드러내는 데 미흡하였다.

그러나 이 책의 가치혼재 양상은 시대정신의 부적절한 이해나 익숙한 행위규범의 무비판적 수용이라고만 치부하기에는 많은 논의점이 보인다. 한 시대의 교과서는 교육을 일정한 방식으로 규제하려는 사회적 요구의 수렴이자 집필주체가 의도한 특정 규범체계의 구체적 반영이기도 하다. 당시 독본은 읽고 쓰는 행위의 표준을 제공할

---

7) 이 논문은 개화기에 다양한 논지의 여성교육론이 주창되어지는 과정을 몇 가지 흐름으로 정리하고 있다.

8) 개화기 여성수신서에 대한 연구로는 조경원(1999), 송인자(2003), 임미정(2009), 김언순(2010), 김수경(2011) 등이 있다. 모두 주목할 만한 논의를 전개하고 있으나 『초등여학독본』에 대해서는 체제와 내용만을 간단히 소개하고 있다.

뿐 아니라 근대화된 인간이 내면화해야 할 지식의 전형으로 작용했다. 또한 독본을 읽고 쓰는 행위는 주체가 외부세계에 참여하는 행위이자 외부세계를 내면화하는 통로였다. 그렇다면 이 책의 교수자들이 구성하고자 했던 이상적 행위규범과 필요성 등을 연역해 당시 여성교육의 단면을 드러낼 수 있을 것이다. 이러한 문제의식 아래 이 글은 개항 후 본격적인 식민화 이전 십여 년간 태동한 교량적 규범가치들이 여성교육에 있어 어떤 영향을 주었는지 『초등여학독본』을 통해 논구하려 한다.

2. 『초등여학독본』 개관

1) 저자 이원긍과 발행 의도

『초등여학독본』의 저자는 대한제국의 관료였던 이원긍(李源兢, 1849~미상)으로, 그는 독립협회 회원으로 활동했으며 국민교육회를 조직하여 애국계몽운동과 민족정신을 앙양하는 데 기여했다.9) 1901년에 황국협회의 무고로 일어난 독립협회 지도자 대량검거 당시 그도 옥고를 겪었는데 1904년 이상재, 이승만 등과 함께 석방되었다. 당시 연동교회 초대 목사인 게일(James Scarth Gale, 奇一)10)은 검거상태인 독립협회 인사들을 전도하였는데 이원긍도 이승만, 이상재와 함께

---

9) 1873년 진사시험에 합격하여 총리교섭사무아문(總理交涉事務衙門)의 주사로 근무했고 1906년부터 1907년까지 평리원 재판장 서리를 겸임한다. 1904년에는 이준, 유성준, 전덕기, 박정동 등과 함께 국문교육회를 조직하여 교육구국운동을 전개하였다(대한제국관원력서, 464쪽). 1904년 이원긍은 게일 목사, 유성준, 홍재기 등과 협력해 교육협회를 설립하였다(고춘섭 편, 1995: 191).

10) 게일 목사는 기독교계 성경을 최초로 국역하고 고전 소설을 영역한 인물로 널리 알려져 있다.

게일목사 등 성서번역 위원들(1908) 왼쪽 첫 번째는 이원긍의 동생이자 성서번역가 이원모(사진출처: 『사진으로 보는 연동교회 110년사』)

연동교회 교인이 되었다. 이들은 개화운동과 독립운동, 기독교 운동에 뜻을 같이하여 상당 기간 함께 활동했다. 이원긍은 갖바치 출신 이명혁, 고찬익에 이어 광대 출신 임공진이 장로로 선출되고 자신을 포함한 양반들은 선출되지 못하자 이에 반발하여 1909년 6월 100여 명의 신도를 이끌고 분교해 묘동교회를 설립한다.[11] 『초등여학독본』이 만민평등과 교육평등을 강조하며 기독교적 가치를 제시한 한편 유교적 삼강오륜을 일관되게 주장하는 이면에는 개화지사이자 열혈 기독교인이었지만 전통 양반 출신으로 신분의식을 버리지 못한 저자의 특성도 영향을 미쳤다고 본다.

이원긍이 『초등여학독본』을 간행할 당시 연동교회는 여학교인 연동여소학교[12]를 운영하고 있었다. 당시 여러 교회들이 학교 다닐 여건이 되지 않는 사람들을 대상으로 간이학교를 운영했는데 이러한 비인가 학교들은 문식력 향상을 위한 교재로 민간독본을 사용했다. 이원긍은 연동여소학교가 발전한 예수교중학교(이후 경신)와 연동여소학교(이후 정신)의 교편을 잡았으므로[13] 『초등여학독본』은 연동여

---

11) 당시 연동교회는 비인가 야학인 연동의숙에 초등과정을 운영하며 남학생과 여학생을 모두 가르쳤다. 묘동교회 역시 주일학교와 야학을 운영했다(고춘섭 편, 1995: 191).

12) 함태영 목사의 기록에 따르면 다음과 같다. "1898년(무술(戊戌))에 남아 10여명을 모집해 연동소학교를 창립하고 이덕준 씨가 시무케 되매 이로 말미암아 전도의 길이 더 열리다. 1899년(기해(己亥))에 여자 약간 명을 모집해 여자교육을 시(施)하다."(고춘섭 편, 1995: 119) 수업연한은 심상과 3년, 고등과 2~3년이고 학령은 8세로부터였다. 교과목은 수신, 독서, 작문, 습자가 공통이되 연동소학교는 1906년 발전적으로 남녀를 구분해 연동여소학교와 연동남소학교로 재설립되었다(고춘섭 편, 1995: 120~121).

연동여소학교 학생들(1907년)(사진출처: 『사진으로 보는 연동교회 110년사』)

소학교에서 사용했을 것으로 추정된다. 이러한 추정은 저자가 연동 여소학교의 교사였다는 사실 외에도 『초등여학독본』에 쓰인 용어 '하나님'으로 뒷받침할 수 있다. 당시 '신(God)'은 기독교보다 먼저 국내에 유포된 천주교와 원두우 목사(개신교)의 영향으로 신(God)을 '천주'로 공동 번역해 사용하고 있었다. 그런데 성경을 최초로 국역 한 게일 목사는 자신의 성경에 처음으로 '하나님'이라는 용어를 도입 한다. 게일 목사가 성경을 번역할 당시 이원긍은 마태복음을 맡아 국내 최초로 국역하였다.

『초등여학독본』은 '지식을 기르는 것은 몸을 기르는 것을 쓰임 으로 삼고, 덕을 기르는 것을 기반으로 삼는다'는 지덕체의 합일을 강조하여 교육칙령에 정확히 부합하는 교육관을 드러낸다. 특히

---

13) 1904년 이원긍은 게일 목사, 유성준, 홍재기 등과 협력해 교육협회를 설립하였다 (고춘섭 편, 1995: 132).

여성이 덕을 길러 가정의 화목을 도모하고 바르게 자녀를 양육해 재원을 배출하는 것이 국가부강의 토대라는 당대의 가치관을 반영한다. 당시 여성교육 교재들은 교육평등이라는 참신한 이념을 도입하는 듯하나 결국 전통가치들을 바탕으로 한 보수적 규범에서 크게 벗어나지 못하고 있었다. 때문에 이 책 역시 여성 대상 교재들의 지향점은 전통적 규범에 새롭게 변화된 규범을 추가할 뿐이라는 평가(임미정, 2009)에서 크게 나아갈 수는 없다. 그러나 여성의 의존성을 비판하는 대목이나 남성과 동등하게 국가주권을 확립 부흥시키는 주체가 되라고 계몽하는 대목 등은 저자의 선진적 의식을 짐작하게 한다.

2) 『초등여학독본』의 형식

『초등여학독본』은 명륜(明倫), 입교(立敎), 여행(女行), 전심(專心), 사부모(事父母), 사부(事夫), 사구고(事舅姑), 화자매(和姉妹)의 전 8장 51과로 구성되어 있다. 저자는 조선조 사대부가의 부녀자 교재였던 『여계(女戒)』, 『내훈(內訓)』, 『가훈(家訓)』가운데 일상생활에서 지켜야 하는 도리와 관련된 것을 채집하여 독본을 짓는다고 밝힘으로써 책의 내용이 전통적인 여성교육의 연장선상에 있음을 분명히 하고 있다. 특히 장의 구성은 조선조 여성교육을 위해 널리 쓰인 소혜황후의 『내훈(內訓)』과 유사하고 내용 역시 흡사해 전통적 가족관계 내의 질서존중, 겸양, 예절, 순종 등을 기본적인 덕목으로 내세운다.

『초등여학독본』 명륜장(明倫章)
(이원긍 저, 1908)

이 책은 '주 한글 종 한문'으로 편제해 한글을 주로 사용하는 여성들에게 기초 한자를 익히게 한다는 목표를 갖고 있다. 한문과 국문의 병기는 한문을 통해 국문을 배우거나 국문을 통해 한문을 배우는 상호보완 학습이 가능하도록 고려한 것이다. 암송과 암기에 용이한 국문현토는 그 특성상 한자와 한문을 외워야 하는 한문교재 내용습득에 적합하다. 국문 해석문은 쉼표로 구두점을 표기하여 사실상 띄어쓰기를 시도했는데 현재의 띄어쓰기 방식과도 거의 흡사한 쉼표와 구두점 표기는 내용을 보다 확실하게 전달한다. 이러한 특징은 국문학습이라는 시대흐름을 반영하는 한편 전통교재와 신식교재의 장단점까지 고려했음을 암시한다. 이 책이 여성의 글로 간주되었던 한글을 읽고 쓰는 것에서 한걸음 나아가 '한문'의 읽고 쓰기 능력을 배워야 할 지식으로 상정하고 있다는 점은 특기할 만하다. 여성과 지식의 관계설정에 있어 전통적 규정범주가 약화되었음을 짐작케 하는 것이다.

3) 『초등여학독본』의 내용

근대계몽기 교육의 급선무는 몽학들의 의식을 개명시키고 힘을 키워서 외국과 동등한 관계에 있는 개화국가를 건설하는 것이었다. 저자는 머리말에서 우리나라 여자들은 교육받을 기회가 매우 적어 스스로 자립할 줄을 모른다는 점을 지적하고 교육의 필요성을 역설한다. 우선 '재봉'이나 '요리' 등 과거 교육의 주 내용이 다른 사람을 위한 일을 배우는 것이고 단지 재주나 기술연마에 주력하는 것이었다고 비판한다. 이어 지금의 교육은 자립하는 데까지 나아가는 것이지만 그렇다고 지식이 남용되어 음풍농월이나 즐기는 경박함에 머물러서는 안 된다고 지적하는 부분은 혁신적이다.

당시 여성 수신서들이 대부분 근대 특유의 사고를 내세운 것과 마찬가지로 본서 역시 남녀의 차이를 인정하면서 평등을 주장한다. 예를 들어 제3과 '인권'은 남녀의 동등한 권리에 대해 설명한다.[14] 물론 '음과 양이 서로 성질이 다르고 남과 여가 서로 행함이 다르다'는 것은 유교의 전통적인 음양론과 유사하나 '다른' 것이지 '열등한' 것은 아니라고 단언하는 부분은 다분히 근대적이다. 제40과 '남편에게 의존하지 말 것'에서는 여성들의 소극적 자세를 비판하고 여성도 학문을 닦아 사회에 진출해야 떳떳하다고 하는데 권리해방에서 더 나아가 권리동등까지 강조한 것은 이채롭기까지 하다. 이밖에도 '부모에게 효도하는 것은 남자와 여자가 다름이 없다'거나 시어머니, 며느리, 딸 등 여성이 맡는 역할과 소임을 인정하고 배려하는 측면까지 엿볼 수 있다. '부모를 받들어 모시는 데는 딸이 아들보다 낫다', '외동딸이고 다른 형제가 없다면 더욱 힘을 다해서 부모를 섬겨야 한다'는 언급은 출가외인이라는 전통적 사고를 벗어나 딸의 입장과 역할을 강조한 것이라 하겠다.

또한 여성의 적절한 역할수행 여부에 따라 가정이 화목해지고 국가의 초석도 마련된다고 역설하며 결혼한 여성이 겪는 인간관계에 대처하는 방법에 많은 비중을 할애한다. 이를 위해 남편, 시부모, 시댁 식구들과의 갈등에서 현명한 해결방법을 구체적으로 제시해 놓았다.

『초등여학독본』의 편제와 내용을 정리하면 다음 표와 같다.

---

14) 음양의 성품이 다르고 남녀의 행함이 다르니 남자는 양의 굳셈으로 덕을 삼고 여자는 음의 부드러움으로 쓰임을 삼는다. 그러나 백성을 내던 처음에 사람의 권리는 남녀가 동등하여 본래 자유가 있고 지능은 남녀가 같게 갖추어 각각 장점이 있다. 그런데 남자만 중히 여기고 여자는 중히 여기지 않으니 이 또한 편폐하지 않은가(제3과 인권).

	과명	학습내용	기타
서언(序言)	없음	학습목표 제시	지육(智育), 체육(體育), 덕육(德育)의 조화
명륜(明倫)장	1. 인륜(人倫)	인륜(오륜)	유교와 기독교의 혼합
	2. 상동(上同)	오륜	유교
	3. 인권(人權)	남녀평등 인권	유교와 근대사상
입교(入敎)장	4. 모교(姆敎)	여성 교육	유교
	5. 정렬(貞烈)	행위 규범	유교
	6. 가본(家本)	여성 교육	근대사상
	7. 학예(學禮)	여성 교육	근대사상
여행(女行)장	8. 사행(四行)	행위 규범 일반	유교
	9. 상동(上同)		유교
	10. 여덕(女德)		유교
	11. 여언(女言)		유교
	12. 여용(女容)		유교
	13. 여공(女功)		유교
전심(轉心)장	14. 전심(專心)	행위 규범 일반	유교
	15. 상동(上同)		유교
	16. 내외(內外)		유교
	17. 수심(修心)		유교
	18. 수신(修身)		유교
사부모 (事父母)장	19. 효경(孝敬)	부모에 대한 도리	유교
	20. 식음(食飮)		유교
	21. 양지(養志)		유교
	22. 독녀(獨女)		유교, 남녀평등
	23. 유신(有愼)		유교, 기독교
	24. 유책(有責)		유교
	25. 불원(不怨)		유교
	26. 교감(驕憨)		유교
사부(事夫)장	27. 부부(夫婦)	부부간의 행위 규범	유교, 기독교, 근대사상
	28. 우귀(于歸)		유교, 기독교
	29. 경순(敬順)		유교
	30. 불경(不敬)		유교
	31. 불순(不順)		유교

	32. 모부(侮夫)		유교, 기독교
	33. 부언(夫言)		유교, 기독교
	34. 부노(夫怒)		유교
	35. 부병(夫病)		유교
	36. 부정(夫征)		유교
	37. 나부(懶婦)	가정 내 여성의 행위규범	유교
	38. 현부(賢婦)		유교
	39. 유행(有行)		유교
	40. 의뢰(依賴)	남녀평등	근대 사상
사구고 (事舅姑)장	41. 문안(問安)	며느리의 행위 규범	유교
	42. 곡종(曲從)		유교
	43. 고애(姑愛)		유교
	44. 여헌(女憲)		유교
	45. 총부(冢婦)		유교
	46. 주궤(主饋)		유교
	47. 학부(虐婦)		유교
	48. 무례(無禮)		유교
화숙매 (和叔妹)장	49. 숙매(叔妹)	시댁에서의 행위 규범	유교
	50. 체적(體敵)		유교
	51. 겸순(謙順)		유교

소단원 전체내용을 살펴볼 때, 막상 본 과에 들어가면 서언의 주장
을 충실하게 반영하지 못하는 모순을 드러내고 있다.[15) 총 51과의
소단원 중 기독교 사상을 포함하여 근대적 가치와 행위규범을 제시
한 과는 약 10과 정도에 해당한다. 이 과들은 평등이나 여성의 사회
진출을 구체화시킬 방법은 제시하지 않고 막연하게 주장만 할 뿐이
다. 여성이 자립을 쟁취할 방법으로 능력을 신장시켜야 한다고 하지

---

15) "현금(現今)의 풍속과 기운이 크게 열리고 여권이 해방되었으므로 여자의 배움
이 남자의 배움보다 급하다"(「서언」)고 서술해 근대 여성담론을 피력하지만, 전체
논지를 뒷받침하기에는 미약하다.

만 막상 여성의 능력 향상은 가정 내 일들을 능숙하게 처리하거나 가족 구성원과의 관계를 원만하게 맺는 것이다. 즉, 근대적 가치나 기독교 원리 중 가부장적 특성들과 부합하는 부분을 추출하여 유교적 여성담론을 각색하고 강화하는 데 적용했다고 하겠다.

3. 혼재와 모순, 다층적 가치들

1) 전통과 근대의 혼합

근대계몽기 이전 조선의 여성교육은 성리학적 세계관에 입각하여 지적 학문이 배제된 채 유교적 여성규범 습득으로 이루어졌다. 국가는 삼강행실도, 소학, 내훈, 여사서(중국의 여계, 여논어, 내훈, 여범을 함께 묶은 책) 등을 출판16) 유포해 사회전반에 유교적 여성상을 확립시켰다. 이들 교재를 통해 전수한 교육은 음양론과 위계질서를 중심으로 가정 내 역할수행에 필요한 예의범절 및 부덕(부덕, 부언, 부용, 부공의 사덕(四德)) 배양에 있었다(조경원, 1999: 58). 음양원리에 근거한 여성교육은 지적인 능력이나 판단력 대신 남편과 그 가족 및 자녀를 보살피는 덕목을 내면화하도록 한다. 개화와 신문명의 이입기인 20세기에도 이와 같은 여성 교훈서의 영향을 받은 책들이 지속적으로 만들어졌다. 〈서언〉의 "이런 까닭으로 '여계'와 '내칙'과 '가훈'에서 여자가 매일매일 행하는 도리를 채취하여"라는 부분은 『내훈』에 나오는 '『소학』, 『열녀』, 『여교』, 『명심보감』이 지극히 적절하고 명백하되, 권수가 자못 많아 쉬이 알지 못할 일이 걱정이므로, 이 네 글

---

16) 이러한 목적 아래 만들어진 책으로는 15세기 소혜황후의 『내훈』, 17세기 우암 송시열의 『계녀서』가 있으며, 18세기 영조 연간에는 중국의 대표적인 여성교훈서인 『여사서』가 언해되었다(김훈식, 2011 참조).

중에 가히 중요한 말을 가려'17)라는 언술방식과 유사하다. '명륜장, 입교장, '여행장, 전심장, 사부모장, 사부장, 사구고장, 화숙매장'이라는 구성 역시『내훈』의 '언행장, 효친장, 부부장, 돈목장'과『소학』의 '입교, 명륜, 경신, 계고'를 적당하게 섞어 놓은 형태이다. "교육은 지육과 체육으로 위용ㅎ고 덕육으로 위기"한다고 전제하지만 "여계, 내칙, 가훈에서 여자의 일용상행지도를 뽑아 만들었다"고 밝혔듯이 저자는 결국 덕육의 내용을 유교규범에서 채택하고 있다. 여성도 남성과 동등한 인권을 갖는다고 하지만(제3과 인권), 남편과의 관계는 여전히 의존적이다.18) 남편이 주인이므로 아내는 자주(自主)하지 못하며, 공경과 유순함으로 남편을 섬겨야 한다. 시부모에 대한 '순종'(제42과 곡종)과 시누이와 시동생과의 '화목'(제45과~51과 화숙매)도 여성이 갖추어야 할 중요한 덕목이다. 또한 유교가 '여덕'으로 규정한 '여행'(여덕, 여언, 여용, 여공)과 유교의 기본이념인 오륜(제1과 인륜), 음양론(제3과 인권), 내외법(제16과 내외)을 수용한다.

좀 더 자세히 살펴보면 '여자가 지켜야 할 행실 네 가지'를 집중적으로 다룬 '여행(女行)' 장은 여자에게 '덕, 말, 용모, 일솜씨'가 필요하다는 내용으로 구성되어 있는데 이는『내훈』의 내용과 거의 유사하다. '전심'장의 "마음을 한결같이 하고 낯빛을 바르게 하여 눈으로는 나쁜 것을 보지 말고 귀로는 떠도는 나쁜 말을 듣지 말고…"는『여사서』중 '여계'의 '전심장'(이숙인 역주, 2003)과 유사하다. "남녀 간에 내외하고 외출을 삼가"(제16과 내외)하라는 부분은 갑오개혁 당시 폐지한 내외법을 따르고 있다. 조선시대 여성의 활동반경이 가정으로 제한되었던 가장 큰 이유는 바로 내외법 때문이었다. 이 법은 여성의

---

17) 소혜황후 한씨, 육원정 역주,『내훈(內訓)』, 열화당, 1985.
18) 남편이 주인이고 아내는 자주(自主)하지 못하며, 공경과 유순함으로 남편을 섬겨야 한다. 남편에 대한 불경과 불순은 하나님께 죄가 된다(제27~28과 부부).

바깥출입을 제한하는 역할뿐 아니라 성역할 고정의 근거로 작용했다.

유교적 가치와 근대적 가치의 혼재는 유교적 음양론에 당시 새롭게 도입된 기독교적 가치를 덧붙였다는 점에서도 확인할 수 있다. 이 책은 음양개념을 새롭게 해석해 음양의 나뉨을 하나님의 명이라 본다. 나아가 음양이 다른 것은 남녀의 동등한 권리를 제한하지 못한다고 하여 음양론의 차별성을 제거한다. 남녀평등을 제기하거나 여성의 도리를 주장하는 부분에서는 자주 유교경전과 함께 성경구절을 병행 인용한다. 이처럼 기독교는 새로운 평등사상과 이념을 반영하면서 동시에 전통적 관념과 규범까지 포괄하는 절충점으로 선택되었다. 결혼생활에 따른 갈등과 해결법에 큰 비중을 둔 이 책은 기혼여성의 인간관계와 대처법을 제시한 부분에서도 가치혼재가 두드러진다. 가정 내 여성의 적절한 역할수행에 따라 가정의 화목 여부와 국가의 초석까지도 결정된다는 것이다. 때문에 기혼여성은 시댁중심의 전통적 가족질서를 잘 지켜나가고 겸양, 예절, 순종적 태도를 지켜야 한다. 남녀의 권리가 같다거나 여성의 독립성과 학문이 필수적이라고 하지만 기존의 교훈서가 고수했던 여성역할을 그대로 반영한 것이다. 결국 권리와 독립을 주장하면서도 결국 그 지향점은 좋은 어머니, 좋은 아내, 좋은 며느리라는 모순적 태도를 견지한다.

『초등여학독본』은 유교담론의 이념적 근거가 되는 삼강오륜 역시 새롭게 해석하고 있다. 원래『소학』은 부자유친, 군신유의, 부부유별을 수직적 관계와 일방윤리로 적용하였다. 즉, 자식이 부모를 섬기는 도리(孝(효)), 신하가 임금을 섬기는 도리(忠(충)), 아내가 남편을 섬기는 도리(從(종))가 절대적으로 우선시된다.『소학』을 핵심적인 교과서로 받아들인 조선사회에서 부부유별은 남편에 대한 아내의 일방적인 순종이었으며 삼종지도의 이론적 근거였고 이 때문에 삼강오륜은 근대에 들어 남녀차별의 원천이라고 비판받았다. 그런데 이 책은 삼강오륜을 하나님의 질서로 해석해 삼강오륜에 내재된 성차별적 요소는 고려하지 않고 쌍무적인 관계윤리이자 인간다운 가치19)로 수용하였다. 또한 오륜에 천지창조설을 접목시켜 오륜의 출발점이 되는 부부를 하나님이 만드셨다고 보고20) 주역의 만물생성 원리에 의해 오륜을 하나님이 주신 기본성품으로 설명한다.

이 책의 본문이 한자와 한글 표기를 병행하고 있음은 앞서 지적하였다. 이때 한자 '천부지양성(天賦之養性)'의 '천(天)'을 '하나님'으로, '상제' 역시 '하나님'으로 번역한다. 내용 첫 부분에 인륜을 배치해 하위항목인 오륜을 설명하는 과정에서 유교의 자연법칙으로 지목되는 '천'과 '성인'을 '상제'와 '하나님'으로 치환한다. 또한 '하늘의 영원한 복록'을 누린다는 구절은 기독교가 천국에서의 삶을 가리킬 때 사용하는 표현이다. 이처럼 유교의 핵심사상을 기독교 사상과 교체하여 사용한다.21)

그렇다면 이러한 혼재양상은 저자의 무비판적 가치관과 혼란을 드러내는 것일까. 만물의 상하위계를 기본으로 하는 유교의 이기론(理氣論)은 하나님을 정점으로 각 존재의 위계를 설정하는 기독교의 논리와 상당부분 통한다. 삼강오륜, 음양론, 내외법은 해석과 쓰임에 따라 차별의 근거로 악용될 수도 있지만 평등과 권리라는 근대적 가치로 보완하면 이론적 쇄신이 가능하다. 조선인에게 익숙한 유교

---

19) 오륜은 하나님이 주신 어진 성품이오, 사람의 아름다운 덕이다. 사람이 오륜을 모르면 새와 짐승에 멀지 않다. 이원긍, 『초등여학독본』, 보문사, 1908, 24쪽(제2과 상동).

20) 대개 인륜은 부부로부터 비롯했으니, 태초에 하나님께서 한 남자와 한 여자를 만드시고 빌어 말씀하시기를 생육이 많고 많아 땅에서 창성하라 하셨다. 위의 책, 23쪽(제1과 인류).

21) 연동소학교는 1901년 머리이름 없이 '중학교'로만 교명을 지어 정식 중등교육기관이 되었다. 당시 "연동여학교 학생들도 흰 휘장을 사이에 둔 오른쪽에 참석했다. 휘장은 소위 남녀칠세부동석의 유교윤리를 조심스럽게 생각한 창안이었다"(고춘섭 편, 1995: 140)라는 기록을 볼 때 『초등여학독본』의 유교적 특성은 당시 상황에 비추어 보아 당연한 것이었다.

의 가치관을 자연스럽게 기독교적 세계관으로 전환시키는 서술과 용어는 새로운 담론에 호기심은 갖고 있지만 한편 두려워하는 독자의 저항감을 상당부분 완화시킬 수 있다. 물론 이는 혁신적 개혁과 공존 불가능한 악습의 이론적 여지를 그대로 둔 무비판적 수용이라는 비판으로부터 자유로울 수 없을 것이다. 유교적 장점과 근대적 장점을 모두 갖춘 이상적 여성상이 과연 『초등여학독본』에서 공존할 수 있는지는 회의적이다. 결국 이 책은 비판적 사고가 미흡한 저자의 한계와 절충이 필요했던 과도기적 특성이 모두 반영된 텍스트로 보아야 할 것이다. 하지만 당시 여성교육이 지향하고자 했던 목표와 내용의 교량 역할을 확인할 수 있다는 점, 자기수행의 구체적 측면을 상세하게 제시해 놓은 점은 이 책의 의의이다.

2) 며느리인가, 현모양처인가

한 사회가 그 사회를 구성하는 특정 주체를 강조하는 것은 사회구성 과정에 끼치는 그 주체의 영향력을 조직하려는 시도이자 사회의 유지와 변화를 위해 그 힘을 적극 활용하려는 의도이기도 하다. 조선사회와 근대사회는 모두 사회의 구성과 유지가 여성의 힘없이는 불가능하다는 점에 주목했다. 조선사회가 사회질서를 위해 유교적 교화를 체계화했다면 근대사회는 조선의 내치론(內治論)을 근대적 요구에 맞게 변형시켜 여성교육의 가치로 활용한다. 20세기 초에 유교지식인은 물론 급진개화파까지 여성을 배제하거나 억압해서는 온전한 이상적 사회구성이 어렵다는 인식을 공유하고 있었다. 국가독립과 민족생존 그리고 향후 사회의 체제선택에 있어 당대 여성능력의 개발과 활용은 피할 수 없는 조건이었다. 그러나 여성 잠재력에 대한 주목은 사실 독립된 인격체로서 여성의 성장을 중시했기 때문은 아니었다. 여성을 우선 교육대상으로 강조한 것은 일제의 간섭과 민족주의

의 열망 사이에서 구국을 위한 새로운 가능성으로 여성의 힘이 대두
되었기 때문이다. 총체적 사회변혁 시기에 국민국가 형성과 기획의
차원에서 볼 때 사장된 여성능력 활용이 절실히 필요했고 여성에게
잠재된 사회유지 기능을 현실적 방법으로 개발해야 했던 것이다.

유교와 근대가 공통적으로 중시한 여성의 사회적 가치는 다음 세
대의 생산과 재생산이라는 측면이다. 출산능력은 여성을 사회조직
의 절대적 필요로 자리매김 시키는 요소이다. 당시 근대담론은 국가
의 성패 여부가 국민의 양성과 배출에 달려 있다고 생각했고 이에
필연적으로 가정과 국가의 흥망성쇠를 여성이 결정한다는 주장이
등장한다. 다양한 방식으로 제기되었던 이들 여성교육 담론은 약 십
여 년을 거치며 국가중심의 현모양처론으로 수렴되었다. 기존의 '가
문의 며느리 상(像)'을 '근대적 현모양처 상(像)'으로 대체시킨 것은
당시 여성론의 일반적 주장이었다.[22] 현모양처상이 다른 여성상을
누르고 부각된 것은 부국강병을 위한 어머니 교육의 강조 때문이다.
전통시대 여성은 가정교육 담당자와 치가(治家)자였지만 이 시기에
이르러 여성은 사회의 주된 동력이자 국부증진과 국가발전을 위한
존재로 변화한다. 조선사회가 이상적 며느리를 만들기 위해 부덕을
가르쳤다면 개화기에는 이를 신학문으로 대치하고 어머니 역할을
우선적 가치로 내면화하도록 이끈다. 훌륭한 어머니 역할을 수행하
여 근대화와 국가부강에 일익을 담당하는 것은 여성에게 절대적으
로 요구된 사항이었으며 이를 침해할 다른 역할은 축소되거나 비판

---

22) 현모양처 담론은 당시 중국, 일본, 조선 삼국이 여성에게 가장 중요한 덕목으로
제시한 이데올로기였다. 중국의 경우 무술변법 운동 당시 양계초 등에 의해 주장
되었는데, '현모양처'와 '양처현모'가 경우에 따라 달리 강조된다. 일본은 자식을
훌륭한 국가의 일원으로 길러내는 현모를 중시하기는 하나 국가의 대업을 맡아
처리하는 남자를 가정에서 내조하는 양처를 가장 중요한 역할로 강조한다. 중국과
일본의 영향을 받은 대한제국의 경우 현모와 양처 중 어떤 역할을 우선시하였는지
정확하지 않다.

받아야 했다. 당시 남녀평등을 통해 구현하고자 한 여성상 그리고 그 궁극적 목적인 '국가를 위한 공헌' 담론은 '어머니 교육'의 강조로 구체화된다. 근대계몽기에 자녀를 학교에 보내는 것은 부모의 의무처럼 규정되었고 이는 어머니를 잘 교육시켜야 그 어머니가 자녀를 잘 교육시켜 조선의 동량지재가 되도록 한다는 논리로 초점화되어 갔다. 현모양처의 강조는 여성의 자아실현이나 사회경제 참여 논지를 상당부분 약화시키는 결과를 가져왔다. 현모양처론은 가정교육 전담자 역할을 최우선으로 내세우는 것이었지 여성을 주체적, 독립적 존재로 인정하거나 개인의 역량강화를 위한 것이 아니었다. 여성들은 현모양처의 역할을 최우선시 한다는 전제 아래서만 배울 권리와 평등권을 확보할 수 있었다.

『초등여학독본』에서 권고하는 여성상이 현모양처인지 며느리인지 규정하기는 매우 어렵다. 어진 아내와 어진 어머니의 선결조건을 충족시키기 위해 교육이 필요하다는 논리로 현모양처를 강조하였지만 이마저도 역시 가문의 훌륭한 며느리상과 혼재되어 있다. 현모양처가 근대적 여성상으로 자리 잡으려면 우선 부부중심의 가족개념이 정립되어야 하는데 개화기의 가족은 여전히 포괄적 범주인 가문으로 인식되었으며 여성에게 결혼은 남편과의 결합보다는 시집 가문의 구성원이 되는 것이었다. 며느리 역할이 현모양처 역할로 약화되지만 여성의 삶을 규정하는 시집의 존재는 여전히 강한 영향력을 행사했다. 그러므로 여성에게 어머니 역할을 포함해 시집살이와 가정살림을 책임지는 다양한 역할을 감당하라는 것이다. 하지만 이에 반해서 당위에 매몰되지 않고 딸이자 며느리, 어머니이자 시어머니가 될 여성들의 입장을 고려하면서 실천 가능한 행동강령을 구체화한다는 점은 이 책의 새로운 면모이다. 이렇듯 혼재된 여성관은 과거의 내치론을 근대적으로 변형하기 위해 두 가치의 접점을 찾아 보수, 적용하려 한 고심의 결과라 하겠다.

한편『초등여학독본』은 여성교육 미비의 원인을 개인적 차원에서 지적한다. 남녀가 원래 동등한데 여자가 남자에게 예속되어 온 까닭은 여성에게 학문과 지식이 없어 성취한 바가 없기 때문이라는 것이다. 더 나아가 "스스로 학문과 지식을 구하지 않고 의복과 음식만을 배우며 남자에게 의탁하기 때문에 여성 스스로 남자의 천대를 구한 것"이라고 주장한다. 이러한 시각은 여성의 낮은 사회적 지위가 학문과 지식 유무에서 비롯되는 것이며 학문과 지식의 부재는 여성 스스로에게 있다는 개별적 책임론으로 연결된다. 나아가 여성교육 부진의 사회 현실적 조건을 분석하지 않고 개인의 분발을 통해 처지를 개선하라는 결론을 도출하기 쉽다. 하지만 조선시대 여성교육 부진의 최대 원인은 현실 속에 과도하게 부과된 '여공(女功)' 때문이었다.[23] 9살까지는 남녀가 비슷한 지식교육을 받지만 10살 이후 남성은『시경』과 여러 경서를 배우고 문장 짓는다. 동일시기 이후 여성에게 지식교육의 기회는 거의 없다. 여성은 이때부터 일평생 경서, 시사(詩詞) 등 지식교육으로부터 소외되고 결과적으로 담론의 참여로부터 배제된다. 유교는 여성의 지식교육 자체를 부정하는 것이 아니라 10세 이후부터 이루어지는 본격적 시사교육을 제한한다. 여성에게 기초교육을 시키는 것은 도덕 가치와 기초 경서를 교육시켜 유교 질서에 부합되는 내면을 형성시키기 위함이었다.

당시 서구적 모델을 받아들인 개화지식인의 교육관과 유교담론을 여전한 해결책으로 여긴 유교지식인의 교육관은 표면적으로 상이했지만 실천이라는 측면에서 상당한 공통성을 갖고 만난다. 화해하기

---

23) 여성의 지식교육과 관련해서는 사마광(司馬光, 1019~1086)의 지침이 광범위하게 받아들여졌다. 사마온공(司馬溫公) 혹은 온공 선생으로 불리는 사마광은『사마온공거가잡의(司馬溫公居家雜儀)』에서 연령별로 남녀가 배워야 할 내용을 제시하였는데, 9살까지는 남녀가 비슷하게 지식교육을 받지만 10살 이후 여성의 지식교육은 진행되지 않는다(김언순, 2010: 49~50 참조).

어려운 두 관점이 이 책에 혼재하는 까닭은 근대교육의 목적을 근대국가와 국민양성이라는 지점에 두었기 때문이다.

4. 혼란 속에서 앞으로

근대계몽기는 신교육 제도의 도입으로 여성에게 교육기회가 개방된 시기이다. 외래사상의 영향과 산업방식의 변모, 서구적 제도의 도입과 전통가치의 와해로 사회구조가 뿌리부터 변화하기 시작했고 그에 따라 여성들 삶의 방식도 변화되어 갔다. 근대적 여성교육론과 국가부강론이 만나 근대적 현모양처론이 대두되자 여성교육의 필요성이 더욱 강조되기 시작하였다. 그러나 여전히 전통적인 가족 관념과 가부장제가 힘을 발휘하고 있어서 여성의 역할과 지위는 매우 혼란스러웠다. 당시 발행된 여성교육용 교재들은 사회가 주조한 가치와 이상적 행위 모델을 구체화하여 사회담론의 개별적 내면화에 강력한 기준으로 작용했다.

『초등여학독본』은 당시 여러 이유로 학교교육을 받을 수 없었던 여성들에게 제공되었던 기초교육의 수준과 학습방법을 엿보게 하는 교재이다. 이 책은 전통적으로 유지되어 온 여성규범을 토대로 하여 새롭게 등장한 근대적 여성 교육관을 포괄하고 있다. 평등사상과 새로운 행위윤리, 가족관계에 있어서 새로운 인식을 반영하는 한편 전통적 관념과 규범을 견지해 그 성격이 매우 복합적이다. 이 책의 다층적 맥락은 개화기 여성교육이 유교와 대립했다기보다 복잡한 연관성을 갖고 전개되었음을 증명해 준다. 저자 이원긍이 대표적 개화지식인이었음에도 불구하고 유교이념을 근대질서에 편입시켜 수용한 것을 두고 단순히 그가 전환적 시대이념을 깊이 있게 습득하지 못했기 때문이라고만 치부할 수는 없다. 그가 조선여성에게 주어진 삶의 조건을 야만과 전근대성으로 규정했던 사실에 주목할 때 단지 규범의 친숙성만으로 유교 가치관을 존속시켰다고 보기 어렵다. 이는 근대 여성교육을 추진한 주도세력인 지식인 남성들이 국가적 근대화의 수단으로 유교적 여성규범의 효용성을 편입시키려 했기 때문으로 보인다. 이 책은 유교적 가치규범과 근대적 행위윤리를 접합하기 위해 가부장제와 병행 배합의 여지를 갖고 있는 기독교 논리를 상당부분 수용하고 있다. 기존규범을 새 질서의 측면으로 변형 도입하면 국가발전론 가속화의 신 동력인 근대사상이 가부장제 질서와 배리되는 상황을 피할 수 있기 때문이다.

이 책의 가치혼재 양상은 급속히 충돌하던 개화기 사회의 갈등과 모순 그리고 그것이 야기한 고민을 보여 준다. 또한 이 책은 신구 가치관의 혼재와 윤리기준의 혼란 속에서 점차 한걸음씩 앞으로 나아가던 개화기 신교육 운동의 일면을 드러내고 있다.

근대 어린이 독본과 계몽의 서사 그리고 어린이 발견

: 『어린이讀本』을 중심으로

장영미(한국체육대학교 강사)

1. 황민화로서의 어린이, 미래 주역으로서의 어린이

1919년 3·1운동은 일제와 조선 모두에게 큰 변화를 가져왔다. 일제의 경우는 식민지 조선을 향한 억압 정치가 더욱 노골적으로 변하였는데, 정치뿐만 아니라 문화, 교육에 걸쳐 다양한 방식으로 진행되었다. 특히 교육 분야에서는 조선을 효율적으로 통치하기 위해 일본어의 보급과 식민지 지배체제에 순응하는 인간을 길러내려고 하였다. 이는 그들의 언어와 역사를 식민지인에게 가르치는 것이 일본화와 황민화의 지름길이라고 확신하고 있었기 때문이다. 이런 배경 속에서 여러 교육 기관이 생기게 되었다. 그중에서도 조선총독부가 가장 중요시한 교육 기관은 초등학교다. 당시 조선총독부는 1920년대 이후부터 초등학교에서 국사 교육[1]을 통해 민족의식, 자주의식을 몰

---

1) 역사 과목이 교과 과정에 포함된 것은, 3·1운동 다음해인 1920년 11월 9일에

각하고 황민의식에 길들여진 식민지 인간을 만들었다. 그들은 식민지 조선의 어린이를 표면적으로 근대적 인간으로 육성하기 위해 올바른 인간성과 자아형성이라는 수신, 도덕 교육에 역점을 두었다. 그러나 실제로는 그들의 지배체제를 용이하고 고착화하기 위해 동양의 유교적인 전통과 사상의 근거를 이루는 봉건적인 전통교육을 강화한 것이다. 결국 일제는 3·1운동 이후 식민지 지배정책의 일환으로 조선총독부를 통해 교육 정책과 교과 내용으로 천황의 지배체제를 강화해 나갔다(이병담, 2007: 37). 교육이라는 교묘한 가면과 허울로 식민지 조선의 어린이들을 일본화 황민화로 양성하면서 그들의 식민지 지배체제를 더욱 공고히 한 것이 3·1운동 이후 일본의 변화된 모습이다.

이러한 환경 속에서 조선 역시 변화를 모색한다. 식민지 조선의 미래를 이끌 주체, 즉 어린이에 대한 존재를 인식/재인식하게 된 것이다. 앞의 언술처럼 교육 전반을 식민지 어린이 만들기라는 방침은 결국 조선의 선각자들이 당대 어린이들에게 민족의식과 애국계몽의식을 고취시킬 필요성을 절감하게 만든다. 즉, 민족의 암울한 현실을 깨치고 미래를 건설할 주체를 양성하려는 어린이의 탄생은, 3·1운동 이후 일제가 조선에 압박하는 일련의 현상 속에서 태동한 사회적 요구라고 할 수 있다. 여기서 가장 먼저 언급할 수 있는 것은, 방정환을 비롯해 천도교 소년회를 주축으로 한 어린이 운동이다. 방정환은 1923년 『어린이』[2] 잡지를 발간하면서 어린이 운동을 펼쳐 나갔는

공포된 제1차 조선교육령개정 때부터이다. 일제가 애초에 한국인에게 한국사를 가르치지 않으려고 했던 것은 반일 감정이 강하게 남아 있는 분위기에서, 한국사를 배제함으로써 한국인들의 민족의식이 싹틀 계기를 만들지 않으려 했던 것이다. 그러나 3·1운동이 일어났을 때 많은 조선인 학생들의 참여는, 조선총독부 교육 당국자들을 당혹케 하였을 것임에 분명하다. 이에 일제 교육 당국은 반일 감정을 억누르고 회유하기 위해 역사 교육을 도입한다(문동석, 2004: 142).

2) 『어린이』 잡지가 나오면서 새로운 어린이문화가 제안되기 시작한다. 『어린이』지

데, 이러한 어린이 운동은 단순히 문화 운동의 차원을 넘어서 어린이의 존재를 인식/재인식하게 하였다. 민족의 암울함을 벗어날 수 있는 길은 미래를 짊어질 어린이에게서 해답을 얻을 수 있을 것으로 여기고, 어린이의 존재를 인식/재인식하게 된 것이다.3) 결국 3·1운동 이후 1920년대부터는 식민지 조선에서 어린이의 존재는 주요한 위치를 점하고 있다는 점에서 눈여겨보아야 할 대상이다. 이러한 점이 3·1운동 이후 달라진 조선의 모습이다.

이러한 서술을 전제로, 이 글은 1928년 식민지기 어린이를 대상으로 발행된 『어린이讀本』을 분석하여 식민지 조선에서 어린이 독자에게 무엇을 보여 주었으며, 무엇을 얻고자 하였는지4)를 고찰하고자 한다. 그런데 왜, 여기서 대상 텍스트가 『어린이讀本』일까. 먼저 필진의 구성을 통한 담론 내포를 들 수 있다. 미리 언급하자면, 『어린이

는 어린이에게 공부를 더 잘하라거나 착한 어린이가 되라는 교훈만을 강조하지 않는다. 가령, 세계 어린이들의 소식, 외국의 지식과 문화를 전했지만 학습의 느낌이 들지 않게 재미있게 소개하였다는 점에서 어린이문화 운동과 읽을거리 제공 측면에서 중요하다. 이러한 점 역시 어린이를 작은 세계에 가두지 않고 보다 넓은 세계로의 확장이라는 측면에서 1920년대는 어린이의 존재를 인식, 부상시킨 것으로 해석할 수 있다.

3) 물론 어린이 존재, 어린이를 위한 작품 등은 전통 사회에서도 찾아 볼 수 있다. 최기숙(2001)을 보면 구전설화에서도 어린이상, 존재, 인식 등이 이미 전통 사회에서도 있었다는 것을 알 수 있다. 그러나 본 연구자는 전통 사회에서 인식한 어린이의 단순한 개념인 '어리다'는 의미를 넘어서서 어린이를 인격체로 보고 존재를 인식한, 즉 1923년 방정환과 천도교 소년회가 주축이 되어 만들어진 어린이날을 중요 기점으로 보고자 한다. 어린이를 하나의 인격체로 본 어린이날 제정은, 새 세대의 주인공이 될 어린이에 대한 사회적, 국가적 여망이 여실히 담겨 있기 때문이다.

4) 이는 어린이문학이 어른 작가가, 어린이 독자를 상정하고 있다는 두 가지 코드의 의미를 들 수 있다. 한편으로는 어린이들의 삶 반영과 다른 한편으로는 어린이가 필요로 하거나 어른(사회)이 필요로 하는 어린이를 만들기 위한 것으로 쓰였음을 내포한다. 즉, 어린이문학은 두 가지 코드를 내재하고 있지만 이 글은 후자에 의미를 두는데, 이 글의 주 텍스트인 『어린이讀本』에서 '어린이'를 대상으로 하며 중요한 것은 '독본'이 널리 읽히기 위한 것을 목적으로 한다는 점에서 그러하다.

讀本』의 필진들은 당대 명망 있는 인물들로, 이들은 식민지 조선의 어린이들에게 시대가 필요로 하는 담론을 구성하였다. 독본은 편찬자가 정수라고 여기거나 모범이 될 만하다고 판단되는 글들을 뽑거나 지어서 묶어 놓은 것이다. 따라서 편찬될 당시의 담론과 일정한 지향이 그것의 체재와 내용으로 반영된다고 할 수 있다(구자황, 2007: 198). 또한 독본은 태생적으로 계몽적 성격을 띤다. 근대 담론이 형성되던 일제강점기 조선에서는 그 성격이 더욱 농후하다(구자황·문혜윤 편, 2009: 5). 따라서 독본이 당대 사회 구성원인 어린이들의 생각과 행동을 고스란히 반영한다는 점에서 식민지기 『어린이讀本』은 그 어느 때보다 중요한 담론을 형성하였을 것이다. 식민지라는 시대적 환경 속에서 일종의 문화 필터로 작용한 『어린이讀本』에 내재한 담론은 사회 문화적인 관점에서 중요한 텍스트이다.

다음으로는 널리 읽히기 위한 것을 주목적으로 하는 독본의 목적성을 들 수 있다. 1920년대 중반 이후 책읽기가 사람들의 취미로 자리 잡고 오락으로서의 읽을거리가 쏟아져 나오면서 급기야 1920년대 후반에는 근대적 학교와 매체를 통하여 문해력과 문학능력을 기른 독자들이 본격적으로 양산되기에 이른다. 독서는 일상적이며 근대적인 오락과 취미의 한 영역이 된다(천정환, 2003: 28~32). 이에 교과서 외에 다양한 읽을거리를 제공하는 독본의 영향은 간과할 수 없다. 다양한 양식의 글을 체험하는 독본은 당시 읽을거리가 부족한 어린이들에게 책에 대한 흥미를 고취시키고 기본적인 교양을 쌓게 하였다. 따라서 근대 『어린이讀本』을 대상 텍스트로 연구하는 것은 식민지기의 어린이 세계를 들여다 볼 수 있는 사회 문화사적인 측면에서 의미를 부여할 수 있다.

이에 이 글은 1928년에 간행된 『어린이讀本』5)의 체재와 구성 방

---

5) 이 글은 새벗사 편집, 『어린이讀本』(회동서관, 1928)과 구자황·문혜윤 편(2009)

식에 투영된 담론 양상을 살펴, 궁극적으로 근대 어린이 독본의 성격과 위상을 규명할 것이다. 『어린이讀本』이 표방하고 있는 특징 및 특성화 전략을 구체적으로 살펴보고 그것이 함의하고 있는 바를 통해 근대 어린이 독본의 성격은 물론 나아가 당대 식민지 조선의 어린이 위상 및 존재를 발견하고자 한다.

구조주의적 관점에서 본다면, 하나의 구조물인 텍스트는 생산과 의미 작용의 체계를 지배하는 규칙이 내재한다. 즉, 텍스트는 작은 단위 요소들의 결합과 하나의(혹은 여러) 주제를 둘러싸고 이루어진 언술들의 집합체로, 체재와 담론 구조 연구는 담론과 현실과의 관계, 현실과 담론과의 유기성을 도출할 수 있다. 여기에 근대 어린이 독본을 놓을 수 있다.

2. 언술들의 집합체, 그 구조 양상

독본은 편찬자가 정수라고 여기거나 모범이 될 만한 글들을 선별하여 엮은 것이다. 특히 식민지기 어린이를 대상으로 한 『어린이讀本』은 다른 어떤 것보다 정치적인 색채를 띠고 있다. 따라서 『어린이讀本』의 성격과 위상을 도출하기 위해서는 『어린이讀本』이 내재한 체재와 구성 및 필진을 살피는 것이 선행되어야 할 것이다.

『어린이讀本』은 전체 31단원, 184쪽으로 구성되었다. 1단원 최남선의 「朝鮮사람웃쑥」 논설문을 시작으로 설명문, 위인전, 전래동화, 동요, 희곡, 외국 번역물을 비롯해 어린이들의 흥미를 돋우는 수수께끼 등 다양한 문종을 수록하였다. 전반부(1~15단원)[6]는 역사물, 설명

을 텍스로 한다. 본문 인용 시 새벗사 것으로 할 것이며, 이후 면수만 표기하고 맞춤법과 띄어쓰기는 현대어 표기로 한다.

문, 수수께끼, 이야기 등 문종의 배치가 다양한 데 반해, 후반부 (16~31단원)는 동요와 위인전을 중점으로 배치하였다. 앞 단원에 긴 글(산문)을 수록하였다면 그 다음 단원은 좀 더 짧은 글(운문)을 수록하여, 어린이들이 독서할 때 지루함을 덜어 주는 등 독자를 배려한 흔적이 보인다. 또한 1단원 최남선의 글을 제외하고 본문에서는 한자 사용이 거의 없다는 점 역시 어린이들의 가독성을 높이기 위한 것으로 해석할 수 있다. 이 외에도 『어린이讀本』이 독자의 눈높이를 고려한 것은 위인전 수록에서 위인들의 어린 시절을 소개하고 있는 데서도 알 수 있다. 아울러 본문의 말미에는 본 내용을 다시 한 번 생각하게 하거나 주제를 묻는 방식으로 서술하고 있다.7) 이는 어린이들에게 본 내용을 꼼꼼히 읽으라는 의도로 보인다.

그리고 다음에서 구체적으로 살피겠지만, 『어린이讀本』은 전체적으로 민족의식 고취와 새로운 세계로의 진입을 위해 근대 지식 문물 수용과 훈육의 일환으로 어린이의 착한 심성을 주 내용으로 하고 있다. 이처럼 『어린이讀本』은 어린이를 대상으로 하여 어린이 눈높이에 맞춘 체제와 구성, 내용을 담고 있다.

하지만 『어린이讀本』은 어린이를 대상으로 하였다고 가벼운 읽을거리 차원에서 기획된 것이 아니다. 본 텍스트의 다양한 장르의 문학작품 수록이 이를 입증하고 있다. 총 31단원에서 이윤재의 『文藝讀本』 형태처럼 문종의 전범을 모두 수록한 것은, 당시 『어린이讀本』이 단순히 읽는 차원의 의미를 넘어서 문학적 관심의 유로(流路)로 해석할

---

6) 원텍스트에 단원이라는 표기가 없지만, 본고에서 편의상 명기한다.

7) 예를 들면 다음과 같다. "나는 그 신기한 모든 이야기를 재미있게 생각하고 그 꽃알을 집어다가 부드러운 흙속에 묻어주었습니다 내년봄에는 그 씨에서 다시 곱다란 싹이 돋아나오겠지요."(밑줄은 인용자, '여기서 곱다란 싹이 돋아나오겠지요?'는 싹이 돋아나올 수도 있을 것이라는 확신, 동조 등으로 독자에게 그에 대한 생각을 요하는 것이다. 이렇듯 본 텍스트에서는 독자들에게 질문을 유도하는 것이 흔하다.) 주요한, 「봉사씨니약이」, 22~23쪽.

수 있다. 이는 『어린이讀本』이 기존의 독본 혹은 당시 제도 안의 텍스트와 가장 대비되는 것(구자황·문혜윤 편, 2009: 163)이기도 하다.[8] 물론 『어린이讀本』을 엮은 뚜렷한 취지는 알 수 없다.[9] 그러나 당시 일제에 의해 운영된 각종 국공립학교의 제도권 독본 말고 대중 독자의 필요와 요구에 부응하여 민간에서 발행된 각종 독본이 활발하게 유통되는데, 소위 제도권 밖에서 생산하고 수용됐던 각종 독본의 존재야말로 1920년대 독본문화사의 가장 두드러진 특징이다(구자황·문혜윤 편, 2009: 162). 제도권 밖에서 생산하고 수용했다는 것은 그만큼 좋은 작품 수록과 명망 있는 필진들 구성으로 가능했을 것이다. 이 글의 서두에서 언급한 것처럼 『어린이讀本』은 식민지기 암울한 세계의 희망을 어린이들에게서 찾고, 그들에게 민족의식 애국계몽의식 고취를 위해 그 역할을 한 것으로 보인다. 이런 점에서 『어린이讀本』의 필진 구성은 텍스트를 읽는 데 중요하게 작동한다. 다음은 『어린이讀本』의 구성과 필진들이다.

---

8) 여기서 구자황·문혜윤 편(2009)의 『어린이讀本』의 해제를 참조할 수 있다. "흥미로운 점은 『어린이讀本』의 필자들이 이윤재의 『文藝讀本』(1931)에 다수의 비슷한 작품을 가지고 등장한다는 사실이다. 두 독본 사이에 발견되는 작가와 작품의 상관성만 주목하여 보면, 주요한의 「봉사씨 이야기」, 대신 시조 「봄비」로, 한정동의 「낙엽의 설움」은 동요 「따오기」로 박팔양의 「봄바람」은 「봄의 선구자」를 가지고 『文藝讀本』에 다시 등장하는 것을 볼 수 있다. 또 러시아 독본을 번역해 실었던 유광렬은 『文藝讀本』에서 역사학 본래의 전공을 살려 「행주산성 기행문」을 수록한 바 있으며, 최서해는 「흐르는 이의 군소리」 대신 소설 「담요」를 실었다. 대상이 어린이로 한정됐다는 특징을 걷어내고 나면 마치 이윤재의 『文藝讀本』을 미리 보는 것 같은 착각이 들 정도다"라는 서술을 눈여겨 볼 수 있다.

9) 필자가 소지하고 있는 1928년 발행된 『어린이讀本』(새벗사)에는 예언(例言)이 없다. 이는 파지(破紙)로 보인다. 『어린이讀本』을 기점으로 이전과 이후 비슷한 시기에 출간된 『時文讀本』, 『文藝讀本』의 경우 모두 책의 서두에 예언(例言)을 수록한 것으로 보아, 『어린이讀本』도 원래는 있었지만, 이후 파지(破紙)된 것으로 추정한다. 추후 『어린이讀本』의 예언(例言)을 찾아 독본의 발행 취지 및 뚜렷한 목적을 살피기로 한다.

순	제목	필진	장르	비고
1	朝鮮사람웃쑥	최남선	역사류	단군신화의 우월성 강조.
2	봉사씨니약이	주요한	설명문	
3	해와달	이익상	전래동화	
4	수수썩기	유순희	수수께끼	
5	봄바람	박팔양	동요	
6	少年勇士의 最後	오천원	이야기	
7	갈대피리	양재응/ 양고봉	고전	착하게 살자, 인과응보 (장화홍련전과 유사).
8	東明聖王의少年時代	이중화	역사물	다재다능을 겸비한 동명성왕의 어린 시절 소개.
9	사람은해빗을먹는다	주요한	논설문	미래는 농사 안 짓고 사는 세상 이 됨.
10	童心幼思	강병주	동요	동심.
11	흐르는이의군소리	최서해	기행문	설과 정월 보름을 법성포에서 보냄.
12	말승량이와개	유광렬	번역물	배부른 구속보다, 자유의 중요 함.
13	梁萬春將軍	연성흠	위인전 (한국)	양만춘 장군의 용맹스러움.
14	병든곳의우름	최병화	편지	친구의 고마움과 소중함.
15	갈맥이설음	리강흡	동요	부모를 그리워하는 갈매기.
16	아이다의쏫	앤더슨	번역물	꿈에서 꽃들의 향연을 봄.
17	비스막의少年時代	염근수	위인전 (독일)	비스마르크의 강한 의지.
18	거미줄	유도순	동요	
19	식물게의마술쟁이	주요한	인물 소개(미국)	천재란 무한한 공력을 들이는 사람.
20	나파륜	민태옥	위인전 (프랑스)	타인을 아끼고 사랑하고, 열심 히 공부하자.
21	落葉의서름	한정동	동요	
22	成三問어른	신명균	위인전 (한국)	신의와 절개.
23	꿈	진우촌	이야기	옛 어른들과 젊은이들의 꿈(夢) 에 대한 생각 상반됨.
24	尹淮어른	신명균	위인전 (한국)	윤회어른의 신중함.

25	형가(荊軻)	신재항		
26	배곱흔애기	안준식	동요	
27	밤에온눈	진우촌	동요	
28	어엽분마음	양재웅	희곡	가난한 이들에게 사랑을 베풂.
29	빗나는훈장	오천원	위인전 (미국)	링컨의 인간미.
30	토끼와별주부	최독견	전래동화	
31	어머니를위하야	이정호	미담	효성.

위의 표에서 알 수 있듯, 『어린이讀本』은 화려한 필진들이 눈에 띈다. 당대 명망 있는 교육학자, 국문학자, 언론인, 아동문학가 등의 필진 구성은 『어린이讀本』의 위상을 의미하는 것이기도 하다. 이러한 유능한 필진 구성은 당시 어린이 계몽을 위해 각계각층의 인물들이 고군분투하였다는 것을 알 수 있다. 다른 어느 시기보다 어린이문화 운동이 활발했던 1920년대, 당대의 인사(人士)들이 어린이를 대상으로 한, 어린이를 위한 독본에 참여한 것은 식민지 조선 어린이의 존재 인식을 간파할 수 있는 지점이기도 하다. 즉, 근대화 과정에서 어린이 담론을 만들고 그것을 사회적 실천으로 옮겨 온 주체(필진)들이 엄선한 『어린이讀本』은 결국 당대가 요구하는 어린이상 만들기 다름 아니다. 특히, 필진들 대개가 당시 사회주의 사상을 갖고 있는 인물들이라는 것이어서 이를 알 수 있다. 먼저 이익상은 『백조』 동인으로 현실에 대한 적극적인 관심과 저항의식을 내세우는 인물이었으며, 유순희 역시 사회주의 운동가이며, 박팔양도 조선프롤레타리아예술가동맹에 참여한 인물이라는 것은 이 텍스트의 성격과 지향을 어느 정도 유추할 수 있다. 또한 아동문학가(아동문화운동가)인 연성흠, 최병화, 유도순, 한정동, 이정호 등은 당시 『어린이』지에 작품을 투고하거나 어린이문화 운동에 적극 관여하면서 당대 어린이 계몽 운동에 앞장섰다는 점 역시 간과할 수 없다.

그리고 『어린이讀本』이 당대가 요구하는 어린이상을 만들려는 뚜렷한 목적은 필진 구성 외에, 1단원 최남선의 글을 통해서도 여실히 체득할 수 있다. 최남선의 「朝鮮사람웃쑥」은 조선 사람의 우월성을 담은 것이다. 조선 사람은 다른 사람이 알지 못하는 큰 재주를 가졌으며, 이런 우월한 조선 사람의 시조는 단군이라는 것을 말미에서 강조하고 있다. 여기서 최남선 작품을 텍스트의 첫 단원으로 수록한 것은, 『어린이讀本』의 발행 목적을 파악할 수 있는 중요한 지점이다. 당시 조선총독부의 국정교과서 가운데 국사 교과서에서는 한국인의 근본적인 뿌리이자 정신의 실체인 단군조선의 신화적인 내용을 전혀 언급하지 않고, 단군신화 이후 기자 조선에 대한 언급부터 조선사(=한국사)를 기록한 것을 볼 수 있다(이병담, 2007: 63). 조선사(史)에 있어 가장 중요한 국가의 탄생은 단군신화인데, 그에 대한 내용을 언급하지 않은 것은 조선의 역사를 무시하고 왜곡하는 것이다. 이에 최남선의 「朝鮮사람웃쑥」을 1단원으로 수록하면서 조선의 뿌리인 단군신화를 통해 우리 민족의 우수성을 되뇌게 하였다는 점에서 식민지 조선의 어린이를 독자로 한 본 텍스트의 목적을 유추할 수 있다.

익히 아는 바이지만, 독본은 널리 읽히기 위한 것을 목적으로 한다. 그런 점에서 독본의 편찬 구성에서 선택과 배제 문제는 간과할 수 없다. 본 텍스트에서는 특히 위인(혹은 그 분야에서 인정받고 있는 인물)들의 어린 시절을 많이 수록하였다. 앞의 표를 참조하면, 31단원 중 위인이야기는 모두 9편을 수록하여 텍스트의 30% 정도를 차지하고 있다. 이 가운데 조선 인물 5편, 외국 인물 4편이다. 여기서 중요한 것은 편수가 아니라, 조선 위인과 외국 위인 선정에서 드러난 인물상의 차이점이다. 가령 조선 위인들은 용감하고 정의롭고 지혜로운 인물들을 선정한 반면, 외국 위인은 모두 한 나라의 제상이었다는 점에서 이채롭다(독일 제국의 총리 비스마르크, 프랑스의 황제 나폴레옹, 미국의 대통령 링컨). 이 또한 『어린이讀本』이 지향하는 바를 알 수 있는 지점이다. 아울러 외국 위인들 수록에서 그 해당 나라는, 당시 세계 최강의 나라들인데 이는 당대 식민지적 환경에서 개인이 닮고자 하는 인물을 넘어서서, 식민지 조선의 갈망이 내포된 것으로 해석할 수 있다.

이렇듯 1920년대 『어린이讀本』은 어린이를 대상으로 독자의 편리를 염두에 두고, 다양한 장르의 문학작품을 수록하여 당대를 들여다볼 수 있는 주요한 텍스트라고 할 수 있다. 가령 화려한 필진 구성과 그들의 사상적인 측면이 텍스트를 해석하는 중요한 자료라는 것을 입증하고 있고, 수록한 작품들 또한 식민지 조선에서 갈망하는 여러 요소들과 당대 필요로 하는 어린이상을 내포한 것으로 보인다.

서두에서 언급하였듯이, 1920년대 조선총독부는 식민지 문화 정책의 일환으로 한국의 학교 교육과 제도를 정비하고 교육을 통해 식민지 지배체재를 공고히 하였다. 이는 다양한 매체 없이 교과서에만 의존한 학교교육은 백지 지적 상태와 심성을 가진 식민지 아동에게 아무런 저항 없이 주입되었다(이병담, 2007: 21~22). 이러한 점에서 당대 민간 차원에서 발행된 『어린이讀本』은 여러 측면에서 의미를 부여할 수 있는 텍스트이다.

3. 훈육과 양성을 위한 계몽의 서사

1) 위인이야기와 계몽의 서사

담론이란, 다른 사람이나 세계에 영향을 미치려는 의도를 지닌 이야기다. 특히 체계적인 성격을 갖추고 권력과 밀접한 관련성을 지닌 이야기를 말한다(사라 밀즈, 2001: 116~117). 따라서 하나의 텍스트에서 많은 비중을 차지하는 이야기는 그 텍스트의 경향을 알 수 있는 것이기도 하다. 『어린이讀本』에서 가장 많은 부분을 차지하는 것은 위인이야기다. 대체로 전반부에서는 소년용사, 동명성왕, 양만춘 장군 등 조선 사람 위주로 소개하고, 후반부에서는 비스마르크, 나폴레옹, 링컨 등 세계 여러 나라 인물과 성삼문, 윤회 등을 소개하였다. 본 텍스트에서 동·서양을 망라하고 수록된 위인이야기의 공통점은, 위인들의 어린 시절을 짧게 소개하면서 그들이 위인이 될 수 있었던 것은 어린 시절부터 남달랐다는 것의 강조이다. 그러나 동·서양의 위인들은 어린 시절부터 용맹하고 지혜롭고, 의지가 강한 사람이라는 공통점을 갖고 있지만, 조선과 외국의 경우 표면과 달리 이면에 녹이고 있는 그 양상이 조금 다르다. 먼저, 용맹과 재능을 겸비한 한국의 위인 동명성왕을 살펴볼 수 있다.

동명성제는 돌 지내기 전부터 말도 잘하고 어머니가 만들어준 장난감 활을 가지고 파리를 쏘면 백발백중(百發百中)이였고 일곱 살 되든 때부터 활과 살(弓矢)을 자기 손수 만들어 썼습니다. (…중략…) 동명성제가 활만 잘 쏘았겠습니까 재능(才能)이 겸비(兼備)하였었고 힘이 여간 장사(壯士)가 아니었습니다. (32쪽)

위 인용문에서 동명성왕은 태어날 때부터 큰 알이었으며, 그 신성함은 동물들도 다 알 정도라고 한다. 그리고 동명성왕은 어린 시절부터 활도 잘 쏘고 재능을 겸비한 인물이었기에 결국 한 나라의 왕이 될 수 있었음을 주 내용으로 하고 있다. 그러나 이 작품은 표면의 동명성왕의 어린 시절 이야기보다 동명성왕을 '성제'로서 격상시킨다는 것을 눈여겨보아야 한다. 가령 제목이 「白頭山을中心으로大朝鮮」[10]이라는 것과 실제로 본 내용의 서두는 고구려를 세운 동명왕을

10) 본 텍스트에서 앞 목차에는 '東明聖王의 少年時代'로 표기되어 있으나, 본문의

동명성제로 불러야 한다는 것이다.

　요즘 사람들은 <u>동명왕(東明王)</u>이라 하지만 역사책에는 <u>동명성제(東明聖帝)</u>라 쓰는 동명성왕(東明聖王)이라 하였으니 우리들은 그 어른을 동명왕(東明王)이라 하지 말고 동명성제라 하는 것이 마땅할 줄로 압니다. (30쪽, 밑줄은 인용자)

　밑줄 그은 동명왕(東明王), 즉 왕은 국가를 대표하는 통치자의 의미지만, 동명성제(東明聖帝)에서 성제는 왕보다 한 단계 위인 의미로 보았다는 점에서 왕보다 한 단계 격상시키고 위엄을 갖춘 인물이라고 할 수 있다. 이런 점에서 『어린이讀本』에 수록한 동명성왕 이야기는 위인의 어린 시절이라는 데 초점을 맞추기보다 왕으로서의 존엄과 국가 차원에서 신성함을 담고 있는 것으로 보인다. 또한 위인이야기를 통해 표면과 이면을 달리하고 있는 경우는, 「梁萬春將軍」에서도 찾아볼 수 있다. 양만춘은 당나라가 고구려를 자주 못살게 굴 때, 용맹함으로 당나라를 무찌른 장군으로, 아무리 많은 적군의 숫자라도 용기만 있다면 쉽게 무찌를 수 있다는 내용을 담고 있다.

　당나라 군사가 천 명 죽으면 고구려 군사는 열 명 밖에 안 죽는 셈이나 원판 병정 수효가 적음으로 형세가 점점 기울게 되었습니다. 이것을 양만춘 장군은 군사를 호령하느라고 쓰던 칼을 집어 던지고 활을 집어 들었다. 「북쪽 오랑캐야! 내 칼을 받아라」 하는 천둥 같은 양만춘 장군의 부르짖는 소리와 함께 화살은 적진(敵陣)을 향하여 보이지도 않게 달아났습니다. 이때 당나라 임금 세민은 흰말 위에 높이 올라앉아서 칼을 **빼** 들고

제목에는 '白頭山을中心으로大朝鮮'으로 표기되어 있다. 앞 목차와 본문의 제목 표기가 다른 이유는 정확히 알 수 없지만, 본문에는 두 제목의 내용을 모두 담고 있다. 여기서는 본문의 제목을 따르기로 한다.

군사를 지휘하기에 정신이 없었습니다. 나는 듯이 달려오는 양만춘 장군의 화살이 공교롭게도 신기하게도 당나라 임금의 왼 편 눈에 가 들이 박혔습니다. 자기 나라 임금이 화살을 맞아 말 위에서 내리 구르는 것을 보고 당나라 군사들은 활과 칼을 집어 돈지고 벌 떼같이 몰려 달아났습니다. (63~64쪽)

이렇듯 양만춘 장군은 적의 수효가 많든 적든 개의치 않고 용맹함을 앞세워 적의 임금을 죽인다. 여기서 좀 더 눈여겨보아야 하는 것은 용맹으로 무장한 위인을 통해 조선의 미래 조망이다. 이전 인용문에서 동명왕이 '왕'이 아닌 '성제'라는 존엄의 의미가 담긴 것처럼, 양만춘 장군의 작품 역시 당대 조선이 위기에 직면했지만, 양만춘 장군처럼 용맹함을 지닌다면 조선의 위기를 모면할 수 있을 것이라는 점을 구현하고 있다. 따라서 『어린이讀本』에 수록한 조선의 위인 이야기는 위인들의 어린 시절 소개인 표면보다, 이면에 녹이고 있는 것이 텍스트의 주핵으로 보아야 할 것이다.

반면 외국 위인들의 경우는 당시 최강의 국력을 자랑하는 나라들의 통치자들을 중심으로 하였다. 독일의 비스마르크는 의지가 강한 소년이었기에, 강한 나라라고 하는 독일에서도 제일로 치는 유명한 장군이 되었다고 한다. 비스마르크는 다른 소년들과 다를 바가 없었지만 용감하고 의지가 강한 것이 보통 소년들과 다르다고 한다. 그러면서 구체적인 사례로 어린 시절의 경험담을 서술하면서 이야기의 흥미를 돋우고 있다. 결국 본문의 말미에서 "조선에도 비스마르크 같은 어른이 많이 나오길 바란다"(88쪽)는 서술은 시대가 요구하는 인물상이라고 할 수 있다.

또한 프랑스의 나폴레옹이 유명한 사람이 될 수 있었던 것은, 남을 아끼고 사랑하는 마음과 알지 못하는 것을 열심히 공부하는 마음을 들었다.

나폴레옹이 그와 같이 유명하게 된 것은 무슨 까닭이었느냐 하면 그는 두 가지 좋은 성질이 있는 까닭이었다고 합니다. 한 가지는 어려서부터 그 형님이나 동생 둘을 잘 아끼고 사랑하여서 여러 동기들에게도 사랑을 받는 사람이 되었던 일이외다. (…중략…) 그리고 또 한 가지는 무엇이든지 알지 못하는 것은 자꾸 잘 아는 사람에게 묻고 배워서 그것을 잘 알아두는 성질이 있는 것입니다. 그는 이러한 좋은 성질을 가지고 쉬지 않고 열심히 공부한 까닭으로 하여서 나이 많아진 뒤에는 무엇이든지 잘 알고 잘 하는 세상에도 유명한 인물이 되고 이름을 전하게 되었다고 합니다. <u>여러분! 여러분도 장래에 그와 같이 유명하고 잘난 사람이 되려면 그 사람과 같이 남을 아끼고 사랑하는 사람이 되며 알지 못하는 것을 열심히 공부하는 사람이 되어야 할 것입니다.</u> (93~94쪽, 밑줄은 인용자)

위의 밑줄에서 알 수 있듯이, 나폴레옹에게서 독자인 어린이들이 본받아야 할 점은, 남을 아끼고 사랑하고 열심히 공부하는 사람이다. 또한 '유명하고 잘난 사람이 되려면' 이라는 전제 역시 당대가 요구하는 어린이상 만들기로 해석할 수 있다.

다음으로 링컨 이야기인 「빗나는훈장」은, 곤경에 처한 오빠의 사정을 동생이 링컨에게 알려 오빠가 살아났다는 내용이다. 오빠를 향한 여동생의 아름다운 마음이 주제로 보이나, 보다 중요한 것은 링컨의 인간미 강조다. 노예해방주의로 유명한 링컨의 따뜻한 인간미는 노예뿐만 아니라, 어린 소녀의 마음까지도 존중한다는 내용을 통해 링컨의 모습처럼 당대 어린이도 그러한 면모를 갖추기를 요원한 것으로 해석할 수 있다.

이렇듯 『어린이讀本』에서는 조선과 외국의 위인 모두를 수록하였다. 위인들은 어린 시절부터 용맹스럽고 지혜로우며, 의지가 강하고 따뜻한 인간미를 지닌 것을 중심 내용으로 하고 있다. 그러나 여기서 조선의 경우 단순히 위인이야기로 그치는 것이 아니라, 식민지 조선의 처지를 염두에 두고 조선의 위상을 격상시켜 암울한 시대를 벗어날 수 있다는 주제를 내포하고 있다. 이는 결국 어린이들이 텍스트에 제시된 위인들을 닮아 가려는 노력을 한다면 위기의 나라를 구할 수 있다는 점을 직·간접적으로 시사하는 것이다. 결국 『어린이讀本』이 다른 장르보다 위인전을 많이 수록하여, 당대 어린이를 다양한 내용으로 계몽하려 하였다는 것을 알 수 있다. 가령 근대 계몽기부터 일제강점기 사이에 특히 주목할 만한 텍스트 유형은 전기문이다. 당시 국학자이자 독립 운동가들은 애국계몽을 목적으로 국내외 애국 위인들을 소설화한 위인전을 의도적으로 발간·유포시켰다. 당시 계몽 지식인들은 한글로 된 소설이 국민의 형성에 기여할 것이라고 보고 순 한글 소설을 쓰기 시작했고, 특히 신소설과 달리 위인 전기류의 소설은 애국 계몽의 주요 수단이 된다. 따라서 계몽기 식민지기 초기의 교재에 등장하는 전기문도 이러한 맥락에서 이해되어야 한다.11) 이는 근대 계몽기 교과서뿐 아니라 식민지기 독본에서도 엿볼 수 있었는데, 허구와 가상의 인물이 아니라, 실제 인물을 통해 전달되는 위인들의 위력은 당대가 요구하는 인물상 만들기에 쉽게 적용할 수 있었을 것으로 추정된다.

2) 근대 문물 수용과 신구(新舊)의 변화

근대 교육은 서구의 과학적 지식과 기술을 익히는 데 그 목적(윤여

---

11) 윤여탁 외(2006가: 208~209). "근대 계몽기 이러한 제재들은 모두 위인들의 어린 시절 일화를 중심으로 선정되었는데, 이는 어린이 학습자가 인물들과의 동일시를 통해, 내용을 쉽게 이해하고 받아들여 자신의 생활을 전이하도록 하는 교육 효과를 염두에 둔 것으로 추측해 볼 수 있다. 이러한 일상적이고 친근한 위인의 삶을 보여 주는 방식은, 이전의 독본 제재와는 다른 변화된 모습이다. 즉, 정서적인 친근감을 통해 학습자의 흥미를 제고하고 학습자의 인지 발달 수준이나 학습 내용에 대한 난이도 수준 등을 고려한 교육적 의도로 간주할 만하다"는 요지를 따른다.

탁 외, 2006가: 191)이 있다. 근대 지식인들은 일제 식민치하를 벗어나는 길을 모색하는 것으로 근대 문물의 수용과 서구의 과학적 지식을 습득하는 것으로 여겼다. 『어린이讀本』 또한 서구의 과학적 지식은 물론 근대 문물을 수용하는 것을 수록하였다. 주요한은 여타 잡지(『창조』, 『폐허』) 등에서 어린이의 계몽을 위해 노력한 인물로, 『어린이讀本』에서도 「봉사씨니약이」, 「식물게의마술쟁이」, 「사람은해빗을먹는다」 등 세 편을 통해 어린이들을 계몽하고 있다. 그는 『창조』에서 갓난아기라는 표상을 통해 조선의 낙후성보다는 가능성을 언급하여 당대의 어린이들에게서 미래를 보려고 하였는데, 이는 『어린이讀本』에서도 마찬가지다.

「식물게의마술쟁이」에서 미국 사람인 유진 벌방크를 소개한다. 유진 벌방크는 노란 들국화를 빨간 들국화로 만들고, 토마토와 감자를 접 부쳐 포마토를, 미국 서부에서 성가시고 아무 소용이 없는 캑터스의 가시를 없애는 등 다양한 실험을 통해 여러 가지 식물을 만들어서 식물계의 마술쟁이라 불린다는 것이다. 이 작품을 통해 생각할 수 있는 것은 다른 사람이 유진 벌방크를 천재라고 하지만, 그가 그렇게 천재 소리를 듣는 것은 "무한한 공력을 들이는 사람"(92쪽)으로 끊임없이 노력하는 가운데서 탄생되었다는 것이다. 즉, 천재란 타고나는 것이 아니라 무한한 노력으로 가능하다는 것을 보여 주고 있다. 또한 천재는 노력의 소산과 함께 무엇이든 호기심을 갖고 도전을 해 보는 것 역시 필요하다는 것을 내재하고 있다. 모든 것을 무심코 지나치지 않고 새로운 무언가를 만들어 보고자 하는 호기심 제시는, 성장하는 어린이들이 끊임없이 변화를 추구하고 전진하기 위한 덕목에서 필요하다. 이 작품 역시 외국의 인물을 소개하는 사례 이면에 당대가 추구하는 인물상을 담고 있는 것으로 보인다. 이렇듯 당대가 추구하려는 세계, 즉 서구의 새로운 문물에 대한 욕망은 다른 작품에서도 확인할 수 있다.

「사람은해빗을먹는다」는 현재는 농사를 지으며 살고 있고 농사가 전부인 것으로 여기는 어린이들에게 장차는 농사를 안 짓고 사는 세상이 되어야 한다는, 즉 새로운 세계로의 진입을 보여 주고 있다. 초목은 태양의 열기를 이용하여 전분을 제조하는데, 영리한 사람은 전기 혹은 태양 광선을 이용할 줄 모르는 것을 보면 초목이 신기하다고 한다. 미물보다 못한 인간의 안일함을 반성하려는 의도를 담은 것으로, 농사짓는 것이 전근대의 생활 방식이라면, 전기와 태양광선을 이용하는 세계는 근대로의 진입을 표상하는 것으로 볼 수 있다. 가령 전근대적인 방식의 삶을 고수한다면, 인간에게 폐해가 오는 것으로 구현하고 있다. "농사를 개량하고 개량하여 지금보다 몇 배나 되는 곡식이 되도록 하더라도 사람이 많아져서 다 먹을 수 없게 되면 어떻게 합니까. 그래서 세계의 과학자들이 열심히 태양광선을 직접 사용할 도리를 연구하는 중입니다"(35쪽)라는 서술은 전근대적인 삶과 사고방식이 종국엔 인간의 삶, 존재를 파국으로 몰고 갈 것이기 때문에 과학의 힘을 이용할 줄 알아야 한다는 것이다. 결국 농사라는 전근대적인 삶과 사고방식에서 벗어나 근대 세계로의 진입하려는 사고의 필요성을 역설하는 것이다. 이는 근대 세계로의 진입만이 구습에서 탈피할 수 있는 길 모색으로 근대 개화기 계몽의 또 다른 양태라고 할 수 있다. 그리고 구습을 벗어나야 한다는 당대 욕망 구현은 「꿈」에서도 볼 수 있다. 「꿈」은 주인공 소년은 나쁜 꿈을 꾸고 나서 어른들이 미신을 믿는 것을 보고 꿈에 대해 다시 생각하는 작품이다. 다음은 꿈에 대해 상반된 생각을 갖고 있는 신구(新舊) 대립의 서술이다.

꿈을 꾸시면 어머님이나 할머님은 반드시 그 이튿날 아침에 이야기를 하시고 좋은 꿈이면 기뻐하시고 흉(凶)한 꿈을 꾸시면 근심을 하시다가 어떤 때는 무당(巫堂)에게 점도 치시고 떡을 하여 고사도 지내십니다.

그리하여 나는 학교 선생님께 꿈에 대한 것을 물었더니 선생님은
「꿈이란 생시에 보고 듣고 행하고 생각한 것이 머릿속에 숨어 있다가
잠들 때에 생각나는 것이니라」 (101~102쪽)

위의 인용문은 꿈에 대해 기성세대인 어른들과 젊은이(혹은 어린
이)들의 상반된 생각을 묘사한 것이다. 즉, 신구세대의 판이한 대화
는, 근대 계몽기 일상에 내재한 미신을 전근대의 한 양태로 간주하고
그에 대한 당대의 인식을 변화시키려는 것이기도 하다. 따라서 이
작품은『어린이讀本』의 편집 방향과 일치하는 것으로 보인다. 어린
이들에게 신구 대조를 통해 새로운 문물과 새로운 세계에 대한 호기
심을 유발하여 보다 나은 삶을 살 수 있기를 바라는 의도를 담고
있다는 점에서 그러하다. 세상과 세계를 변혁하기 위해 가장 급선무
인 것은 구습에 얽매이는 것이 아니라, 새로움을 추구하려는 끊임없
는 변화 모색에서 가능하다는 것을 보이고 있다. 이렇듯『어린이讀
本』은 전근대와 근대적 세계관을 보이면서, 근대 사회로의 진입 역
설로 어린이들에게 새로운 세계로의 길을 제시하고 있다.

3) 반듯하고 착한 어린이 육성

『어린이讀本』은 어린이들이 읽을 만한 이야기 형태의 작품 수록이
많다. 우리의 전래동화는 물론 외국 번안물도 수록하여 다양한 이야
기를 보여 주고 있다. 전래동화는 원작을 개작한 작품들로 흥미를
돋우고 교훈성을 내재하고 있다. 외국 번안물 역시 어린이들에게 착
한 심성 구현으로 반듯한 어린이 만들기를 담고 있다.

먼저 전래동화를 보자.「해와달」은「해와 달이 된 오누이」를 개작
한 것이다.「해와 달이 된 오누이」내용을 수록하면서, 호랑이가 아
이들을 잡아먹는 잔인한 모습까지 그대로 반영하였다. 어린이를 주

독자로 상정하는 경우 잔인한 묘사는 생략하는데 반해, 이 작품은 그대로 묘사하였다. 전체적으로는 원작과 다르지 않다. 그러나 끝부분에서 하늘로 올라간 두 남매가 누이는 해가 되고 동생은 달이 되었다고 결론짓는데, 이 작품 역시 인과응보를 주제로 하고 있다. 즉, 오누이처럼 동아줄을 타고 하늘로 올라가던 호랑이는 다른 사람을 해친 죄로 수수밭에 떨어져 죽는다. 「갈대피리」는 「장화홍련전」을 개작한 것이다. 등장하는 자매는 이복동생이 언니를 시기해서 죽이고 이를 감추고 있다가 후일 벌을 받는다는 내용으로, 「장화홍련전」의 기본 얼개를 차용하면서 인과응보 정신을 담고 있다. 「토끼와별주부」 역시 개작한 것으로, 이 작품에서 이채로운 것은 토끼와 거북이 등장 외에 고전 속 인물들인 심청이와 이순신, 이제마 등이 등장한다. 내용상으로는 원작과 다르지 않지만, 원작에 없는 인물들의 느닷없는 출현은 한편으로 재미를 주지만, 다른 한편으로는 작품의 신뢰성을 떨어뜨리는 결과를 초래하고 있다. 그러나 이 작품은 편저자의 의도는 확실히 알 수 없지만, 등장인물들이 원작품 속에서 주인공으로서 중요한 역할을 수행하였고 긍정적인 요소로 작용하는 인물들이라는 점에서 나름 해석의 여지를 남긴다. 이렇듯 『어린이讀本』에 수록한 전래동화들은 권선징악, 인과응보, 인간미, 효성 등을 주제로 하고 있다. 위에서 살핀 것처럼, 몇 편의 작품들은 개작을 하였는데, 개작은 원작을 훼손하지 않는 선에서 이루어졌으며, 본문 중간 중간에 재미와 새로운 시도 흔적을 발견할 수 있다.

　다음은 번안물을 눈여겨 볼 수 있다. 1920년대는 번안물의 시대라고 할 정도로 외국의 많은 작품들이 유입되었다. 이는 어린이를 대상으로 하는 경우도 예외가 아니다. 「병든꼿의우름」은 병석에 있는 주인공이 병문안을 와 준 친구에게 그동안 잘못한 것을 뉘우치는 내용이다. 친구끼리 있을 법한, 즉 친구를 시기 하고 미워했던 이야기이면서 편지 형식으로, 사과의 내용을 담고 있다. 「어엽분마음」은 주인공이 가난한 모녀를 생각해 자신이 도둑질하였다고 하는 내용이다. 크리스마스를 배경으로 하여 크리스마스의 취지, 즉 온정을 베푸는 것을 주제로 하고 있다. 드문드문 신파가 드러나지만, 불쌍하고 가난한 사람을 도와주자는 주제 역시 어린이 인성을 염두에 둔 것으로 보인다. 「어머니를위하야」는 어머니를 살리기 위해 목숨을 바치는 아들의 효성에 감복하여 아들을 살려준다는 내용으로 효성을 주제로 하고 있다. 이 작품은 마지막에 불란서에서 전한다는 효성이 지극한 '빼찌온의 이야기'라고 하며, 작품을 단순히 이야기 차원으로 그치지 않고 사실성을 강조하고 있다. 이렇듯 몇 작품들만의 거론으로도 『어린이讀本』에 수록한 번안물은 착하고 반듯한 어린이를 만들고자 한 의도를 발견할 수 있다.

4. 식민지 조선의 서광(曙光)을 위해 '발견'된 어린이

1920년대는 3·1운동 이후 일제가 문화통치를 표방하면서 식민지 정책을 노골화한 시기이다. 일제의 노골적인 식민화는 오히려 식민지 조선의 어린이들의 존재를 인식하게 된다. 즉, 식민지 조선의 어린이 양성이 희망을 찾을 수 있다는 것을 인식하게 된 것이다. 따라서 일제의 압박 속에서 어린이의 인권과 인격 존중 갈구는 근대 어린이의 발견과 탄생이라는 변화를 맞게 된다.

당대 각계각층의 선각자들에 의해 이루어진 어린이의 존재 인식은, 어린이의 인권과 인격 존중뿐 아니라 다양한 읽을거리를 제공하여 계획된 계몽을 한다. 이러한 자리에 『어린이讀本』을 놓을 수 있다.

앞에서 살핀 것처럼, 『어린이讀本』은 화려한 필진 구성으로, 식민지 어린이들에게 현재가 아닌 미래를 보여 주었다. 권선징악이라는 고래하지만 영원불변의 인성을 기본 바탕으로 위인들의 모습처럼 용맹하고 지혜로우며, 의지 강한 사람이 되기를 바라며, 미래를 내다보는, 즉 선견지명을 갖고 사는 인물상을 그렸다. 다시 말해 다양한 문종을 수록하면서 근대 어린이들에게 다채로운 세계를 보여 주고 있다. 그리고 『어린이讀本』의 다양한 장르의 수록은 근대적 글쓰기 형성의 포문을 열어 주었으며, 이는 나아가 근대 아동문학 형성에 일정 정도 기여한 것이다. 가령 「아이다의꽃」은 아이다가 꽃을 보고 상상하는 내용으로 창작 동화의 형태로 볼 수 있다. 이 작품은 환상적, 시적, 상징적이며 주인공이 시공을 초월하여 자유롭게 다닌다는 점에서 창작동화의 새로움을 주는 것으로 보인다. 「해와달」, 「갈대피리」, 「토끼와별주부」 등에서 개작을 시도한 것 역시 창작동화 형성에 어느 정도 영향을 미쳤을 것으로 보인다. 추후 세밀한 연구가 진행되어야 하겠지만, 1920년대 말 출간된 『어린이讀本』이 한국 근대 창작동화 형성과의 연관성 또한 살필 필요가 있다.

물론, 『어린이讀本』은 텍스트 전체에서 남자 어린이만 존재하고 여자 어린이 인물 실종이라는 한계를 지닌다. 어린이라는 범주 안에는 분명 여자 어린이도 포함하고 있을 터인데, 텍스트에서 여자 어린이의 모습은 존재하지 않는다. 또한 문종의 구별이 뚜렷하지 않다. 다양한 문종, 즉 희곡, 기행문, 편지, 미담, 수수께끼 등의 수록은 근대적 글쓰기의 새로운 장을 보여 주었다는 점에서 긍정의 의미를 안고 있지만, 장르 개념이 명확하지 않은 한계를 부인할 수 없다. 가령 「흐르는이의군소리」에서 기행문의 형식을 띠지만, 장르의 특징이 선명하지 않다. 주인공이 서울을 벗어나, 법성포로 가서 정월 보름에 하는 놀이 문화를 체험하는 정도의 서술은 기행문이라는 장르의 특징을 발견하기 힘들다. 단지 머무르는 정도로 그치는 것은 기행문의 본질적인 개념에서 거리를 두고 있다는 것에서 그러하다.

그러나 『어린이讀本』은 당대 어린이들에게 다양한 읽을거리를 제공해 세계를 보는 안목을 키우고 재미와 상상력을 자극하였다는 긍정적인 측면이 두드러진다. 또한 당대 명망 있는 필진 등의 구성은 이 작품을 읽는 중요한 사료이기도 하다. 식민지 조선에서 국가의 희망을 어린이로부터 찾고 어린이를 국가적 차원에서 보호해야 할 존재로 부각시켰다는 점에서 그러하다. 물론 전통 사회에서도 어린이는 있었지만 그 존재가 없었던 것을 상기한다면, 『어린이讀本』의 유능한 필진 구성은 당대가 욕망하는 어린이상 구현과 동시에 어린이의 존재가 중요하다는 것을 의미한다. 따라서 1920년대 발행된 『어린이讀本』은 시대가 갈망하는 어린이상을 볼 수 있으며, 나아가 당대를 읽는 역사적 사료라 할 수 있다. 결국 1920년대는 한국사뿐 아니라, 어린이문학사, 어린이사(史)에서도 중요한 시기라고 할 수 있다. 이전의 어린이라는 개념과 달리 1920년대 와서 어린이가 새롭게 명명되기 때문이다. 전통 사회에서도 어린이는 있어 왔지만 1920년대 근대 계몽기 어린이는 전통과 결별하고 '작은 어른'으로 미래의 주역이 될, 불운한 역사를 바꿀 주체로 등장한 것, 즉 식민지 조선의 서광(曙光)을 위해 '발견'된 어린이라는 점에서 그 의미를 갖는다. 이런 점에서 추후 근대 계몽기 『어린이讀本』을 또 다른 방식으로 읽는 것이 필요하다고 여겨진다.

근대 국어 교과서를 읽는다 제4부

담론과 문체

근대 초기 국어 교과서와 계몽의 언어

: 『고등소학독본』(1906)을 중심으로

김찬기(한경대학교 미디어문예창작학과 교수)

1. 근대 초기 독본 교과서의 담화 환경과 '국어' 인식

이 글은 최초의 관찬 교과서인 『국민소학독본』(1895)과 같은 해 편찬된 『소학독본』, 그리고 일본인이 교과서 편찬에 관여한 『신정심상소학』(1896)과 휘문의숙 편집부에서 편찬한 『고등소학독본』(1906)을 중심으로 우리 근대 국어 교과서의 위상을 검토하고자 한다. 이 연구는, 우리 근대 교과서의 언어가 "소위 '전통'의 문제"뿐만 아니라, 그것의 탄생이 일본의 "식민 채널의 관통"(황호덕, 2007: 100)과 관련이 된 것임을 새삼스럽게 톺아보는 것이기도 하다. 사실 근대 초기의 '국어'와 '국문' 인식과 관련한 가장 핵심적 쟁점은 '어'와 '문'이 분리된 언문상리의 상황을 어떻게 극복할 것인가의 문제로 수렴되고 있었다.[1] 물론 국어가 '어'와 '문'으로 이루어져 있음을 지각한 것은

---

1) 근대 초기, 이 문제의 핵심은 결국 '국한문체'의 탄생이라는 문제로 귀결되는바,

훨씬 전의 일이다. 그것은 훈민정음 창제의 동기에서부터 선명하게 드러나고 있으며, 조선 후기로 내려오면서 족출한 자국어 문학의 위상과 관련한 담론에서도 대개는 언문상리의 리터러시 문제에 주목하고 있었다.

잘 알다시피 '국어=국문'의 근대적 동일성 체계에서 제일 먼저 배제된 것은 '한자'이다. 언문일치체의 성립 과정은 한자문화권으로부터 이탈을 전제한다. 말은 한글로 하면서 글은 한자로 써야 하는 한자문화권의 관습은 빠른 속도로 소멸하게 되고, '어'와 '문'의 일치를 불가능하게 했던 한자를 배제함으로써 한글은 드디어 '미디어'로 거듭나게 된다(이혜령, 2004 참조). 그런데 적어도 근대 초기로만 한정하면, 미디어로서의 '한글'의 성장 생태계가 그렇게 자유롭게 펼쳐진 것은 아니었다. 식자층은 여전히 한자로 깊게 내면화된 문자성에 침윤되어 있었고, 한글의 생태계는 '방각본'이나 '구활자본'과 같은 문학장의 부유(婦幼)들이 읽는 독서물로 한정되어 있었다. 이 시기 한글은 문학장 안에서는 물론이거니와 심지어 공행문자로 그 위상이 격상된 이후(갑오개혁)에도 여전히 녹록하지 않은 성장 생태 환경 안에 놓여 있었다. 국한문체의 탄생은 한글이 가지는 이러한 형세의 산물이었다.

근대 초기 국어 교과서, 특히 교과서의 표기 체제(국한문체와 국문체)의 탄생과 두 계몽의 언어가 구획하는 문자 생태계의 이데올로기, 곧 서구 근대성에 대한 대응 논리로서의 '구본신참'의 의미를 탐색하고자 하는 이유가 여기에 있다.[2]

현재의 국어 표기법(국문체)이 정착되기 이전에 우리말 표기법은

이에 대해서는 최근에 임상석(2008가)에서 구체적으로 탐색되었다.

2) 국한문체는 '근대 지식(과학)'을 지시하는 계몽 언어이기도 하다. 다만, 이 연구에서는 '근대 지'를 설명하는 표현 수단으로써의 국한문체가 가지는 수사적 특징을 차후의 연구 과제로 남겨 두고자 한다.

한자 문화권의 공용 문어인 한문체 표기법이 있었고, 그 언문상리(言文相離)의 모순을 해결하기 위해 발명한 국문체와 차용체(향찰, 이두, 구결) 표기법이 더 있었다. 한편, 갑오개혁 이후부터 정부 공식 문서에서 '국한문체' 문장을 범용하기 시작한다.3) 1894년 8월 4일에 "법률 칙령은 모두 국문을 기본으로 하고 한문을 번역하여 붙인다. 혹은 국한문을 혼용한다"4)는 규정이 반포되고, 그 이듬해인 1895년 5월 8일에 반포한 공문식 규정에서는 "종래 공문서에 사용하는 문자를 순한문으로 조제(調製)하며 이두(吏讀)를 혼용함이 예규에 어긋났고(已違規例), 또 외국인으로 본국 관리가 된 자가 혹 그 국문을 전용하면 일반 해석상 잘못 해석할 우려가 있을 뿐만 아니라 규정에 위반"5)이 됨을 근거로 국한문 혼용을 강조한다. 칙령 제1호의 「공문식」(1894)이나 칙령 제86호의 「공문식개정건」(1895)의 반포로부터 짐작할 수 있듯이 이 시기 국한문체는 각종 공문서 문자의 표준 표기법으로 정착하게 된다.

그런데 국한문체는 공문식 규정 반포 이전에도 이미 개항과 더불어 사용되고 있었다. 무엇보다도 여러 나라와 외교 관계를 맺으면서 각종 외국 공문의 번역 업무나 국서 작성이 요청되고 있었던바, 외무아문의 번역국과 외부의 대신관방이 설치된 이유도 이와 관련한다. 실제로 1886년 미국 대통령이 공사 파커(Paker)를 조선에 파견하면서 보내온 영문 외교 문서에 대한 조회문을 보면 잘 알 수 있는데, 외부 작성 조회문의 번역 초안에서 영문과 국한문체 번역문이 한 문서에

---

3) 물론 일본의 훈독(訓讀)에 상응하는 국한문체 표기법은 근대 이전에도 존재하고 있었다. 대개 불경과 유교 경전을 우리말의 어순에 따라 풀이하는 '언해(諺解)'와 일부 '국문시'에서 국한문체가 사용되고 있었고, 개항 이후 ≪한성주보≫(1886)가 국한문 혼용을 처음 시작한 이래로, 유길준의 『서유견문』(1889)에 이르기까지 국한문체는 우리말 표기 체제에서 엄연히 존재하고 있었던 표기법이었다.

4) 勅令, 第1號, 「公文式」, 『舊韓國官報』(開國 503年 11月 21日).

5) 勅令, 第86號, 「公文式改正件」, 1895年 5月 8日.

함께 기록되고 있는 데서 이러한 사실이 잘 입증된다. 적어도 공적 영역의 공문서 문자의 표기 문자는 국한문 혼용 표기법을 준용하고 있었다. 그러나 한문의 통사 구조와 국문의 통사 구조는 이질적인 것이어서, 한문의 요소와 국문의 요소가 결합한 국한문 혼용체는 사실 준별이 뚜렷한 문체가 될 수 없었다.

그럼에도 불구하고 갑오개혁 이후 국한문체는 대체로 공식 문체로 준용되고 있었다. 국문체나 한문체와 준별되는 문체로써의 독자성을 갖지 못했음에도 불구하고 각종 공문서의 상용 문체로 준용된 이유는 다른 데 있지 않았다. 그것은 우선 특정 집단, 곧 국문과 한문의 문리가 다 나지 않은 부유(婦幼) 집단을 가장 넓게 포섭할 수 있는 계몽의 언어로 기능할 수 있기 때문이었다. 물론 공문서를 순한문으로 조제(調製)하거나 이두를 혼용하는 것이 예규에 어긋나고, 외국인(당시 주재 외국 관리)에 대한 배려의 차원에서 국문 전용의 부담도 있어서 국한문체를 사용한 이유도 있었다. 한편 1895년 5월 8일에 반포된 공문식 규정(칙령 제86호)에서 국한문 혼용이 강조되었음에도 불구하고 여전히 국서는 한문으로 작성되었지만, 근대 초기의 담화 환경을 실질적으로 지배하는 표현 문자는 대체로 국한문체로 수렴되고 있었다. 실제로 근대 초기의 신문·잡지에 산생되기 시작한 여러 문예물들의 표현 문자가 국문이나 한문에서 국한문체로 바뀌는 것에서도 이 점은 선명해진다.

그런데 유학자와 부유(婦幼) 양측의 계몽을 동시에 겨냥하기 위해 고안한 국한문체는 특정 집단(예컨대 유학자 집단)에게는 몹시 불편한 것이었다. 이것은 실제로 국문이나 국한문 혼용에 대해 매우 우호적이었던 이기(1848~1909)의 글을 보면 분명해진다.6) 요컨대, '수구주

---

6) 李沂, 「一斧劈破」, 『호남학보』 제1호, 1908, 14쪽. "是謂 滅國新法이니 滅國者ㅣ 旣用新法이면 則復國도 亦當用新法者ㅣ 其理甚明矣어늘 而猶將自居守舊ᄒ고 不念圖新ᄒ니 則其於尙書所稱舊染汚俗咸與惟新과 毛詩所稱周雖舊邦其命維新과 論語所

의’와 ‘국문 차별’의 폐습을 언급하는 개신 유학자 이기의 글에서조차 실제의 글에서는 한문의 문리를 거의 파괴하지 않은 문체를 사용한다. 국한문 혼용에 대한 우호적 의식을 갖고 있었던 유학자들조차도 한문의 관습에서 벗어난 글을 짓는 일은 쉽지 않은 작업이었다. 그럼에도 불구하고 “국민을 ㅎ여곰 공동의 정신은 保持케 ㅎ며 智力의 交通을 宏深케 ㅎ기에 최유력”[7]한 언어 수단으로서의 국한문체를 채택하고, 그것을 공식 문자로 준용하리만큼 계몽 언어에 대한 요구는 절실하였다.

근대 초기의 계몽 기획은, 새로운 이데올로기의 전파이건 아니면 기존 가치의 추인에 있었건 간에 어떤 식으로든 최대치의 대중성을 확보해야 할 필요성이 있었다. 대중의 문자성을 확보한다는 것, 그것이 민족의 자주성 쟁취와 가장 민감하게 관련하는 시기가 바로 이 시기였다. 그러기에, 그동안 한자(漢字)로 깊게 내면화된 유학자 집단의 문자성(‘유가적인 것’)이 국한문체로 드러나기 시작하는 ‘국민’의 문자성(‘반유가적인 것’)과 정면으로 부딪치는 것일 수 있음에도 대중계몽에 대한 열망은 그만큼 절실했던 것이다.[8] 이 시기에 족출한 신문·잡지의 문예물들(곧 전대 문예물의 갱신이건, 혹은 새로운 미적 감수성을 드러내는 근대적 형태의 문예물)이 대개 국한문체를 표현 문자로 하여 근대 초기의 망탈리테(국가주의, 민족주의, 반제국주의)를 형상화하고 있었던 점에서도 이 시기 계몽 언어의 성격은 분명해진다.[9]

稱溫故而知新과 大學所稱日新又日新之義에 不相繆戾아.” 이 글을 보면 토씨(~니~이면~도~어늘 ~ㅎ고 ~ㅎ니 ~아)로 사용한 국문 토씨만 제거하면 전적으로 한문의 문맥으로만 이해할 수 있는 문장을 구사하여 자신의 생각을 전달하고 있다.

7) 尹孝定, 「國民의 政治思想」, 『大韓自强會月報』 第六號, 1906.

8) 국문이나 국한문을 사용하는 집단의 세계관이 어떤 식으로든 ‘한문’을 사용하는 집단의 (유가적 혹은 ‘유가적인 것’) 세계관에 투사될 수 있다는 점에서 일단 국문이나 국한문은 유학자 집단에게는 ‘위험’한 문체일 수밖에 없었다.

9) 물론 이 시기 국한문체가 가지는 이와 같은 계몽적 성격에도 불구하고 여전히

한편, 이 시기 정부에서 작성한 각종 공문서의 국한문체 기획과 신문·잡지의 문예물들, 그리고 『국민소학독본』(1895), 『신정심상소학』(1896), 『고등소학독본』(1906)과 같은 근대 초기의 교과서들이 드러내는 계몽 기획의 성격 역시 마찬가지였다. 잘 알려진 바대로 이 시기의 근대적 교육 학제는 기본적으로 "균질적인 의식을 갖는 '국민'을 통해 집단 정체성"(우에노 치즈코, 1999: 13) 형성을 목표로 하고 있었다. 이러한 '국민' 배양의 기제로 이 시기 독본 교과서는 매우 유력한 장치였던바, 『국민소학독본』(1895), 『신정심상소학』(1896), 『고등소학독본』(1906) 등과 같은 국어 교과서의 표현 문자가 국한문체란 사실에 주목할 필요가 있겠다.

우리의 근대적 국어 교과서가 전대에서는 곧 문명 그 자체였던 '한문'을 폐기하고 '국한문체'와 '국문체'에로의 전환을 통해 탄생한 것인바, 그 자체는 우리 근대 '국어'의 형성을 알리는 것임과 동시에 "동양 전통과의 결별을 뜻하는 것"이기도 했다(임형택, 1999: 23). 요컨대 우리의 국어 교과서와 '국어' 인식은 국한문체와 국문체가 상호

한문체의 문자성이 견고하게 드러나는 문예물들도 실제로 존재하고 있었다. 예컨대 이 시기 족출한 한문 전(傳)이나 몽유록, 그리고 「신단공안」(1906.5.19~12.31)과 같은 한문현토체 소설(혹은 傳)이 그것인데, 이 작품에서는 거의 한문의 문리에 따른 문체적 표현 양상을 드러내고 있는 점에 주목할 필요가 있다. 발표 지면이 ≪황성신문≫임을 고려하면, 우선은 한문에 익숙한 독자들의 기호에 호응하기 위한 것으로 볼 수 있겠다. 한편, 그것은 국한문체가 가지는 자기 한계를 스스로 노출하고 있는 것으로 볼 수도 있고, 여전히 영향력을 발휘하고 있는 한 문맥의 자장으로 볼 수도 있겠다. 끝내 국한문체가 '이중기획(유학자 집단은 국문으로, 부유 집단은 한문에로의 도상에서 고안한 기획품)'이 만들어 낸 변종 문체란 평가가 가능한 것도 이와 관련한 것이라 하겠다. 한편 이 논문에서 사용하고 있는 망탈리테의 개념은 근대 초기의 '정치적 이념항(국가주의, 민족주의, 반제국주의)'에 국한된 것이다. 주지하다시피 그것이 널리 지시하는 '감성'의 영역은 적어도 이 시기 독본류가 가지는 내면적 특성을 헤아려 볼 때, 섬세한 텍스트 분석의 층위에서는 다루기 어려운 측면이 있다고 판단되기에 이 문제 역시 차후의 숙고 과제로 놓아두고자 한다.

공존하는 지점에서 형성된 것이다. 그러기에 "한문으로 근본을 삼고 국문으로 통하도록 한다"10)는 광무 연간(1899)의 학부 편집국장 이규환의 논리는 한문체에로의 회귀보다는 한문의 정신적 유산을 보지한 국한문체와 국문체 사이의 상보적 공존을 겨냥한 '국어 교과서', 혹은 '국어' 인식과 관계한다. 이규환의 '한문'은 지식을 독점적으로 전유한 동아시아 보편문어로써의 '한문'이 가지는 위상과 체격을 완전하게 지키고 있는 "한문의 위상이 아닌 한자(漢字)"(임상석, 2012: 454)로 설정된, 이른바 국문의 통사구조를 따른 국한문체를 염두에 둔 주장이었다. 이렇게 우리의 근대 국어 교과서는 한문체에서 벗어나 국한문체와 국문체의 공존 과정을 통해 '국민' 배양의 기제로써의 위상을 확보해 나가고 있었고, 그것은 고스란히 우리의 근대 '국어 및 국문' 인식의 틀을 마련하는 토대로도 기능하고 있었던 셈이다.

최초의 관찬 교과서『국민소학독본』에서 "전통적 화이관을 부정하고" 더불어 "문명개화의 열망을 강렬하게 표현하고"(강진호 편역, 2012: 10) 있거나, 그 이듬해 학부 편집국의 관찬 교과서인『신정심상소학』에서 "새로운 형태의 '국가' 공동체를 환기시키면서, 그 구성원들로 하여금 상상된 주체를 호명하는 표준적 지식이자 제도적 장치의 역할을 수행하려는"(구자황 편역, 2012: 11) 이유 역시 다른 데 있지 않았다. 그것은 국한문체와 같은 계몽의 언어를 통해 어떤 식으로든 새로운 '국민의 상(像)'을 창안하려는, 이른바 '국민화' 프로젝트를 수행하기 위한 것이었다.

『국민소학독본』이나『신정심상소학』보다 십여 년 늦게 휘문의숙 편집부에서 간행한『고등소학독본』역시 이 시기 대개의 국어 교과

---

10) 이규환, 「보통교재 동국역사서」(학부 편집국, 1899). "今吾亦欲使天下之人, 以漢文爲本而通之文以國文."

서가 가지는 성격에서 크게 벗어나지 않는다. 전체적으로 자립과 자강을 강조하여 독립 사상을 표 나게 드러내거나, 과학적 지식을 전달하려는 교과 내용이 구성되기도 하며, '심정소학류'와 같은 초등소학 독본류보다는 상대적으로 더 심도 있는 사회 교과적 성격의 교과 내용과 유교적 이념을 교육하는 전통적 수신서의 성격이 짙은 교과 내용이 구성되기도 한다. 한편, 『고등소학독본』의 문체는 국한문체로 되어 있지만, 『국민소학독본』이나 『소학독본』과 같은 광무 연간의 교과서 저작물에서 흔히 보이는 문체적 혼란은 비교적 잘 극복된 것으로 보인다. 요컨대 여전히 한문 전통의 영향에서 완전히 벗어난 것은 아니지만 전체적으로는 한문 문장이 구절 단위로 분리되거나 한문은 주로 단어의 형태로만 사용되어 국주한종체(國主漢從體) 문장이 비교적 일관되게 드러나는 국한문체 유형이라 보아도 무방하다. 말하자면 국문의 통사 구조가 한문의 통사 구조보다 더 월등하다는 것이다. 이 시기 국문화의 정도가 비교적 선명한 『소년』의 문체와 비교해서도 손색이 없는 국한문체로 볼 수도 있다.11)

결국 『고등소학독본』의 진전된 국한문체 역시 엄밀하게는 '공리적 착상에 의한 발명품'의 하나인바, 그 계몽의 발명 언어를 통해 '자강', '자립', '국민' 배양의 논리가 간단없이 제시된다. 흥미로운 사실은 관찬인 『신정심상소학』보다 십 년이나 늦게 편찬된 『고등소학독본』과 같은 각급 학교의 자체 제작 민간 교과서에서 오히려 국문화의 정도가 상대적으로 더딘 모습을 보여 주고 있다는 점이다.12) 그렇다

---

11) 근대 초기 국한문체의 형성과 발전에 대해서는 임상석(2008나)을 참고할 것.
12) 국문체와 국한문체는 기본적으로 계몽의 기획과 그 속도를 효과적으로 끌어 올리고, 계몽의 대상과 그 범위를 확대하기 위해 채택한 표기법이었다. 이런 점에서 『고등소학독본』의 국문화 문제(더 구체적으로는 이 시기 민간 교과서의 역방향성 문제)는 사실 이 시기 문체와 계몽의 상호 관련성의 문제에서 매우 섬세하게 다루어야 할 영역이다. 그런데 이 논문에서는 매우 중요한 문제임에도 불구하고 이와 같은 문제에 대한 탐색은 수행하지 않는다. 우선은 이 문제와 관련한 기왕의 유의

면, 『신정심상소학』과 같은 교과서에서 보여 주고 있는 썩 진전된 국한문체는 교과서 편찬 주체들의 어떤 특별한 전략적 모색이 작동된 결과로 볼 수 있겠다. 그 이유는 무엇보다도 교과서 편찬을 담당했던 학부의 의지와 더불어 교과서의 실질적 체제에 간여하는 일본의 교육·편집 전략이 서로 교차하기 때문인 것과 관련한다. 이렇게 볼 때, 『신정심상소학』(1896)은 근대적 국어교과서의 내포와 외연을 수립하는 과정임과 동시에 일제의 정교한 교육 전략의 소산이며, 식민지 지배를 위한 '정형화 작업'의 일환이라 할 수 있다(구자황 편역, 2012: 12). 말하자면 일제의 식민지 조선 지배와 관련한 문자 관리 방식이 이 시기 국어교과서에도 은밀하게 작동하고 있는 것이다.

실제로 근대 초기 각종 공문서식 사용 문자의 변화상 속에는 식민지 지배를 위한 일제의 은밀한 문자 관리 방식이 침투되어 있었다. 1895년 5월 8일에 반포한 공문식 규정에서는 "종래 공문서에 사용하는 문자를 순한문으로 조제(調製)하며 이두(吏讀)를 혼용함이 예규에 어긋났고(已違規例), 또 외국인으로 본국 관리가 된 자가 혹 그 국문을 전용하면 일반 해석상 잘못 해석할 우려가 있을 뿐만 아니라 규정에 위반"[13]이란 이유를 들어 국한문 혼용을 강조한다. 그것은 공문서 사용 문자의 변화를 통한 단순한 문제 해결만이 아닌 또 다른 함의를 지니고 있었다. 요컨대 근대 초기 공문서에 사용하려는 국한문체는 우선은 각종 공문서에 대한 문식성을 상층 계층(양반)뿐만 아니라 부유(서민) 계층에로 확대하기 위한 이중 기획의 산물이었다. 그런데 이와 같은 근대 초기의 리터러시 정책이 사실은 일본의 메이지 시대

미한 성과들이 이미 제출되었고, 이 글에서는 우리 근대 국어교과의 이데올로기와 서구의 근대성(구체적으로는 친일의 이데올로기)의 문제와 관련한 근대 국어 교과서의 탄생 이데올로기의 문제에만 주목하기 위해서이다. 차후의 연구 과제로 남기고자 한다.

13) 勅令, 第86號, 「公文式改正件」, 1895年 5月 8日.

의 문체 정책과 상응하는바, 그것이 바로『국민소학독본』이나『소학독본』의 국한문체와『신정심상소학』의 국한문체와 같은 국어 교과서의 표기 문자 정책에 그대로 반영되고 있다는 것이다.

이와 관련하여 메이지 시대의 리터러시 문제를 연구한 신도 사키코(進藤咲子)의 논의를 주목할 필요가 있다. 메이지 시대 일본 사회는 전혀 문자를 읽고 쓸 수 없는 '비식자층'과 가나는 읽고 쓸 수 있지만 한자를 그다지 읽고 쓸 수 없는 '준식자층', 그리고 한자와 가나 양쪽을 읽고 쓸 수 있는 '식자층'으로 구성되어 있었다. 이 시기 일본의 리터러시 정책은 한자 히라가나 혼용 문체를 사용하고, 한자에는 후리가나를 달아서 어떻게든 '준식자층'을 매체의 독자로 끌어들일 것인가의 문제에 주안이 되어 있었다.14)

말하자면, 한자에 후리가나를 달아서 한자 지식이 없는 준식자층을 문자 생태계(계몽의 공론장) 내로 흡수하는 한편, 한자를 버리지 않고 사용함으로 인해 한자 지식을 가지고 어문 생활을 영위하는 식자층도 문자 생태계의 유력한 구성원으로 흡수하자는 정책이 바로 메이지 리터러시 정책의 요체였다. 한문의 문자성이 내면화된 계층들과 '언문'만이 자기 표출의 유일한 수단이었던 계층들을 함께 묶어 내려 했던 우리의 근대 초기의 국한문체 리터러시 기획은 이른바 '알기 쉬운 문체'를 통해 식자층과 준식자층을 동시에 포섭하려는 메이지의 문자 정책이 우리 국어 교과서 안으로 수렴된 결과로 볼 수 있겠다. 그것이 바로『국민소학독본』이나『소학독본』, 그리고 장지연을 숙장으로 한 휘문의숙의『고등소학독본』보다 국문화의 정도가 더 진전된, 이른바 '알기 쉬운'『신정심상소학』의 국한문체가 탄생한 이유도 바로 여기에 있었다. 더불어『국민소학독본』이나『소학

---

14) 進藤咲子,「明治初期の言語の生態」,『明治時代語の研究』, 明治書院, 1981, 156쪽. 한편 이와 관련한 구체적 논의로 김성은(2011)의 논문을 참조할 것.

독본』에서는 전혀 보이지 않던 그림 도상을 통한 문식력 확장 방식
은 일인(日人)이 편찬에 직접 참여하여 일본의 습속을 은밀하게 드러
낸『신정심상소학』에 와서 처음 드러나는바, 이러한 방식 역시 메이
지 교과서와 신문 매체에서 흔히 드러나던 문식력 확장의 보조적
장치란 점을 환기할 필요도 있겠다.

2. '구본신참(舊本新參)'의 변통 논리와 유가 경전의 해석학

근대 초기의 '국민화' 프로젝트는 기본적으로는 한문을 타자화하
는, 곧 한문을 배제하는 논리 안에서 진행되고 있었다. 그것은 한문
이라는 동아시아 보편 문어를 통해 형성한 유가적 세계상을 포기하
는 것이었다. 근대 초기의 계몽 담론을 구성하고 있었던 많은 문예물
들이나, 또 다른 읽을거리들이 한문을 통해서 연역한 지식들을 계몽
의 공리(상수)로 받아들이지 않는 것에서 사뭇 분명해진다. 한문은
근대 국민을 배양하는 지식의 장에서 거의 배제되었다. 그럼에도 불
구하고 한켠에서는 "한문을 타자화하기는커녕 한문 그 자체를 활용
하여 계몽 담론"(김진균, 2009: 32)을 견인하려는 경향도 여전히 존재
하고 있었다.

여기에서 우리는, 이 시기 계몽 담론의 언어로 기능하고 있었던
국한문체의 성격을 다시 환기할 필요가 있다. 근대 초기 국한문체는
단순한 문체적 확장성만은 아닌, 한문을 통한 계몽 담론의 제시라는
근대 한문학의 자기 갱신의 논리, 그리고 소수 언어로써의 한문이
가지는 호구주의(好舊主義) 속에 내장된 전통의 논리와 교집하는 부
면들을 분명하게 가지고 있었다. 말하자면 이미 사회적 실재로서의
의의를 상실한 '한문'이 새로운 공행 언어(국한문체)를 만나면서 이
시기 계몽 벡터를 새롭게 정초한 셈이다. 폐기의 대상으로서의 한문

이 이제 계몽 담론의 언어로 활용되면서 전대의 세계상(유가 이데올로기)을 새롭게 해석하는 국면을 열어 놓은 것이다. 그것은 곧 과거 한문을 통해 제시했던 공리들을 비판적으로 수용하면서 동시에 그것을 새로운 체계(공리) 속으로 어떻게 포섭하느냐의 문제와 관련하는 것이기도 했다.

其後에 三韓과 三國과 高麗를 經ᄒ야 我太高祖皇帝ㅣ 開國ᄒ심이 孔子의 敎를 尊崇ᄒ샤 文化를 大闢ᄒ시고 聖神이 繼承ᄒ샤 典章을 大備ᄒ시니 風化의 文明흠이 東方의 第一이라 國體ᄂ 君主의 專制로 成立ᄒ나 實은 立憲의 制度를 用ᄒ신 故로 君主ᄂ 主權을 摠攬ᄒ시고 政府에 責任을 委ᄒ샤 政治를 擧ᄒ시며 人民도 國家政治에 與論의 權을 許ᄒ더니 近代에 至ᄒ야 文弱의 弊로 由ᄒ야 國力이 不振흠에 至ᄒ니 吾人은 先王의 遺澤을 勿忘ᄒ고 祖國의 精神을 奮發ᄒ야 學을 日修ᄒ고 智를 益硏ᄒ야써 獨立의 國權을 挽回흠을 努力홀지니라.[15]

주지하다시피 '유가 경전'의 공리들은 조선조 내내 통치자가 준행해야 할 가장 중요한 덕목이었다. 삼봉 정도전이 작성한 조선조 즉위교서[16] 제3항을 보면 이점은 선명해진다. 조선은 개국과 함께 유교 경전에 밝은 자, 곧 사서로부터 오경과 통감에 통달한 자를 탁용하고, 그들을 관리로 삼아 국가 경영을 맡길 것을 천명하고 있다. 위정활동의 기초를 유가 경전에 둔 셈인바, 이제 유가 경전의 공리가 통치(자)의 기본적 조건이 된 것이다. 유교를 통치 이데올로기로 채택한 한자 문화권의 국가들이 모두 유교 경전을 존숭했던 이유도 여기에 있었다.

---

15) 「大韓」, 『고등소학독본』 권1(휘문의숙, 1906), 7~8쪽.
16) 『태조실록』 1년(1392) 7월 28일.

사실, 유교 경전은 여말선초를 관통하면서 제 분야에서 근대에 이르기까지 통치(자)는 말할 것도 없거니와, 문학(가)의 근거로 확고한 지위를 차지하고 있었다. 조선조 내내 이루어진 경전 해석과 그와 관련한 번쇄한 주석들과 논쟁들도 결국은 경전이 가지고 있는 권위를 그대로 방증하는 것이었다. 조선시대의 재도론에 근거한 문학이론들이 궁극적으로는 '경', 특히 '시경'에 의존하였다는 사실도 결국은 이와 무관하지 않았다. 시와, 다분히 실용적 목적을 위해 저술한 산문조차 모두 유교 경전의 공리에 근거하고 있었다는 사실에서 잘 드러나는바, 유교 경전은 모든 해석의 근거로 더할 수 없는 지위를 차지하고 있었다. 말하자면 조선조 내내 유교중심주의가 득세하면서 조선조 문학(문학 창작)은 유가의 경학이나 경전의 논리를 섭취하여 그것을 내면화하고 있었다.

　물론 조선 후기 들어 경학의 관점이 흔들리면서 새로운 세계관이 제시되기 시작하지만, 기존의 유가적 세계관이 근본적으로 폐기된 것은 아니었다. 그것은 확고한 권위를 획득하고 있었던 주자학, 곧 이학(理學) 안에서의 새로운 변화를 모색한 것이었다. 근대 초기 독본교과서인 『고등소학독본』의 위 인용문에서 드러나듯이 이 시기에 이르러서도 '孔子의 敎를 尊崇ᄒ샤 文化'를 연, 이른바 주자학적 세계관이 여전히 현실의 문제(독립과 국권 회복)와 연계되고 있었다. 더불어 '國體ᄂ 君主의 專制로 成立ᄒ나'에서 알 수 있듯이, 주자학의 공리인 "오로지 군주만을 정점으로 바라봐야하던 기존 경학의 관점" (김장환·이영섭, 2011: 15)이 근대 초기에도 여전히 중요한 상수로 작동하고 있었다. 한편, '立憲의 制度를 用ᄒ신' 것이나 '政府에 責任을 委ᄒ샤 政治를 擧ᄒ시며'에서 근대적 입헌 군주제의 맹아를 볼 수도 있지만, 실제로 그것은 조선조 경국대전 체제의 영향력이 여전히 상존하고 있음을 방증하는 것이기도 하다. 근대 초기 국어 교과서의 논리 안에는 여전히 전통적인 유교 경학의 틀이 존재하고 있었다.

그렇다면 근대 초기 『고등소학독본』 안에 단단하게 들어앉은 전통적인 경학의 틀(유교 존숭)을 어떻게 볼 것인가와 관련하여 우리는 이 시기 유가 경전의 해석학적 관점을 다시 환기하지 않을 수 없다. 그것은 근대 초기에 새롭게 호명된 주자학에 대한 두 시선과 맞닿아 있다. 말하자면, 근대 초기 주자학을 창조적인 해석의 동력을 잃어버린 퇴행적 호구주의로 보느냐, 그렇지 않느냐의 문제로 좁혀지는 것이다. 여기에서 우리는 인용문의 '近代에 至ㅎ야 文弱의 弊로 由ㅎ야 國力이 不振홈에 至ㅎ니'와 관련한 전통적 해석의 지평을 환기할 필요가 있다. 사실 유교의 문약지폐 문제는 근대 초기 '유학 개신'의 논리 틀 안에서 이미 보편화된 것이었다. 유학을 새롭게 정립하자는 것 자체가 유교주의에 근거한 계몽 담론(국권 회복)의 성격이 존재하지만, 그것은 또한 식민지로 전락한 대개의 나라가 그렇듯이 서구 근대성을 내면화하기 위한 논리와도 관련하는 것이었다. 근대 초기 '유학 개신'의 문제가 전통의 문제와 관련하는 이유도 여기에 있었다. 주지하다시피 이 시기 근대성, 특히 서구 근대성은 항용 "서구로 상징되는 풍요와 진보의 세계로 인도하는 이정표였던 반면, 유학은 빈곤과 수구를 상징하는 '전통'이라는 가난한 집안의 적자(嫡子)"(박원재, 2007: 431)로 이해되곤 한다.

그런데 근대 초기의 국어 교과서가 특별히 '선왕의 유택', 곧 태조의 유훈을 기치로 내세워 유학을 다시 호명한 이유가 자못 흥미로운 것이다. 이미 잘 알려진 바처럼 유가 경전의 공리들은 그것이 가지는 보편적 의미를 '지금-여기'의 문제와 결부시켜 이해할 때 그 생명력을 부여받을 수 있다. 무엇보다도 그것은 장구한 세월을 거치면서 어떤 경우에도 해석 집단과 경전 사이의 시·공간적 역사 경험과 그러한 경험을 언어화하는 해석 집단의 문제의식과 그 '해석의 투쟁물'일 수밖에 없기 때문이다. 요컨대, 공자 이래 유가 경전에 대한 해석학의 '정전적 탄생(주희의 해석학)'이 있었지만, 주희의 경전 해석조차도 그 시대의 시대정신과 해석 투쟁의 반영일 수밖에 없는바, 경전의 해석학적 의미는 항용 해석자(집단)와 경전 사이, 그리고 해석자(집단)가 처한 시대적 상황과 그것이 야기한 역사적 맥락을 통해 구성되는 것일 수밖에 없다(안재순, 2010: 249).

시대를 초월하여 수많은 유학자들(해석자)에 의해 경서가 해석의 대상이 된 이유는 말할 것도 없이 경전 해석의 과정을 통해 당대의 문제를 해결하고자 했기 때문이다. 그것은 무엇보다도 유가 경전이 '항구(恒久)와 불역(不易)'의 내용을 내장하고 있다는 오랜 믿음에 기초한다. 실제로 조선조의 유학자(집단)는 성경현전(聖經賢傳)의 논리 속에서 나름대로 경(經)안에서 해석학의 기초를 정초하는 것을 평생의 업으로 여기던 '해석자들(집단)'이었다. 조선조 500여 년 내내 가법(家法)과 사승(師承)을 달리하는 수많은 유가 경전의 해석 행위가 그 나름대로 존속할 수 있었던 이유도 여기에 있었다. 그것은 유가 경전 자체가 내장하고 있는 '항구불역'의 의미가 역설적으로 시대와 해석자(집단)의 논리에 따라 '가역적으로 재구된 된 것'이란 사실과 관계되는 것이기도 하다.

그러니까 근대 초기의 『고등소학독본』과 같은 독본 교과서에서 드러나는 '선왕의 유택에 대한 勿忘'의 논리는 현실 문제에 대한 해결의 대안을 유학의 이념에서 찾자는 논리와 궤적을 같이하는바, 그것은 유학적 전통(개인의 사적 욕망을 넘어서 공동체의 규범을 준행케 하는 유학의 공동체주의)을 어떤 식으로든 서구 근대성의 코드(예컨대 개인의 '권리'를 중시하는 자유주의 등)와의 통이 프레임 속에서 이해하려는 태도와는 거리가 있다.[17] 이와 관련하여 『국민소학독본』이나

---

17) 물론, 유학의 '극기복례'를 도덕적 개인주의(개인의 도덕적 성숙)와 연계시켜 서구 근대성의 바탕이 되는 자유주의(개인의 '권리'를 중시하는 입장)와의 대비 논리로 이해할 수 있다. 그러나 이 글에서는 기본적으로는, 근대 초기의 '유학 개혁'의 논리 속에서는 이러한 성격이 매우 희미하다는 점에 입각하여 이 글을 전개하고

『고등소학독본』의 다음과 같은 논리는 근대 초기 독본 교과서가 가지는 이러한 사유의 일단을 보여 주는 사례라 할 수 있다.

第十九果에 支那國이 漸漸 衰殘ᄒ 緣由를 求ᄒ얏거니와 支那國이 如此히 되ᄂ 緣由를 研究ᄒ면 其間에 遠因과 近因과 ᄯᄒ 直接因과 間接因과 間接因이 各各 다 잇ᄂ니 一朝一夕에 仔細히 說明ᄒ기 쉽지 못홀 일이로ᄃᆡ 아마도 文敎의 失宜홈이 大原因인듯 孔子와 前後賢人의 論說은 그 나라 文化를 開進ᄒ야 世道人心의 扶植홀 바ㅣ라 後學이 그 敎의 實地를 眞正窮究치 아니ᄒ고 흔갓 虛文만 崇尙ᄒ며 ᄯᄒ 前人의 뜻을 忖度지 못ᄒ야 그 맛당홈을 일코 日新치 못ᄒ기로 맛춤ᄂᆡ 스스로 暴棄홈으로 習을 成ᄒ지라 이런 故로 ᄉᆞ름의 智慧가 開達치 못ᄒ야 時勢를 죠ᄎ 敎義에 適用홈을 아지 못ᄒ고 다만 中華ㅣ라 自尊ᄒ며 外國을 夷狹이라 ᄒ니 次ᄂ 곳 支那人의 偏見이니라.18)

惟人의 才能은 必敎學을 由ᄒ야 成ᄒ거늘 彼禽蟲은 天然ᄒ 才能이 有ᄒ야 敎學을 不湏ᄒ야도 能ᄒ나 然ᄒ나 禽蟲은 其才思의 能홈이 自古至今으로 皆一同ᄒ 式ᄲᆞᆫ이오 前進홈을 未聞ᄒ얏스나 人은 敎學으로 由ᄒ야 舊法을 變ᄒ야 新智를 ᄭᅢ ᄒ며 昔習을 改ᄒ야 新想을 發홈으로써 世代를 隨ᄒ야 前進홈이 有ᄒ니 是ᄂ 敎學의 效果라 靑年은 宜此를 思ᄒ야 敎에 服ᄒ며 學에 勤ᄒ야 益益新智의 發展홈을 努力홀지니라.19)

동아시아의 근대 기획은 대체로 서구 근대를 모범으로 삼았던바, 우리의 사정도 크게 다르지 않았다. 그럼에도 불구하고 한편에서는

있음을 밝혀 둔다.
18) 「지나국 2」, 『국민소학독본』(학부편집국, 1885), 78~79쪽.
19) 「교학의 효과」, 『고등소학독본』 권2(휘문의숙, 1906), 112~113쪽.

유가와 유생을 '부유하생(腐儒鰕生)'으로 비판하였던 단재조차도 '예수쟁이'로 형상된 서구 근대에 대한 맹목적 추수를 여전히 경계하고 있었다.[20] 실제로 이점은 이미 유길준의 『서유견문』에서 드러나듯, 개화의 죄인(개화당)이나 개화의 원수(수구당)보다 개화의 병신들이 가지는 문제가 더 심각하다는 유길준의 비판을 보면 더욱 선명해진다. 말하자면, "외국 담배 회중 시계를 늘이고 외국어를 대강 알고 외국에 관한 잡담이나 해대는 자들"[21]과 같은 얼치기 개화의 병신들이 야기하는 폐해가 실제로는 더 심각하다는 것이다. 그렇다면 이 시기 계몽 담론의 한 벡터가 유학과 교섭하는 것도 이와 관련한다.

그것은 『고등소학독본』에서 드러나고 있는, 이른 바 '구본신참'의 이데올로기에서 선명하게 드러난다. 요컨대, '서기'로서의 "外國의 言語와 文字"는 본질적인 것, 곧 "自國의 精神"[22]을 '도(道)'로 했을 때만이 '새것'을 감싸기 할 수 있고, 궁극적으로는 '개화의 병신'으로 전락하지 않을 수 있다는 논리가 바로 그것이다. 『국민소학독본』과 『고등소학독본』이 "是器也 非道也",[23] 곧 동도서기와 만나는 지점도 바로 여기이다.

결국 '舊法을 變ᄒ야 新智를 刱ᄒ며'의 갱신 논리, 곧 유학 개혁을 통해 '新智'를 창출하는 것 자체는 유학적 종법 질서의 원칙을 폐기하는 것이 아니었다. 적어도 이 시기 독본 교과서 안으로 수렴된 '국민'의 생태계는 서구 근대의 논리로는 결코 귀납할 수 없는 무늬를

---

20) "중국의 넓적 글/서양의 꼬부랑 글/우리 글과 바꿀소냐 매암매암/마음 궂은 놀부의 타령/음미한 춘향 노래/우리 입에 올릴소냐 매암매암/예수쟁이 뒤를 따라/하느님을 찾을소냐 매암매암/시대 영웅의 본을 받아/입 애국을 부를소냐 매암매암."(신채호, 「매암의 노래」, 『단재 신채호 전집』, 단재신채호전집편찬위원회, 2008, 214쪽)

21) 유길준, 『서유견문』, 경인문화사(1969년 영인본), 384쪽.

22) 「애국의 實」, 『고등소학독본』 권1(휘문의숙), 1906, 12쪽.

23) 『승정원일기』 고종 19년 12월 22일.

가지고 있었다. 물론 인용문의 '新智'는 서구 근대로부터 귀납하여 얻은 근대 지(知)의 계몽과 관련될 수 있다. 그러나 적어도 두 교과서 안에서의 '新智'는 과학적 근대 지(知)일 수는 있어도 당대의 삶을 통어하는 이데올로기로써의 근대 지(知)로 확장하기 어려운 부면이 존재한다. 곧 유가 전통에 얽매여져 있는 현재의 삶을 변화시킬 수 있는 '새로운 지식과 지혜'로서의 '新智'라기보다는 '世代를 隨ᄒ야 前進'하면서 시대의 습속에 맞게 고쳐온 '新智', 이른바 시대를 관류한 '군군', '신신', '민민'을 만드는 '유학의 공리들'이었다. 근대 초기 독본 교과서 안에서의 유학의 공리들(예컨대 인, 공덕 개념들)은 사직이 위멸할 시대를 당하여 뿔뿔이 흩어져 있는 인민들을 단단하게 결속시키고, 그들을 새로운 '신민'으로 거듭나게 할 변인으로 작동하고 있었던 것이다. 근대 초기 『국민소학독본』이나 『고등소학독본』과 같은 독본 교과서의 사유는 허문주의만을 숭상한 '문교(文敎)의 실패'와 전통적 화이관을 비판하는 것에서 구국의 '新想', 곧 '새것'을 찾았을 지언정 "근대화된 서구와 같은 방향으로 발전하고자 하는 동일시의 욕망"(강진호, 2012: 279)과 같은 지점의 '신상(新想)'과 거리가 있다.

결국, 계몽의 '신법'은 유학의 조종지법을 '世代를 隨ᄒ야' 변개한 것일 뿐, 그것 자체를 폐기하는 것이 아니다. 근대 초기의 『국민소학독본』이나 『고등소학독본』과 같은 교과서에서 공자의 '문교(文敎)'의 공리들을 강조하고, 항용 '교학'을 강조하는 것도 실제로는 '신법'을 수행할 수 있는 신민을 양성하기 위한 전략과 관련하고 있었다. 『국민소학독본』이나 『고등소학독본』과 같은 교과서가 기본적으로 체제교학(體制敎學)의 성격을 띨 수밖에 없는 이유가 여기에 있었다.24) 물론 그것이 유교적 관료 정치의 부활은 아니었지만, '교학과 문교'를

---

24) 이 시기 독본 교과서가 '국어 교과서'로서의 위상이 미흡한 것은 사실이지만, 민족 문화에 기반을 둔 국민 창출의 이데올로기로 기능하면서도 동시에 보편적 이상을 추구하는 교양으로서의 문학 이념은 드러나고 있었다(정종현, 2011: 280).

강조하는 것이 공자(유교)의 공리, 곧 유교의 공리들을 겨냥하고 있었다는 점에서 이 시기 국어 교과서가 서구 근대를 모델로 삼은 것만은 아니었다. 근대 초기 이들 교과서에서는 주자가 강조한『소학』의 실천 윤리를 그대로 복사하여 강조하는 것은 아니지만, 효와 충, 그리고 예와 인과 같은 유가적 실천 윤리를 어떤 식으로든 강조하고 있다. 결론적으로『국민소학독본』이나『고등소학독본』과 같은 독본 교과에서 드러나는 근대 초기의 계몽 담론과 연계된 유학 개혁은 일상적 삶과 실천이 유리된 채 훈고와 장구에만 얽매여 있는 '허문(虛文)의 유학'에 대한 갱신이었지, 유학의 공리들을 모두 폐기하자는 개혁은 아니었다. 근대 초기의『국민소학독본』이나『고등소학독본』에서 유가적 실천 윤리를 구현한 수범 인물들의 삶이 표창되는 이유도 여기에 있었다.

3. '국민' 배양의 논리와 역사 찬탈의 도상 언어

근대 초기에 이르면 전통적 화이관(華夷觀)에 입각한 조공체제에 대한 비판이 한층 더 준열하게 제기되기 시작한다. 더불어 많은 지식인들이 국가의 형태에 관한 관심을 갖게 되는바, 근대 초기의 지식인들은 대체로 국가의 유형을 국체(國體)를 기준으로 하여 군주국과 민주국, 그리고 정체(政體)는 전제국과 입헌국으로 구분하고 있었다. 이 시기『국민소학독본』에서 우리나라의 국제적 위치를 '독립국'으로 인식하는 것에서,[25] 그리고『고등소학독본』에서 국체를 '군주국'으로, 정체를 '입헌국'으로 인식하고 있는 것에서 이 시기 국가 형태에

---

25) 「대조선」,『국민소학독본』(학부 편집국, 1895), 9쪽. "世界萬國中에 獨立國이 許多 ᄒ니 우리 大朝鮮도 其中의 一國이라"

대한 지식인들의 이해가 잘 드러난다.[26] 특히 갑오개혁 이후 개혁의
주체들과 반외세적 정치세력 사이의 갈등도 결국은 근대 국민국가
체제의 성격, 그리고 외세를 어떻게 이해할 것인가와 관련한 문제로
수렴될 수 있다. 이 과정에서 개혁의 주체들이 가장 중요하게 인식한
것이 바로 근대적 '국민' 배양을 뒷받침할 수 있는 학교와 교육 제도의
정비였다. 소학교 교과서 편찬의 시급성을 알리는 의안이 반포되고,
1895년 2월 2일 교육에 관한 조칙이 발표된 이유도 이와 관련한다.

이 조칙에서 강조된 점은 왕실의 안전도 신민 교육에 있으며, 국가
의 부강도 신민의 교육에 있다는 것이었다. 이에 의해 3월 이후 교원
양성을 위한 사범학교 설립, 신민 교육을 위한 소학교 설립이 이루어
진다. 중요한 점은, 군주를 높이고 나라를 사랑하는 마음을 중점적으
로 가르쳐서 학생들로 하여금 평소에 충효의 대의를 갖추게 하고
국민의 지조를 진작시킬 것을 교육의 목표로 삼았다는 점이다. 즉,
보편적인 국민교육을 표방하되 국왕에 대한 신민으로서의 충성을
강조함으로써, 권리의 주체로서보다는 의무 주체로서의 국민을 강
조하고 있었다(왕현종, 1999: 260~264). 이러한 '국민' 배양의 논리가
가장 적실하게 드러나는 것이 이 시기 교과서인바, 『신정심상소학』
의 '만수성절' 대목을 주목하는 이유도 여기에 있다.

九月八日은 萬壽聖節이라. 今上大君主陛下계읍서 誕生ᄒᆞ읍신 날이니 國
民들이 業을 休ᄒᆞ고 慶을 賀ᄒᆞ며 門前에 國旗를 달고 恭謹히 此日을 奉祝
ᄒᆞᄂᆞ이다. 今上大君主陛下계읍서 建陽元年前四十四年에 誕生ᄒᆞ사 建陽元
年前三十二年甲子에 登極ᄒᆞ읍시니 썩 春秋ㅣ 十三이시오 太祖大王부터 繼
統이 二十八代시오이다.[27]

---

26) 「大韓」, 『고등소학독본』 권1(휘문의숙, 1906), 7~8쪽. "國體ᄂᆞᆫ 君主의 專制로 成立
ᄒᆞ나 實은 立憲의 制度를 用ᄒᆞ신 故로 君主ᄂᆞᆫ 主權을 摠攬ᄒᆞ시고 政府에 責任을
委ᄒᆞ샤 政治를 擧ᄒᆞ시며 人民도 國家政治에 與論의 權을 許ᄒᆞ더니"

잘 알려진 바대로 19세 말, 대한제국은 "국가주권을 확보하고 대내적 통합을 상징할 수 있는 황제를 필요로 한 독립협회와, 왕권 강화를 추구했던 고종의 이해관계가 결합함으로써 이루어진 것"(도면회, 2003: 80)이었다. 특히 제국 수립의 이론적 기초를 제공했던 독립협회의 개화파 관료들은 어떤 식으로든 황제(고종)의 위상을 제고하고, 그 황제를 통해 '국민'을 통합할 필요가 있었다.[28] 이 시기 신문·잡지와 같은 근대적 매체에서 '애국충군'의 시문들이 족출하고, 황제(고종)에 대한 축수(祝壽)와 만세(萬歲)가 계몽 행사에서 빈번하게 행해진 이유도 여기에 있었다. 사실 이 시기 제정된 '기원절(紀元節)'과 '만수성절(萬壽聖節)'과 같은 기념일 제정은 '전제황권' 아래에서 '제국' 수립의 망탈리테를 표 나게 드러내기 위한 상징 자원의 하나로 기획된 것이다.

이 시기 계몽 기획의 주체들은『신정심상소학』의 '만수성절' 인용문에서 드러나듯이 '국기(國旗)'와 '만수성절(萬壽聖節)'과 같은 상징 자원을 매개로 하여 '국민들'로 하여금 공동체적 '묶임(bonding)의 시간'을 서로 공유케 하고, 그 과정을 통해 황국의 '신민'을 만들어 내려 하고 있었다. 이것은 공동체가 공유할 수 있는 "신뢰할 만한 기억의 시간"(알라이다 아스만, 2003: 69)을 함께 만듦으로써 민족적 정체성을 공고히 하고, 더불어 국가 보존의 상징적 기제로 여전히 작동하

---

27) 「만수성절」,『신정심상소학』권3(학부 편집국, 1896), 159~160쪽.

28) 물론 독립협회의 개화파들이 필요로 했던 것은 국민을 동원 통합하고 대외적 독립을 표명할 수 있는 국가주권의 상징으로서의 황제였지, 정치권력을 직접 행사하는 황제는 아니었다. 1898년 10월 29일 관민공동회 때 독립협회가 제출한 「헌의육조」 중 제1조로 '전제황권을 공고히 할 것'이 포함된 것도 이러한 구상에서 비롯된 것이었다. 이때 '전제황권'의 범위를 어디까지 인정할 것인가의 문제에서 독립협회와 황제의 입장에 차이가 나는 것이었다. 독립협회 주도층으로서는 황제가 인민에 대한 전제권을 가지고 국정 운영을 해 나가는 것을 전제하면서도 그것은 무제한적인 전제권이 아니라 자신들을 통한 '민의'의 수렴과 동의하에서 행사되는 권력이어야 했다(도면회, 2003: 71~81).

고 있었던 '조상(太祖大王)'을 당대의 시간 안으로 호명하는 것과도
관계한다. 주지하다시피 인간의 기억은 개인의 실존적 삶(혹은 역사
적 실체)을 가장 선명하게 표상하는 수단이다. 그러기에 인간은 어떤
식으로든 기억의 저장 형태(매체, 구술)를 통해서 끊임없이 기억의 내
용들(과거의 정신)을 후대에 전수한다. 이 시기 『국민소학독본』이나
『신정심상소학』, 그리고 『고등소학독본』과 같은 독본 교과서 역시
아주 유력한 기억의 저장 매체였다. 국가 공동체의 구성원들은 독본
교과서를 통해 '특정 문화의 원소(과거의 정신/근대 지)'를 학습하고
또 그것을 후대에 전수한다. 때문에 공동체는 늘 공유(또는 학습)의
과정에서 그 집단의 구체적 망탈리테(근대 초기의 국가주의와 근대주
의, 그리고 유교 이데올로기)와 만날 수밖에 없고, 그것들은 복잡한 '해
석의 과정(기억화)'을 통해 공동체 안에 착근된다.

　사실, 이러한 기억화의 과정은 항용 개인적, 혹은 집단적 만남-투
쟁을 수반하고 이 과정에서 자기 이데올로기를 작동시켜 타자의 기
억을 공유-배제하는 행위가 일어난다. 근대 초기의 독본 교과서가
제출하고 있는 호구주의(好舊主義)-유교 개신, 그리고 이것과 대타적
관계를 형성하고 있었던 서구 근대성(일본 제국주의) 역시 기억화 과
정을 거친 '새로운 해석 투쟁물'이고, 이 해석의 과정에서 투쟁적 길
항이 일어날 수밖에 없었던 이유도 여기에 있었다. 그러니까 『신정
심상소학』의 '만수성절' 단원의 이질적인 '일본식 가옥' 그림이 바로
이러한 투쟁적 길항의 흔적일 수 있는 이유도 여기에 있다. 『신정심
상소학』의 계몽 언어 안에는 '일본식 가옥' 그림뿐만 아니라, '일본인
의 거류지 지도', 그리고 '서양의 구두'와 같은 그림, 곧 문자(언어)가
미치지 않는 곳에 그 무엇보다도 웅변적일 수 있는 도상(圖像) 기제
를 작동시켜 개화 주체들의 망탈리테를 옮겨 놓고 있는 것이다. 『신
정심상소학』의 도상 표상들이 문자 언어의 보조 수단이라기보다는
서구 근대성(일본 제국주의)의 은밀한 '확대 기술'일 수 있는 이유도

여기에 있다. 그것은 휘문의숙에서 십 년 뒤에 편찬한 대표적인 민간 편찬 교과서인 『고등소학독본』에서 단 하나의 '일본(서양)' 도상이 활용되지 않는 것과 대조되는 것에서도 분명하게 드러난다. 『신정심상소학』이 "근대적 국어교과서의 내포와 외연을 수립하는 과정임과 동시에 일제의 정교한 교육 전략의 소산이며, 식민지 지배를 위한 정형화 작업의 일환"(구자황 편역, 2012: 12)이란 평가가 타당한 이유도 여기에 있다.

한편, 『신정심상소학』의 전3권 97 단원의 교과 내용 어느 곳에서도 '일본(혹은 서구 근대)'에 대한 경계와 비판의 논리가 제시된 단원은 보이지 않는다. 이에 비해 『고등소학독본』에서는 유교 이념이나 근대 지식을 소개하는 단원 외에도 '외세(일본)'에 대한 경계를 담은 교과 내용이 족출한다. 다음의 인용문에서 이 점은 선명하게 드러난다.

天下에 强흔 者는 敢侮치 못ᄒ고 弱흔 者는 人의 欺侮를 受ᄒ느니 人만 豈然ᄒ리오. 物도 亦同ᄒ니 昔에 鴉가 有ᄒ야 羊을 見ᄒ고 愚弄흔 디 羊曰 汝ㅣ가 豈我身을 將ᄒ야 玩弄의 物을 作ᄒ느뇨. 此는 我의 弱흠을 欺흠이니 假令 我ㅣ가 雄犬이 되얏스면 汝ㅣ가 敢히 戱치 못ᄒ리라 흔디, 鴉曰 吾가 爾性의 柔弱흠을 知흔 故로 能戱흠이라. 若爾性이 剛ᄒ면 吾가 豈敢如是리오 ᄒ니 嗚呼라 方今競爭ᄒ는 時代에 處ᄒ야 自强의 力이 無ᄒ면 羊이 鴉에게 멸시 見侮흠과 如차아니흔 者ㅣ 鮮ᄒ니라.[29]

근대 초기 계몽 담론의 중대한 결단은 "국민 동포의 어리석어 사리에 어두운 뇌를 타파(國民 同胞의 頑迷腦를 打破)"[30]하여 하나의 '국민'을 배양하는 것인바, 이 시기의 '동포'와 '국민'은 동일한 개념이었다.

---

29) 「鴉欺羊弱」, 『고등소학독본』 제1권(휘문의숙, 1906), 26~27쪽.
30) 「鐵椎子傳」, 『皇城新聞』, 1908.10.8.

그런데 실제로 '동포(同胞)'란 개념은 조선시대에는 국왕과 관인, 유생 등 지배층에만 한정되어 사용되던 개념이었다. 이와 같은 '동포(同胞)' 개념이 근대 초기(≪독립신문≫)에 오면 '한 나라 인민', 즉 '국민'과 같은 개념으로 확대된다(권용기, 1999: 12). 이 시기 독본 교과서들 속의 '동포' 개념도 마찬가지였다. 독본 교과서란 텍스트 속에서 '동포'는 철저하게 '계몽되는 타자'로만 형상화된 '국민'이었다. 독본 교과서 속의 동포는 "宜忠義를 尙ㅎ야 偸生으로 爲恥ㅎ고",[31] "愛國忠君ㅎ 는 마음"[32]을 가진 국민, 곧 특정 이데올로기를 전유하는 주체들(권력 집단)에 의해 '만들어진' 국민이었다.

　그러나 애국충군의 '만들어진 국민'은 실제로는 매우 상이한 이데 올로기를 가진 주체들에 의해 '국민화'된 동포였다. 요컨대 입헌군주 제를 통해 미래의 역사를 견인하려는 주체들(갑오 개혁파)에 의해 만 들어진 '국민'과 전제군주제에로의 국가 정체(政體)를 구상하려는 주 체들(황제 측근파)에 의해서 배양된 '국민'이 바로 그것이었다. 특히 갑오 이후의 근대적 개혁조치들을 '구본신참(舊本新參)'의 논리로 통 어하려 했던 주체들은 어떤 식으로든 '유교 이념'을 강조하지 않을 수 없었던바, 그들은 기본적으로 서구 근대를 지향한 갑오 개혁파와 는 서로 갈등할 수밖에 없는 입장이었다. 고종이 스스로 조서를 내려 "기자(箕子)와 공자의 도리를 밝히고 거룩한 선대 임금의 뜻을 이을 것"[33]을 천명하는 데서 이 점은 분명해진다. 근대 초기 독본교과서 의 계몽 이데올로기가 '구본신참'의 원칙과 만나는 지점도 결국은 다른 데 있지 않았다. 그것은 『고등소학독본』인용문에서도 잘 드러 나듯이 '自强의 力'을 강조하는 실력 양성론의 독본 논리와 '까마귀'

---

31) 「忠義」, 『고등소학독본』 제1권(휘문의숙, 1906), 14쪽.
32) 「기원절이라」, 『신정심상소학』 권3(학부 편집국, 1896), 204쪽.
33) 『고종실록』 광무 3년 4월 27일.

의 은유가 서로 결합되는 것에서 선명해진다.

근대 초기 독본교과서의 계몽 담론을 '서구 근대성(제국주의)의 옹호-비판'이라는 양극단의 논리로만 건져 올리려는 해석학은 늘 그자체의 문제를 가질 수 있지만 실상 다른 해석이 썩 만족할 만하게 열리는 것도 아니라는 점에서 보면, 『고등소학독본』의 '까마귀'는 우선 우리 역사를 '찬탈하는' 서구 근대성(제국주의)의 은유로 해석할 수 있겠다. 물론 이와 동일한 맥락에서 '기자'와 '공자' 존숭의 이데올로기를 담고 있는 『고등소학독본』도 『신정심상소학』의 '서구(일본)' 그림이 가지는 함의처럼 특정 주체들이 '찬탈한' 역사의 기념비적 도상이 될 수 있다. 『고등소학독본』 안에 단단하게 들어앉은 '구본신참'의 계몽 언어가 서구 근대성(제국주의)과 맥락화되어 비판받는 이유도 결국은 이와 관련한다.

4. 근대 초기 독본 교과서의 역사적 성격

근대 초기의 서사물들, 특히 단재와 같은 개신 유학자들의 서사물에서는 공통적으로 '지배'의 이념(제국주의)을 부정한다. 이들의 작품에서 서구 근대로 형상화된 '예수교'나 '천국'이 정의와 합리의 체계, 그리고 '최소 도덕'이 결여된 집단으로 이해되는 이유가 여기에 있었다. 그러니까 근대 초기의 계몽 주체들에게 서구는 온갖 형태의 비이성적 행태와 간계의 표상이었고, 우리 역사마저 찬탈하는 주체로 이해되기도 했다. 근대 초기의 신문 잡지에 산생한 많은 문예물(특히 역사 전기물)에서 유가의 '노예성(지배를 받으려는 마음)'이 준열한 비판의 대상이 된 이유 역시 다른 데 있지 않았다. 무엇보다도 그것이 내장한 전통적 화이관과 그와 관련한 지배의 이데올로기를 그대로 용인하고 있었기 때문이었다. 그렇다면 이 시기 교과서에서 계몽의 언어(국한문체)를 통해 끊임없이 동양의 고전적 인물이나 유가 이데올로기를 표창한 인물들의 생애와 삶을 조망하기도 하고, 유가 이데올로기의 종조인 공맹의 삶을 다루는 이유도 다른 데 있지 않았다. 근대 초기의 계몽 담론의 장에서 완고한 퇴수주의(退守主義)에 대한 경계는 여전히 준열하게 드러나지만, "孔孟의 敎를 尊崇"[34]하자는 주장은 단순한 퇴수주의를 넘어서는 함의를 지니고 있었기 때문이었다.

이 시기 독본 교과서의 국한문체는 한문을 통한 계몽 담론(근대 한문학의 자기 갱신의 논리)의 논리 속에 내장된 전통의 논리와도 교집하는 부면들을 가지고 있었다. 말하자면 이미 보편 문어로써의 의의를 상실한 '한문'이 새로운 공행 문자(국한문체)를 만나면서 이 시기 계몽 벡터를 독본 교과서 안에서 새롭게 정초한 것이다. 과거 한문을 통해 제시했던 유가의 공리들이 근대 초기의 독본 교과서 안으로 수렴되면서 유교를 새롭게 해석하는 국면을 열어 놓은 것이다. 독본 교과서의 계몽 신법은 유학의 공리들을 '世代를 隨ᄒ야' 변개한 것일 뿐, 그것 자체를 폐기하는 것이 아니었다. 그러기에 근대 초기의 독본 교과서에서 공자의 '문교(文敎)'의 공리들을 강조하고, 항용 '교학'을 강조하는 것도 실제로는 '신법'을 수행할 수 있는 국민을 배양하기 위한 전략과 관련하고 있었다. 이 시기 독본 교과서가 기본적으로 체제교학(體制敎學)의 성격을 띨 수밖에 없는 이유도 여기에 있었다. 결론적으로 근대 초기의 독본 교과에서 제시한 유학 개혁은 일상적 삶과 실천이 유리된 채 훈고와 장구에만 얽매여 있는 '허문(虛文)의 유학'에 대한 갱신이었지, 유학의 공리들을 모두 폐기하자는 개혁은 아니었다.

특히 이 시기 독본 교과서 안에서는 '구본신참(舊本新參)'의 논리로

---

34) 「대한」, 『고등소학독본』 제1권(휘문의숙, 1906), 6쪽.

서구 근대성(일본 제국주의)을 통어하려 했던 주체들의 (갱신의)유가 이념이 투사되어 있었다. 근대 초기 독본교과서 안의 계몽 담론에 대한 그 어떤 해석학적 이해의 지평이 늘 그 자체의 문제를 가질 수밖에 없다면, 적어도『신정심상소학』과 같은 독본류 교과서 안에서의 서구 근대성(일본 제국주의)은 어떤 식으로든 우리 역사의 찬탈 주체로 해석될 여지는 분명해 보인다. 물론 이와 동일한 맥락에서『고등소학독본』과 같은 독본류 교과서 속에 단단하게 들어앉은 '구본신참'의 계몽 언어도 특정 주체들이 '찬탈한 역사'의 기념비적 도상으로 이해될 여지는 얼마든지 있겠다.

근대계몽기 '국어교과 독본류'의 문체

: 학습자와의 상관 관계를 중심으로

이상혁(한성대학교 언어교육원 교수)

권희주(건국대학교 아시아콘텐츠연구소 교수)

1. 계몽기 '국어교과 독본류'의 편찬

근대계몽기는 당시 '조선'의 변화를 각 분야에서 체감할 수 있는 국학 전반의 과도기라고 할 수 있다. 갑오경장을 통해 대한제국은 국가의 공문서 언어로 국문을 채택함에 따라 국문은 정치적으로 뿐만 아니라 교육적인 측면에서도 대단히 중요한 핵심으로 부상한다. 한자의 보조 수단이었던 국문이 교과서에 등장하여 어떠한 길항 관계와 병합을 해 나갔는지를 살펴보는 것은 근대계몽기 문체 연구의 중요한 화두라고 할 수 있다.

이 문제를 우리말 표기 역사의 시각에서 살펴본다면 크게 두 가지 측면에서 주목할 만하다. 하나는 한문 본위에서 한글로 이행하는 과정에서 거시적인 준규범이1) 공표된 시기였다는 사실이고 다른 하나

---

1) 法律勅令 總之國文爲本 漢文附譯 或混用國漢文(1894년 11월 21일, 勅令 第一號 第

는 근대 교육 체계의 점진적 확산이 몰고 온 '교과서류'의 편찬2)이다. 전자를 서사 체계의 근대적 변화로 압축할 수 있다면 후자는 그 서사 체계가 담긴 텍스트의 다양성 문제와 직결된다고 할 수 있다.

이 글에서는 이 점에 착목하여 근대계몽기 '국어교과 독본류'3) 14종4)의 서사 체계에 드러난 문체의 특징을 총체적으로 살펴보고자 한다. 그리고 그 문체의 특징과 학습자의 성격과 관련하여 한글 의식이 어떻게 구현되었는지 또한 밝히고자 한다. 학습자는 크게 초등, 여자, 일반 국민으로 나눠볼 수 있는데 그에 따른 각 교과서의 문체 역시 다양하다는 점이 그 전제이다. 그리고 이러한 문제의식이 궁극적으로 '한자' 혹은 '한문'의 문제와 어떤 고리를 형성하고 있는지

十四條). 국문을 기본으로 하고 한문으로 번역을 붙이거나 국한문을 혼용한다는 이 규정은 근대계몽기 최초의 표기 성문화 규정이다. 그러나 실제 현실은 국한문 혼용이 일반적이었다는 점에서 강력한 칙령은 아니었다. 칙령조차도 다음 해인 1895년 5월 8일에 가서 다음과 같이 다시 공포되었는데 그 표현은 국한문혼용이었다(法律勅令은다國文으로써本을삼고漢譯으로附하며或國漢文을混用홈). 그런 의미에서 이 칙령은 현실을 고려한 대한제국의 준규범적 성격에 해당한다고 볼 수 있다.

2) 1895년 고종이 〈교육입국조서〉에서 학교를 널리 세우고 인재를 양성하겠다고 밝힌 바와 같이 정부 주도하의 관립학교가 다수 개설되기 시작했고 그 해 〈소학교령〉에 의해 관립 소학교는 물론이거니와 전국 관찰부 소재지마다 공립학교가 설치되었다. 이러한 학교의 개설은 학부를 비롯해 급속한 교과서류의 편찬을 야기한다.

3) 이 글에서는 '국어교과 독본류'로 통칭하고 있으나 각 텍스트를 천착해 보면 '국어 교과 독본류'라고 부르기 어려운 텍스트가 상당수 존재한다. 그럼에도 불구하고 학계에서 근대계몽기에 가장 앞선 『국민소학독본』(1895)을 최초의 국어 독본 교과서로 이미 규정하고 있는 현실을 존중하여 이 용어를 제시하고자 한다.

4) 이 글에서 연구대상으로 선정한 근대계몽기 교과서는 〈한국개화기 국어교과서〉 총서(도서출판 경진, 2012) 14종을 대상으로 한다. 『초등소학』, 『보통학교 학도용 국어독본』, 『신찬초등소학』이 상하 두 권으로 출간되었기 때문에 실제로는 17책이다. 근대계몽기 교과서는 현재 윤여탁 외(2006가, 나)에서 모두 33종으로 정리하고 있으나 본 연구는 근대적인 교육의 개념에 부합하는 '독본류 교과서'를 대상으로 하여 수신서, 문법서 등은 제외하였다. 또한 전근대적인 성격이 농후한 『女子指南』(1908)과 같은 지남류도 대상 외로 하였다.

고구해 볼 것이다.

조선이라는 전근대 한문 본위의 시대가 서서히 저물어 가고 한글 중심의 서사 체계가 확산되는 시점에서 한문의 위력은 그 위축에 도5) 불구하고 당시 지식 환경에서 무시할 수 없는 것이었고 부정할 수도 없는 것이었다. 아울러 당시 최초의 국어교과서인『국민소학독본』부터 일본이 교과서에 끼친 영향 관계를 함께 탐색해 보는 것 역시 이 시대의 교과서와 근대성의 문제를 해결하는 실마리가 될 수 있을 것이다.

따라서 이 글에서는 1894년~1909년까지 편찬된 교과서 14종을 학부에서 발행한 관찬 도서와 교육회 및 개인이 편찬한 도서로 나누고, 학습자를 초등, 여성, 일반국민으로 크게 세 분류하여 이들 교과서 문체의 특성을 파악한다. 또한 이러한 문체와 당대 학습자의 문식력에 대응하는 상관 관계를 조명하고자 한다.

2. 대한제국 성립 직후 '국어교과 독본류'의 과도기적 문체

이에 대한 선행 연구는 심재기(1999: 85~101 참조)에서 몇몇 교과서에 국한하여 개괄적으로 논의된 바 있다. 심재기는 특히 이 시대의 교과서 문체를『국민소학독본』(1895),6)『신정심학소학』(1896),『노동

---

5) 조선 후기의 문인 이규상의 문집『一夢稿』안에 들어 있는「世界說」이라는 글에서는 19세기 초 당시의 변화 양상을 다음과 같이 주목하고 있다. "…故諺文科文到處倍 徙古字古文到處漸縮如持東方一域而日觀於其消長之勢則不久似以諺文爲其域內公行文字…"(그런 이유로 최근에 언문과 과문은 도처에서 신장하는 데 반해 고자, 고문은 도처에서 점차 위축되고 있다. 동방의 한 지역을 두고 매일 그 소장의 형세를 관찰해 보건대 오래지 않아 언문이 이 지역 내에서 공행문자가 될 것 같다.)

6)『국민소학독본』은 학부에서 편찬한 우리나라 최초의 관찬 교과서라고 할 수 있다. 교과서명은 '국민소학'이라고 되어 있으나 일본의『고등소학독본』을 저본으로

382

야학독본』(1908)을 중심으로 논의하였는데[7] 개화기 문체 형성과 관련하여 작문 책 및 척독(尺牘, 편지틀)과 관련된 문헌을 전제로 위의 텍스트에 대한 문체적 특징을 세 가지로 요약하였다. 첫째, 문장부호나 띄어쓰기가 없고, 둘째 대화성 종결어미를 택하였으며, 셋째 문체 유형이 국한문혼용체인바, 현토체, 직역언해체, 의역언해체 세 유형이 있음을 강조하였다.

이러한 분석이 대체로 타당하기는 하나 근본적인 한계는 당대에 출간된 국어 교과서를 좀 더 폭넓게 검토하지 못했다는 점이다. 또한 하나의 교과서 안에 문체가 일관되게 유지되지 않는다는 점을 다소 간과한 측면도 있다. 현토체, 직역언해체, 의역언해체의 혼재 말고도 국한문혼용체와 한글전용체의 혼재, 국한문혼용체 본위의 한글주음체와 국한문혼용체 본위의 한자 병용체 및 국한문혼용체 본위의 일본식 훈독표기체 등이 각 교과서에 발견된다. 교육의 대상인 학습자를 고려한 것이기도 하지만 교과서 서술 주체의 한글 의식과도 연관되는 문제라는 것에 주목할 필요가 있다.

이러한 의미에서 이 글에서는 현재까지 발견된 14종의 근대계몽기 '국어 교과 독본류'에 대한 총체적인 문체 유형을 살펴보도록 한다. 언문일치라는 시대적 요구에 맞게 전통적인 한문 문장으로 구성된 교과서는 부재한 상황이었으며 각 텍스트는 그 공식적 출간 시기와 학습 대상에 따라 본문에서 다양한 문체로 기술되었다. 같은 교과

4개월여에 걸쳐 급속하게 편찬한 탓에 한자의 수준이 소학용 교재라고 하기에 부적절하고, 내용 또한 서구의 '국민'에는 명확히 부합하지는 않으나 근대적 의미의 '국민' 교육에 부합하므로 초등용 교재라고 보기는 어렵다. 강진호(2012)의 지적처럼 이 교과서는 "근대적 국민을 만들고자 하는 당대 정부의 과제가 담기게 된" 국민 교육용 교재라 평가할 수 있을 것이다.

7) 심재기(1999)에서는 『초등대한역사』(1908)도 개화기 교과서에 포함하여 논의하고 있으나 국어 교과서류라기 보다는 역사 교과서이기 때문에 이 글에서는 제외하기로 한다.

서일지라도 상권과 하권, 혹은 권1과 권2 이후의 문체 양상이 텍스트 안에서 다양하게 전개되므로 총체적인 문체 분석은 매우 유의미한 작업이라고 할 수 있을 것이다.

따라서 이 글은 각 교과서류의 문체적 특징을 크게 세 가지로 나눠 보고 그 기준 아래 좀 더 정치하게 문체적 특징을 분석하고자 한다. 국한문체는 기본적으로 전통적인 고전 한문의 언해 과정과 맞닿아 있기 때문에 근대계몽기 서술 주체가 대부분 한문 학습이 선행된 지식인으로 한글 전용에 대한 의식은 대체로 희박했던 것으로 추측된다. 다만 교과서의 학습 대상인 일반 국민, 초등, 여자 학습자 등에 따라 그 양상은 다소 복잡해진다는 점에 주목할 필요가 있다. 우선 14종의 국어 교과서류의 본문 서술 문체를 다음과 같이 분류한다.

① 국한문혼용체 – 한문 중심 구결체(현토체) – 한문 본위 한주국종체(漢主國從體)
② 국한문혼용체 – 한문 중심 직역언해체 – 한문 본위 한주국종체(漢主國從體)
③ 국한문혼용체 – 국문 중심 의역언해체 – 국문 본위 국주한종체(國主漢從體) – 일본식 음/훈독 형식 부기 문체
④ 한글전용체 – 국문 중심의 한자병용체 – 국문 본위 국주한종체(國主漢從體)

이 시기 '국어교과 독본류'의 간행은 크게 전반부와 후반부로 나눠 살펴볼 필요가 있다. 전반부에는 3종의 '국어교과 독본류'가 관찬 출간되었는데 편찬자가 당시 학부이기 때문에 구체적인 저자를 확인하기는 어렵다. 앞 장에서도 이미 언급한 바와 같이 대한제국의 표기 준규범이 공포된 이후의 '국어교과 독본류'임에도 불구하고 한문 중심의 국한문혼용체로 구성돼 있다. 『국민소학독본』(1895)과 『소학독

본』(1895)은 한문 본위 한주국종체(漢主國從體)의 성격이지만 한문 본위의 구결체(현토체)에서는 어느 정도 벗어난 문체라고 볼 수 있다. 다만 『소학독본』(1895)의 경우 본문에 협주[8]가 함께 노출돼 있어 전근대시기 텍스트의 면모를 보여 준다는 점에서 『국민소학독본』(1895)과는 텍스트 문체 구성에서 다소간의 차이를 보인다.

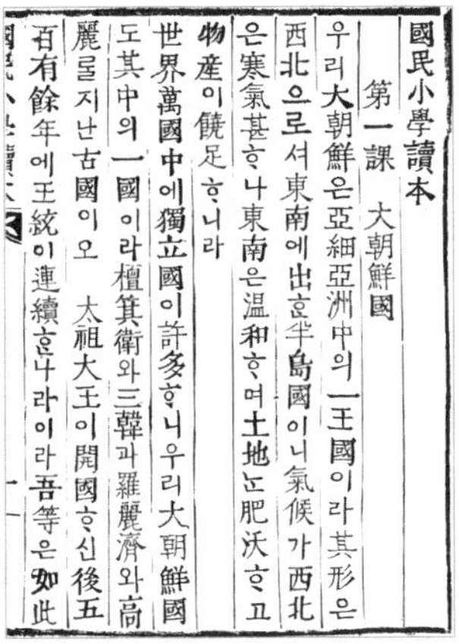
國民小學讀本
第一課 大朝鮮國
우리大朝鮮은亞細亞洲中의一王國이라其形은
西北으로셔東南에出ᄒᆞᆫ半島國이니氣候가西北
은寒氣甚ᄒᆞ나東南은溫和ᄒᆞ며土地ᄂᆞᆫ肥沃ᄒᆞ고
物產이饒足ᄒᆞ니라
世界萬國中에獨立國이許多ᄒᆞ니우리大朝鮮國
도其中의一國이라檀箕衛와三韓과羅麗濟와高
麗를지난古國이오 太祖大王이開國ᄒᆞ신後五
百有餘年에王統이連續ᄒᆞᆫ나라이라吾等은如此

〈그림 1〉『국민소학독본』

그 반면에 『신정심상소학』(1896)의 경우는 텍스트 문체가 앞의 두 교과서와 사뭇 다르다고 할 수 있다. 국한문혼용체이기는 하나 권1의 본문은 국문 중심의 의역언해체로 국주한종체(國主漢從體)의 성격에 가깝다. 또한 근대계몽기 '국어교과 독본류' 중에서 처음으로 교재 제일 첫 쪽에 반절표가 제시돼 있고 본문 문장에 권점이 있다거나 삽화가 게재돼 있어 학습자가 이 독본을 이해하는 데 도움을 주고 있다. 또한 텍스트 본문에 노출된 한자 빈도와 그 한자들의 난이도가 상대적으로 앞의 2종보다 높지 않은 점이 이 독본만의 특징이라고 할 수 있다. 결국 앞의 2종 독본류보다는 상대적으로 근대 교과서[9]의 체계를 갖추었다고 볼 수 있겠다.

8) 본문 내용 중 고유명사가 등장하는 경우, 그 고유명사에 대한 간단한 설명이 전통적인 협주 방식으로 제시돼 있다.

9) 일본은 1886년 초대문부대신을 지낸 모리 아리노리(森有礼)가 제1차 소학교령을 발표하고 1887년 『심상소학독본』을 발행한다. 구자황 편역(2012)에서 지적한 바와 같이 1896년 대한제국의 학부에서 발행한 『신정심상소학』은 일본의 교과서 체제와 기술을 차용, 번안하는 방식으로 새로 정정하였다는 의미의 '신정(新訂)'이 부가되었다는 사실을 알 수 있다. 즉, 일제강점기 이전 학부에서 발행한 근대교과서 체계의 근저에는 일본 교과서가 이미 영향을 미치고 있었다.

3. 사립기관 편찬 교과서와 학습자 지향의 문제

1896년 이후부터 1905년까지 약 10년간은 '국어교과 독본류'가 출간되지 못한 암흑기에 해당한다. 그 10년간 '국어교과 독본류'의 부재가 의미하는 바는 두 가지 측면에서 추론이 가능하다. 우선 학부에서 편찬한 교과서의 정착과 보급이 안정적으로 이루어진 결과가 그 하나이고 다른 하나는 정치 상황의 혼란에서 야기된 출판문화의 전반적인 위축이 그 원인일 가능성이 있다. 그러한 시대를 거쳐 1906년에는 학부를 중심으로 한 관찬 독본류의 출간보다 앞서 사립기관 두 곳에서 『초등소학』(1906, 국민교육회10))과 『고등소학독본』(1906, 휘문의숙)이 간행돼 보급되었다. 을사늑약 직후 학부의 위상이 추락하자 그에 대한 반동으로 근대 국어 교육에 대한 욕구와 열망이 표출된 것으로 생각할 수 있다.

『초등소학』(1906)의 경우 권1과 권2는 각 과의 제목 일부와 본문에서 극히 제한적으로 한자를 노출하고 있으며 한글전용체로 구성돼 있다. 권1은 초성을 중심으로 한 단어 학습을 비롯하여 구 및 단문 중심의 조선어 문장을 학습하도록 하고 있다. 그리고 기초 어휘에 해당하는 단어 학습을 마치면서 반절표를 제시해 놓은 것이 특이한

---

10) 1904년에 서울에서 조직되었던 애국계몽단체로 대한국민교육회라고도 했다. 1904년 9월 회장 이원긍(李源兢), 이준(李儁), 전덕기(全德基), 최병헌(崔炳憲), 유성준(俞星濬) 등이 주요 간부로 이 회의 목적은 ① 학교를 널리 설립하고, ② 문명적 학문에 응용할 서적을 편찬 혹은 번역하여 간포(刊佈)하며, ③ 본국사기(本國史記)와 지지(地誌), 고금(古今)의 명인전적을 모집, 광포(廣佈)하여 국민의 애국심을 고동(鼓動)하고 원기를 배양하는 것이었다. 이 회는 1905년 학교설립에 따른 교사의 부족을 해결하기 위하여 사범학교 속성과를 설립하였으며 1906년에 『신찬소물리학(新撰小物理學)』, 『대동역사략(大東歷史略)』, 『초등소학(初等小學)』, 1907년에는 『초등지리교과서(初等地理敎科書)』, 『신찬소박물학(新撰小博物學)』 등 국한문혼용체로 된 교과서를 편찬 및 간행하였다. (http://encykorea.aks.ac.kr/Contents/Contents?contents_id=E0006289 참조.)

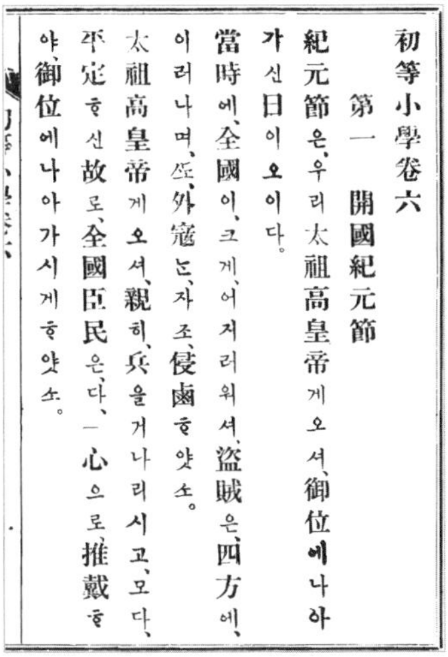
初等小學卷六

第一 開國紀元節

紀元節은、우리太祖高皇帝게오셔、御位에나아가신日이오이다。

當時에、全國이、크게、어지러워셔、盜賊은四方에、이러나며、또、外寇는、자조、侵鹵ᄒᆞ얏소。

太祖高皇帝게오셔、親히、兵을거나리시고、모다、平定ᄒᆞ신故로、全國臣民은다、一心으로推戴ᄒᆞ야御位에나아가시게ᄒᆞ얏소。

〈그림 2〉『초등소학』

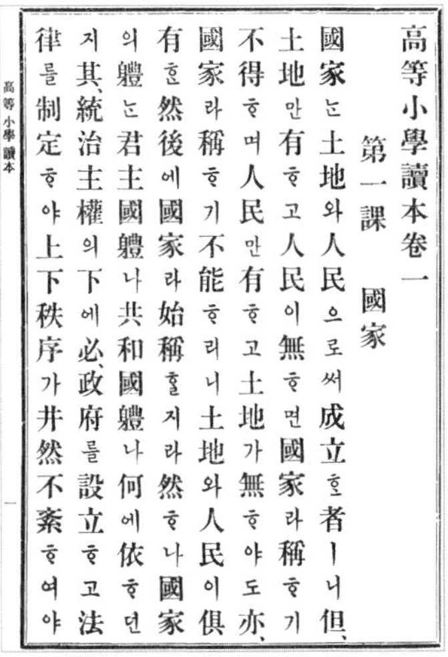
高等小學讀本卷一

第一課 國家

國家ᄂᆞᆫ土地와人民으로써成立ᄒᆞᆫ者ㅣ니但、土地만有ᄒᆞ고人民이無ᄒᆞ면國家라稱ᄒᆞ기不得ᄒᆞ며人民만有ᄒᆞ고土地가無ᄒᆞ야도亦、國家라稱ᄒᆞ기不能ᄒᆞ리니土地와人民이俱有ᄒᆞᆫ然後에國家라始稱ᄒᆞᆯ지라然ᄒᆞ나國家의體ᄂᆞᆫ君主國體나共和國體나何에依ᄒᆞ던지其、統治主權의下에必、政府를設立ᄒᆞ고法律를制定ᄒᆞ야上下秩序가井然不紊ᄒᆞ여야

高等小學讀本

〈그림 3〉『고등소학독본』

점이다. 한글전용체를 유지하면서 권2에서는 다소 복잡한 조선어 문장을 제시하는데 학습자가 수월하게 학습할 수 있도록 권1과 마찬가지로 삽화를 넣어 학습자의 편의를 도모하고 있다. 권3과 권4가 부재한 상황에서 그 본문 문체의 전모는 알 수 없으나 권5~권8은 권1과 권2와는 달리 국한문혼용체로 본문 문체는 한문 중심의 직역언해체이다. 한자의 난이도가 높아졌다는 점에서 초등 학습자의 단계별 학습을 고려한 텍스트 구성이라고 볼 수 있다. 또한 구두점과 관련해 본다면 『신정심상소학』(1986)의 권점(。)이 『초등소학』(1906)의 구두점(、)으로 바뀐 것은 구두점의 발전이라고 보기는 어려우나 각 텍스트 편찬자의 어절 의식이 반영되었다는 점에서는 주목할 만하다. 국민교육회의 대표자이기도 했던 이원긍이 발간한 『초등소학』은 현재까지 발굴된 교과서 중 최초의 한글전용체 교과서라는 점에 그 의의가 있다. 당시 대부분의 교과서가 국한문혼용체를 채택하고 있음을 고려해 볼 때 대단히 혁신적이라고도 할 수 있을 것이다. 후에 그가 발간한 『초등여학독본』의 경우에도 한자의 정확한 해독을 위해 한글전용체의 번역문

을 첨부한 것 또한 다른 근대계몽기 교과서에서는 볼 수 없는 특이한 편집체제이다. 이러한 문체는 이원긍이 학습자에 부합하는 문체를 배려한 것으로도 볼 수 있지만 그의 애국계몽적인 사상과 한글의식이 반영된 결과라고도 할 수 있을 것이다.

『고등소학독본』(1906)도 '국어교과 독본류'에는 해당하지만 『초등소학』(1906)과 두 가지 점에서 차별된다. 간간히 삽화가 들어가 있지만 학습자가 어느 정도 한문 문식력을 가졌을 것을 고려하여 본문 문체를 구성하고 있다. 따라서 그 문체는 국한문혼용체이면서 한주국종체(漢主國從體)의 직역언해체이다.[11] 10년 전 학부에서 편찬한 '소학독본'류와 대체로 유사한 문체이기는 하나 10년이 지난 이후에도 이 문체를 본문 문체로 구성하고 있다는 것은 독본류가 지니는 보수성이라고 할 수 있을 것이다. 물론 노출된 한자의 난이도 역시 텍스트의 후반부로 갈수록 어려워진다.

요컨대 1905년 이후는 사립기관의 '국어교과 독본류'가 등장한 시기로, 기본적으로 이 기관들은 당시 학부가 담당해야 할 역할을 대신한 것으로 생각할 수 있다. 이러한 기관이 편찬한 『초등소학』(1906)과 『고등소학독본』(1906)에서 드러난 본문 문체의 특성은 한글전용체와 국한문혼용체의 양립이었다. 학습대상이 초등과 고등으로 나뉘어 있어 당시 텍스트가 학습자를 고려하여 단계적으로 본문 문체가 실현된 것으로 이해할 수 있으며 학부의 정체성이 일제에 의해 통제를 받는 상황에서 애국계몽단체와 사립학교의 교과서 편찬은 '국어교과 독본류'의 발전사에서 의미 있는 연결 고리를 형성하고 있다고 할 수 있을 것이다.

---

11) 김찬기 편역(2012: 9~10)은 『고등소학독본』의 문체에 대해 한문 전통의 영향에서 완전히 벗어난 것은 아니지만 한문 문장이 구절 단위로 분리되거나 한문이 주로 단어의 형태로만 사용되어 국주한종체 문장이 일관되게 드러나는 국한문체 유형이라고 보고 있다.

4. 1907년~1909년 학부 편찬 및 개인 편찬 교과서의 중층적 문체

1907년부터 1909년은 '국어교과 독본류'의 편찬이 집중된 시기이다. 이 글에서 다루는 14종의 '국어교과 독본류' 중 9종이 해를 거듭하면서 이 시기에 편찬되었다. 그런데 이 시기의 '국어교과 독본류'를 살펴보면 편찬 주체에 따라 특이한 사항을 발견하게 된다. 학부가 편찬한『보통학교용 국어독본』(1907)을 제외하고는 편찬 주체가 바로 당대 지식인 '개인'이라는 점이다.12) 이 장에서는 학부를 포함한 대다수의 지식인 개인의 문체 의식이 이 시기 '국어교과 독본류'에서 학습자별로 어떻게 반영됐는지 살펴보기로 한다.

1) 여성을 위한 '국어교과 독본류'의 문체

근대계몽기 후반부 '국어교과 독본류' 편찬에서 중요한 특징 중 하나는 학습자를 여성에 한정하여 만든 텍스트 3종이 있다는 사실이다. 1908년에『여자독본』,『초등여학독본』,『부유독습』이라는 제목으로 '국어교과 독본류'가 간행되었다. 각 텍스트의 공통점은 그 학습자가 여성([+Female])이라는 점인 반면에 차이점은 제목에서 알 수 있듯이 학습자의 성격이 일반 여성, 초등 여성, 여성과 어린아이로 구체화되어 구별된다는 점이다. 근대가 도래하면서 여성도 계몽해야 할 대상으로 인식되자 여학교 설립, 여성계몽잡지와 신문 발행 등 여성에 대한 교육열은 날로 높아져 간다. 이러한 시대적 상황 속에서 그들을 위해 차별화된 '국어교과 독본류'가 필요했던 것이고

---

12) 이 시기의 '국어교과 독본류' 편찬 주체의 지배적 흐름은 학부→ 사립기관→ 지식인(개인)으로 교체돼 갔다.

그에 따라 각 텍스트도 다양한 문체를 드러낸다.

『여자독본』(1908)은 장지연의 저작으로 본문 문체는 한글전용체이다. 본문은 국문 중심이고 한자어 단어에 해당 한자를 병기하고 있어 국문 본위 국주한종체(國主漢從體)라고 할 수 있다. 전통적으로 한문(한자)은 양반 사대부 남성의 글이고 한글은 규방에 거처하는 여성의 글이라는 지배층의 문자 이데올로기를 바탕으로 여성들이 읽을 수 있다고 판단한 '한글'을 본문의 문체로 삼은 것이다. 즉, 여성들을 계몽하고 교육하고자 했던 목적으로 한글전용체를 지향한 셈이다. 이와 아울러 당대 일반 여성들이 한자에 대한 지식이 없을 것이라 판단하여 한자를 본문에 병기하고 각 과 말미에 그 한자를 복습할 수 있도록 한자 목록을 제시했다는 점에서 부수적으로 한자 연계 학습을 시도한 텍스트이다. 그러한 의미에서 이 교과서의 목적은 한글 습득이 아니었으며 근대적 신여성을 위한 근대 지식 교육에 초점을 맞췄다고 할 수 있을 것이다. 『여자독본』(1908) 하권의 경우 중국을 비롯한 서양 여성 중 모범이 되는 여성상을 선정함으로서 가정 안의 전근대적 여성이 아닌 국민의 일원인 사회적 여성을 소개한다.[13] 이러한

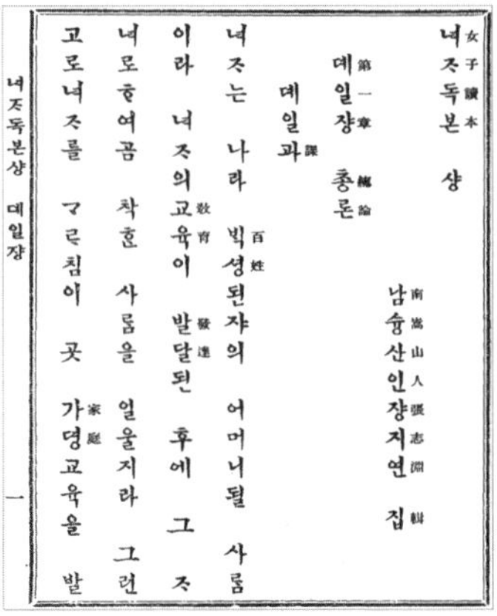
녀ᄌᆞ독본(女子讀本) 상

남숑산인(南嵩山人) 장지연(張志淵) 집(輯)

뎨일장(第一章) 총론(總論)

뎨일과(第一課)

녀ᄌᆞ는 나라 ᄇᆡᆨ셩(百姓)된쟈의 어머니될 사ᄅᆞᆷ이라 녀ᄌᆞ의 교육(敎育)이 발달(發達)된 후에 그 ᄌᆞ녀로ᄒᆞ여곰 착ᄒᆞᆫ 사ᄅᆞᆷ을 일울지라 그런고로 녀ᄌᆞ를 ᄀᆞᄅᆞ침이 곳 가뎡(家庭)교육을 발

녀ᄌᆞ독본상 뎨일장 一

〈그림 4〉『여자독본』

13) 『여자독본』 상권의 경우에는 독립적인 여성으로서의 삶을 소개하기보다 누구의 아내나 어머니로 가정 내의 여성을 소개하고 있으나 하권의 경우 1과에서 25과까지는 중국의 육형제도를 폐지시키는데 기여하거나 아버지 대신 전투에 참가하고 나라의 정사를 바로잡은 여성 등 주로 정치적, 사회적인 측면에 기여한 중국여성을 소개하고 있으며 26과부터는 프랑스혁명 때 공포정치를 한 장 폴 마라를 암살한 샤를로트, 프랑스 무정부당의 수장이 되는 루이스 미쉘, 잔다르크 등 더욱 진취적인 여성상을 제시하고 있어 기존의 전근대적 여성을 교육시키는 교과서로 보기

내용과 문체를 『여자독본』(1908)에서 효과적으로 융합하여 구현해냈다고 평가할 수 있을 것이다.

〈그림 5〉『초등여학독본』

그 반면에 『초등여학독본』(1908)의 본문 문체는 국한문혼용체이다. 한문 중심 구결체(현토체)가 본문에 먼저 나오고 아울러 그것을 한글전용체의 문장으로 번역하여 각 과마다 함께 싣고 있다. 같은 내용의 한문 중심 구결체(현토체)와 한글전용체가 짝을 이뤄 한 과를 구성하는 셈이다. 이러한 의미에서 이 텍스트는 중층적인 한문 본위 한주국종체(漢主國從體)의 성격을 띤다고 볼 수 있다. 본문에서 한문 중심 구결체(현토체)가 한글전용체보다 선행한다는 점과 한문 중심 구결체(현토체) 자체의 특성이 한주국종체(漢主國從體)라는 점이 그러하다.

따라서 이 텍스트는 『여자독본』(1908)과는 그 편찬 목적이 다를 수밖에 없다. 『여자독본』(1908)은 한자 학습 연계가 부수적인 것이지만 『초등여학독본』(1908)은 한자 학습 연계가 당위적으로 전제된 것이었다. 다시 말하면 한문 중심 구결체(현토체) 혹은 한주국종체(漢主國從體) 성격의 국한문혼용체가 당대를 지배하던 과도기적 언어 환경에서 초등 여학생들을 위한 한자 교육 및 한자 문식력은 필요했을 것이다. 그런 의미에서 『여자독본』(1908)이 내용 중심의 텍스트라면 『초등여학독본』(1908)은 본문 내용 학습은 물론이거니와 전통적인

는 어렵다. 또한 장지연은 『여자독본』을 출간하기에 앞서 잔다르크를 주인공으로 한 『애국부인전』을 발행한 것에서도 알 수 있는 바와 같이 당시 동아시아의 주요 화두였던 근대적인 여성교육에 부합하는 교과서로 『여자독본』을 간행했다고 파악할 수 있다.

한문 본위의 문체에 대한 학습을 강화하려는 목적을 함께 지니고 있다고 봐야 할 것이다. 『초등여학독본』(1908)을 저술한 이원긍은 국민교육회 회장을 지낸 인물로 국민교육회는 이미 『초등소학』(1906)을 출간한 이력이 있다. 『초등소학』(1906)의 경우는 한글전용체를 선택하지 않았지만 『초등여학독본』의 경우는 여성 교육의 특성을 살려 선택한 문체라는 것을 알 수 있다.

이 두 텍스트와는 달리 『부유독습』(1908)은 그 텍스트 머리말에 다음과 같은 필자 강화석의 언급이 보인다.

> "…빈한ᄒᆞ야 학교에셔공부ᄒᆞᆯ수 업거나 혹나히 이삼십되여 가ᄉᆞ에 얽ᄆᆡ여 공부ᄒᆞ기어려운 어린ᄋᆞᄒᆡ들이 집안헤잇서셔 혼자공부ᄒᆞ기위ᄒᆞ야 이ᄎᆡᆨ을 내여부인네와 동몽의게 일반분이라도 유조ᄒᆞ기를ᄇᆞ라ᄋᆞᆸ (…중략…) 이ᄎᆡᆨ이언문의 근본문법으로썻스니[14] 혹입으로닑기가 슌치안타고 혐의치말지어다 이제대개 두어슷흘 설명ᄒᆞ노니 비유컨대(이거시)라ᄒᆞ면 입이슌ᄒᆞ나 본문법이(이것이)니 이거슬 이거세 이거스로ᄒᆞᄂᆞᆫ것이다 (이것을)(이것에)(이것으로)ᄒᆞᄂᆞᆫ것이 본법인즉 말ᄒᆞᆯ제는 이거시 이거슬 이거세 이거스로 이러케 입을ᄯᆞ아ᄒᆞᆯ지라도 만일글노쓰면(이것이)(이것을)(이것에)(이것으로)이러케 쓰ᄂᆞᆫ것이올흘거시오…."

즉, 글을 모르는 여성과 어린아이를 위한 '국어교과 독본류'를 표방하고 있는데 이 텍스트의 본문 구성을 살펴보면 한자 학습에 초점을 맞추고 있다. 상권의 경우 학습 대상이 되는 한자의 음과 훈을 한글로 제시하고 그 한자에 대한 우리말 풀이 문장-메타언어로 한

14) 『부유독습』의 저자인 강화석은 머리말에서 중요한 언급을 하고 있다. 이 논문의 주제와 직접적으로 연관되는 것은 아니나 전통적인 음소주의 표기보다는 형태주의 표기가 옳다는 언급을 통해 자신의 저술이 '근본문법(형태주의적 표기법)'에 바탕을 두고 있음을 밝히고 있다.

글전용체를 사용하고 있다. 상권이 초보 학습자를 위한 것이라면 하권은 상대적으로 고급 학습자를 위한 것으로 한자에 대한 우리말 풀이 문장-메타언어로 국한문혼용체의 직역언해체를 기본 문체로 삼고 있다. 또한 하권에는 사자성어 한자 학습을 연계하는데 사자성어 한자에 한글 발음을 제시하고 그것을 한글전용체로 풀어주고 있다. 이 텍스트가 여성과 유년의 학습자를 위해 상권과 하권의 단계별 학습을 지향하고 있음을 알 수 있다.

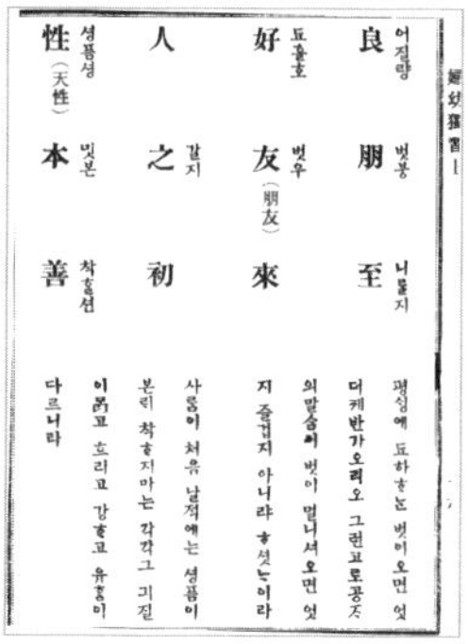

〈그림 6-1〉『부유독습』 상권　　〈그림 6-2〉『부유독습』 하권　　〈그림 6-3〉『부유독습』 하권

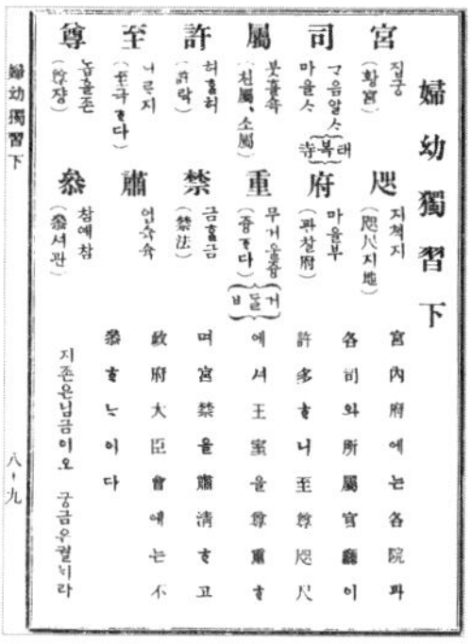

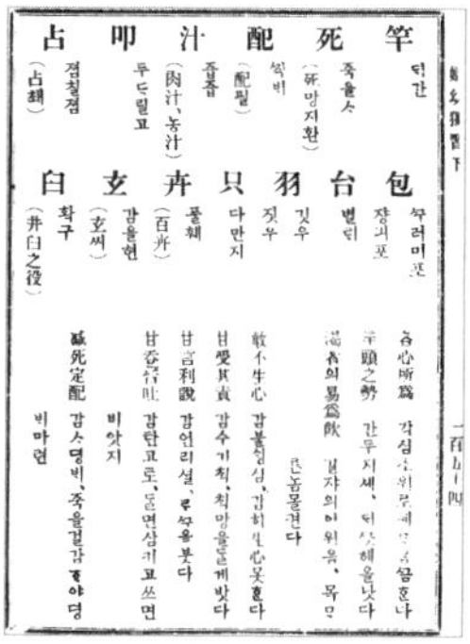

　이상의 논의를 통해 이 3종의 '국어교과 독본류'가 지향했던 문체의 방향은 다음과 같이 정리할 수 있다. 근대 계몽 교육에 초점을 맞춘 『여자독본』(1908)의 편찬 방식은 본문을 절대적으로 한글전용체로 유지했지만 『초등여학독본』(1908)은 국한문혼용의 한주국종체 문장의 번역으로 한글전용체를 이용하고 있다. 『부유독습』(1908)은 한자 및 한문 학습 연계에 바탕을 둔 것이지만 학습자의 한자 문식력을 고려하여 한글전용체 및 국한문혼용의 직역언해체 두 문체를 본문에 활용하고 있음을 알 수 있다.

2) 초등(유년) 학습자를 위한 '국어교과 독본류'의 문체

근대계몽기 후반부 '국어교과 독본류'의 또 다른 특징 중 하나는 학습자를 초등 및 유년에 한정하여 편찬한 텍스트가 전면적으로 등장했다는 것이다. 대략 4종의 초등(유년) 학습자를 위한 '국어교과 독본류'가 출간되었다. 1907년에 『보통학교 학도용 국어독본』이 학부에서 편찬되었고 『유년필독』은 현채가 저술하였으며, 1908년에는 『최신초등소학』을 정인호가, 1909년 『신찬초등소학』은 역시 현채가 저술하였다. 1895년 근대 소학교령이 공포된 후 초등 학습자를 위해 차별화된 '국어교과 독본류'가 필요했고 학부에서는 이미 근대계몽기 전반부에 『신정심상소학』(1896)을 편찬한[15] 바 있다.

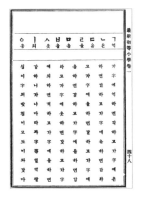

이 시기에도 학부에서 편찬한 독본류가 등장한다. 『보통학교 학도용 국어독본』(1907)이 그것인데 이 독본류는 개인이 아니라 학부가 편찬한 것이라 교과서의 체계성을 어느 정도 갖추고 있다. 특히 을사

---

15) 근대계몽기 전반부에 발간된 『신정심상소학』(1896) 역시 초등 학습자를 위한 '국어교과 독본류'이지만 1장에서 학부 편찬 교과서류로 다룬 바 있고 이 시기와는 시대적 간극이 있다는 점에서 이 장에서는 제외하기로 한다.

늑약 이후에 편찬한 독본류라는 점에서 일제의 영향을 받은 교과서로 알려져 있다.16) 말 그대로 자구만 정정한 채로 나중에 일제강점기에 출간된 『보통학교 학도용 조선어독본(자구 정정)』(1911~1913)으로 이어진다. 비록 학부가 편찬한 독본류 교과서이지만 일제의 간섭에서 자유로울 수 없는 텍스트라고 볼 수 있다.

무거운쇠。 가벼운털。
됴흔사람。 착ᄒᆞᆫᄋᆞᄒᆡ。
第十二課
하ᄂᆞᆯ이놉다。
하ᄂᆞᆯ이푸르다。
날이됴타。
일긔가됴타。
十四

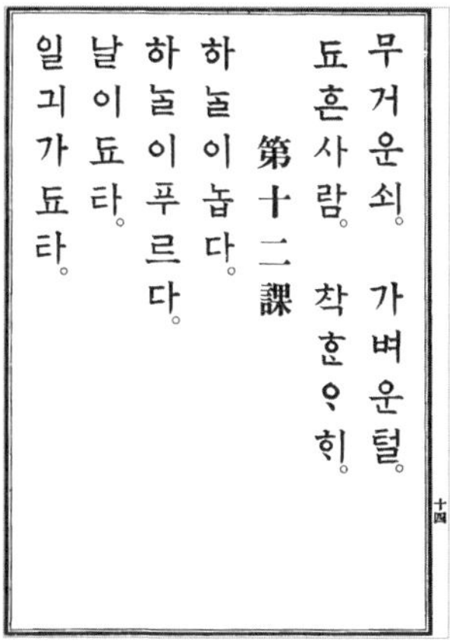

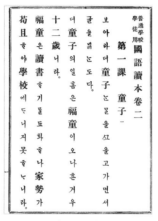

〈그림 8-1〉
『보통학교 학도용 국어독본』 권1

普通學校學徒用 國語讀本卷二
第一課 童子 一
보아라뎌童子ᄂᆞᆫ몸을ᄭᅳ을고가면서
글을닑ᄂᆞᆫ도다。
뎌童子의일홈은福童이오나흔겨우
十二歲니라。
福童은讀書ᄒᆞ기ᄅᆞᆯ됴화ᄒᆞ나家勢가
苟且ᄒᆞ야學校에ᄃᆞ니지못ᄒᆞᄂᆞ니라。

〈그림 8-2〉
『보통학교 학도용 국어독본』 권2

이 『보통학교 학도용 국어독본』(1907)의 본문 문체는 중층적이다. 권1부터 권8까지 살펴보면 단계별 문체의 다양성을 엿볼 수 있다.

---

16) 『보통학교 학도용 국어독본』은 1907년 학부에서 편집하고 대일본도서주식회사에서 인쇄한 교과서이다. 당시 교과서 편찬을 주도했던 것은 미쓰치 주조(三土忠造)로 그는 동경사범학교를 수석으로 졸업하고 모교 교수를 하던 중 이토 히로부미(伊藤博文)의 눈에 들어 학부 학무국에서 교과서 편찬 주임을 담당하게 되었다. 을사늑약 이후에 발간된 교과서인 탓에 임나일본부설이나 진구황후(神功皇后)의 이야기가 실리는 등 내용상 많은 문제점을 내포하고 있다. 당시 신화 상의 인물이었던 진구황후가 일본 왕실족보에 오르게 되고, 진구황후의 화폐가 발행되는 등 역사 왜곡은 철저히 일본 정부 중심으로 주도되었다. 이러한 일본 내의 움직임이 조선 침략을 위한 수단으로 대한제국의 교과서에 반영되었다는 것을 알 수 있다.

권1은 극히 일부 한자가 본문에 노출돼 있지만 한글전용체이다. 그러나 권2부터 권4까지는 국문 중심의 국한문혼용체로 의역언해체에 해당한다. 그리고 권5부터 권8까지는 역시 국한문혼용체이지만 한문을 중심으로 한 직역언해체의 문체 구성이다. 이를 통해서 알 수 있는 것은 이 독본류가 한 텍스트 안에서 한글전용체, 국한문 의역언해체, 국한문 직역언해체의 순서로 단계별 문체 변화의 양상을 보여주는 최초의 학부 편찬 독본류에 해당한다는 점이다. 이미 언급한 바 있는 근대 계몽기 초 학부 편찬 『국민소학독본』(1985)이 국한문 직역언해체로 관찬된 이후 10여 년이 흘러가면서 국어교과 독본류 문체가 발전했다고 볼 수 있을 것이다.

이러한 문체 변화 및 발전과 아울러 이 『보통학교 학도용 국어독본』(1907)에서 주목할 점은 권1에서 한글 자모와 반절표(음절표)가 체계적으로 등장한다는 것이다. 자모는 권1 서두에, 반절표는 권1 말미에 '국문철자'라는 제목으로 등장하면서 이 텍스트 권1이 한글 자모, 기초 어휘, 기본 문형 습득에 초점을 두고 있음을 알 수 있다. 학습자가 보통학교 학도라는 점을 염두에 둔 것으로 판단되며 독본의 이러한 구성은 보통학교 저학년 학도를 위해 한글이 교육의 중심에 위치하고 있음을 증명하고 있는 것이다.

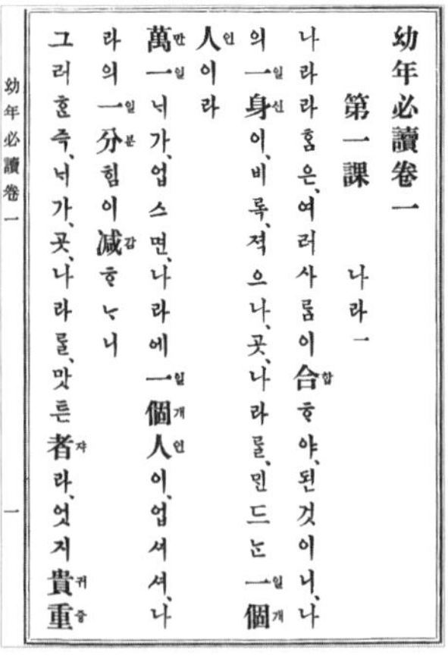
幼年必讀卷一 一

幼年必讀卷一

第一課 나라一

나라라ᄒᆞᆷ은、여러사ᄅᆞᆷ이合(합)ᄒᆞ야、된것이니、나의一(일)身(신)이、비록、적으나、곳、나라ᄅᆞᆯ、ᄆᆡᆫ드ᄂᆞᆫ一(일)個(개)人(인)이라

萬(만)一(일)ᄂᆡ가、업스면、나라에一(일)個(개)人(인)이、업셔셔、나라의一(일)分(분)힘이減(감)ᄒᆞᄂᆞ니

그러ᄒᆞᆫ즉、ᄂᆡ가、곳、나라ᄅᆞᆯ、맛ᄐᆞᆫ者(자)라、엇지貴(귀)重(중)

〈그림 9〉『유년필독』

학부가 편찬한 독본류와는 달리 이 시기 현채가 편찬한 『유년필독』(1908)의 본문 문체는 국한문혼용체이다. 텍스트 제목에서 알 수 있듯이 '유년'의 학습자를 위한 독본류이다. 본문은 국문 중심이고 간혹 등장하는 한자어 단어에 해당하는 국문을 한자음 발음으로 병기하고 있어 국문 본위 국주한종체(國主漢從體)이면서 의역언해체라고 할 수 있다.

『여자독본』(1908)이 한글전용체를 바탕으로 국문 한자어에 해당 한자를 병기한 것도 본문 문체 구성에서 드문 방식이지만 국한문혼용체에 국문을 병기하여 한자에 대한 독음을 제공하는 『유년필독』(1908) 역시 이 시대에 보기 드문 본문의 문체 구성이다. 권1에서 권4로 갈수록 한자 노출이 더 빈번해지면서 내용 역시 어려워지지만 텍스트 전체에서 일관되게 해당 한자에 국문 한자음을 표기해 준다는 점에서 학습자의 독본 이해를 위해 그 편의를 제공한다는 특징을 갖는다. 다만『보통학교 학도용 국어독본』(1907)과 같이 한 텍스트 안에서 중층적인 문체를 보여 주고 있지는 않다.

이 시기 초등(유년) 학습자를 위한 '국어교과 독본류' 중에는 학부 편찬『보통학교 학도용 국어독본』(1907)과 같이 그 나름의 체계를 갖추고 있는 두 독본류가 있다. 그 하나는 정인호가 편찬한『최신초등소학』(1908)이고 다른 하나는 현채가 편찬한『신찬초등소학』(1909)이다. 현채는 이미 위에서 언급한 바와 같이『유년필독』(1908)도 저술한 바 있으나『신찬초등소학』(1909)은『유년필독』(1908)에 비해 교과서의 정합성을 내재하고 있다. 따라서『보통학교 학도용 국어독본』(1907)이 정부가 주도한 관찬 '국어교과 독본류'의 성격이라면『최신초등소학』(1908)과『신찬초등소학』(1909)은 그에 대응하는 개인 편찬 '국어교과 독본류'에 해당한다.

이 두 텍스트의 본문 문체를 살펴보면 흥미로운 사실을 발견할 수 있다.『보통학교 학도용 국어독본』(1907)과 마찬가지로 전체 텍스트의 문체가 단계별로 다르게 구성돼 있어 중층적이라는 점이다.『최신초등소학』(1908)의 경우 크게 한글전용체와 국한문혼용체 중 의역언

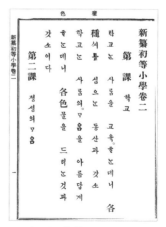

〈그림 10〉『신찬초등소학』

해체 두 문체를 모두 보여 준다. 극히 일부 한자를 제외하고 권1의 전반부는 한글전용체의 문체를 유지하면서 후반부로 갈수록 한자의 노출 빈도가 많아지고 의역언해체를 중심으로 한 국한문혼용체의 본문 문체를 드러낸다. 당연히 권2부터는 국한문혼용의 의역언해체로 일관되게 본문을 서술하고 있다.

『신찬초등소학』(1909)은 좀 더 중층적이라고 할 수 있는데 권1에서는 자모와 음절 그리고 단어 학습이 목적이기는 하나 기본적으로 한글전용체를 근간으로 하고 있다. 권2부터 권4까지는 국한문혼용의 의역언해체 본문 구성이다. 그리고 권5부터 권6의 문체는 한자의 노출 빈도가 많아지면서 국한문혼용의 직역언해체이다. 『보통학교 학도용 국어독본』(1907)과 같이 당시를 지배하던 세 문체가 학습자를 고려하여 문체의 난이도에 따라 단계별로 나타나 있다. 그리고 또 다른 편찬자의 의도를 파악해 볼 수 있는 것이 한자를 바라보는 시각인데 다른 독본류와는 달리 권1부터 권6까지 각 권마다 그 말미에 교수된 한자 일람표를 제시하고 있다. 학습자가 반드시 학습해야 할 한자의 필요성을 본문 속에 반영한 편찬자의 의도라고 이해할 수 있을 것이다.

『최신초등소학』(1908)과 『신찬초등소학』(1909) 역시 『보통학교 학도용 국어독본』(1907)과 마찬가지로 권1에서 한글 자모와 반절표(음절표)가 체계적으로 등장한다. 그 배열은 각 과 혹은 권1의 말미에 제시돼 있지만 학습자가 국문을 처음 배운다는 전제를 한 것으로 어휘 학습의 경우는 삽화와 함께 친절한 교과서의 면모를 갖추고 있다. 특히 『최신초등소학』(1908)의 경우 권1에서는 '教師用'이라는 난을 두어 '하루 공과(1과)'에서 '시무여들애 공과(28과)' 사이에 교사가 참고할 만한 내용을17) 본문 상단에 아울러 병기해 놓아 교수자를

---

17) 『최신초등소학』(1908)의 저자인 정인호가 언급하고 있는 권1의 국문 자모, 초중

위한 배려도 잊지 않은 점이 특기할 만하다.

　요컨대 이 시기 초등(유년) 학습자를 위한 '국어교과 독본류'의 문체 특징과 경향은 대체로 다음과 같이 정리할 수 있다. 그 첫 번째는 각 텍스트의 권1은 한글전용체가 근간을 이루며 본문 문체를 구성하고 있다는 점이고 그것은 최소한 당대 초등(유년) 독본류에 정착된 측면이 있었다. 두 번째는 한 텍스트 안에서 학습자의 문식력을 전제한 단계별 문체의 중층적 변화가 엿보인다는 점에서 과도기적 문체의 특징을 읽어낼 수 있다. 마지막으로 학부 중심의 '국어교과 독본류'와 개인 편찬 중심의 '국어교과 독본류'가 각각 교과서의 틀을 어느 정도 갖추면서 언어 교육의 체계성을 드러냄으로써 근대계몽기 전반부의 독본류와는 질적으로 다른 양상을 띠고 있었다는 점을 강조하고자 한다.

3) 일반 국민을 위한 '국어교과 독본류'의 문체

　이 시대 '국어교과 독본류'의 학습 대상은 '초등(유년)'에만 국한할 수 없었다. 그런 의미에서 '국어교과 독본류' 역사의 시작에서 가장 의미 있는 것은 교육의 대상인 '국민'의 탄생이었다. 대한제국이라는 울타리 안에 같은 언어와 문화를 향유하는 국민은 국가를 구성하는 주체가 되고 이러한 구성 주체를 적극적으로 계몽하고 교육하는 것이 대한제국의 당면 과제가 된다. 그러나 이러한 '국민'이 모두 제도권으로 편입되어 교육을 받을 수 있는 것은 아니었다. 이에 발 빠르게 움직인 것이 바로 계몽사상가들이라고 할 수 있다.

　이 시기 출간된 대표적 '국민' 교과서로는 『노동야학독본』을 들

종성의 명칭 및 음절 의식은 『훈몽자회』(1527) 이래로 계승된 한글 자모에 대한 의식을 독창적으로 수용한 측면이 있다. 이에 대한 논의는 후고로 미루고자 한다.

수 있다. 『노동야학독본』은 유길준이 1908년 경성일보사에서 간행한 것으로 1909년 1월 26일 ≪황성신문≫에 게재된 광고를 살펴보면 다음과 같다.

> 國家의根本的되는勞動諸君의德性을涵養ᄒᆞ고知識을啓發ᄒᆞ기爲ᄒᆞ야簡明摯切히著述ᄒᆞ온바但히勞動諸君만敎育ᄒᆞᆯ섇아니라普通學識이優裕ᄒᆞᆫ同胞도老少를勿論ᄒᆞ고 淸覽에可供ᄒᆞᆯ만ᄒᆞ오니 僉彦은速購ᄒᆞ시ᄋᆞᆸ

위의 인용문에서 알 수 있는 바와 같이 『노동야학독본』은 노동자뿐만이 아니라 남녀노소를 불문하고 보통교육을 받지 못한 이들을 위해 저술한 교과서임을 알 수 있다. 『노동야학독본』의 가장 큰 의의는 "노동에 대한 기존의 인식을 버리고 대중이 노동의 의의와 노동자의 존재 가치를 깨닫도록"(조윤정 편역, 2012) 하는데 있는 것으로 앞으로 대한제국을 이끌 국민을 위해 편찬한 학습서로 파악할 수 있을 것이다.

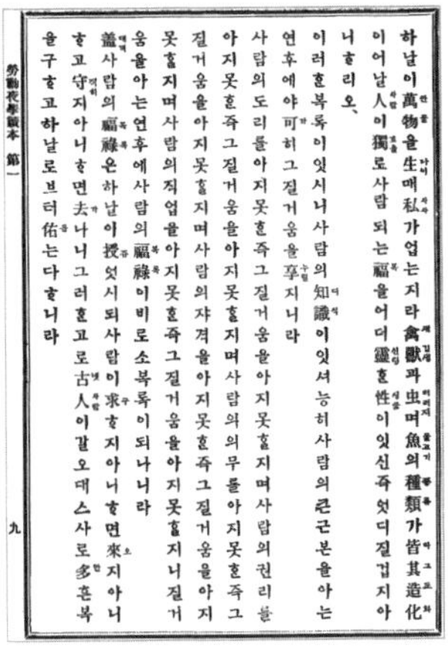
勞動夜學讀本 第一

하날이萬物을生매私가업는지라禽獸과虫며魚의種類가皆其造化
이어날人이獨로사람되는福을어더靈ᄒᆞᆫ性이잇신즉엇더질겁지아
니ᄒᆞᆯ리오、
이러ᄒᆞᆫ복록이잇시니사람의知識이잇셔능히사람의큰근본을아는
연후에야可히그질거움을享지니라
사람의도리를아지못ᄒᆞᆫ즉그질거움을아지못ᄒᆞᆯ지며사람의권리를
아지못ᄒᆞᆫ즉그질거움을아지못ᄒᆞᆯ지며사람의의무를아지못ᄒᆞᆫ즉그
질거움을아지못ᄒᆞᆯ지며사람의쟈격을아지못ᄒᆞᆫ즉그질거움을아지
못ᄒᆞᆯ지며사람의직업을아지못ᄒᆞᆫ즉그질거움을아지못ᄒᆞᆯ지니질거
움을아는연후에사람의福祿이비로소복록이되나니라
蓋사람의福祿온하날이授엿시되사람이求ᄒᆞᆯ지아니ᄒᆞ면來지아니
ᄒᆞ고守지아니ᄒᆞ면去나니그러ᄒᆞᆫ고로古人이갈오대ᄉᆞ사로多ᄒᆞᆫ복
을구ᄒᆞ고하날로브터佑는다ᄒᆞ니라

九

〈그림 11〉『노동야학독본』

그런데 문체와 관련하여 저자 유길준은 교과서를 집필할 당시 한문은 폐지하는 것이 마땅하나 한자는 빌려 쓰는 것이 더 낫다는 견해(강명관, 1985: 228~229 참조)를 갖고 있었다. 『노동야학독본』은 국한문혼용체를 바탕으로 한 의역언해체이다. 국주한종체를 택하여 저자의 이러한 생각이 문체 표기에 반영된 것을 알 수 있는데 특이한 점은 한자 옆에 음독 내지는 훈독을 병기했다는 것이다. 만물(萬物), 종류(種類)와 같이 두자로 된 한자어는 음독으로, 생(生), 어(魚)와 같은 한 글자의 한자어는 훈독을 병기하여 학습자들이 한자를 읽고

해독하는 데 무리가 없도록 배려하였다.

이는 일찍이 심재기(1999)에서 지적한 바와 같이 "일본 것을 흉내 낸 훈독식 국한문혼용"(심재기, 1999: 95)으로 파악할 수는 있을 것이다. 음독 대상 한자어는 당시 조선어 어휘 체계에 들어온 것으로 그 독음을 달아 주었고 훈독 대상 한자어는 당시 조선어 어휘 체계가 아니기 때문에 훈독으로 풀어 주었다. 그러나 이러한 부분이 일본의 표기와 전적으로 일치한다고 보기는 어렵다. 메이지시기 일본의 표기는 한자문에서 한자와 가나 혼용문으로 바뀌면서 루비(ルビ, 한자 읽는 법)가 절대적으로 필요하게 된다. 그 이유는 당시 상당수의 취음자(当て字)가 사용되었던 관계로 루비를 병기하지 않으면 읽는 법이나 글쓴이의 의도가 잘 전달되지 않는 문제점이 발생하기 때문이다(沖森卓也, 2010 참조). 그로 인해 일본의 국어 독본은 한자의 자형에 상당한 변형이 보여 시기별로 한자의 자체 확정에 따라 교과서를 편찬하였으며(佐藤喜代治 편, 1989 참조) 이로 인해 루비의 성격은 그 독립성을 잃고 점차 조어 요소의 역할을 담당하게 되었다. 표면적으로는 일본식 표기를 흉내 낸 것이라고 할 수 있지만 『노동야학독본』에서는 한자의 훈독을 병기하여 대한제국의 '국민'들 중 노동자들이 그 소양18)을 함양하는데 도움을 주고자 노력했던 흔적을 발견할 수 있다. 당시 '국어교과 독본류'에서는 보기 어려운 본문 문체 구성 방식이었던 것은 명확한 사실이다.

1909년에 발간된 『초목필지』는 경학원 사성을 지낸 정윤수19)가 편찬한 학습서로 교과서명에서 알 수 있는 바와 같이 땔나무를 장만하고 가축을 키우는 초목이 반드시 알아야 할 사항을 망라한 것이

---

18) 『노동야학독본』은 사람의 도리와 직업의 개념부터 국민으로서 노동을 해야 하는 의무와 그 거룩함을 언급하고 이것을 부국강병이나 문명화의 원천으로 연결하여 노동자가 자신의 일에 자부심을 갖도록 집필한 교재이다.

19) 鄭崑秀로 저자 이름을 표기한 일부 연구서들도 있으나 鄭崙秀가 바른 표기이다.

그 특징이다.[20] 당시 『초목필지』의 광고를 살펴보면 다음과 같다.

> 此冊은 國內 樵童牧竪의 知識을 啓發키 爲ᄒᆞ야 編輯ᄒᆞᆫ 者인ᄃᆡ 文理가 甚히 淺近ᄒᆞ고 意義가 甚히 明瞭ᄒᆞ야 雖敎師가 無ᄒᆞ야도 可히 獨習曉解ᄒᆞ오[21]

위의 인용문에서 알 수 있는 바와 같이 지식을 개명하며 문장을 쉽고 명료하게 편집하여 독학이 가능한 교재로 소개하고 있다. 이는 근대 교육시스템에 편입되지 못한 이들이 일상생활에서 취득해야만 하는 정보와 한자를 기술하여 무리 없이 독학할 수 있는 교과서로 편찬한 것이다. 이러한 취지에 맞게 『초목필지』의 문체는 국한문혼용체 중에서 의역언해체로 국주한종체의 성격이다. 또한 학습할 한자어를 국문과 병기한 뒤 한 과를 마무리할 때 한자의 음과 훈을 제시하여 한자의 실용적인 사용례를 본문에서 보여 준다. 이는 한자 학습과 더불어 학습자가 기초적인 소양을 함양하는 데 그 초점을 두었다고 할 수 있다.

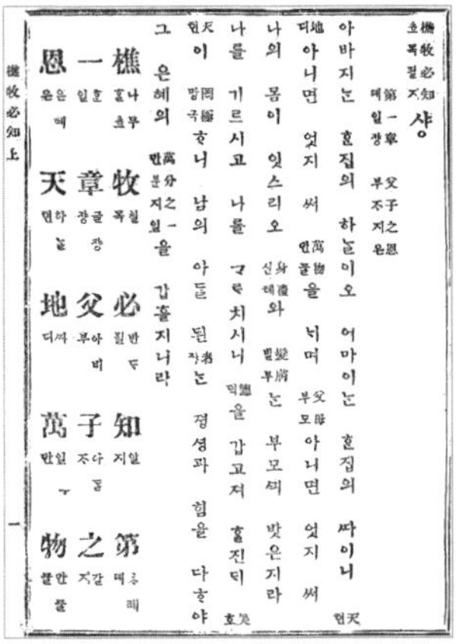
樵牧必知 샹

第一章 父子之恩

아바지는 ᄒᆞᆫ집의 하ᄂᆞᆯ이오 어마이는 ᄒᆞᆫ집의 ᄯᅡ이니 天地 아니면 엇지 써 萬物을 ᄂᆡ며 父母 아니면 엇지 써 나의 몸이 잇스리오 身體와 髮膚는 부모씌 밧은지라 나를 기르시고 나를 ᄀᆞᄅᆞ치시니 德을 갑고져 ᄒᆞᆯ진ᄃᆡ 昊天이 罔極ᄒᆞ니 남의 아ᄃᆞᆯ 된 者는 정셩과 힘을 다ᄒᆞ야 그 은혜의 萬分之一을 갑흘지니라

樵 牧 必 知 第 一 章 父 子 之 恩 天 地 萬 物

樵牧必知 上

〈그림 12〉『초목필지』

이상의 논의를 통해 이 2종의 '국어교과 독본류'가 지향했던 문체의 방향은 다음과 같이 정리할 수 있다. 학습자가 제도권 내로 편입되어 교육을 받을 수 없는 계층임을 감안하여 국한문혼용체를 기반

20) 초목이라 함은 땔나무를 장만하고 가축을 키우는 어린 아이를 지칭할 수도 있으나 교과서의 내용을 구체적으로 살펴보면 전근대적 유교 중심의 생활 윤리부터 국민의 의무와 애국, 행정기관, 각종 법률에 관한 위반 사항과 처벌 기준 등 상당히 많은 정보가 망라되어 있어 초등용 교재라고 판단하기 어렵다.

21) 1909년 6월 25일 ≪황성신문≫ 광고.

으로 한 의역언해체인 국주한종체를 채택하고 국민으로서의 소양
교육을 위해 한자를 국문과 병기하여 내용 전달에 주력한 문체라고
할 수 있으며 원활한 의미 전달을 위해 음독 내지는 훈독을 탄력적으
로 병기했다는 것을 두 텍스트를 통해서 알 수 있다.

5. '국어교과 독본류' 교과서의 문체 변화와 한글 의식

이러한 분석을 바탕으로 14종의 교과서 본문 문체를 시기별로 귀
납하면 다음 표와 같다.

다음의 표22)에서 알 수 있는 바와 같이 근대계몽기 '국어교과 독
본류'의 문체는 다양한 양상을 띠고 있다. 그러나 전근대적 교육의
영향인 한자와 갑오경장 이후의 국문이 융합된 형태인 국한문혼용
체가 지배적인 문체임을 확인할 수 있었다. 그럼에도 불구하고 근대
계몽기 후반부인 1906년 이후부터는 한글전용체가 각 '국어교과 독
본류'의 권1에 자주 사용되었고 한 텍스트 안에서 다양한 문체가 각
권을 거듭할수록 단계별로 구현되었음을 알 수 있다. 그것은 여성
학습자와 초등 학습자를 위한 교육과 계몽의 수월성을 위한 조치였
다고 이해된다. 이 학습자들이 더 이상 교육의 대상에서 벗어날 수
없는 시대적 요청이기도 했던 것이다.

이러한 의미에서 당대 문체의 과도기적 혼용은 교과서의 학습 대
상인 국민, 초등(유년), 여성의 문식력에 차이가 있다고 판단하여 그

---

22) 이 항목에 매긴 번호는 본문 제1절에서 구분한 ① 국한문혼용체-한문 중심 구결
체(현토체)-한문 본위 한주국종체(漢主國從體), ② 국한문혼용체-한문 중심 직역
언해체-한문 본위 한주국종체(漢主國從體), ③ 국한문혼용체-국문 중심 의역언해
체-국문 본위 국주한종체(國主漢從體), ④ 한글전용체-국문 중심의 한자병용체-
국문 본위 국주한종체(國主漢從體)를 의미한다.

교과서명	연도	편찬자	문체[28]	한글자모	한자연계	비고
국민소학독본	1895년	학부	②			
소학독본	1895년	학부	②			본문에 협주 노출
신정심상소학	1896년	학부	③	반절표		근대계몽기 교과서 중 처음으로 음절표 제시
초등소학(상하)	1906년	국민교육회	④+②	반절표		단계별 본문 문체 변화
고등소학독본	1906년	휘문의숙	②			
유년필독	1907년	현채	③			한글 주음
보통학교 학도용 국어독본(상하)	1907년	학부	④+③ +②	자모/ 반절표		단계별 본문 문체 변화
여자독본	1908년	장지연	④		한자학습	한자 병기
초등여학독본	1908년	이원긍	①+④			
부유독습	1908년	강화석	④+②		한자학습	
최신초등소학	1908년	정인호	④+③	자모/ 자모명칭 /반절표		
노동야학독본	1908년	유길준	③+④			한자 음/ 훈독 표기
신찬초등소학 (상하)	1909년	현채	④+③ +②	자모/ 반절표	한자목록	
초목필지	1909년	정윤수	③		한자학습	

에 따라 변별적으로 제시하고자 했던 각 편찬자들 노력의 일환으로 이해할 수 있다. 다른 한편으로 그것은 과도기적 시대의 한글 의식의 난맥상이라는 자기 한계를 가지고 있기도 하다. 제대로 된 어문규범이 존재하지 않는 상황에서 정부와 각 개인 저술가들이 펼치고자 했던 문체, 학습자, 한자 및 한문의 길항 관계는 궁극적으로 한자 및 한글 사이의 주도권 교체와 신규범의 필요성이 잠재적으로 부각되는 상황이기도 했던 것이다.

그러나 일제에 국권을 넘겨주고 총독부의 주도 하에 새로운 시대에 지향해서는 안 되는 규범[23]이 성문화되고 그것과 함께 '국어'가 '조선어'로 격하되는 과정을 경험하면서 '국어교과 독본류'의 편찬과 체계는 우리가 원하는 방식과는 거리를 두고 전개될 수밖에 없었다. 국어의 지위에서 조선반도 '방언'의 지위로 규정된 당시 '조선어' 교과서는 그 내용에서 식민지 조선의 한계를 드러냈으며 일제의 조선어 학습 방침에 따라야 했다. 교과서 문체 및 교과서 체계의 발전과는 별도로 일제가 지배하는 근대 교육의 기형적 패러다임에 종속되는 처지가 된 것이다.

---

23) 1912년 조선총독부의 관할 아래 제정된 〈보통학교용 언문철자법〉을 가리킨다.

실험기에 놓인 한글 문체의 변화

: 『신찬초등소학』(1909)을 중심으로

최석재(경희대학교 경영대학 학술연구교수)

1. 새롭게 사용되는 한글

개화기는 한국 역사에서 많은 변화가 있었던 시기이다. 이전 시기에는 대부분의 사상, 지식, 문화가 오직 중국을 통해서만 유입되다가 개화기 때부터는 그 통로가 전 세계로 넓혀졌고, 그 들어오는 문물은 이전의 경험 및 가치관과는 사뭇 다른 것이었다. 이러한 변화의 흐름은 글쓰기 방식도 새롭게 변화하기를 요구하였다. 한자만을 이용하여 글을 쓰던 순한문체 글쓰기 양식은 소수의 지식인만이 어렵게 사용할 수 있던 것으로서 실용성과 대중성이 중요해진 개화기에는 적절하지 않아, 보다 많은 사람이 쉽게 누릴 수 있는 새로운 글쓰기 방식이 필요하였던 것이다. 여기에 세종 때 창안되어 근근이 계승되어 오던 한글은 이를 해결해 줄 요소를 많이 가지고 있었다. 한글은 우리 언어 구조에 잘 부합하므로 생각을 잘 전달할 수 있으며, 소리를 반영하는 음소문자이어서 새로운 어휘를 나타내기가 좋고, 무엇보다 배우기가 쉬워 누구나 이용할 수 있기 때문이다. 더군다나 1894년 고종의 칙령에 의해 한글의 공식적 사용이 선포된 이후에는 한글의 사용은 피하려야 피할 수 없는 것이기도 하였다.

그러나 본격적으로 사용해 본 적이 없는 문자를 새로이 사용하기란 쉬운 일이 아니다. 비록 한글이 우리의 입말을 따라 쓰면 되는 것이라고 하여도 우리가 일상에서 사용하는 언어를 문자로 그대로 옮겨 놓을 수는 없다. 그 글이 공식적 성격을 가질 때에는 더욱 그러하다. 문자로 남겨져 오랜 시간 많은 사람들에게 보일 글이라면 어떤 면에서든지 체계적이고, 정형화된 모습을 보여야 하기 때문이다. 이들의 고민은 중국어에는 거의 존재하지 않는 우리말의 접사를 표현해야 했을 때 더욱 깊어졌을 것이다. 중국어는 고립어로서 대개 실질형태소만으로 구성되어 있지만 우리말은 교착어로서 많은 어미와 조사가 들러붙는다. 그리고 이들을 어떻게 사용하느냐에 따라 말의 의미와 격조는 크게 달라진다. 한글을 거의 사용하지 않았던 당시의 사람들에게 한글로 내용의 정확함과 문장의 품격을 유지하기란 쉬운 일이 아니었을 것이다.

그러므로 개화기는 글쓰기에 있어서도 일대 혼란이자, 혁명의 시기였다. 사람들은 이제 새롭게 전통을 세워 나가야 했다. 이전에 교육받은 것은 최대한 활용하고 새롭게 보고 들은 바는 가급적 수용하면서, 한글로 우리의 생각을 적절하게 표현하여야 했다. 더욱이 지식 계층은 그 표현 방법을 대중에게 제시할 수 있어야 했다. 따라서 본 글은 개화기에 쓰인 문장을 조사함으로써 당시 저자들이 한글을 이용한 글쓰기를 어떻게 시작하고, 어떻게 자리 잡아 갔는지를 보고자 한다. 실질적인 의미에서 최초의 국한문체 문헌인 유길준의 『서유견문』(1895)을 통해 한글 사용의 시작을 알아보고, 이후 간행된 현채의 『신찬초등소학』(1909)을 통해 그 변화의 과정을 파악하고자 한다. 이는 우리글의 형성이 어떠한 과정을 거쳐 이루어졌는지를 가늠하게 해 줄 것이다.

2. 차자표기의 전통으로부터

우리글의 모습은 유길준의 『서유견문』(1895)으로부터 새로운 전기를 맞이하고 있었다. 한글은 창제 이후 간간이 사용되기는 하였지만 일부 국가적 사업이나 개인적 글쓰기에서나 사용되었을 뿐, 문인들에게 정통 표기 수단으로는 대접을 받지 못하고 있었다. 그런데 『서유견문』은 당대의 주요 지식인이 저자이며, 대중에게 읽힐 목적으로 집필되었으면서도 한글의 사용이 이루어진 문헌으로서 최초의 국한문체이자, 언문일치의 효시로 평가받는다. 『서유견문』은 다음과 같이 시작한다.

(1) 성상어극(聖上御極)ᄒ신 십팔년 신사춘(十八年 辛巳春)에 내(余)가 동(東)으로 일본(日本)에 유(遊)ᄒ야 그 인민(其人民)의 근려(勤勵)ᄒ 습속(習俗)과 사물(事物)의 번식(繁殖)ᄒ 경상(景像)을 견(見)흠이 절료(竊料)ᄒ 든배 아니러니 급기중국(及其中國)의 다문박학(多聞博學)의 사(士)를 종(從)ᄒ야 논의창수(論議唱酬)ᄒᄂ 제(際)에 기의(其意)를 국(掬)ᄒ고

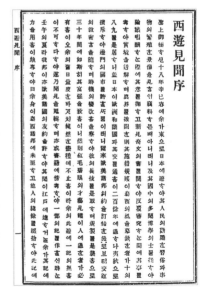

한자와 함께 한글이 사용되어 이전 시기의 한자만으로 이루어진 순한문체와는 차별을 갖는다는 점이 글쓰기 양식에 있어 『서유견문』이 갖는 큰 의의이다. 그런데 한글이 사용된 어휘는 매우 제한적이다. '아니다'를 제외하면 한글은 실질형태소에는 사용되지 않고 형식형태소에만 사용되

고 있다. 한글로 쓰인 '-ᄒᆞ신, -ᄒᆞ야, -ᄒᆞᆫ, -ᄒᆞᆷ이, -ᄒᆞᆫ배, -ᄒᆞ야, -ᄒᆞᄂᆞ, -ᄒᆞ고'는 모두 어미에 해당하고, '에, 가, 으로, 의, 과, 을, 를' 은 모두 조사로서 실질적인 의미를 갖지 못하는 어휘에만 한글 사용 이 이루어지고 있는 것이다.

이전에는 한글의 사용이 거의 이루어지지 않았으므로 아직 한글의 사용량이 적은 점은 쉽게 이해할 만하다. 그런데 한글의 사용이 유독 형식형태소에만 집중된 점은 비판의 대상으로 보이기도 한다. 어휘 의 비중은 아무래도 형식형태소보다는 실질형태소가 더 큰데, 적은 비중의 형태소에만 한글의 사용이 이루어진 것은 아무래도 저자가 한글을 한자에 비하여 낮은 위치에 있는 것으로 본 것이 아닌지 하는 의심을 들게 하는 것이다. 더 큰 문제는 이 영향으로 개화기에 쓰인 이후의 상당수 문헌들은 『서유견문』과 유사한 문체를 가졌다는 점이 다. 한글을 거의 사용하지 않았던 대다수의 저자들은 『서유견문』의 문체를 한글을 사용하는 글쓰기의 한 모범으로 삼았던 것이다.

이에 김종택(1985)은 이러한 양식의 글쓰기가 유행하였던 개화기 를 한글의 역사에서 '타락과 오염의 시기'라고 하였으며, 민현식 (1994가: 42)은 다음 (2)와 같은 문체와의 비교를 통하여 『서유견문』 류의 문체를 '타락한 문체'라고 비판하였다.

(2) 해동(海東) 육룡(六龍)이 ᄂᆞᄅᆞ샤 일마다 천복(天福)이시니. 고성(古 聖)이 동부(同符)ᄒᆞ시니

(2)는 『서유견문』보다 450년 전인 1445년에 국가적 사업으로 편찬 된 『용비어천가』의 첫 부분이다. 『서유견문』보다 훨씬 오래 전에 편 찬되었음에도 한자의 사용량이 적고, (1)과는 달리 'ᄂᆞᄅᆞ샤', '일마다' 에서와 같이 실질형태소에도 한글이 사용되었다. 『서유견문』에서라 면 이 부분을 '비(飛)ᄒᆞ샤', '사(事)마다'와 같이 한자로 표현하였을 것

이다. 따라서 오히려 이전 시기에는 실질형태소에도 한글이 사용되었는데, 개화기에 이르러는 비중이 상대적으로 낮은 형식형태소에만 한글이 사용되었으므로 이 시기의 문체를 퇴보한 문체라고 볼 수도 있는 것이다.

그러나 이는 한글의 사용을 단순한 연대기적 관점에서 보았기 때문이다. 『서유견문』류의 국한문체 전통은 『용비어천가』가 아니라 한글이 창제되기 전부터 한자를 이용하여 고유어를 표현하려던 차자표기의 전통에서 찾는 것이 합당하다.

(3) 상계이환(像季已還)阝 도술기열(道術既裂)ソ阝 명심지사(明心之士)丶 망인녹진(妄認綠塵)ソ阝 위물(爲物)ラ 소전(所轉)ソ尔

(4) 상계이환(像季已還)애 도술(道術)이 기열(既裂)ᄒᆞ야 명심지사(明心之士)ㅣ 망인녹진(妄認綠塵)ᄒᆞ야 위물(爲物)의 소전(所轉)ᄒᆞ며

(3)은 13세기 후반에 차자표기인 구결이 사용된 『능엄경』이다. 차자표기는 기본적으로 실질형태소와 형식형태소를 분리하여 파악한다. 향찰은 실질형태소와 형식형태소를 모두 표현하고, 구결과 이두는 형식형태소 부분만을 표현하는 차이는 있었으나 모두 실질형태소와 형식형태소를 구분한 점에서는 동일하다. 또한 차자표기의 역사에서 구결과 이두의 역사가 향찰에 비하여 훨씬 길었던 점을 생각하면 전반적으로 차자표기의 초점은 (3)에서와 같이 형식형태소를 표현하는 데 있었다고 할 수 있다.

이러한 점을 고려하면 (4)는 (3)과 달리 한글을 사용하고 있지만 차자표기의 전통을 잇고 있다고 하겠다. (4)는 한글이 창제된 이후인 1464년에 『능엄경』을 한글을 이용해 다시 쓴 『능엄경언해』의 같은 부분인데 한글의 사용은 (3)과 동일하게 형식형태소 부분에만 이루어지고 있다. 즉, 실질형태소는 모두 한자로 표기하고, 형식형태소인

어미와 조사만을 한글로 표기하고 있다. 그리고 이것은 다시 (1)의 『서유견문』과 그 모습이 같음을 볼 때, 『서유견문』의 문체적 전통은 바로 차자표기에서 찾을 수 있는 것이다.

『서유견문』 문체의 차자표기 관련성은 (2)의 『용비어천가』가 (4)의 『능엄경언해』보다 앞선 시기에 편찬된 점을 생각하면 더욱 그러하다. 만약 한글 창제 이후 한글이 온전히 우리말을 표현하기 위해서만 사용되었다면 한글이 사용된 문헌에서는 시간의 흐름에 따라 점진적으로 한글 사용이 확대되어야 한다. 그런데도 오히려 늦게 간행된 (4)에서 한자의 사용이 더욱 많다. 또한 (2)에서는 'ᄂᆞᄅᆞ샤', '일마다'처럼 입말에서는 고유어로 사용할 어휘에 대하여는 한글이 사용된 반면, (4)에서는 '위물(爲物)'의 예와 같이 입말에서의 사용 여부와 상관없이 실질형태소는 한자를, 형식형태소는 한글을 사용하는 차자표기의 전통을 충실히 지키고 있다. 즉, 한글이 창제되기 전 한문을 우리식으로 읽기 위한 방편이었던 (3)의 구결이 한글 창제 이후에는 (4)에서와 같이 한글 구결로 모습을 바꾸기도 한 것이다. 그렇다면, 한글은 순수하게 우리말을 그대로 표현하기 위해서도 사용이 되었지만, 한문을 보다 쉽게 읽으려는 차자표기의 목적으로도 사용이 되었다고 할 수 있다.

김상대(1985), 민현식(1994나), 민현식(1999)에서도 이러한 점에 주목하여 한자가 주로 사용되고, 한글은 어미와 조사 정도만 표현한 문체에 대하여 '구결문식 국한문체' 또는 '이두문식 국한문체'라고 하였다. 이 논의들에서는 한문 문장의 어순이 중국어를 따르고 있으면 구결문식, 한국어를 따르고 있으면 이두문식으로 구별하기도 하였는데 그것이 구결문식이든, 이두문식이든 개화기에 (1)과 같은 방식으로 사용된 국한문체는 어미와 조사만을 표현한다는 점에서 공통점이 있다. 한마디로, (1)의 문체는 우리 문자가 없던 시기에 우리말을 효과적으로 표현하려고 개발한 차자표기의 전통을 잇고 있는 것이다.

하지만 차자표기로서의 한글 사용은 대다수의 사람들에게는 익숙하지 않은 것이었다. 비록 한글이 존재하였고 (4)에서처럼 사용되기도 하였지만, 개화기에 이르기까지 한글은 일부의 계층에 의해서만 사용되었고, 글쓰기의 표준은 여전히 순한문체였다. (4)와 같은 문체가 잘 사용되지 않았음을 알 수 있는 증거는 다름 아닌 『서유견문』의 기록이다. 유길준은 『서유견문』 서문에서 자신의 문체가 유교의 경서를 한글로 해석한 『칠서언해』(1590)의 전통을 따랐다고 하였다. 만약 이 문체가 많은 사람들에게 잘 알려진 것이었다면 굳이 자신의 문체가 무엇을 근거로 하는지를 설명할 필요가 없었을 것이다. 또한 서문에서 밝히기를, 『서유견문』이 완성된 직후 그의 지인이 이 책을 평하였는데, 한글과 한자를 섞어 쓴 것은 문장가의 궤도를 벗어난 것으로 식견 있는 사람의 비방과 웃음을 면하기 어려울 것이라고 하였다. 이는 『서유견문』의 국한문체가 일반 대중은 물론, 지식인 계층에서도 잘 사용되지 않았으며, (3), (4)를 잇는 차자 표기의 전통을 따르고 있는 것이라는 점도 인식하지 못했음을 드러낸다.

따라서 (1)과 같은 『서유견문』의 국한문체는 끊어졌던 차자표기의 전통을 되살린 것으로 평가될 수 있으며, 여기서부터 한글의 사용을 다시 확대해 나갈 기반이 마련되었다고 하겠다. 만약 창제 이후 한글의 사용을 지속시켜 나갔다면 개화기 무렵에는 더 발전적인 한글 사용이 있었겠지만, 그렇지 않아 비록 늦기는 하였어도 다시 시작할 준비를 갖춘 것이다.

3. 14년 뒤, 문체의 변화

『서유견문』으로부터 다시 시작된 국한문체는 이후 많은 글이 한글로 쓰임에 따라 빠른 변화를 겪는다. 이 변화의 모습을 14년 뒤에 간행된 『신찬초등소학』에서 찾아본다.

(5) ㄱ. ㄱ ㄴ ㄷ ㄹ ㅁ ㅂ ㅅ ㅇ (권1)

ㄴ. 학교는 사람을 교육.ᄒᆞᄂᆞᆫ데니 각종(各種)씨를 심으는 동산과 갓소 (권2)

ㄷ. 오날은춘기개학(春期開學)ᄒᆞᄂᆞᆫ날이라 (권3)

ㄹ. 면(綿)의실은의복(衣服)의재료(材料)를.싸고.솜은.펴서의복(衣服) 속에.두ᄂᆞ다 (권4)

ㅁ. 기준(箕準)이남방(南方)에.가셔마한(馬韓)이라칭(稱)하더니기후 (其後).이백년(二百年)에망(亡)ᄒᆞ고 (권5)

ㅂ. 일일(一日)은형제(兄弟)두사람이정전(庭前)에셔산보(散步)ᄒᆞ다가 홍안(鴻鴈)이.날아가는것을견(見)ᄒᆞ고 (권6)

(5)는 『신찬초등소학』 각 권 1과의 첫 부분이다. 여기서 우선 발견 되는 변화는 한글의 사용이 확대되었다는 점이다. 물론, 현재의 글쓰 기에 비하여 한자의 사용이 많기는 하다. 앞쪽의 책에서 뒤쪽의 책으 로 갈수록 한자의 사용이 많아지는 것이 뚜렷하여 (5ㄴ, ㄷ, ㄹ)에서 는 일부 어휘에 한자가 사용되다가 (5ㅁ, ㅂ)에 이르러서는 『서유견 문』의 문체와 큰 차이가 없게 된다. 예를 들어 (5ㅂ)에 사용된 '견(見) ᄒᆞ고'는 차자표기의 전통과 크게 다르지 않다. 그래서 앞쪽 책에서는 한글로 표기되던 것이 뒤쪽 책에서는 한자로 표기되기도 한다. 예를 들어, 권4에서 '들어갓소'라고 표현된 것이 권5에서는 '입(入)ᄒᆞ거늘' 로 표현되기도 하였다. 이처럼 한자의 사용은 뒤쪽으로 갈수록 심해 져 권6의 마지막 부분은 "도중(都中)의 천기(天氣)가 차처(此處)보다 冷 (冷)ᄒᆞ오니 선(善)히 진위(珍衛)ᄒᆞ오서 여안(旅安)ᄒᆞ심을 축(祝)ᄒᆞ나이 다 제 장진돈수 연월일(弟張振頓首年月日)"로 『서유견문』류의 문체를 그대로 보인다.

그러나 한글이 어미와 조사를 표현하는 구결로서의 쓰임에 일관되게 머물렀던 『서유견문』에 비하면, 『신찬초등소학』에서는 한글의 사용이 상당히 확대되어 이 시기에 이미 순국문체가 사용될 수 있는 가능성을 보여 준다. 예로, 권1의 마지막 부분은 "히는.아참에. 돗ᄂ니.항샹. 둥굴고.달은.밤에.돗ᄂ니.둥굴기도.ᄒ고.쏘.이지러지기도.ᄒ오"로서 전형적인 순국문체가 사용되기도 하였다. 다만, 낮은 권에서는 한글의 사용이 적극적이었지만, 높은 권에서 다시 구결문과 같은 모습으로 사용된 것은 시대적 분위기를 반영한 것으로 보인다. 독립신문(1986~1899)의 실험에서 보이듯 순국문체의 사용은 충분히 가능하였지만, 신문의 짧은 역사가 말해 주듯 순국문체만 사용하는 것은 당시 대중의 지지를 받기 어려웠다. 다시 말해, 순국문체만 사용하면 배운 사람처럼 보이지가 않았던 것이다.

그러므로 개화기의 국한문체는 순한문체에서 한글을 지향하는 문체로 나아가는 첫 단계로 생각된다. 개화기가 끝날 무렵, 사람들은 좀 더 한글화가 진행된 국한문체를 주로 사용하게 되었고, 이제 현재에 와서는 자연스럽게 순국문체로 넘어가려 하고 있다.

『신찬초등소학』에서 보이는 문체 변화의 또 다른 모습은 문장의 길이가 짧아질 가능성이 나타났다는 점이다. 『서유견문』에서는 문장의 길이가 매우 길었는데 그 마지막 부분을 보면 다음과 같다.

(6) 왕고(往古) 불란서판(佛蘭西版) 도(圖)에 속(屬)흔 시(時)에 제일세(第一世) 나파륜(拿破崙)이 구주(歐洲)의 중앙(中央) 무역항구(貿易港口)를 작(作)ᄒ야 기시(其時) 건축(建築)흔 선창급(船廠及) 포대(砲臺)가 유차유존(猶且遺存)ᄒ고 차(且) 부중(府中)의 절대(絶大)흔 예배당(禮拜堂)이 유(有)ᄒ야 기탑(其塔)의 고(高)는 칠십사간(七十四間)에 지(至)ᄒ니 구주(歐洲)의 제삼등고탑(第三等高塔)이며 제술(諸術)의 학교급화학교(學校及畵學校)가 심성(甚盛)ᄒ고 부(府)의 주위(周圍)는 견고(堅固)흔 성보(城堡)로

414

왕왕(往往)히 사요(四繞)ᄒ니 개(皆) 근년(近年)의 축조(築造)ᄒ 자(者)라

이 부분은 '안도갑(安道岬)', 즉 앤트위프에 대해 소개하는 장면이다. 그런데 문장이 '~ᄒ야, ~ᄒ고, ~ᄒ니'와 같은 연결어미로 계속 이어져 쉽게 끝나지 않는다. 현대어로는 이를 여러 개의 간결한 문장으로 나눌 수 있다. 『서유견문』을 현대어로 번역한 채훈 역주(2003)는 이 부분을 다음과 같은 다섯 문장으로 나누고 있다.

(7) 옛날 프랑스에 소속되어 있을 때에는 나폴레옹 1세가 유럽의 중앙 무역 항구로 삼았기 때문에 그 무렵에 건축한 선창 및 포대 등이 아직도 그대로 남아 있다. 또 시내에는 거대한 예배당이 있다. 예배당에 있는 탑의 높이는 74간이나 되는데 유럽에서 셋째로 높은 탑이다. 이곳에는 여러 가지 학교가 있으나, 화학교(畵學校)가 가장 잘되고 있다. 시내의 주위는 견고한 산성으로 둘러싸여 있는데 이는 다 근년에 이르러 쌓은 것이다.

(6), (7)은 앤트위프의 '항구, 예배당, 회화 학교'라는 세 가지 주제를 소개하고 있으므로 적어도 세 개의 문장으로 나뉘어야 한다. 그럼에도 (6)은 이 모두를 하나의 문장으로 처리하고 있다. 바로 만연체 문장인 것이다.

만연체 문장은 국어의 전통적인 문체이다. 홍종선(1994)은 근대국어 말엽에 이르기까지 한글로 작성된 문헌은 대부분이 긴 복합문이며, 이것은 일본 및 중국의 옛 문장에서도 공통적으로 발견된다고 하였다. 또, 만연체 문장이 사용된 이유에 대하여 동양에서는 사물을 볼 때 전체적, 종합적 인식 태도를 가지기 때문이라고 하였다. 이에 근거하여 위를 설명하자면, '항구, 예배당, 회화 학교'는 어쨌든 앤트위프라는 하나의 도시를 구성하는 부분들이니 한 문장으로 묶을 수

있었던 것이다.

물론, 만연체 문장은 『신찬초등소학』에서도 아직 남아 있었다.

（8) 일소년(一少年)이 병영(兵營)의 고수(鼓手)라 일일(一日)은 조련(操鍊)을 필(畢)ᄒ고 장졸(將卒)이 회연(會宴)홀시 소년(少年)이 시좌(侍坐)ᄒ야 주(酒)를 행(行)ᄒ더니 대장(大將)이 위로(慰勞)코쟈ᄒ야 주(酒)를 여(與)ᄒ야 왈(曰) 너(汝)도 일배(一盃)를 음(飮)ᄒ라 ᄒ거늘 소년(少年)이 사왈(辭曰) 소졸(少卒)이 주(酒)를 불음(不飮)ᄒᄂ다 ᄒᄃᆡ

대장왈(大將曰) 너(汝)가 종일(終日)토록 고(鼓)를 격(擊)ᄒ얏스니 소음(少飮)ᄒ야 서창(舒暢)홈이 무해(無害)ᄒ다 ᄒ거늘 소년(少年)이 고사(固辭)ᄒᄃᆡ 대장(大將)은 불열(不悅)ᄒ고 부장(副將)은 왈(曰) 너(汝)가 엇지 장령(將令)을 위(違)ᄒᄂ뇨 장령(將令)을 위(違)ᄒᄂ 자(者)ᄂ 병사(兵士)가 되지 못ᄒ리라 ᄒᄂ지라 (권6 18과 전반부)

（8)의 문장도 'ᄒ더니, ᄒ야, ᄒ거늘, ᄒᄃᆡ' 등 연결어미로 끊임없이 연결된다. 특히 'ᄒ야'는 두 번째 줄에서만 세 번 연속 사용되어 문장이 매우 복잡하다. 만연체 문장은 『신찬초등소학』뿐만 아니라 개화기 교과서에서 일반적으로 보이는 현상이다. 그러나 (8)의 형식적인 부분을 볼 때 이것이 그저 하나의 문장이라고 보기에는 석연치 않은 점이 있다. (8)은 비록 '~ᄒᄃᆡ'라는 연결어미로 맺어져 있지만, 세 번째 줄 '~ᄒᄃᆡ' 뒤에서 한 줄이 띄어져 문단의 개수는 두 개이다. 이것은 두 부분이 내용적 차이를 가지고 있다는 것을 형식으로 드러내 주는 것이다. 만약 두 부분이 그저 하나의 내용일 뿐이라고 생각되었다면 굳이 줄 바꿈을 할 필요가 없었을 것이다.

실제로 나뉜 두 문단은 분위기가 사뭇 다르다. 첫 문단에서는 소년과 대장이 대화를 주고받지만 특별한 분위기가 감지되지는 않는다. 대장의 술 권유를 소년이 거절하였지만 대장은 화를 내지 않았다.

그러나 두 번째 문단에서는 분위기가 달라진다. 두 번째 문단은 대장이 이해한다고 하며 다시 권유하였으나 소년이 재차 거절하였고, 이에 대장과 부장은 불쾌한 감정을 드러내었다. 첫 문단이 '발단' 정도에 해당한다면, 두 번째 문단은 '위기' 단계에 이른 것이다.

이 글의 뒷부분을 보아도 문단에 따른 내용의 변화를 확인할 수 있다. 다음은 (8) 뒤에 이어지는 내용이다.

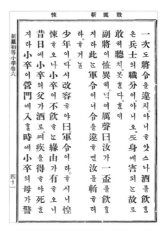

(9) 소년(少年)이 정색(正色) 왈(曰) 소졸(小卒)이 군오(軍伍)에 입(入)흔지 삼년(三年)에 일차(一次)도 장령(將令)을 위(違)치 아니흐얏스나 주(酒)를 음(飮)흠은 병사(兵士)의 직분(職分)이 아니오 쏘 해(害)되는 고(故)로 감(敢)히 청(聽)치 못한다 흔딕

부장(副將)이 괴이(怪異)히 넉여 여성(厲聲) 왈(曰) 너(汝)가 일배(一盃)를 음(飮)흘지라 차(此)는 군령(軍令)이니 영(令)을 위(違)흐면 汝를 참(斬)흐리라 흐거늘

소년(少年)이 다시 개용(改容)흐야 왈(曰) 군령(軍令)이라 흐시니 황송(惶悚)흐오나 소졸(小卒)이 불음(不飮)흐는 연유(緣由)가 유(有)흐오니 석일(昔日)에 소졸(小卒)의 부(父)가 주(酒)로써 질(疾)을 득(得)흐야 사(死)흔지라 소졸(小卒)이 영문(營門)에 입(入)흘 시(時)에 소졸(小卒)의 모(母)가 경계(警戒) 왈(曰) 너(汝)가 종신(終身)토록 음주(飮酒)치 말라 흐얏스니 비록 대장(大將)의 명(命)이라도 자모(慈母)의 훈계(訓戒)를 파(破)치 못흔다 흐고 성루(聲淚)가 구하(俱下)흐니

좌중(坐中)의 장졸(將卒)이 다 감동(感動)흐야 읍하(泣下)흐고 자후(自後)로 소년(少年)이 더욱 대장(大將)의 신임(信任)을 수(受)흐야 탁용(擢用)이 되얏느다 (권6 18과 후반부)

(9)의 첫 문단은 소년의 1차 항변이다. 소년은 술을 마시는 것은 병사의 할 일이 아니라고 맞선다. 두 번째 문단은 이에 대한 부장의 대응이다. 술을 마시라는 것은 명령이라는 점을 분명히 하고 있다. 세 번째 문단은 소년의 2차 항변이다. 이번에는 개인의 사연을 통해 본인이 왜 술을 마실 수 없는지를 설명한다. 그리고 마지막 네 번째 문단은 좌중이 소년의 말에 감동하였고, 대장은 소년을 더욱 신뢰하게 되었다는 내용을 담고 있다. 각 문단이 종결어미로 끝나지는 않았지만 각각의 문단은 내용상 분명한 차이를 갖고 있다.

『신찬초등소학』은 책 전체에서 이처럼 내용에 따른 문단 나누기를 하고 있다. 한 예로, 『신찬초등소학』 권4에 나오는 (10)은 문단 나누기가 매우 자주 이루어진 경우인데, 문단이 나뉠 때마다 내용이 달라지고 있음을 잘 보여 준다.

(10) 녯적에 한 라타(懶惰)흔 사름이 잇스니 이 사름이 초차(初次)에는 초부(樵夫)가 되얏다가 부(斧)의 무거움을 인(忍)치 못흐야 그만두고
기차(其次)에는 인거장(引鋸匠)이가 되얏더니 인거(引鋸)흐기 고(苦)흐야 그만두고
기차(其次)에는 초가장(草家匠)이가 되얏다가 옥상(屋上)에 오르기를 겁(怯)흐야 그만두고
기차(其次)에는 치장(治匠)이가 되얏더니 하일(夏日)에 더웁다흐야 그만두고
기차(其次)에는 농부(農夫)가 되얏더니 비료(肥料)가 츄흐야 그만두고
기차(其次)에는 미용정(米舂精)을 흐얏더니 노력(勞力)이 된다흐야 그만두고
기차(其次)에는 백정(白丁)이 되얏더니 천(賤)흔 생애(生涯)라흐야 역시(亦是) 그만 두엇느다

(10)은 한 게으른 사람이 여러 직업을 가졌는데, 가지는 직업마다 핑계를 대고 그만두었다는 내용이다. 이 글에서도 종결어미라 할 부분은 마지막의 '두엇ᄂ이다' 하나밖에 없지만 문단은 총 일곱 개다. 그리고 그 문단은 주인공이 직업을 바꿀 때마다 나뉘었다. 내용상의 차이가 있을 때는 문단을 나누어 준 것이다. 현대국어에서는 문단이 나뉘면 당연히 종결어미로 마무리를 짓고, 다음 문단으로 넘어 가지만 이 시기에는 문단이 나뉜다고 종결어미를 사용해야 한다고는 생각하지 않았던 것 같다. 연결어미를 사용하면서도 문단을 나누었고, 이러한 모습은 책의 다른 부분에서도 흔히 발견된다.

이것은 중세, 근대 국어에서 『서유견문』까지 이어져 온 만연체의 전통이 이제 간결체로 바뀌어 가고 있음을 보여 준다. 개화기 이전에는 순한문체는 물론, 순국문체 문장도 하나의 문단이 매우 길었다. 문단의 구분이 있다고 보기 어려울 정도였다. 이것은 『서유견문』에서도 마찬가지였다. (6)과 같이 직접 관련이 없는 여러 부분이 묶여 하나의 문단을 이루고는 한 것이다. 그러던 것이 이제 『신찬초등소학』이 간행될 무렵에는 변화가 일어나기 시작했다. 비록 종결어미의 사용에서는 이전과 큰 차이가 발견되지 않지만, 좀 더 직접 관련 있는 내용들은 서로 묶여 하나의 문단을 이루고는 하였다. 다시 말해, 간결체는 문장이 아닌 먼저 문단을 통해 시작된 것이다.

이러한 혼란함을 거치며 문체는 점차 안정되어 간 것으로 생각된다. 개화기가 끝날 무렵 간행된 『무정』(1917)에서는 현대와 다를 바 없는 간결한 문체가 사용되었는데, 이때에는 간결화가 문단에 이어 문장에도 진행된 것으로 보인다. 그러므로 그 전 시기인 『신찬초등소학』이 간행된 개화기에는 그 두 시기의 모습을 모두 갖고 있었던 것이다.

4. 『서유견문』으로부터 『신찬초등소학』까지

　　최초의 국한문체인 유길준의 『서유견문』과 그로부터 14년이 지난 뒤 간행된 현채의 『신찬초등소학』까지 우리글은 빠른 변화의 양상을 보였다. 우리글을 어떻게 사용해야 좋을지 모르는 상황에서 『서유견문』은 한글 차자표기의 전통을 이어받아 한글로 문장을 어떻게 쓸 수 있는지에 대한 기반을 마련하였다. 그리고 우리글은 많은 사람들로부터 많은 양으로 쓰임에 따라 점차 문체를 안정화시켜 나갔다.

　　그 특징을 이 글에서는 두 가지 측면에서 찾아보았다. 하나는 한글의 사용이 확대되었다는 점이다. 비록 『신찬초등소학』도 뒤로 갈수록 많은 한자를 사용하였지만, 『서유견문』에 비하여 한글을 적극적으로 사용하고 있다. 이는 당시 어느 정도 일반화된 한글의 보급 정도를 보여줌과 동시에 한글을 사용한 문장이 어떻게 이루어질 수 있는지를 예시한다.

　　둘째, 전통 문체인 만연체가 간결체로 바뀌어 가고 있다는 점이다. 『서유견문』에서는 간결체로의 변화가 거의 보이지 않고, 이전의 만연체 전통을 그대로 가지고 있었지만 『신찬초등소학』에서는 간결체로의 변화가 조금씩 나타나고 있었다. 그 변화가 비록 언어적인 면에서는 뚜렷이 드러나지 않았지만, 내용이 달라질 때마다 문단을 나누어 이후 종결어미가 어디서 사용될 수 있는지를 알려주었다.

　　이상에서와 같이 개화기에 문체가 어떠한 변화 과정을 거쳤는지를 살펴보았다. 그동안 많은 주목을 받지 못했지만 이 시기의 문체는 짧은 시기에 많은 변화를 겪으면서 현대국어 문체를 형성해 나갔다. 앞으로 개화기의 더욱 많은 문헌들을 종류별로 분석하여 그 점진적인 변화 과정을 좀 더 구체적으로 알아보면 우리의 글이 어떤 변화선상에 있으며, 앞으로 어떤 방향으로 나아갈지에 대해 더 많이 알게 될 것이다.

근대 국어 교과서를 읽는다 [부록]

국어 교육사 연구와 함께한 인생

날짜: 2013년 8월 29일, 오후 5시
장소: 성신여대 인문대, 수정관 10층 세미나실

서너 가지를 간단하게 이야기하고 나머지는 여러분들의 질문에 대답하는 형태로 말씀을 드리겠습니다. 내가 국어교육을 전공하게 된 것, 원래는 충청도 부여 사람으로 할아버지 밑에서 여섯 살 때 천자문을 들여놓고 한문을 배우기 시작했어요. 2년 반 정도『동몽선습』,『명심보감』등을 공부하다가 할아버지가 글방 선생님한테로 보내주셔서 글방 선생님(할아버지 친구이신)께 사략, 예기, 맹자까지 읽다가 12살에 초등학교 1학년에 들어갔습니다. 지금도 한시 짓고, 한

※ 박붕배(1926~) 선생님은 충남 부여군 양회면 출생으로, 서울대학교를 졸업하고, 성균관대학교 대학원에서 국어국문학으로 박사학위를 받았다. 서울사범대학 부설고등학교에서 10여 년 국어 교사로 재직하다가 서울교육대학교로 옮겨 30년을 근무한 뒤 정년퇴직하였다. 한국교육개발원 연구교수 및 자문위원, 문교부 국정교과서 집필위원장, 문교부 교육과정(국어과) 심의위원장 등을 역임했고, 현재 한글학회 이사를 맡고 있다. 주요 저서로는『초등국어지도법』,『국어과교육방법론』,『국어교과서 변천사』,『한국 국어교육 전사』(상, 중, 하),『세계의 자국어 교육정책』,『국어과 교육학의 이론과 방법연구』가 있고 많은 논문이 있다.

문으로 기행문을 쓰고 그렇습니다. 『국어교육전사』(상)에 한문이 많다고 하는데 원문을 인용하다 보니까 한문도 많고, 구한말 관보를 그대로 옮겼기 때문입니다. 사범학교 교육과정도 그대로 옮긴 것입니다. 고종 황제가 내린 글에도 순한글, 한문 등이 있어 이를 고스란히 옮기는 바람에 결과적으로 한문이 많은 비중을 차지하게 되었습니다. 원전을 소개하기 위해서는 그대로 쓰는 수밖에 없었고 원래 제가 어릴 때부터 한문을 배워서 그런지 그것이 훨씬 자연스럽게 나옵니다. 『국어교육전사』를 쓰기로 마음먹은 것은 대학원을 도남(陶南) 조윤제(趙潤濟, 1904~1976) 박사에게서 석사·박사를 하는 과정에서였습니다.

1.

대학원에서 조윤제 선생의 제자로 박사과정 중에 국어교육에 있어서의 일인자가 되라는 선생님의 말씀에 따라 전공을 국어교육사를 중심으로 하여 공부를 진행하게 되었습니다. 저를 학자의 길로 인도해 주신 분은 이 조윤제 선생님입니다. 대학을 부산(한국전쟁 피난 시절)에서 졸업하고, 원래는 국어학을 공부하려 했으나, 대학 졸업반 때의 졸업논문계획서가 계기가 되어 방향을 바꾸게 되었습니다. 당시 과대표였던 나는 학사논문 계획서 26명 치 것을 모아 이탁 선생님께 가져갔습니다. 나의 주제는 「국어발달의 종적·횡적 고찰」이라는 것이었습니다. 왜냐하면 우리 국어는 신라 때에는 향찰, 이두 표기로 출발하여 조선조에 들어와서는 훈민정음이 나오고, 고려 때에는 블랭크로 남아 있습니다. 그걸 이어 보려고 일본의 문헌과 중국문헌을 통해 국어학사의 뼈대를 세우겠다는 의지를 가지게 되었기 때문입니다.

선생님께서는 그것들을 쭉 훑어보시더니 대부분 시조, 가사, 맞춤법 등의 논문계획서를 가져온 다른 계획서들에 비해 눈에 띠는 나의 주제를 보시고는 내용에 대해 물어보셨습니다. 그래서 제 의지를 이야기했더니 지금 당장은 대학교수라 하더라도 이걸 할 수 있는 사람이 없으니, 졸업 후 2, 30년 더 공부한 후에 박사학위 논문으로 써보라고 하셨습니다. 그러고는 나의 논문계획서를 찢으셨습니다. 일주일의 말미를 줄 테니 박 군은 국어교육에 관한 새로운 주제를 가져오라고 하셨습니다. 그래서 나는 일단 광복동에 나가 보니까 미국 교과서들이 있었습니다. 당시 미국 교과서는, 앞에는 교과서 원문이 실리고, 뒤에는 교수지침, 해설서를 달고 있는 것이었습니다. 또, 일본의 경우를 보니까 동경대학의 도끼에다 도모끼라는 교수의 『국어와 국어교육 문제』라는 책이 눈에 띠어 그것을 샀습니다. 이를 바탕으로 일주일 정도 연구를 해서 「신국어 학습지도 연구」라는 제목으로 주제를 변경했더니, 그것으로 졸업논문을 쓰라는 허락을 하셨습니다. 제 논문은 이탁, 김형규, 이하윤 선생님의 심사를 받게 되었습니다. 맨 나중으로 불려가니 "자네 수고했소. 자료가 없는데 어떻게 논문을 썼소?"라고 물으셨습니다. "뒤에 문헌 소개 안 읽어보셨습니까?" 하니, "봤다. 잘 되었다" 하면서 졸업을 시켜주셨습니다.

교생실습이 끝나고 나니 김영훈 교장이 보수동 제 모교인 사대부고로 올 생각이 없느냐는 제안을 하셨습니다. 그때는 다른 학교에서도 제안을 여럿 받았으나, 할아버지께서는 "너를 키워준 학교에서 오라고 하면 거기로 가야지"라고 하셨고 저는 모교로 가게 되었습니다.

제 논문은 120편 정도인데, 이것이 책 4권으로 나온 것이 있는데, 그중 1권이 학사, 석사, 박사 논문에 대한 것입니다.

성균관대에 계시던 도남 조윤제 선생님께서 국어교육학을 하겠다는 제 의지를 들으시고는 이에 대해서는 가르칠 교수가 없다며 잘못 왔다고 했습니다. 그래도 어떻게 합격하여 등록을 하고 학교에 나갔는데, 어디서 보니까 선생님께서 해방 후 청계천 청계국민학교에서 홍웅선(洪雄善) 선생 하고, 경성사범학교 나온 제자들 서넛 하고 '국어교육연구회'라는 것을 만든 것을 알게 되었습니다. 국문학을 연구하시는 분이 어떻게 이런 것을 만드셨느냐 여쭤봤더니 "내가 널 골탕 좀 먹이려 그랬다"고 하셨습니다. 저는 그분의 곁에서 가깝게 공부하고 연구하는 방법을 배우게 되었습니다.

"대학은 배움을 전수받는 곳이 아니야. 학문하는 방법, 학문이라는 것이 무엇인가를 배우는 곳이다. 이것을 제대로 배워야 학문하는 사람이 되는 것이다. 내가 국문학 하는 것을 보면서, 너는 국어교육을 어떻게 연구해야 하는가의 생각을 얻어 하면 된다"고 하시면서 허락을 하셨고, 저는 그때야 비로소 국어교육을 전공으로 삼을 수 있었습니다. 이것이 제가 국어교육을 전공하게 된 이유입니다.

2.

조윤제 선생님은 멋을 내고 자존심이 강한 분이었습니다. 제자들과는 누구도 겸상을 하지 않는 분이셨습니다. 그 분의 막내아들은 당시 보성고등학교를 다녔는데, 그 당시 제가 사대부고 교사로 담임을 할 때 그 당시에는 남자반 4개 반에서 150명가량이 서울대를 가던 때였습니다. "사대부고에서 우수한 학생들을 만들 수 있는 방법이 무엇이냐"고 제게 물으시기에, 매일 공부 자료를 미리 복사해서 조조특강 준비를 해놓고 늦은 시간에 퇴근을 했다고 말씀드렸습니다. 선생님께서는 제게 "그럼 그 자료들로 '상래'(조 선생님의 막내아드님)를 좀 가르쳐 줘"라고 하셨습니다. 그래서 제가 상래를 가르쳤고, 결국 고려대를 들어갔습니다.

그러던 어느 날 "박 군 왔나. 박 군하고 겸상을 하고 술도 한잔하자"고 부인께 말씀을 하셨습니다. 이것은 전에 없던 일이라 부인께서도 깜짝 놀라셨습니다. "나는 경상도 양반이고 너는 충청도 양반인데, 우리 양반 풍도가 어떻게 다른지 한번 알아보자"며 저를 떠보시고 저에 대해 이런저런 것을 물으시면서 마음이 확 가까워짐을 느꼈습니다.

그 다음에 석사학위를 할 때, 석사논문을 '국어교육평가' 문제에 대해서 쓰겠다고 말씀드렸습니다. 토의 학습을 시키고, 문항을 구조적으로 만들어 평가하고, 진단평가 등을 실시하는 등, 실험논문을 제일 처음으로 시도한 사람이 저입니다. 교육학에서 따다가 어문을 어떻게 가르쳐야 하는지에 대해서, 이 두 가지를 접목하는 방법으로 국어교육학의 문제에 접근한 것입니다. 이 논문은 과학적이라고 평가받았습니다. 제가 성균관대의 박사 88호였습니다. 성대 대학원 국문과에서는 이가원 선생님이 1호, 제가 2호입니다. 나는 뒤지지 않고 나가서 국어교육을 전공했고, 문교부의 제2차 교육과정의 고등학교 부분을 초안을 맡아 진행하기도 했습니다. 문교부에서 교과서 편찬 사업에 대한 심의회 의원으로 불러, 1962년부터 이 일을 하다 보니 문교부에서 할일이 많다는 생각이 들었습니다.

하루는 이병호 편수관이 불러 이야기를 들어 보니, 위에서 결정이 내려졌는데 재일교포 조총련 학교(초·중·고·대)는 이북에서 모두 교과서를 만들어 보내 주는데, 우리는 그런 일을 안 했기 때문에 현지의 선생님들이 각각의 방식대로 교과서를 만들어 교육하고 있다는 사실을 알게 되었습니다. 그리하여 우리도 우리나라에서 교과서를 만들어 보내자는 제안과 함께 설계를 하라고 하여, '나 너 우리 우리나라' 이런 방식으로 접근해 한민족이라는 점을 강조하자는 의견을 내놓았습니다. 그것을 만들 수 있겠느냐고 하여 편찬심의위원회를 구성했습니다. 어학으로 이대 강윤호 교수, 문학으로 김덕환 씨를 추천했으나 김덕환 씨가 사망하여, 이상익(사대 제자)을 불러 교과서 설계와 제작을 했습니다. 당시 문 장관이 미국 갔다가 돌아오는 길에 일본에 가보니 일본의 경필쓰기 교재가 좋더라는 말이 나오게 되었습니다. 우리나라도 학생들의 글씨 쓰기가 엉망인데 교재가 없고 교육도 안하고 있으므로 우리도 쓰기 책을 만들자는 의견이 나왔습니다. 그래서 15명의 사람들 가운데 경필, 붓글씨, 연필 글씨를 써서 받아 심사를 하여, 그중 서예가 정주상 씨를 뽑게 되었습니다. 쓰기 책을 보시면 아시겠지만, 1966, 67년경에 노란 병아리 표지가 1권, 2권은 염소, 3권은 금붕어를 표지로 하여 1, 2, 3학년은 '쓰기', 4, 5, 6학년은 '글본'이라는 이름으로 설계하여 제작했습니다. 이렇게 경필 책, 쓰기 책을 만들었던 것입니다.

1960년대 후반까지는 심의위원, 기초위원, 집필위원의 직함을 갖던 제가 70년대는 심의위원장, 집필위원장 이름을 갖게 돼 교과서의 뒤편에 이름을 거듭 싣게 되었습니다. 문교부의 일을 집중적으로 하던 때였습니다. 문교부 일은 고료가 많지 않았지만, 교사용 교과서의 경우는 사정이 달랐습니다. 이것으로 이득을 취하려 하는 출판사들도 아주 많았습니다. 당시 출판사에는 수련장, 전과서, 문제집 등을 만드는 선생이 한 과에 15명에서 20명가량 있었던 때입니다. 저는 집필하는 방법 정도는 강연해 줄 수 있다고 말했고, 그 강연들을 통해서 많은 용어를 바꿨습니다. 예를 들면 '반대말'이라는 말을 없애고 '맞선말', '상대어'와 같은 용어들을 만들었습니다. 당시의 자료들을 보면 이 변화를 알 수 있습니다. 또 출판사에서 나오는 교과서의 감수를 도맡아 하게 되었습니다. 이것은 공무원 신분으로도 할 수 있는 일이었으며, 경제적으로도 도움이 많이 됐습니다. 한 학년에 5만원이니 6학년이면 30만원, 이정도 돈이면 성북구청 옆에 16평짜리 가게 한 채를 살 수 있는 돈이었습니다. 당시 학교 선생을 하는 것으로는 7남매 가르치기는커녕 먹이는 것도 어려운 상황이었습니다.

일본으로 교과서를 만들어 보낸 후, 일본 현지에 가서 지도를 하고 오라는 제안이 들어왔습니다. 박창해 선생, 강윤호 선생, 이병호 편수관과 저까지 4명이서 가게 되었습니다. 당시 일본 각 시·도·현에는 국어를 가르치는 파견 교사들이 있었는데, 이들에게 70년대 초 3차 교육과정이 바뀌기 전에 이에 대한 현지지도를 하라는 지시가 있었습니다. 저는 동경-북해도-나고야-오사카-큐슈까지 돌면서 현지지도를 했는데, 이는 평균 한 달 정도 걸리는 일정이었습니다. 북해도에 조상계이 호텔이라는 곳에 머무는데 5월 26일인데도 눈이 하얗게 쌓였는데 눈 속에 머위가 보였고, 이것으로 호텔 측에서 머위 요리를 대접 받은 일도 있었습니다. 그리고 현지에서 돌아와 2차 개정판을 만들어 보내는 등의 일을 했습니다. 그 당시 일본에서 참고삼아 갖고 들어오는 교과서들이 있었는데, 보통 이것들은 3, 4년 정도를 보관하다가 폐기했습니다. 저는 그것들을 모두 달라고 하여 택시에 실어 집으로 가져와 많은 자료를 모았습니다. 국어교육사를 쓰려면 교육과정서, 국정교과서, 검인정 교과서, 문법, 작문, 문학 등등 모두 가지고 있어야 연구를 할 수 있기 때문에 이런 방식으로 버리는 것들을 얻어서 모두 합하여 6, 7만 권 정도의 장서를 갖추었습니다. 부여의 집에 그 자료들을 모두 보관하고 있습니다. 보통 선생들은 퇴직하면서 대학에 그것들을 코너로 만드는데, 그것은 몇 년 지나지 않아 없어지고 맙니다. 부여의 집을 원한다면 여러분께 견학시켜 드리겠습니다. 그 집은 5대조 할아버지께서 지은 집이 불에 타 제 할아버지께서 다시 지으신 것인데, 15년 정도 비워두니 무너져 내렸기에 서초동에 갖고 있던 건물을 팔아, 안채와 아래채를 다시 짓고 재건하여, 자료들을 정리해 놓았습니다.

이 자료들에 대해서 서울대학교 국어교육연구소에서는 서너 차례 팔아달라는 요구를 하였으나 그럴 수 없어서 이를 영인본으로 만들어 내놓았습니다. 개화기 것은 아세아문화사에서 영인본을 냈는데, 제가 모아놓은 교과서들은 국어교육변천사를 연구할 사람에게 보여 줄 요량으로 하나도 버리지 않고 모두 모아두었으며, 지금도 버려지는 모든 교과서—실증적 자료—들은 모두 모아 가져다놓고 있습니다.

3.

학문의 '안다'는 것은 지식(전문적), 상식(일반적), 학식(학적 이론과 체계)으로 크게 셋으로 나누어 볼 수 있는데, 이중 학식이라고 하는 것은 학적인 이론과 체계를 갖춘 상태를 뜻합니다. 이 설명을 제가 조윤제 선생님께 들었습니다. '안다'는 것이 대수롭지 않은 것이라고 생각할 수 있지만 그렇지 않습니다. 학문하는 사람은 학식을 발휘해야 한다고 교육받았습니다. 선생님께서는 내가 서 있는 기반을 다루어야 학식을 갖추고, 체계를 갖출 수 있다고 하셨습니다. 그래서 저는 항상 글을 쓸 때에도 이를 읽을 사람들을 고려하여 이는 일반에 알리고 싶은 것인데, 이것은 전문적으로 알아두어야 하는 것인데, 이것은 이론과 철학을 가지고 글을 써야 하는데 등의 방식으로 나누어 다루었습니다. 항상 머릿속에 이 세 가지를 구별하면서 글을 썼던 것입니다.

정년퇴임 후 기행문집(세계기행문), 수필문 등을 냈습니다. 또 '국어교육학 사전'의 원고도 카드로 만든 것이 몇 만매 있는데 출간하지 못하였습니다. 교대를 그만두고 서초동에 오피스텔을 사서 연구소를 갖고 있을 때, 출판 계획이 있었으나 준비가 덜 되어 하지 못했던 것입니다. 대학에서 강의도 많이 해서 서울 시내의 상명여자대학교, 숙명여자대학교, 성균관대학교, 이화여자대학교, 그리고 인하대학교와 한국교원대학교 등등의 학교에 강의를 나갔습니다.

4.

한문을 많이 배웠고, 잘 하면서 '왜 너는 한자를 배척하고 한글 전용을 주장하느냐'는 말을 많이 들었습니다.

저는 정년퇴임 후에 한글학회 이사를 지내게 되었고, 현재까지도 이어지고 있습니다. 제가 교육과정을 만들 때 초등학교 4학년 '읽기' 부분에 한자를 괄호로 쓰게 되어 있었습니다. 그런데 한자어에 괄호를 한 것을 없애라는 말이 나와, 실질적인 심의위원장이나 마찬가지였던 제가 그것들을 없애게 되었습니다. 그것이 4월의 일이었는데, 7월쯤 이병호 편수관이 전화를 해서 가 보니까, 이응백·남광우 선생이 와서 자기 책상을 뒤집어 놓고 갔다는 얘기를 해 주었습니다. 이 편수관은 그 후로 문교부 일을 그만두고 교육개발원으로 가게 되었습니다. 이 경험은 활발한 자료수집으로 이어졌고, 각종 논문들도 많이 쓸 수 있었습니다.

저는 3차 교육과정에 한자를 다 없애는 역할을 한 사람이지만, 문리과 대학에 한자한문학과, 사범대학에 한자한문 교육학과를 설치해서 이를 배울 수 있어야 한다고 주장했습니다. 과거의 글을 못 읽는 후손이 되어서는 안 되므로, 한자는 꼭 필요하다고 본 겁니다. 성대 사범대학에 한문교육과를 만들게 되었습니다. 한자, 한문은 우리에게 꼭 필요한 것이나, 이것을 섞는 것은 매우 위험한 일입니다. 제 책 중『세계의 자국어교육 정책』이라는 책이 있는데, 그 책에는 세계 37개국 정도의 나라의 정책을 소개해 두고 있습니다. 그것을 보면 문자를 섞어 쓴 나라는 결국 그 문화에 흡수되고 마는 것을 확인할 수 있습니다. 제게는 그 점에서 철학과 학문적 식견이 생겼습니다. 가령 몽골을 갔더니 몽골의 말이기는 한데 이를 전부 소련 알파벳으로 표현하는 것 일부와 그들이 원래 쓰던 문자인 위구르 글자를 가르치기도 하는 것을 보게 되었습니다. 그래서 거기 있는 대학교수에게 이런 저런 설명을 해 주었습니다. 일단 우리나라 일제 때 몽골에 소련 말이 들어온 것과 똑같은 상황이었다는 것을 설명해 주었습니다. 나 역시 어린 시절에 한글보다는 일본어가 더 익숙한 것이었으며, 이것이 자국어를 완전히 말살하게 된다고 이야기했습니다.

제게는 이런 철학이 있었기 때문에, 한문은 한문대로, 한글은 한글대로 있어야 한다고 생각했습니다. 그런데 이것을 섞어서 혼용하게 되면 언젠가는 전통문화 또는, 선진문화 혹은, 보다 편리한 문화에 흡수당하고 만다는 것이 나의 주장이었기에 나는 혼용을 반대하고, 1969년 문교부장관과 내무부장관 조례로 공용문서와 모든 교과서에서 한글전용으로 교과서를 모두 바꾸었습니다. 그 원흉이 접니다. 이병호 선생과 노산 이은상 선생님이 이 일들을 직접 한 분들입니다. 대통령 처남이던 육인수 씨가 국회 문공위원장을 맡고 있었는데, 그 얘기를 하니 당시에 돈이 없기 때문에 교과서를 다 바꿀 수 없다고 했지만, 내무부장관 조례로 한글 전용을 결국 달성했습니다.

그런 국어교육 철학을 가지고 있었고, 이를 위해 움직였던 것을 본 허웅 선생님이 불러 이사 일을 맡아 보아 달라고 했기 때문입니다. 모교의 다른 선생들과 대립을 하면서도 이런 일을 하게 됐던 것은 과거에 감정적으로 일을 처리했던, 이병호 편수관 책상을 엎었던 것에서 기인했다고 생각합니다.

Q. 질문 및 답변

이상혁 일제강점기나 개화기는 아닌데, 한글전용에 대한 입장을 말씀하셨는데 현재 일본이 문자를 적는 방법에 대해서는 어떻게 생각하시는지요?

박붕배 일본은 한자 발음을 그대로 읽는 것이 아닙니다. 한자 곁에 후리가나로 발음을 적고, 일본은 한자를 쓰는 것이 아니라 한자를 이용해서 자기네 말을 쓰고 있는 셈입니다. 일본의 혼용과 우리의 혼용은 본질적으로 차이가 있어요. 그리스의 경우 언어가 세 가지로 기사 귀족 승려 계급의 언어와, 대중 언어, 시장언어가 있었는데, 귀족과 시장 그리스어가 없어지고 결과적으로는 대중 그리스어만 남게 되었던 변천사를 보면, 우리 고전은 모두 한문으로 되어 있습니다. 그런 것을 근거로 해서 혼용을 하지 말고 그때 문자 그대로 하는 것이 좋겠습니다. 제대로 알려면 그대로 쓰는 편이 더 좋습니다. 섞어 쓰면 그때 것은 변질되기 마련입니다. 한문이 훨씬 편하고, 더 쉽게 나오는 나이지만 우리 것을 제대로 지키고 발전시키려면 순수하게 우리글, 우리말로만 쓸 수 있어야 합니다. 초등학교의 경우에도 한자를 따로 배우고 그것으로 교과서를 만드는 것에는 동의하지만, 이를 섞는 것은 좋지 않다고 생각합니다.

이상혁 『조선어급한문독본』은 조선어와 한문으로 분리되어 구성되었는데, 그 맥락이 일제강점기에 어떤 의미가 있습니까?

박붕배 일본 자체의 교육과정이 국문과, 한문과라는 것이 따로 있는데, 우리말을 말살할 계획이 있다 보니, 교과서를 따로따로 만들지 않고 단원을 섞어두게 됩니다. 두 권짜리를 한권으로 만들기 위해서.

교육량도 줄이고. 일본 교과서에도 한문이 참 많이 나와 있고, 이를 읽기가 참 편하게 되어 있는데, 읽는 순서를 넣어주기 때문입니다. 저는 글방에 다닐 적에 책 펴놓고 두 가지를 배웠는데, 그것은 바로 외우는 것과 풀이하는 것이었습니다. 그 이튿날 아침에 배운 것을 선생님 앞에 펼쳐놓고 돌아앉아서, 달달 외우고 선생님의 물음에 대답해야 하는데 이것이 막힘이 없어야 진도를 나갑니다. 아침, 저녁으로 한 번씩 교육을 받고, 관리는 접장이라고 불리는 선배에게 배우면서 파트별로 연습을 하였습니다. 다음으로 설장대라고 하여, 짚는 글자 하나하나를 읽는 것인데, '통감(通鑑)'부터는 줄글로 읽었어요. 이렇게 배우게 되면 정서와 의식구조가 한문으로 구성이 되는데, 나는 이것을 모두 한글로 넣자는 주장입니다. 국·한을 섞게 되면 사고방식도 혼란스럽고 속도도 늦어집니다. 중국이 현재 글자 제2혁명을 일으키려 합니다. 모택동이 간체자로 바꾸었는데 지금 사람들이 한자를 모르기 때문에 간체자 자체가 문제가 되고, 또 한 번 간체자의 수를 줄이자는 의견으로 그 기준을 음(소리)으로 삼고 있습니다. 우리는 언제까지나 수백 년 수천 년 못박아두고 혼용을 하겠습니까. 이것은 역사적으로 그 못을 뽑지 못하는 것입니다.

구자황 『국어교육전사』에서 언급하신 방대한 자료들은 어떻게 구하셨습니까?

박붕배 《동아일보》, 《조선일보》 영인본을 훑었습니다. 그 다음 국사편찬위원회에서 필요한 부분을 뽑고 구한말에 《관보》를 구해서 인용했습니다. 이것을 상권에 실었습니다. 나는 잠이 없는 사람입니다. 낮에 30분, 밤에 세 시간 자면 충분합니다. 이 버릇은 고3(6학년) 때 시작됐습니다. 저는 그때 럭비선수였습니다. (해방 후) 나는 달리기를 좋아해서, 200, 400미터를 주종목으로 삼아 활동했는데 럭

비부에서 제안이 들어온 것입니다. 나는 나이도 3살 정도 많고, 키도 컸고 등치가 좋았기에 운동에 제격이었습니다. 수영도 배웠고, 그래서 6·25전쟁 때는 헤엄을 쳐서 도망을 치기도 했어요. 걸어서 수원까지 갔는데 비행기 기총소사를 겪어 천안까지 다시 걸어가서, 어느 여인숙집 좁다란 어느 처마 밑에서 자고, 차령고개(수레재)를 넘어 공주를 거쳐 걸어서 부여까지 갔지요. 지금까지 건강하게 활동을 할 수 있는 것은 그때 한 운동 덕분입니다. 지금도 매주 등산을 하고 있어요. 귀는 좀 멀어졌지만, 지금도 서서 서너 시간 강의가 가능합니다. 옛날 교육과정 이행조치 설명 강의를 시도교육청에서 하는데, 아침 10시부터 저녁 5시까지 혼자서 강연을 합니다.

강진호 저서를 보면, 자료 정리나 이론화가 쉽지 않았을 것 같은데 어떻게 하신 것인지 궁금합니다. 참고하신 선행 연구나 자료는 없었는지요?

박붕배 하나하나 모두 읽고, 하다 보면 이 모든 게 분류가 가능하고 일의 체계가 잡힙니다. 독자적으로 이를 진행했습니다. 조윤제 선생의 학문하는 방법이 지금도 많은 참고가 되고 있습니다. 대학은 지식을 전달하는 곳이 아니라, 인격을 길러주고 자기 학문을 하는 방법론에 눈을 뜨게 해 주는 곳이라고 말씀하셨습니다. 분류방법, 체계방법은 본인이 스스로 얻어야 창작논문이 되는 것이지 그렇지 않으면 표절이라고 하셨습니다. 국문학사를 몇 번 탐독했는지 모릅니다.

강진호 선생님께서 소장하신 자료 일부가 '아세아문화사'에서 교과서 영인자료로 나왔는데, 앞으로 공개할 자료들이 많이 있으신지요? 혹 자료 목록이라도 갖고 계신지요?

박붕배 교육과정을 1차부터 미군정까지 모두, 현재까지도 모아두고 있고 교과서도 모두 있습니다. 제주교육대학의 교수 윤치부가 그 목록을 두 권으로 정리하여 발표한 것이 있습니다. 영인도 많이 해 가고 목록도 많이 갖고 있는 사람입니다. 집을 제대로 짓기 전부터 찾아왔던 선생들이 많습니다. 책 중에 누락된 것들은 빌려가서 가져오지 않은 것들도 있습니다. 그 후부터는 어떤 경우든 밖으로 내돌리지 않고 있고 가능하다면 이를 박물관 형태로 정리하고 싶습니다.

구자황 앞으로의 과제에 대한 말씀을 해 주신다면요?

박붕배 '국어교육사전' 카드로 만들어놓은 것이 있는데, 몇 번 기회가 있었지만 내지 못했습니다. 국문과를 나온 딸이 곧 정년이라 이것을 같이 정리해서 내자고 제안을 했습니다. 목차를 만들고 내는 작업을 누군가는 해야 할 일입니다. 그러나 이것은 딸 역시 혼자 하기 힘든 일입니다. 여러분이 자료가 필요하다면 간행위원회를 만들어서 함께 만들어 내면 좋을 것입니다.

(정리 : 박수빈)

[부록 2] 개화기 교과서 연구 목록 및 참고문헌

강만길 외(2004), 『한국노동운동사』 1, 지식마당.

강명관(1985), 「한문폐지론과 애국계몽기의 국한문 논쟁」, 『한국한문학』 8, 한국한문학회.

강명관(2009), 『열녀의 탄생』, 돌베개.

강윤호(1973), 『개화기의 교과용 도서』, 교육출판사.

강진호(2007), 「국가주의의 규율과 '국어' 교과서」, 『현대문학의 연구』 32, 한국문학연구학회.

강진호(2009), 「해방기 '국어' 교과서와 탈식민주의」, 『문학교육학』 30, 한국문학교육학회.

강진호(2011), 「'국어' 교과서의 형성과 일제 식민주의: '국어독본'과 '조선어독본'을 중심으로」, 『현대소설연구』 46, 한국현대소설학회.

강진호(2012), 「'국어' 교과서의 탄생과 근대 민족주의: '국민소학독본'을 중심으로」, 『상허학보』 36, 상허학회.

강진호(2013), 「국어과 교과서와 근대적 주체의 형성」, 『국제어문』 58, 국제어문학회.

강진호 외(2007), 『국어 교과서와 국가 이데올로기』, 글누림.

강진호 외(2011), 『조선어독본과 국어문화』, 제이앤씨.

강진호 편역(2012), 「우리나라 최초의 신교육용 교과서」, 『국민소학독본』(학부 편집국 편찬, 1895), 도서출판 경진.

강화석(1908), 『부유독습(婦幼獨習)』, 황성신문사.

고영진 외(2012), 『식민지 시기 전후의 언어 문제』, 소명출판.

고창규(1993), 「개화기 사립학교 국어교과서에 나타난 민족, 사회, 개인」, 『교육이론과 실천』 3, 경남대학교 교육문제연구소.

고춘섭 편(1995), 『연동교회 100년사』, 대한예수교장로회 연동교회.

구윤옥(1989), 「개화기 초등 국어과 교과서 편집에 관한 연구:

1895~1910년을 중심으로」, 중앙대학교 석사논문.

구자황(2004), 「독본을 통해 본 근대적 텍스트의 형성과 변화」, 『상허학보』 13, 상허학회.

구자황(2007), 「근대 독본의 성격과 위상(2)」, 『상허학보』, 상허학회.

구자황(2011가), 「교과서의 발견과 국민·민족의 배치: 근대 전환기 교과서의 양상을 중심으로」, 『어문연구』 70, 어문연구학회.

구자황(2011나), 「일제 강점기 제도권 문학교육」, 『문학교육학』 34, 한국문학교육학회.

구자황(2013), 「근대 계몽기 교과서의 생산과 흐름: 『新訂尋常小學』(1896)의 경우」, 『한민족어문학』 65, 한민족어문학회.

구자황 편역(2012), 「국민 만들기와 식민지 교육의 정형화 기반」, 『신정심상소학』, 도서출판 경진.

구자황·문혜윤 편(2009), 『어린이讀本』, 도서출판 경진.

구희진(2006), 「갑오개혁 전후 전통교육제도에 대한 정책」, 『역사교육』 100, 역사교육연구회.

구희진(2009), 「대한제국기 국민교육의 추진과 굴절」, 『역사교육』 109, 역사교육연구회.

국사편찬위원회 편(1965), 『한국독립운동사』 1, 국사편찬위원회.

권동연(2007), 「한국 근대기 서체 연구: 초등 습자 교과서를 중심으로」, 이화여자대학교 석사논문.

권용기(1999), 「독립신문에 나타난 동포의 개념」, 『한국사상사학』 12, 한국사상사학회.

권희주(2010), 「근대국민국가와 히나마쓰리」, 『일본어문학』 44, 일본어문학회.

金富子(2009), 조경희·김우자 역, 『학교 밖의 조선여성들: 젠더사로 고쳐 쓴 식민지교육』, 일조각.

김경미(2002), 「개화기 열녀전 연구」, 『국어국문학』 132, 국어국문학회.

김경미(2009), 『한국 근대교육의 형성』, 혜안.

김경자 외(2004), 「일제 강점기 초등교육의 본질」, 『초등교육연구』 17.

김남돈(2009), 「개화기 국어교과서의 국어교육사적 의의」, 『새국어교육』 82, 한국국어교육학회.

김덕조(1996), 「개화기 국어교과서 연구」, 경남대학교 석사논문.

김만곤(1979), 「'국민소학독본'고(그 출현의 배경에 대하여)」, 『국어문학』, 국어문학회.

김민재(2011), 「개화기 '학부 편찬 수신서'가 지니는 교과용 도서로서의 의의와 한계」, 『이화사학연구』 42, 이화사학연구소.

김병철(1980), 「한국 구두점 기원고」, 『한국학보』 9, 일지사.

김봉희(1999), 『한국 개화기 서적문화 연구』, 이화여자대학교출판부.

김상대(1985), 『중세국어 구결문의 국어학적 연구』, 한신문화사.

김성연(2013), 『영웅에서 위인으로: 번역 위인전기 전집의 기원』, 소명출판.

김성은(2011), 「메이지 초기 기독교신문에 나타난 문체와 전통」, 『비교문학』 제53집.

김소영(2007), 「갑오개혁기(1894~1895) 교과서 속의 '국민'」, 『한국사학보』 29, 고려사학회.

김소영(2010), 「대한제국기 '국민' 형성론과 통합론 연구」, 고려대학교 박사논문.

김수경(2011), 「개화기 여성 수신서에 나타난 근대와 전통의 교차」, 『한국문화연구』 20, 이화여자대학교 한국문화연구원.

김억수(1980), 「개화기의 국어교육실태와 국어교과서 분석고찰」, 중앙대학교 석사논문.

김억수(1985), 『개화기의 국어교육 실태와 국어교과서』, 홍문각.

김언순(2010), 「개화기 여성 교육에 내재된 유교적 여성관」, 『페미니즘연구』 10(2), 한국여성연구소.

김영민(1997), 『한국근대소설사』, 솔.

김영민(2009), 「근대 계몽기 문체 연구」, 『동방학지』 148, 연세대학교 국학연구원.

김영숙(2008), 「젠더 관점에서 본 여계(女誡)의 '위부지도(爲婦之道)' 담론과 이데올로기」, 『중국학보』 57, 한국중국학회.

김용의(2011), 『혹부리 영감과 내선일체』, 전남대학교출판부.

김윤주(2011), 「일제강점기 '조선어독본'과 '국어독본'의 비교연구」, 『우리어문연구』 41, 우리어문학회.

김윤진(2007), 「개화기 국어 교과서의 어휘·표기법 연구: 『녀자독본』을 중심으로」, 아주대학교 석사논문.

김인희(1990), 「개화기 초등교재의 동화작품 연구」, 숙명여자대학교 석사논문.

김장환·이영섭(2011), 「중국 正典의 성립과 변천」, 『人文科學』 93, 연세대학교 인문과학연구원.

김종대(1994), 『한국 도깨비 연구』, 국학자료원.

김종인(1989), 「'국민소학독본'을 통해 본 개화기의 주거관」, 『산업기술연구소논문보고집』.

김종진(2004), 「개화기 이후 독본 교과서에 나타난 노동 담론의 변모 양상」, 『한국어문학연구』 42, 한국어문학연구학회.

김종택(1985), 「한글은 문자 구실을 어떻게 해 왔나」, 『건대어문학』.

김주필(2013), 「'한글'(명칭) 사용의 역사적 배경과 특징」, 『반교어문연구』 35, 반교어문학회.

김지영(2009), 「근대적 글쓰기의 제도화 과정과 변환 양상 연구」, 서강대학교 박사논문.

김진균(2009), 『한문학과 근대전환기』, 다운샘.

김찬기(2004), 『한국 근대소설의 형성과 전(傳)』, 소명출판.

김찬기(2005), 「근대계몽기 신문 잡지 소재 인물 기사 연구」, 『근대계몽기 단형 서사문학 연구』, 소명출판.

김찬기(2013), 「근대 초기 국어 교과서와 계몽의 언어」, 『민족문화연구』 58(1), 고려대학교민족문화연구원.

김찬기 편역(2012), 『고등소학독본』, 도서출판 경진.

김창렬(2009), 「한국 개화기 교과서에 보이는 일본 한자어 연구」, 한양대학교 박사논문.

김태영(1976), 「개화사상가 및 애국계몽사상가들의 사관」, 『한국의 역사인식』, 창작과비평사.

김태준(1981), 「이솝우화의 수용과 개화기 교과서」, 『한국학보』 24.

김태준(2004), 「근대계몽기의 교과서와 어문교육」, 『한국어문학연구』 42, 한국어문학연구학회.

김현주(2008), 「'노동(자)', 그 해석과 배치의 역사」, 『근대지식으로서의 사회주의』, 깊은샘.

김혜련(2010), 「제1차 조선교육령기 『普通學校朝鮮語及漢文讀本』 수록 제재 연구: 「흥부전」을 중심으로」, 『돈암어문학』 23, 돈암어문학회.

김혜련(2011), 『일제강점기 조선어과 교과서와 조선인』, 역락.

김혜련(2013), 「국정(國定) 국어 교과서의 정치학: 『보통학교 학도용 국어독본』(학부 편찬, 1907)을 중심으로」, 『반교어문연구』 35, 반교어문학회.

김혜림(2009), 「『일어독본』에 대한 연구: 일본의 국정 1기 교과서 『심상소학독본』과의 비교를 중심으로」, 고려대학교 석사논문.

김혜정(2003), 「근대 계몽기 국어교과서 내적 구성 원리 탐색」, 『국어교육연구』 11, 서울대학교 국어교육연구소.

김혜정(2004가), 「근대 이후 국어과 교재 개발에 대한 사적 검토」, 『국어교육연구』, 서울대학교 국어교육연구소.

김혜정(2004나), 「근대적 텍스트의 구조적 특성과 함의」, 『국어교육』 113.

김혜정(2013), 「근현대 국어교과서 자료의 소개와 활용방안」, 『한국어학』

59, 한국어학회.

김훈식(2011), 「15세기 한중 '내훈'의 여성윤리」, 『역사와 경계』 79, 부산
경남사학회.

남미영(1989), 「한국문학에 끼친 이솝우화의 영향 연구(I)」, 『새국어교육』
45, 한국국어교육학회.

남영우(1993), 「일본 명치기의 한국지리 관련 문헌」, 『대한지리학회지』
28(1).

남영주(2001), 「개화기 국어 표기법 연구: 개화기 국어 교과서를 중심으
로」, 안동대학교 석사논문.

노명우(2005), 『계몽의 변증법』, 살림.

노병희(1909), 『여자수신교과서(女子修身敎科書)』, 박문서관.

노수자(1969), 「백당 현채 연구」, 『이대사원』.

노연숙(2009), 「20세기 초 동아시아 정치서사에 나타난 '애국'의 양상」,
『한국현대문학연구』 28, 한국현대문학회.

노인화(1982), 「헌말개화자강파의 여성교육관」, 『한국학보』 27, 일지사.

도면회(2003), 「황제권 중심 국민국가체제의 수립과 좌절」, 『역사와 현실』
50, 한국역사학회.

류근 역술(1907), 「교육학원리」, 『대한자강월보』, 1907년 1월 25일.

문동석(2004), 「일제시대 초등학교 역사 교육과정의 변천과 교과서」, 『사
회과 교육』 43(4).

문혜윤(2013), 「근대계몽기 여성 교과서의 열녀전(列女傳/烈女傳), 그리
고 애국부인들: 장지연의 『여자독본』을 중심으로」, 『반교어문
연구』 제35집, 반교어문학회.

민병찬(2012), 『일본인의 국어인식과 神代文字』, 제이앤씨.

민병훈(1988), 「'소학'과 '소학언해'」, 『어문연구』, 한국어문교육연구회.

민현식(1994가), 「개화기 국어 문체 연구」, 『국어국문학』 111.

민현식(1994나), 「개화기 국어 문체에 대한 종합적 연구(1)」, 『국어교육』

83.

민현식(1999), 「개화기 국어 문법」, 『국어의 시대별 변천 연구』 4, 국립국어연구원.

박균섭(2000), 「근대 일본의 헤르바르트 이해와 교육」, 『일본학보』 44.

박득준(1995), 『조선교육사(조선부문사 II)』, 사회과학출판사.

박미경(2011가), 「일제강점기 일본어 교과서 연구: 조선총독부편 '보통학교 국어독본'에 수록된 한국설화를 중심으로」, 『일본언어문화』 18, 한국일본언어문화학회.

박미경(2011나), 「일제강점기 일본어 교과서에서 보는 일본신화」, 『인문학연구』 82, 충남대학교 인문과학연구소.

박민영(2013), 「개화기 교과서 『신찬초등소학』 연구: 학부 편찬 교과서와의 비교를 중심으로」, 『아시아문화연구』 32, 가천대학교 아시아문화연구소.

박민영(2014), 「애국과 친일, 『신찬초등소학』의 이중성: 개화기 민간 편찬 교과서와의 비교를 중심으로」, 『우리어문연구』 48, 우리어문학회.

박민영·최석재 편역(2012가), 『신찬초등소학』(상), 도서출판 경진.

박민영·최석재 편역(2012나), 『신찬초등소학』(하), 도서출판 경진.

박붕배(1987가), 『한국국어교육전사』(상), 대한교과서주식회사.

박붕배(1987나), 『한국국어교육전사』(하), 대한교과서주식회사.

박선영(2013), 「근대계몽기 여성교육용 독본과 가치 혼재 양상」, 『한국문예비평연구』 42.

박승배(2011), 「갑오개혁기 교과서에 나타난 교육과정학적 이념 연구: '소학' 교과서를 중심으로」, 『교육과정연구』 29.

박승배(2012), 「갑오개혁기 학부 편찬 교과서 저자가 활용한 문헌고증」, 『교육과정연구』 30.

박승배(2013), 「갑오개혁기 학부 편찬자가 활용한 문헌고증 II」, 『교육과정연구』 31.

박영기(2009), 『한국근대 아동문학 교육사』, 한국문화사.

박용옥(1983), 「한국 근대여성운동사 연구」, 고려대학교 박사논문.

박용옥(1984), 『한국근대여성운동사 연구』, 한국정신문화연구원.

박용옥(1992), 「1905~10, 서구 근대여성상의 이해와 인식: 장지연의 『여
　　　　자독본』을 중심으로」, 『인문과학연구』 12, 성신여자대학교 인문
　　　　과학연구소.

박용옥(2001), 『한국 여성 근대화의 역사적 맥락』, 지식산업사.

박원재(2007), 「유학과 자유주의: 정치적 영역을 중심으로 한 비교적 고
　　　　찰」, 『중국철학』, 책세상.

박종석·김수정(2013), 「1895년에 발간된 '국민소학독본'의 과학교육사적
　　　　의의」, 『한국과학교육학회지』 33.

박주원(2006), 「1900년대 초반 단행본과 교과서 텍스트에 나타난 사회
　　　　담론의 특성」, 『근대계몽기 지식의 발견과 사유 지평의 확대』,
　　　　소명출판.

박치범(2011), 「일제강점기 보통학교 『조선어급한문독본』의 성격: 제일
　　　　차 교육령기 사학년 교과서의 '練習'을 중심으로」, 『어문연구』
　　　　39(2), 한국어문교육연구회.

박치범(2013), 「학부 발간 『보통학교용 국어독본』(1907) 연구: '교과서의
　　　　위상'에 따른 특징을 중심으로」, 『국제어문』 58, 국제어문학회.

박형준(2010), 「문학독본과 선(選)의 정치학」, 『국어교육학연구』 37, 국
　　　　어교육학회.

박혜숙(2005), 「서양동화의 유입과 1920년대 한국동화의 성립」, 『어문연
　　　　구』 33(1).

박희팔(1983), 「개화기 국어교과서를 통해 본 여성교육: 여자용 교재를
　　　　중심으로」, 국민대학교 석사논문.

배상만(1983), 「개화기 국어교과서에 관한 고찰: 초등교육용을 중심으로」,

고려대학교 석사논문.

배수찬(2006), 「『노동야학독본』의 시대적 성격에 대한 연구」, 『국어교육』 119, 한국어교육학회.

배수찬(2008), 『근대적 글쓰기의 형성 과정 연구』, 소명출판.

배정상(2006), 「위암 장지연의 『애국부인전』 연구」, 『현대문학의 연구』 30, 한국문학연구학회.

백태희(2000), 「현채의 저술과 시대의식: 『유년필독』과 『신찬초등소학』을 중심으로」, 숙명여자대학교 석사논문.

변승웅(1993), 「근대사립학교 연구: 대한제국기 민족계학교를 중심으로」, 건국대학교 박사논문.

서경임(2013), 「국어과 교과서의 이솝우화 수용양상: 개화기부터 4차 교육과정까지」, 성신여자대학교 석사논문.

서기재·김순전(2006), 「한국 근(현)대의 '수신교과서'와 근대화에 대한 열망」, 『일본어문학』 31.

서기재·김순전(2011), 「근대 아동의 노래와 시의 의미」, 『일본어문학』 51.

서성윤(2006), 「근대계몽기 교육기획과 학교표상: 신소설과 '국어'과 교과서를 중심으로」, 동국대학교 석사논문.

서영희(2003), 『대한제국 정치사 연구』, 서울대학교출판부.

서재복(1997), 「한국 개화기 초등교육사 연구」, 충남대학교 박사논문.

손문호(2001), 「신기선 연구: 한 절충주의자의 생애와 사상」, 『호서문화논총』 15, 서원대학교 호서문화연구소.

손성준(2012), 「영웅서사의 동아시아 수용과 중역의 원본성: 서구 텍스트의 한국적 재맥락화를 중심으로」, 성균관대학교 박사논문.

손인수(1971), 『한국근대교육사: 한말·일제치하의 사학사 연구』, 연세대학교 출판부.

손인수(1980), 『한국개화교육연구』, 일지사.

손인수(1995), 『한국교육의 뿌리』, 배영사.

손인수(1998), 『한국교육사 연구』(하), 문음사.

송명진(2009), 「국가'와 '수신', 1890년대 독본의 두 가지 양상」, 『한국언어문화』 39, 한국언어문화학회.

송명진(2010), 「역사·전기소설의 국민 여성, 그 상상된 국민의 실체」, 『한국문학이론과비평』 46.

송명진(2012), 「개화기 독본과 근대 서사의 형성」, 『국어국문학』 160, 국어국문학회.

송인자(2003), 「개화기 수신서에서의 성 정체성」, 『교육학연구』, 한국교육학회.

송진영(2002), 「칼을 차고 장부의 마음을 품다」, 이화중국여성문학연구회 편, 『동아시아 여성의 기원: '열녀전'에 대한 여성학적 탐구』, 이화여자대학교출판부.

수요역사연구회 편(2005), 『일제의 식민지 지배정책과 매일신보·1910년대』, 두리미디어.

신동환(1991), 「개화기 국어교과서의 시가 연구」, 제주대학교 석사논문.

신정엽(2009), 「조선시대 간행된 소학 언해본 연구」, 『서지학연구』 44.

신지영(2007), 연세대학교 국학연구원 편, 「'가정'과 '여성성'의 추상화와 감각의 리모델링: 1930년대 잡지 『여성』을 중심으로」, 『일제 식민지 시기 새로 읽기』, 혜안.

심은리(1995), 「개화기 국어 교과서 연구: 『신정심상소학』을 중심으로」, 홍익대학교 석사논문.

심재기(1992), 「개화기의 교과서 문체에 대하여」, 『국어국문학』 107.

심재기(1999), 『국어 문체 변천사』, 집문당.

안용환(2009), 「유길준의 개화사상과 대외인식에 관한 연구」, 명지대학교 석사논문.

안재순(2010), 「유가경전해석과 『논어』의 해석」, 『동양철학연구』 62, 동양철학연구회.

양재만(2000), 「대한제국기 유길준의 국가관과 교육방침」, 서울대학교 석사논문.

오성철(2000), 『식민지 초등 교육의 형성』, 교육과학사.

왕현종(1999), 「갑오개혁연구」, 연세대학교 박사논문.

우남숙(2011), 「사회진화론의 동아시아 수용에 관한 연구」, 『동양정치사상사』 10(2).

원해연(2010), 「근대전환기 문장 부호의 사용 양상과 특징」, 국민대학교 석사논문.

유길준전서편찬위원회 편(1971), 『유길준전서』 II, 일조각.

유성선(2003), 「한국성리학상의 '소학' 공부론과 전망에 관한 연구」, 『철학탐구』 15, 중앙대학교 중앙철학연구소.

유임하(2013), 「『소학독본』(1895)의 재검토: 유교적 신민 창출과 고전의 인양」, 『개신어문연구』 제38집.

유임하 편역(2012), 『소학독본』, 도서출판 경진.

유춘동(2010), 「근대계몽기 조선의 '이솝우화'」, 『연민학지』 13, 연민학회.

윤병희(1998), 『유길준연구』, 국학자료원.

윤여탁 외(2006가), 『국어교육 100년사』(1), 서울대학교출판부.

윤여탁 외(2006나), 『국어교육 100년사』(2), 서울대학교출판부.

윤영실(2008), 「최남선의 수신 담론과 근대 위인전기의 탄생」, 『한국문화』 42, 서울대학교 규장각한국학연구원.

윤인숙(2011), 「16세기 소학언해의 사회 정치적 의미와 대중화」, 『한국어문학연구』 58집, 한국어문학연구학회.

윤장규(1992), 「개화기 국어 교과서 표기법 연구」, 성균관대학교 석사논문.

윤정(2004), 「숙종–영조대의 세자교육과 '소학': 규장각 소장 '소학' 관련 서적의 분석」, 『규장각』 27, 서울대학교 규장각한국학연구소.

윤치부(2002), 「'국민소학독본'의 국어교과서적 구성양상과 그 의미」, 『새

국어교육』 64, 한국국어교육학회.

윤혜원(1987), 「개화기여성교육」, 『한국근대여성연구』, 숙명여자대학교
　　아세아여성문제연구소.

이경하(2008), 「'내훈'과 '소학, 열녀, 여교, 명감'의 관계 제고」, 『한국고
　　전여성문학연구』 17, 한국고전여성문학회.

이기문(1970), 『개화기의 국문연구』, 한국문화연구소.

이기영(1997), 『한국근대계몽운동연구』, 일조각.

이만규(1946), 『조선교육사』, 을유문화사.

이만규(2010), 『다시 읽은 조선교육사』, 살림터.

이만열(1981), 『한국 근대역사학의 이해』, 문학과지성사.

이명천(2001), 「개화기 국어 교과서 대우 표현 연구」, 서울교육대학교
　　석사논문.

이병담(2007), 『한국 근대 아동의 탄생』, 제이앤씨.

이상혁(1998), 「언문과 국어의식」, 『국어국문학』 121, 국어국문학회.

이상혁(2000), 「애국계몽기의 국어 의식: 국어관을 중심으로」, 『어문논
　　집』 41, 안암어문학회.

이상혁(2013), 「『보통학교 조선어급한문독본』(1915) 권1과 『언문철자법』
　　(1912): 조선어 학습 방침과 규범 통제를 중심으로」, 『우리어문
　　연구』 46, 우리어문학회.

이상혁·권희주(2013), 「근대계몽기 '국어과 독본류'의 문체연구: 학습자
　　와의 상관 관계를 중심으로」, 『민족문화연구』 60, 고려대학교
　　민족문화연구원.

이상현(2009), 「제임스 게일의 한국학 연구와 고전서사의 번역」, 성균관
　　대학교 박사논문.

이석주(1979), 「개화기 국어 표기 연구」, 『한성대학교 논문집』, 한성대학교.

이석주(1990), 「기사 문장의 변천」, 『신문기사의 문체』, 한국언론연구원.

이숙인(1997), 「열녀전에 대하여」, 『열녀전』, 예문서원.

이숙인 역주(2003), 『여사서(女四書)』, 여이연.

이승원(2005), 『학교의 탄생』, 휴머니스트.

이승윤(2009), 『근대 역사담론의 생산과 역사소설』, 소명출판.

이연희(2006), 「백당 현채 연구」, 성균관대학교 박사논문.

이원궁(1908), 『초등여학독본』, 보문사.

이은송(2008), 「유길준의 『서유견문』의 교육론 구상 전사」, 『교육사연구』 18(2), 한국교육사학회.

이정찬(2013가), 「근대 국가주의 교육관의 성립 과정」, 『국제어문』 58, 국제어문학회.

이정찬(2013나), 「『유년필독』의 출간 배경과 논리: 국가주의 역사관의 성립과정을 중심으로」, 『국제어문』 제58집.

이종국(1991), 『한국의 교과서: 근대 교과용 도서의 성립과 발전』, 대한교과서주식회사.

이종국(2001), 『한국의 교과서 출판 변천 연구』, 일진사.

이종국(2008), 『한국의 교과서 변천사: 근대 교과서 백년, 다시 새 세기를 넘어』, 대한교과서주식회사.

이종국(2010), 「교과서 출판인 백당 현채의 출판 활동에 대한 연구: 『유년필독』 출판을 중심으로」, 『한국출판학연구』 36, 한국출판학회.

이종국(2011), 『교과서·출판의 진실』, 일진사.

이차숙·노명완(1994), 『幼兒言語敎育論』, 동문사.

이천희(2006), 「앎과 언어의 상호작용과 글 깨치기 지도 교재 구성에 관한 연구」, 고려대학교 박사논문.

이해명(1988), 「개화기 교육목표와 교과서 내용과의 차이점 연구」, 『논문집』 22, 단국대학교출판부.

이해명(1991), 『개화기교육개혁연구』, 을유문화사.

이현우(1999), 「교과서의 문장 실태」, 『새국어생활』 9(4).

이혜령(2004), 「한글운동과 근대 미디어」, 『대동문화연구』, 성균관대학교 대동문화연구원.

이훈상(1994), 「구한말 노동야학의 성행과 유길준의 『노동야학독본』」, 『두계 이병도 박사 구순기념논총』, 지식산업사.

임동석(2005), 「명대 삼종 격언집의 비교연구: '명심보감'·'채근담'·'석시현문(昔時賢文)'」, 『중국어문학논집』 32, 중국어문학연구회.

임두학(1983), 「개화기 국어교과서 연구」, 중앙대학교 석사논문.

임미정(2009), 「20세기 초 여훈서의 존재양상과 의미」, 『한국고전여성문학연구』 19, 한국고전여성문학회.

임상석(2008가), 『20세기 국한문체의 형성과정』, 지식산업사.

임상석(2008나), 「1910년 전후의 작문교본에 나타난 한문전통의 의미」, 『국제어문』 42, 국제어문학회.

임상석(2010), 「일제강점기, 조선총독부의 조선어급한문 교과서 연구 시론」, 『한문학보』 22, 우리한문학회.

임상석(2012), 「유길준의 국한문체 기획과 문화의 전환」, 『우리어문연구』 43, 우리어문학회.

임순영(2013), 「『중등교육조선어급한문독본』을 통해 본 식민지교과서의 이면탐색」, 『국어교육』 143, 한국국어교육연구학회.

임형택(1999), 「근대계몽기 국한문체의 발전과 한문의 위상」, 『민족문학사연구』, 민족문학사학회.

장상호(1981), 「개화기 국어교과서 연구」, 『국어교육논총』 1, 조선대학교 국어교육학회.

장상호(1982), 「개화기 국어 교과서 연구」, 조선대학교 석사논문.

장영미(2013가), 「근대 어린이 독본의 담론 구조 양상과 매커니즘 연구」, 『동화와 번역』 26권.

장영미(2013나), 「근대 어린이독본과 계몽의 서사 그리고 어린이 발견」, 『동화와 번역』 26, 동화와번역연구소.

장지연(1908), 『녀자독본(女子讀本)』, 광학서포.

장활근(2001), 「현채의 역사인식 연구: 『유년필독』을 중심으로」, 한국외
국어대학교 석사논문.

전미경(2006), 『근대계몽기 가족론과 국민 생산 프로젝트』, 소명출판.

전세영(1999), 「현채의 교육 및 애국계몽활동에 대한 정치사상적 평가」,
『한국정치학회보』 33.

전세현(2008), 「개화기 교과서에 나타난 국한문의 유형과 특성」, 국민대
학교 석사논문.

전용호(2005), 「근대 지식 개념의 형성과 '국민소학독본'」, 『우리어문연
구』 25, 우리어문학회.

전용호(2006), 「고종 순종시대 국어교과서의 서사유형 연구」, 『어문논집』
53, 민족어문학회.

정길남(1990), 「개화기 국어교과서의 어휘와 표기에 관하여: 『국민소학
독본』, 『소학독본』, 『신정심상소학』을 중심으로」, 『서울교육대
학교 논문집』 23, 서울교육대학교.

정길남(1997), 『개화기 교과서의 우리말 연구』, 박이정.

정도세(1999), 「개화기 교과서의 어휘연구: 1890년대 국어 교과서를 중심
으로」, 경남대학교 석사논문.

정용화(2004), 『문명의 정치사상: 유길준과 근대 한국』, 문학과지성사.

정은경(1995), 「개화기 현채가의 저·역술 및 발행서에 관한 연구」, 이화
여자대학교 석사논문.

정재철(1985), 『일제의 대한국식민지교육 정책사』, 일지사.

정종현(2011), 「국어교과서와 '(국)문학' 이데올로기」, 『한국문학연구』
41, 동국대학교 한국문학연구소.

정혜원(2011), 「근대 초기 이솝우화가 갖는 의의」, 『한국아동문학연구』
21, 한국아동문학회.

정혜승(2005), 「미국의 국어 교과서 분석 연구」, 『독서연구』 14호, 한국독
서학회.

정호훈(2008), 「조선 후기 '소학' 간행의 추이와 성격」, 『한국사학보』 31, 고려사학회.

조경원(1998), 「개화기 여성교육론의 양상 분석」, 『교육과학연구』 28, 이화여자대학교 교육과학연구소.

조경원(1999), 「대한제국 말 여학생용 교과서에 나타난 여성교육론의 특성과 한계: 『녀자독본』, 『초등여학독본』, 『녀자소학수신서』 를 중심으로」, 『교육과학연구』 30, 이화여자대학교 교육과학연 구소.

조동걸·한영우·박찬승 편(1994), 『한국의 역사가와 역사학·하』, 창작과 비평사.

조문제(1983), 「개화기 국어과 교육의 연구(2): 국어교과서의 시가를 중심으로」, 『겨레어문학』 8, 겨레어문학회.

조문제(1984), 「개화기 국어과 교육의 연구」, 한양대학교 석사논문.

조문제(1985), 「개화기 국어과 교육의 연구(3): 국어교과서의 이야기 교재를 중심으로」, 『겨레어문학』 9~10권, 겨레어문학회.

조문제(1996), 「개화기 국어 교과서에 수록된 교재에 관한 연구(1): 문학적 교재를 중심으로」, 『국어생활』 4, 국어연구소.

조선어학회(1945), 『초등 국어 교본 한글 교수 지침』, 군정청 학무국.

조윤정(2010), 「독본의 독자와 근대의 글쓰기」, 『반교어문연구』 29, 반교어문학회.

조윤정(2013), 「노동자 교육을 둘러싼 지식의 절합과 계몽의 정치성: 유길준의 『노동야학독본』(勞動夜學讀本) 고찰」, 『인문과학논총』 69집, 서울대학교 인문학연구원.

조윤정 편역(2012), 『노동야학독본』, 도서출판 경진.

조은숙(2009), 『한국 근대문학의 형성』, 소명출판.

조희정(2012), 「근대계몽기 학교교육 내 문학교육의 특징」, 『문학교육학』 39, 한국문학교육학회.

주진오(1994), 「김택영·현채」, 『한국의 역사가와 역사학』, 창작과비평사.

주희·유청지 편(1999), 윤호창 역, 『소학』, 홍익출판사.

진원(2012), 「'소학' 편찬 이유와 이론적 입장」, 『한국학논집』 49, 계명대학교 한국학연구원.

차혜영(2005), 「국어 교과서와 지배 이데올로기」, 『상허학보』 15, 상허학회.

채백(2008), 「근대 민족주의의 형성과 개화기 출판」, 『한국언론정보학보』 봄, 한국언론정보학회.

채훈 역주(2003), 『서유견문』(한국고전문학사상명저대계 29), 명문당.

천정환(2003), 『근대의 책읽기』, 푸른역사.

최경희(1993), 「개화기 국어교과서의 동화교재 고찰」, 『비평문학』 7, 한국비평문학회.

최기숙(2001), 『어린이 이야기, 그 거세된 꿈』, 책세상.

최기영(1990), 「구한말 『교육월보』에 관한 일고찰」, 『서지학보』 3, 한국서지학회.

최기영(1993), 「한말 교과서 '유년필독'에 관한 일고찰」, 『서지학보』 9, 한국서지학회.

최기영(1997), 『한국근대 계몽운동 연구』, 일조각.

최석재(2000), 「개화기 시대 이후 단문화의 과정」, 『현대국어의 형성과 변천』 3, 박이정.

최석재(2013), 「개화기 문체의 시작과 변화: 서유견문과 신찬초등소학을 중심으로」, 『인문언어』 15(1).

최영환(2008), 「한글 학습의 개념 및 내용에 관한 연구」, 『독서연구』 19, 한국독서학회.

최윤미(2009), 「개화기 국어교과서 제재의 형식과 내용 분석: 학부 편찬 교과서를 중심으로」, 가톨릭대학교 석사논문.

최진아(2010), 「한중 여성 교육서의 서사책략과 문화이데올로기」, 『중국인문과학』 44, 중국인문학회.

최현섭(1985), 「개화기 학부 발행 국어교과서의 편찬 의도」, 『논문집』, 경인교육대학교.

한관일(2009), 『구한말 교육구국운동 연구』, 문음사.

한국교과서재단(2004), 『교과용 도서 내적 체제 개선에 관한 연구』, 연구 보고서 04-01.

한국교육개발원(1994), 『한국 근대 학교교육 100년사 연구』 1, 한국교육 개발원.

한국학문헌연구소 편(1977), 『한국 개화기 교과서 총서』 1, 아세아문화사.

한용진(2012), 「개화기 사범학교 『교육학』 교재 연구: 기무라 도모지의 『신찬교육학』을 중심으로」, 『한국교육학연구』 18, 안암교육학회.

한용진·정미량(2010), 「개화기 국가 수준 교육과정」, 『우리나라의 1945 년 이전 국가수준 교육과정』, 한국교육사학회.

한철호(1998), 『친미개화파연구』, 국학자료원.

함동주(2009), 『천황제 근대국가의 탄생』, 창비사.

허재영(2009), 「일제강점기 조선총독부의 교과서 정책과 교과서 편찬 실태」, 『동양학』 46, 단국대학교 동양학연구소.

허재영(2010), 『통감시대 어문 교육과 교과서 침탈의 역사』, 도서출판 경진.

허재영(2011가), 「근대 계몽기 교과서를 대상으로 한 연구의 경향」, 『국 어사연구』 13, 국어사학회.

허재영(2011나), 「근대 계몽기 교육학과 어문 교육」, 『한민족문화연구』 36, 한민족문화학회.

허재영(2011다), 「근대 계몽기 언문일치의 본질과 국한문체의 유형」, 『어 문학』 114, 한국어문학회.

허재영(2012), 『근대 계몽기의 교육학 연구와 교과서』, 지식과교양.

허재영(2013), 『국어과 교재 이해와 교과서의 역사』, 도서출판 경진.

허재영·김경남(2012), 「근대 계몽기 독본류 교과서 교재 연구」, 『동방학』

24, 한서대학교 동양고전연구소.

허형(1993), 「한국개화기초의 교과서 '국민소학독본'에 나타난 주제 분석」, 『교육과정연구』 12.

홍선표(2009), 『한국 근대미술사』, 시공아트.

홍인숙(2006), 「여학교 주변의 여자들: 신문·잡지에 나타난 제도교육 최초 형성기(1898~1910)를 중심으로」, 『한국고전여성문학연구』 13, 한국고전여성문학회.

홍인숙(2008), 「근대계몽기 개신 유학자들의 성 담론과 그 의의: 개가 '론'/열녀'담'을 중심으로」, 『동양한문학연구』 27.

홍종선(1994), 「개화기 교과서의 문장과 종결어미」, 『한국학연구』 6.

황인수(2005), 「개화기 국어 교과서 사상 연구」, 서울교육대학교 석사논문.

황호덕(2007), 「한문맥(漢文脈)의 근대와 순수언어의 꿈」, 『한국근대문학연구』 16, 한국근대문학회.

唐沍富太郎(1968), 『教科書の歴史: 教科書の日本人の形成』, 東京: 創文社.

末松謙澄(1885), 『義経再興記』, 上田屋.

尾形裕康 外(1979), 『日本教育史』, 東京: 水書房.

山住正己(1987), 『日本教育小史: 近·現代』, 東京: 岩波書店.

小谷重(1911), 『青年夜學讀本』, 金港堂書籍株式會社.

佐藤喜代治 편(1989), 『漢字講座8 近代日本語と漢字』, 明治書院.

進藤咲子(1981), 「明治初期の言語の生態」, 『明治時代語の研究』, 明治書院.

沖森卓也(2010), 『はじめて読む日本語の歴史』, ベル出版.

David Huddart(2011), 조만성 역, 『호미바바의 탈식민적 정체성』, 앨피.

Giorgio Agamben(2009), 김상운·양창렬 역, 『목적 없는 수단』, 난장.

Theodor W. Adorno & Max Horkheimer(2001), 김유동 역, 『계몽의 변증법』, 문학과지성사.

W. Boyd(1996), 이홍우 외 역, 『서양교육사』, 교육과학사.

駒込武(2008), 오성철 외 역, 『식민지제국 일본의 문화통합: 조선·대만· 만주·중국 점령지에서의 식민지 교육』, 역사비평사.

稻葉繼雄(2006), 홍준기 역, 『구한말 교육과 일본인』, 온누리.

三ツ井崇(2013), 임경화·고영진 역, 『식민지 조선의 언어 지배 구조』, 소 명출판.

小森陽一 外(2002), 이규수 역, 『내셔널 히스토리를 넘어서』, 삼인.

齋藤希史(2010), 황호덕·임상석·류충희 역, 『근대어의 탄생과 한문』, 현 실문화.

平田由美(2009), 김인택 역, 「여성의 개주(改鑄): 근대 일본의 '여전'이라는 언설」, 『대동문화연구』 65, 대동문화연구원.

베네딕트 앤더슨(2002), 윤형숙 역, 『상상의 공동체』, 나남출판.

사라 밀즈(2001), 김부용 역, 『담론』, 인간사랑.

우에노 치즈코(1999), 이선이 역, 『내셔널리즘과 젠더』, 박종철출판사.

알라이다 아스만(2003), 변학수 외 역, 『기억의 공간』, 경북대학교출판부.

田近洵一·井上尚美 편(2007), 『國語敎育指導用語辭典』(제3판), 교육출판, 1984.

石松慶子(2003), 「통감부치하 대한제국의 수신교과서·국어독본 분석」, 연세대학교 석사논문.

澤田哲(1988), 「개화기의 교과서 편차자로서의 玄采」, 『韓』 통권109호, 동경: 한국연구원, 1988.2.

堀江秀雄(1905), 『夜學讀本』, 博文館.

학부 편찬 교과서(1895~1897)

교과서명	교과	출판연도	표기	장정
국민소학독본	국어	1895	국한문 혼용	한장(韓裝)
소학독본	국어	1895	국한문 혼용	한장
조선지지	지리	1895	국한문 혼용	한장
숙혜기략	교육	1895	국한문 혼용	한장
신정심상소학 권일	국어	1896	국한문 혼용	한장
신정심상소학 권이	국어	1896	국한문 혼용	한장
신정심상소학 권삼	국어	1896	국한문 혼용	한장
동여지도	지리	1896	국한문 혼용	한장
여재촬요	지리	1896	국한문 혼용	한장
지구약론	지리	1896	국한문 혼용	한장
만국지지	지리	1896	국한문 혼용	한장
사민필지 한문	지리	1896	한문 전용	한장
조선역사(3책)	역사	1896	국한문 혼용	한장
조선약사	역사	1896	국한문 혼용	한장
만국약사(상, 하)	역사	1896	국한문 혼용	한장
유몽휘편	한문	1896	국한문 혼용	한장
서예수지	사회	1896	국한문 혼용	한장
근역산술(상, 하)	산술	1896	국한문 혼용	한장
간역사칙산술	산술	1896	국한문 혼용	한장
공법회통(3책)	법률	1896	국한문 혼용	한장
태서신사람요(2책)	역사	1897	한문 전용	한장
태서신사람요(2책)	역사	1897	국문	한장

※ 이종국(1991: 125).

학부 편찬 교과서(1897~1910)

교과서명	교과	편저자	발행자	발행연도
만국사기	외국사	현채	학부	1897
중국약사(합편)	외국사	학부편집국	학부	1898
아국약사	외국사	민비적 저 현재 역	학부	1898
종두신서	의학	고성매계	학부	1898
대한역사(2책)	국사	학부편집국	학부	1899
대한역사략	국사	학부편집국	학부	1899
중등만국지지	외국지리	주학환, 노재연	학부	1905
역사집약	국사	김택영 편	학부	1905
재상전서	농업	현공렴	학부	1905
보통학교 학도용 국어독본	국어	학부편집국	학부	1907

민간인 발행 교과서 도서 일람(1897~1910)

교과서명	교과	편저자	발행자	발행연도
국문정리	문법	리봉운	리봉운	1897
신찬 교육학	수신	木村知治	前川善兵術	1897
신편 윤리학 교과서	수신	井上哲次郎, 高山林次郎	金港堂	1897
중등 수신교과서	수신	井上哲次郎	金港堂	1897
만국신지지	외국지리	佐藤傳藏	박문관	1898
보병조전개정제1호	체육	민영기	軍部	1898
초등기하학교과서 (平面之部)	산술	菊池大麓	대일본도서 주식회사	1898
대한지지	한국지리	현채	광문사	1899
보통학교 동국역사	국사	현채	한성서화관	1899
중등리화시교	화학	池田菊苗	금항당	1899
최근지나사 (5책)	외국사	石村貞一, 河野通之	林平次郎	1899
미국독립사	외국사	김가진	황성신문사	1900
법국혁신사	외국사	澁江保	황성신문사	1900
산술교과서 上下	산술	이상설 역		1900
산술신서	산술	上野淸氏		1900
전통산학	산술	남순희	학부인쇄	1900
중등화본 (6책)	미술	白濱微, 本多佑補	대일본도서 주식회사	1900
penmanship	외국어	神田乃式	삼성당	1901
산상보훈	기타		漢口聖敎書會	1901
실용신교수법	기타	狩野鷹力	금항당	1901
잠상실험설	농업	김가진	광문사	1901
학교모범	기타	윤중해	학성진학회사	1901
self-help	외국어	Samuel Smile	九善株式會社	1902
국문독본	국어	조원시	미이미 교회	1902
산술신편1	산술	필하와	대한예수교서회	1902
수정중국사 (2책)	외국사	有賀長雄	삼성당	1902
역사집약	국사	김택영 편	김택영	1902
DialogueReaders (2책)	외국어	岸本能式太	홍문사	1903
개정보통체조법	체육	坪井玄道	대일본도서 주식회사	1903

경제학강요	상업	天野爲之	동양경제신보사	1903
근세소화학	화학	민대식	휘문관	1903
언문일치 상업일반	상업	富山房編輯部	부산방	1903
일본문법교과서 (2책)	외국어	大槻文彦	개성관	1903
중등지리과본	외국지리	武雄	보급사	1903
초등물리교과서	물리	진희성	의진사	1903
English Grammar for Beginners	외국어	神田乃式	삼성당	1904
격물질학	물리	史砥爾著, 潘愼文譯	미화서관	1904
고등여학교용 대수학교과서	산술	伊藤豊十	대일본도서 주식회사	1904
기하학초보교과서	산술	菊池大麓	대일본도서 주식회사	1904
동물계신교과서	동물학	後藤嘉之	문맹관	1904
성망감소로	기타	香港主教和准	香港納잡助靜院	1904
소학교교사용 수공교과서 (4책)	미술	문부성	대일본도서 주식회사	1904
유몽천자	한문	게일(G.S.Gale)	大韓聖敎書會	1904
중등일본임화첩 (6책)	미술	白濱微	대일본도서 주식회사	1904
중학화학교과서	화학	池田菊苗	금항당	1904
초등기하학교과서	산술	菊池大麓	대일본도서 주식회사	1904
Useful Knowledge on Popular Science	외국어	龜井忠	삼성당	1905
근세물리학교과서	물리	本多光太郎	개성관	1905
근세세계전도	외국지리	伊藤政三	박애관	1905
근세화학교과서	화학	池田菊苗	개성관	1905
농정신편	농업	안종수	廣印社	1905
대동역사	국사	최경환 편	독립협회	1905
대한강역고	한국지리	정다산	박문사	1905
덕혜입문	기타	楊格非	淸國聖敎書會	1905
망세문답	기타	大英國宗古聖敎會	대양국종교 성교회	1905
매이통사	외국사	黃左延口譯, 張在新筆述	산서대학당	1905

460

법학통론	법률	유성준	국민교육회	1905
보통교육물리학	물리	田丸卓郎	개성관	1905
보통교육화학교과서	화학	龜高德平	개성관	1905
산술신편2	산술	필하와	대한예수교서회	1905
소학지리 (4책)	외국지리	문부성	문부성	1905
심상소학독본 (5책)	외국어	문부성	문부성	1905
애급근세사	외국사	張志淵 譯述	황성신문사	1905
약물학	의약학	어비신 역	제중원(프린트)	1905
약물학(상무기질)	의약학	어비신 역	제중원	1905
중등교과서양역사	외국사	瀨川秀雄	富山房	1905
증정 법학통론	법률	유성준	유성준	1905
진명휘편	한문	김상천	김상천	1905
초등상업교과서	상업	川瀨恭	수문관	1905
大東歷史 (4책)	국사	鄭喬	鄭喬	1906
大東歷史略	국사	大韓民國敎育會	大韓民國敎育會	1906
東國史略	국사	玄采 譯述	普成館	1906
新訂東國歷史 (2책)	국사	元泳義, 柳瑾	廣德書館	1906
初等小學 (4책)	국어	大韓民國敎育會	大韓民國敎育會	1906
高等小學讀本 (2책)	국어	徽文義塾編輯部	徽文館	1907
新撰初等小學 (6책)	국어	玄采	玄采	1907
幼年必讀釋義 (2책)	국어	玄采	玄采	1907
二十世紀朝鮮論	국사	金大熙	崔炳玉	1907
국문과본 (國文課本)	국어	元泳義	中央書館	1908
國朝史	국사	元泳義		1908
國漢文簡牘 (2책)	국어	金雨均	同文社	1908
勞動夜學讀本	국어	兪吉濬	兪吉濬	1908
大同歷史略	국사	兪星濬	博學書館	1908
대한력사사	국사	힐버트, 吳聖根		1908
蒙學必讀	국어	崔在學	崔在學	1908
婦幼讀習	국어	姜華錫	李駿求	1908
신찬국문가정간독	국어	李鼎煥	李鼎煥	1908
新撰尺牘完編 (2책)	국어	金雨均	同文社	1908
여자독본 (女子讀本 2책)	국어	張志淵	金相萬	1908

幼稚讀本 (3책)	국어	朴晶東	烘箕周	1908
乙支文德	국사	申采浩	金相萬	1908
朝鮮歷史	국사	元泳義		1908
中等敎科東國歷史	국사	玄采	玄采	1908
初等女子讀本	국어	李源兢, 邊瑩中		1908
初等大韓歷史	국사	鄭寅琥	玉琥書林	1908
초등대한력사(전)	국사	조종만	漢陽書館	1908
初等本國歷史	국사	柳瑾	廣學書館	1908
初等小學	국어	普成館	普成館	1908
初等捷徑	국어	韓承坤	光明書館	1908
初等學讀本 (4책)	국어	朴晶同	洪箕周	1908
最新初等小學 (4책)	국어	鄭寅琥	鄭寅琥	1908
초등여학독본	국어	이원경	보문사	1908
유부독습	국어	강화석	황성신문사	1908
국문초학	국어	주시경	보문관	1908
국어철자첩경	국어	한승곤	경성우문관	1908
대한문전	국어	최광옥(유길준)	보문사	1908
초등작문법	국어	원영의		1908
國民讀本	국어			1909
初等大東歷史	국사	朴晶東	同文社	1909
初等歷史 (2책)	국사	桓興	桓興	1909
初等本國歷史	국사	安鍾和	廣德書館	1909
初等本國歷史	국사	朴晶東	金相天	1909
初等本國歷史	국사	興士團	同文館	1909
樵牧必知	국어	鄭崙秀	安泰瑩	1909
대한문전	국어	유길준		1909
초등국어어전	국어	김희상		1909
국어문법	국어	주시경	박문서관	1910

※ 박붕배(1987가, 나)에는 '발행권자: 학부'로, 이종국(2008)에는 '발행자: 국문국
(리봉운)', 허재영(2013)에는 '발행권자: 학부'로 되어 있음.

■■■■■ 발표지면

강진호, 「'국어' 교과서의 탄생과 근대 민족주의」, 『상허학보』 36집, 2012.

구자황, 「근대 계몽기 교과서의 생산과 흐름: 『新訂尋常小學』(1896)의 경우」, 『한민족어문학회』 65권, 2013.

김찬기, 「근대 초기 국어 교과서와 계몽의 언어」, 『민족문화연구』 58권 1호, 2013.

김혜련, 「국정(國定) 국어 교과서의 정치학: 『보통학교 학도용 국어독본』(학부 편찬, 1907)을 중심으로」, 『반교어문연구』 제35집, 2013.

문혜윤, 「근대계몽기 여성 교과서의 열녀전(列女傳/烈女傳), 그리고 애국 부인들: 장지연의 『여자독본』을 중심으로」, 『반교어문연구』 제35집, 2013.

박민영, 「개화기 교과서 『신찬초등소학』 연구: 학부 편찬 교과서와의 비교를 중심으로」, 『아시아문화연구』 32, 가천대학교 아시아문화연구소, 2013.

박선영, 「근대계몽기 여성교육용 독본과 가치 혼재 양상」, 『한국문예비평연구』 42권, 2013.

박치범, 「학부 발간 『보통학교용 국어독본』(1907) 연구: '교과서의 위상'에 따른 특징을 중심으로」, 『국제어문』 제58집, 2013.

유임하, 「『소학독본』(1895)의 재검토: 유교적 신민 창출과 고전의 인양」, 『개신어문연구』 제38집, 2013.

이상혁·권희주, 「근대계몽기 "국어교과 독본류"의 문체 연구: 학습자와의 상관 관계를 중심으로」, 『민족문화연구』 60권, 2013.

이정찬, 「『유년필독』의 출간 배경과 논리: 국가주의 역사관의 성립과정을 중심으로」, 『국제어문』 제58집, 2013.

장영미, 「근대 어린이 독본의 담론 구조 양상과 매커니즘 연구」, 『동화와 번역』 26권, 2013.

조윤정, 「노동자 교육을 둘러싼 지식의 절합과 계몽의 정치성 : 유길준의
『노동야학독본』(勞動夜學讀本) 고찰」, 『인문과학논총』 제69집,
2013.

최석재, 「개화기 문체의 시작과 변화: 서유견문과 신찬초등소학을 중심
으로」, 『인문언어』 제15권 제1호, 2013.